Daniel Anker · Bernd Jung

Emmental

mit Oberaargau und Entlebuch

55 ausgewählte Touren

ROTHER
BERGVERLAG

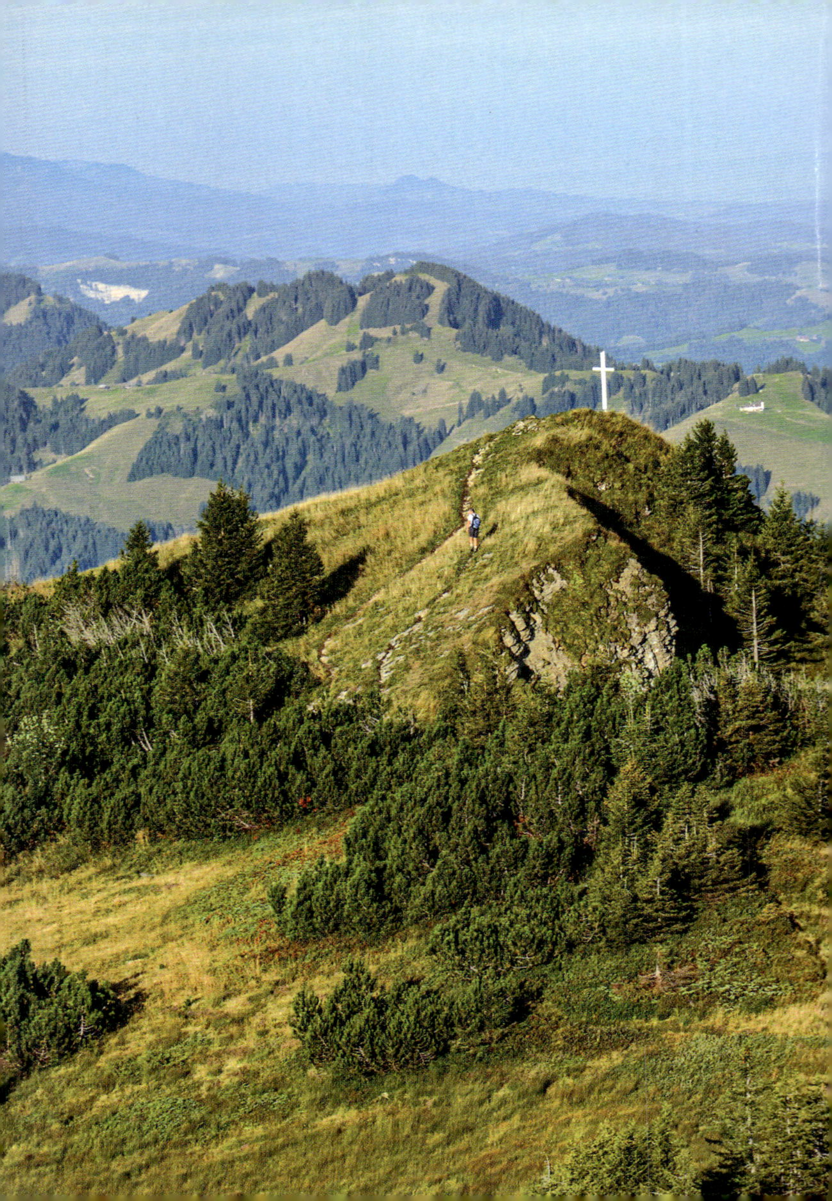

VORWORT

Kein Käse: Das Emmental ist auch eine Landschaft, ein wunderbar grünes und verwinkeltes Hügelland mitten in der Schweiz. Im benachbarten Entlebuch, wo ebenfalls eine Emme entspringt, zeigen sich schroffe Kalkzinnen über weiten Mooren, anerkannt von der UNESCO als erstes helvetisches Biosphärenreservat. Im bernischen Oberaargau wiederum gehen die beiden voralpinen Gebiete mit ihren Graten und Gräben ins Mittelland mit Aare und Badeseen über, bevor es im Jura nochmals richtig in die Höhe und zur Sache geht.

Drei zusammengehörende Regionen in Sichtweite der Städte Thun, Bern, Solothurn, Olten und Luzern, wie geschaffen zum lustvollen Wandern: von heimeligen Dörfern zu einsamen Bauernhöfen, von sonnigen Anhöhen hinab in schattige Schlünde, von mal wilden, mal zahmen Flussufern bis hinauf zu über 2000 Meter hohen Zacken und Kuppen. Von der Emmenquelle am Hohgant, der Krone des Emmentals, über die Emmemündung in die Aare bis zum Emmensprung am Brienzer Rothorn, dem mit 2348 Metern höchsten Gipfel des Entlebuchs. 54 Tagestouren und eine Zweitagestour in der Mitte der Eidgenossenschaft, im bernisch-protestantischen Emmental und Oberaargau sowie im luzernisch-katholischen Entlebuch. Für religiöse, kulturelle, landschaftliche und wandertouristische Abwechslung sollte also gesorgt sein.

Und dann ist da schließlich noch der Emmentaler. Der berühmte Käse, der mit seinen Löchern Redewendungen wie »löchrig wie Schweizer Käse« hat entstehen lassen. Auch wenn dieser heutzutage in vielen Ländern produziert wird, kommt das Original aus der von Viehzucht geprägten Region und wird nach wie vor in geschichtsträchtigen und architektonisch herausragenden Bauernhäusern – gut erhalten und oft liebevoll mit Blumen geschmückt – hergestellt.

Wandern macht bekanntlich Hunger und Durst. Beides kann – nicht nur mit Emmentaler – in einer der zahlreichen Bauernwirtschaften oder Gasthäusern mit schmackhaften Gerichten gestillt werden. Am Napf so gut wie auf den Wegen zu Jeremias Gotthelf und Friedrich Dürrenmatt oder beim Abstieg von der Emmenquelle nach Kemmeribodenbad. In diesem Sinne: E Guete!

Bern, im Frühjahr 2022
Daniel Anker und Bernd Jung

Das Gipfelkreuz der Blauen Tosse (Tour 42).

INHALTSVERZEICHNIS

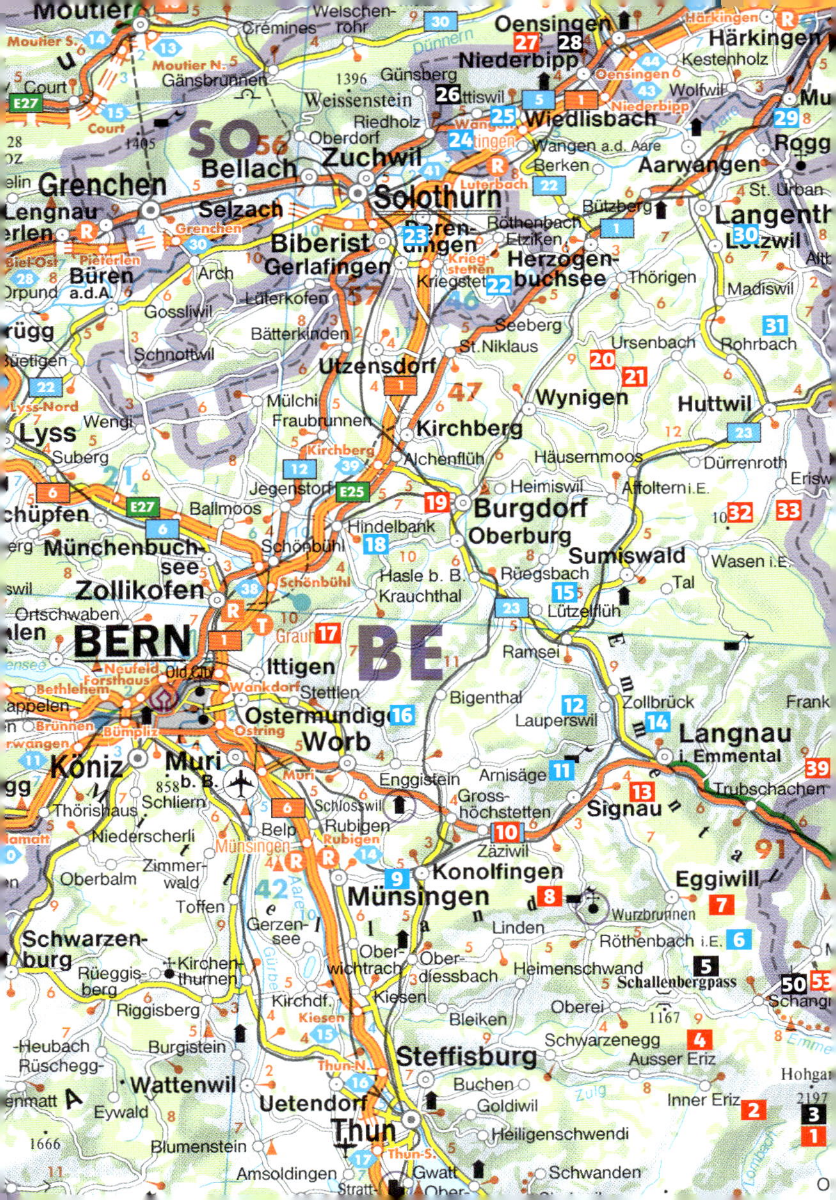

Moutier
Crémines
Welschenrohr
Oensingen
Härkingen
Moutier S.
Moutier N.
Gänsbrunnen
Günsberg
Niederbipp
Kestenholz
Court
Weissenstein
Wolfwil
Riedholz
Wiedlisbach
Oberdorf
Wangen a.d. Aare
Rogg
SO
Bellach
Zuchwil
Berken
Aarwangen
Grenchen
Solothurn
Luterbach
St. Urban
Lengnau
Selzach
Bützberg
Langenth
Biberist
Derendingen
Röthenbach
Etziken
Lotzwil
Pieterlen
Gerlafingen
Herzogenbuchsee
Kriegstetten
Thörigen
Büren a.d.A.
Arch
Madiswil
Lüterkofen
Gossliwil
Bätterkinden
Seeberg
St. Niklaus
Rohrbach
Schnottwil
Ursenbach
Utzensdorf
Lyss
Wengi
Mülchi
Fraubrunnen
Wynigen
Huttwil
Suberg
Kirchberg
Alchenflüh
Häusernmoos
Dürrenroth
Jegenstorf
Heimiswil
Affoltern i.E.
Ballmoos
Burgdorf
Schüpfen
Hindelbank
Oberburg
Münchenbuchsee
Schönbühl
Sumiswald
Wasen i.E.
Hasle b. B.
Rüegsbach
Zollikofen
Krauchthal
Tal
Lützelflüh
Ortschwaben
BERN
BE
Ramsei
Neufeld
Forsthaus
Ittigen
Bethlehem
Old City
Wankdorf
Stettlen
Bigenthal
Zollbrück
Frank
Ostermundigen
Lauperswil
Bümpliz
Ostring
Worb
Langnau i. Emmental
Köniz
Muri b. B.
Enggistein
Arnisäge
Trubschachen
858
Schliern
Schlosswil
Grosshöchstetten
Signau
Thörishaus
Rubigen
Niederscherli
Belp
Münsingen
Zäziwil
Emmental
Zimmerwald
Konolfingen
Oberbalm
Eggiwil
Toffen
Münsingen
Wurzbrunnen
Gerzensee
Linden
Aare
Schwarzenburg
Röthenbach i.E.
Rüeggisberg
Kirchenthurnen
Oberwichtrach
Oberdiessbach
Heimenschwand
Schallenbergpass
Kirchdf.
Kiesen
Gürbe
Oberei
Riggisberg
Bleiken
1167
Heubach
Rüschegg
Burgistein
Schwarzenegg
Steffisburg
Ausser Eriz
Hohgant
Wattenwil
Buchen
Inner Eriz
Uetendorf
Goldiwil
Eywald
Zulg
Thun
Heiligenschwendi
1666
Blumenstein
Thun-S.
Amsoldingen
Gwatt
Schwanden
Lombach

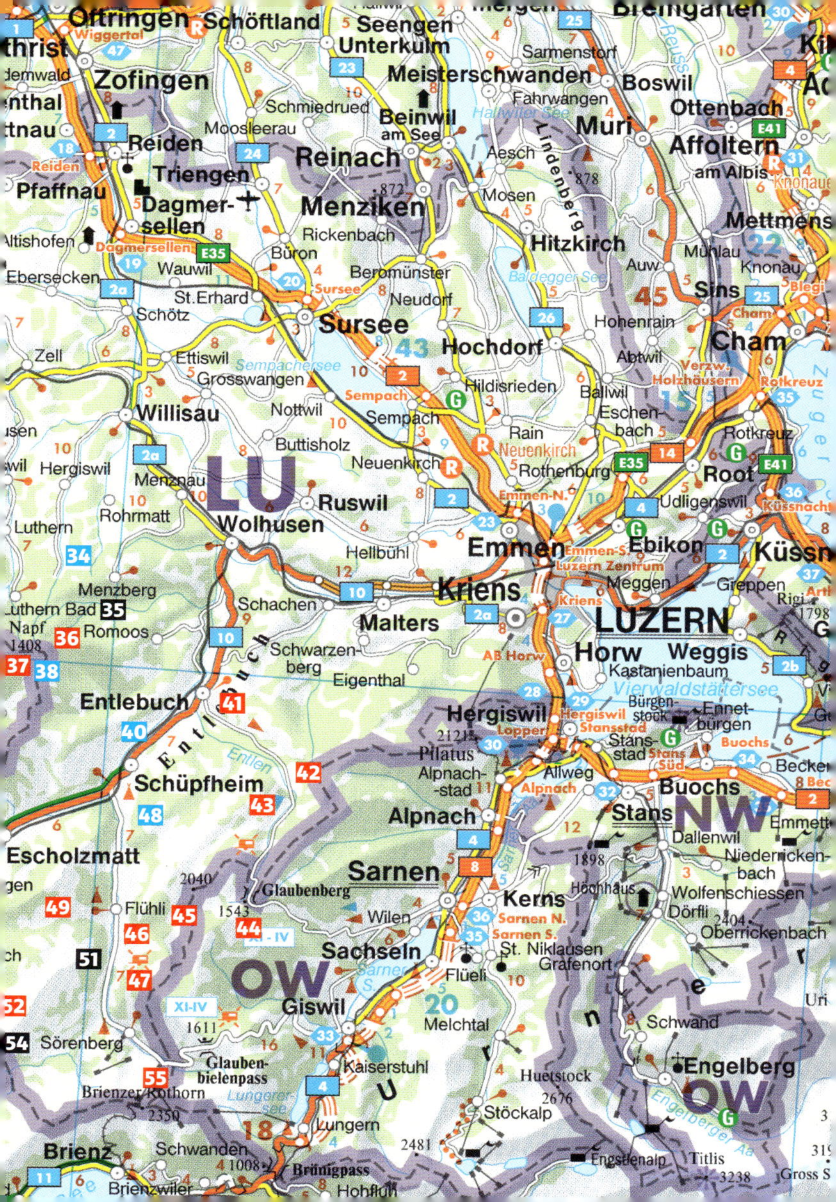

Oftringen
Schöftland
Seengen
Unterkulm
Bremgarten
Zofingen
Meisterschwanden
Sarmenstorf
Fahrwangen
Boswil
Hallwiler See
Schmiedrued
Beinwil am See
Muri
Ottenbach
Affoltern am Albis
Moosleerau
Reiden
Triengen
Reinach
Aesch
Lindenberg
Pfaffnau
Dagmersellen
Menziken
Mosen
Knonau
Mettmenstetten
Altishofen
Rickenbach
Hitzkirch
Mühlau
Büron
Beromünster
Auw
Ebersecken
Wauwil
Sursee
Baldegger See
Sins
St. Erhard
Neudorf
Schötz
Sursee
Hochdorf
Hohenrain
Cham
Zell
Ettiswil
Sempachersee
Abtwil
Grosswangen
Sempach
Hildisrieden
Ballwil
Holzhäusern
Rotkreuz
Willisau
Nottwil
Sempach
Eschenbach
Buttisholz
Rain
Neuenkirch
Rothenburg
Hergiswil
Menznau
LU
Ruswil
Udligenswil
Root
Rohrmatt
Luthern
Wolhusen
Emmen
Ebikon
Küssnacht
Hellbühl
Menzberg
Kriens
Meggen
Greppen
Luthern Bad
Schachen
Malters
LUZERN
Rigi
Napf
Romoos
Schwarzenberg
Horw
Weggis
Eigenthal
Kastanienbaum
Vierwaldstättersee
Entlebuch
Hergiswil
Bürgenstock
Ennetbürgen
Pilatus
Stansstad
Buochs
Alpnachstad
Allweg
Beckenried
Schüpfheim
Alpnach
Buochs
Stans
NW
Emmetten
Escholzmatt
Sarnen
Dallenwil
Niederrickenbach
Glaubenberg
Kerns
Höchhaus
Wolfenschiessen
Flühli
Wilen
Dörfli
Oberrickenbach
Sachseln
St. Niklausen
Grafenort
OW
Flüeli
Giswil
Melchtal
Schwand
Sörenberg
Glaubenbielenpass
Kaiserstuhl
Huetstock
Engelberg
Brienzer Rothorn
Lungerersee
Stöckalp
Lungern
Brienz
Schwanden
Engstlenalp
Titlis
Brünigpass
Brienzwiler
Hohfluh
Gross Spannort

TOP-TOUREN

Emmeschlucht und Emmenquellhorn
Das Emmental ganz wörtlich genommen: Da hindurchgehen, wo die Emme ein tief eingeschnittenes Tal herausgewaschen hat. Ein Wanderweg fehlt, nicht aber Pfad- und Wildspuren. Wer heil zur Schlucht rauskommt, kann sich auch den Hohgant zumuten, wo die Emme entspringt. Zur Belohnung erhalten wir die berühmten Meringues vom Kemmeribodenbad, cremig-weiß *(Touren 3 und 5, 8.30 bzw. 4.30 Std.)*.

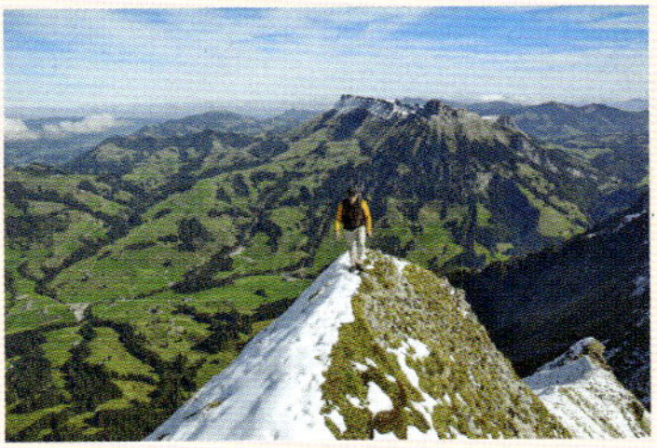

Gotthelf und Dürrenmatt
Emmental ohne Jeremias Gotthelf, das wär' wie Emmentaler ohne Löcher. Wir wandern von Dorf zu Dorf, von Gasthof zu Gasthof, von Museum zu Museum, immer auf den Spuren des schreibgewaltigen Pfarrherrn von Lützelflüh. Wer modernere Literatur bevorzugt, besucht Konolfingen, wo der Pfarrerssohn Friedrich Dürrenmatt aufwuchs *(Touren 9 und 15, 2.10 bzw. 4.00 Std.)*.

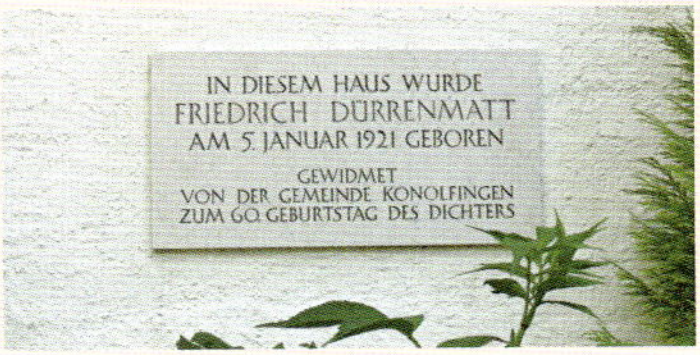

Burgdorf und Langenthal
Burgdorf als die Hauptstadt des Emmentals ist etwa gleich groß wie Langenthal, die Hauptstadt des Oberaargaus. Gipfelsammler umrunden die Emmestadt, Flachwanderer halten sich an die Langete *(Touren 19 und 30, 6.00 bzw. 3.30 Std.)*.

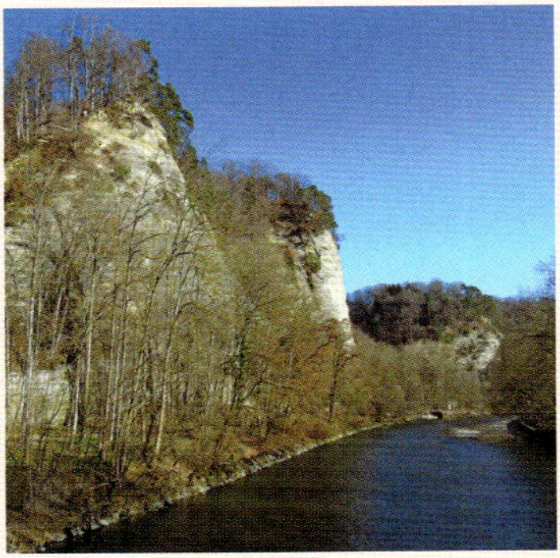

Mutzbachfall und Oberbüelchnubel
Klar, der Mutzbachfall ist nicht der Staubbachfall ob Lauterbrunnen, und der Oberbüelchnubel, 818 m, nicht der Männlichen. Die Jungfrau sieht man von beiden Gipfeln, aber Restaurants zum Wilden Mann warten im Oberaargau und nicht im Oberland *(Tour 20, 4.45 Std.)*.

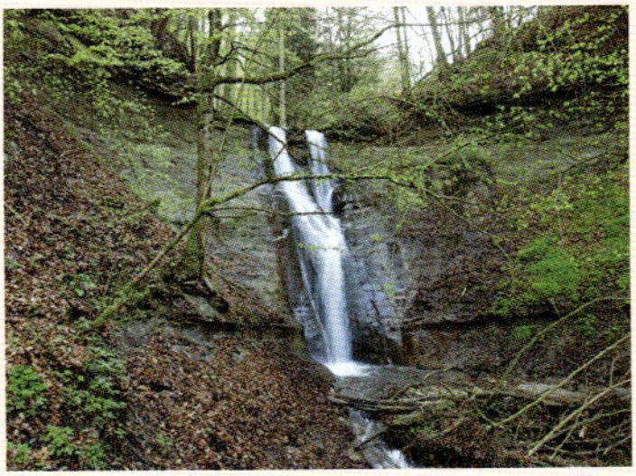

Grosse und Kleine Emme

Die bernisch-solothurnische Grosse Emme ist 82, die luzernische Kleine 58 km lang. Wunderbar wanderbar sind beide auf den hier präsentierten Uferwegen *(Touren 23 und 40, 4.20 bzw. 3.45 Std.).*

Napf und Napf

Ob von Nord nach Süd, von Ost nach West oder auch andersrum, der Napf (1406 m), Inbegriff der Grat- und Grabenwelt im Emmental und Entlebuch, muss sein *(Touren 36, 37 und 38; 6 Std., 3.15 Std. bzw. 4.45 Std.).*

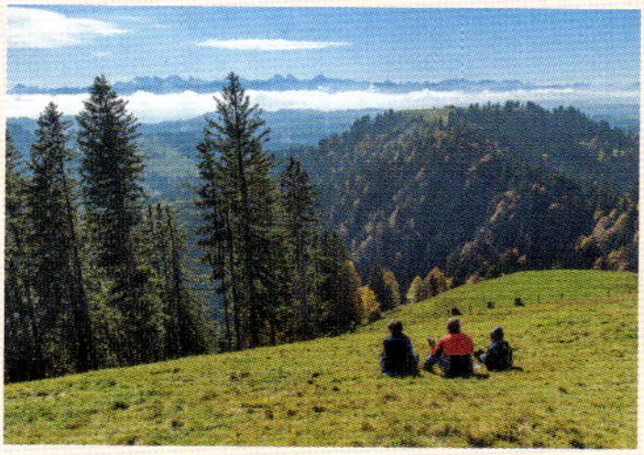

Entlebuch und Energielehrpfad

Endlich einmal ein erhellender Energielehrpfad *(Tour 41, 4.15 Std.).*

Glaubenberg und Schibegütsch

Feldgrün sei Dank. Das Militär baute die Straßen über die Pässe Glaubenbielen und Glaubenberg, die wir mit einer gipfelglücklichen Höhenwanderung verbinden *(Tour 44, 5.20 Std.).*

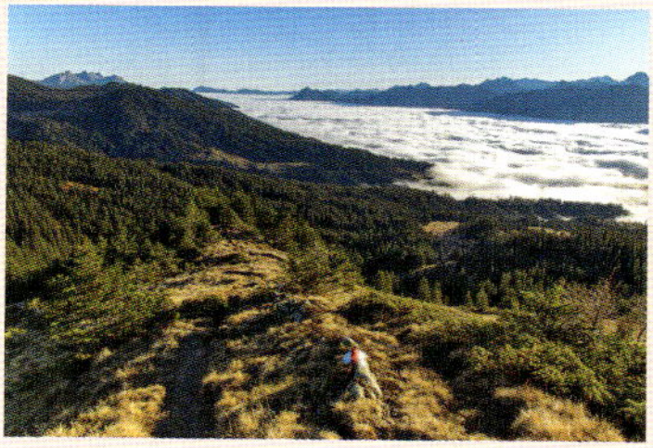

Schwändiliflue und Schwandalpweiher

Die Entlebucher Dolomiten können es mit ihren Vorbildern natürlich nicht aufnehmen. Müssen sie auch nicht. Wanderer, welche die Senkrechte lieben, sollten sich auf die Schwändiliflue hochschwindeln. Wer nicht schwitzen will, kneippt im Weiher weiter unten *(Tour 46, 5.30 Std.).*

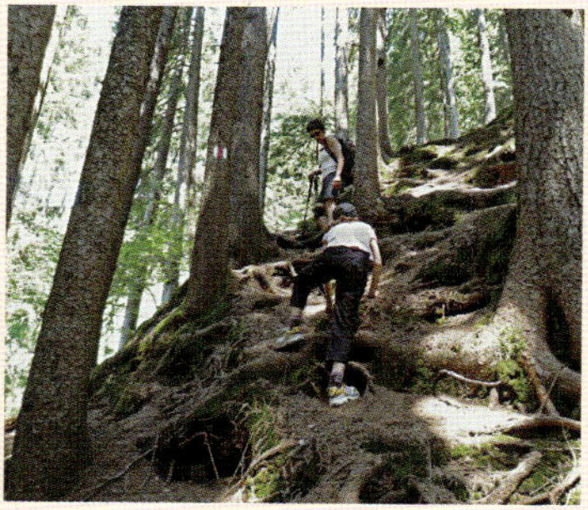

Haglere und Nünalpstock

Mitten hinein in die Biosphäre Entlebuch, durch eines der reizvollsten Moorgebiete der Schweiz, garniert mit besten Aussichten zu den Berner Hochalpen *(Tour 47, 5.30 Std.).*

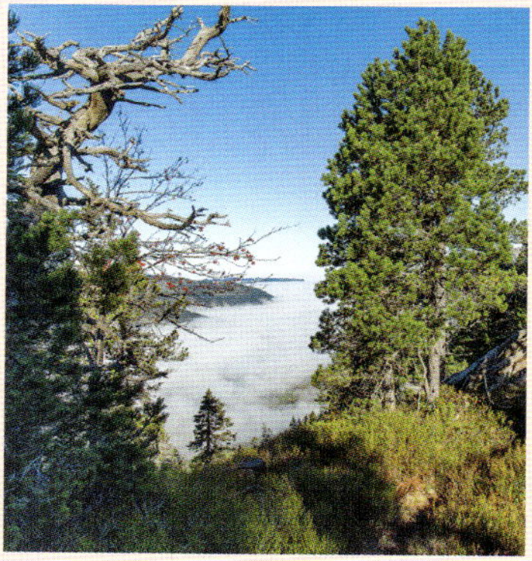

WICHTIGE HINWEISE FÜR UNTERWEGS

Anforderungen: von kinderleicht bis anspruchsvoll

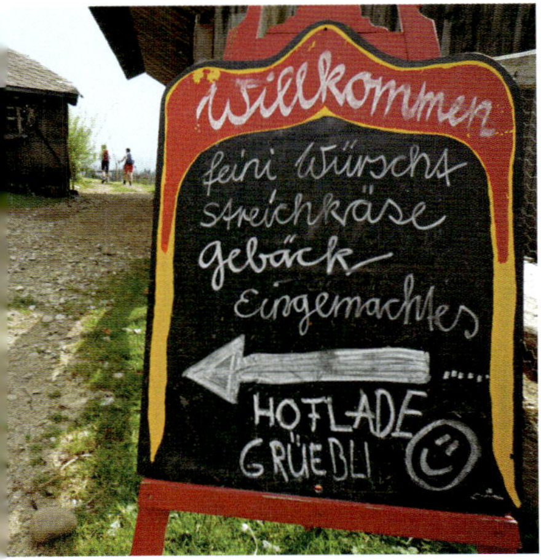

Willkommen und guten Appetit! (Tour 37).

Viele der hier vorgestellten Wanderungen im Emmental, Oberaargau und Entlebuch verlaufen auf markierten Wegen, ebenso viele auf unmarkierten Pfaden, ja manchmal gar abseits aller Wegspuren. Oft im Wald, noch öfters im Gras, da und dort auch über Stein, wie an der Schrattenflue mit ihren ausgedehnten Karrenfeldern. Einige Touren sind erstaunlich alpin, nicht nur am Hohgant, wo die Emme entspringt, sondern auch an der Leenflue ein paar Schritte hinter der Bahnhofstrasse von Oensingen. Manchmal geht es wunderbar flach von dannen, zum Beispiel am Emmekanal oder durch die Wässermatten rund um Langenthal, dann ist es wiederum furchtbar stotzig wie an der Schwändiliflue ob Flühli oder gegenüber am Strick. Wenn Gipfel am Wegrand sich erheben, nehmen wir sie mit, wenn Seen oder Flüsse zum Baden einladen, tauchen wir hinein. Das Tourengebiet erstreckt sich von den Alpen mit dem Brienzer Rothorn, 2348 m, dem höchsten Gipfel dieses Führers, über die voralpine Flue- und Hügelwelt des Emmentals und Entlebuchs hinweg zum schweizerischen Mittelland mit der Aare. Hinter dem größten Fluss der Schweiz steigt die erste Welle des Jura an, wo das Hällchöpfli, 1232 m, der Kulminationspunkt des Oberaargaus, ungeahnte Weitsicht bietet. Eine solche erleben wir auch auf den beiden Hohwacht-Anhöhen, auf dem bescheidenen Oberbühlchnubel und auf dem Schimbrig, den die Grosse Entle umfließt. Und natürlich auf dem Napf, 1406 m, dem eigentlichen Mittelpunkt des Wanderführers. An seinem unentwirrbaren Durcheinander von Rücken und Gräben, von Bergen und Tälern, haben alle drei Gebiete ihren Anteil. Zwei Touren kreuzen sich auf dem Napf, eine verläuft von Norden nach Süden, die andere von Osten nach Westen. Die Wanderwege dort sind übrigens, wie im Entlebuch auch, eine Spur alpiner als üblich.

Um die jeweiligen Anforderungen auf den ersten Blick besser einschätzen zu können, werden die Wandervorschläge mit verschiedenen Farben bezeichnet. Ihre Bedeutung:

SCHWIERIGKEITSKATEGORIEN

■ = Leicht

Diese Wanderrouten sind gut markiert, meistens ausreichend breit, kaum ausgesetzt und im Normalfall nur mäßig steil. Sie erfordern keine Bergerfahrung und können oft auch bei Schlechtwetter verhältnismäßig gefahrlos begangen werden. Diese Wanderungen dauern normalerweise nicht länger als 4 Stunden. 18 Touren dieses Wanderführers sind blau (teils haben diese allerdings abschnittsweise auch rote Passagen). Sie entsprechen T1 auf der sechsstufigen Wanderschwierigkeitsskala des Schweizer Alpen-Clubs SAC.

■ = Mittel

Diese Wanderrouten sind ausreichend markiert (manchmal auch nicht), streckenweise schmal und ausgesetzt. Eine Portion Trittsicherheit, Schwindelfreiheit und Kondition sowie eine passende Ausrüstung (z.B. festes Schuhwerk) sind nötig. Die Gehzeit auf diesen Wanderungen kann bis zu 8 Stunden betragen. 29 Touren in diesem Wanderführer gehören zur roten Kategorie und entsprechen T2 bis T3 auf der SAC-Wanderskala.

■ = Schwierig

Diese Wege und Steige – manchmal markiert, manchmal aber auch weglose Routen – sind trittsicheren und orientierungserfahrenen Wanderern vorbehalten. Der Gebrauch der Hände zur Fortbewegung im steilen, felsigen Gelände kann manchmal nötig sein. 8 Touren in diesem Wanderführer wurden schwarz klassiert und entsprechen T4 bis T6 auf der SAC-Wanderskala.

Dauer: ohne Pausen

Die Gehzeiten beziehen sich auf ein durchschnittliches Marschtempo von etwa 4 km im flachen bzw. etwa 350 Höhenmeter (Aufstieg) im geneigten Gelände, pro Stunde und bei normalen Verhältnissen. Pausen sind nicht einberechnet, und an diese muss man bei der Tourenplanung schon denken. Schließlich gibt es unterwegs viele Beizen und Bänke.

Höhenunterschied: Auch der Abstieg zählt

Aufstieg und Abstieg sind angegeben. Denn nicht allein das Hohersteigen braucht Kraft und Ausdauer, sondern auch (vielleicht noch mehr) das Hinabbremsen. Die Höhenangaben stammen aus der Landeskarte der Schweiz, Maßstab 1:25.000.

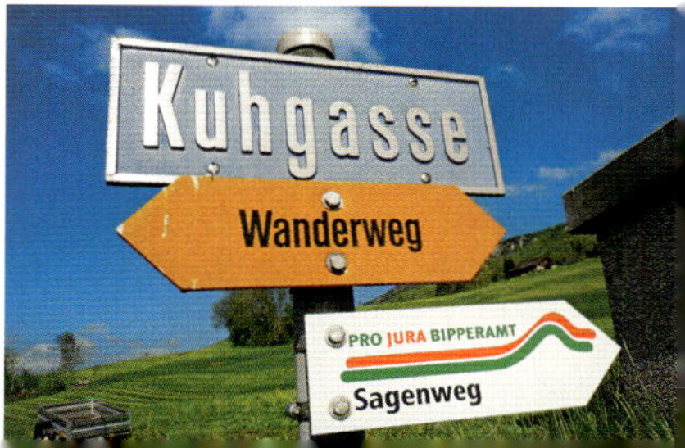

Sagenhaft! Weg zum Ankehubel (Tour 26).

Der Höhenunterschied konnte teilweise nur ungefähr erfasst werden. Wanderungen wie die Gratwege im Napf-Gebirge oder im Oberaargauer Jura mit ihren vielen Auf- und Abstiegen können selbst bei Verwendung von GPS-Geräten nicht immer metergerecht verrechnet werden.

Orientierung: Links ist nicht gleich links

Die Angaben links/rechts erfolgen im Sinne von Auf- und Abstieg; auf der rechten Talseite, am rechten Ufer ist jedoch genau definiert (in Fließrichtung). Die Namensgebung erfolgt nach der Landeskarte der Schweiz im Maßstab 1:25.000, wobei die aktuelle dialektale Schreibweise nicht immer übernommen wurde.

Wegmarkierungen: vielfarbig – und nicht markiert

Die Markierung der Wander- und Bergwanderwege in der Schweiz und im Fürstentum Liechtenstein ist einheitlich und erfolgt nach den von den »Schweizer Wanderwegen« aufgestellten Richtlinien. Die Markierung besteht aus Wegweisern mit oder ohne Zeitangaben, Richtungszeigern, Rhomben und Farbmarkierungen. Wanderrouten sind gelb, die anspruchsvolleren Bergwanderrouten weiß-rot-weiß markiert. Noch schwieriger sind die alpinen Routen, die weiß-blau-weiß markiert sind. Kulturwege sind braun gekennzeichnet.
Einige der hier vorgestellten Touren verlaufen auf Wegen und Pfaden, die nicht markiert sind; manchmal gibt es auch gar keine Spuren. Das setzt Orientierungsfähigkeit voraus – und gute Sichtbedingungen.

Bahn, Bus, Boot: öffentliche Verkehrsmittel in der Schweiz

Alle Ausgangs- und Endpunkte der vorgestellten 55 Wanderungen sind mit öffentlichen Verkehrsmitteln gut erreichbar. Das Netz von Bahnen, Bussen und Booten ist dicht geknüpft.

GPS-TRACKS UND KOORDINATEN DER AUSGANGSPUNKTE

Zu diesem Wanderführer stehen auf www.rother.de GPS-Tracks und Koordinaten der Ausgangspunkte zum kostenlosen Download bereit.
2. Auflage, Passwort: **445102fwn**
Sämtliche GPS-Daten wurden vom Autor im Gelände erfasst. Verlag und Autor haben die Tracks und Wegpunkte nach bestem Wissen und Gewissen überprüft. Dennoch können wir Fehler oder Abweichungen nicht ausschließen, außerdem können sich die Gegebenheiten vor Ort zwischenzeitlich verändert haben. GPS-Daten sind zwar eine hervorragende Planungs- und Navigationshilfe, erfordern aber nach wie vor sorgfältige Vorbereitung, eigene Orientierungsfähigkeit sowie Sachverstand in der Beurteilung der jeweiligen (Gelände-)Situation. Man sollte sich für die Orientierung auch niemals ausschließlich auf GPS-Gerät und -Daten verlassen.

SYMBOLE

Symbole im Tourenkopf

- Mit Bahn/Bus erreichbar
- Einkehrmöglichkeit unterwegs
- für Kinder geeignet

Symbole im Höhenprofil

- Ort mit Einkehrmöglichkeit
- Bushaltestelle
- Bahnhof / S-Bahn-Haltestelle
- Einkehrmöglichkeit
- unbewirtschaftete Hütte, Alm
- Gipfel
- Joch, Passübergang
- Kirche, Kapelle
- Burg, Schloss, Ruine
- Aussichtsturm
- Aussichtsplatz
- Quelle
- Auf-/Abfahrt mit Seilbahn
- Auf-/Abfahrt mit Zahnradbahn

Die Züge in die Schweiz lassen sich unter www.sbb.ch, www.bahn.de und www.oebb.at oder unter dem Punkt »Anreise« bei www.myswitzerland.com abfragen. Telefonische Auskunft erhält man beim Rail Service, Tel. +41 900 300 300. Hilfreich ist auch die Website www.fahrplanfelder.ch (Kursbuchseiten im Netz!). Mit einem Smartphone ist das Fahrplan-Lesen und Verbindung-Suchen ohnehin easy geworden.

Wegweiser in Schangnau mit typischem Emmentaler Haus (Touren 5, 6, 53).

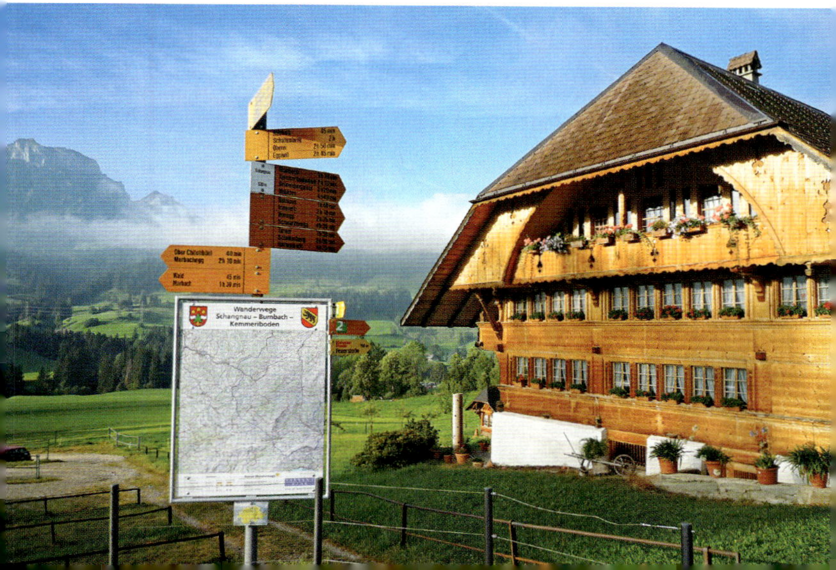

Beste Jahreszeit: immer – für die Emmen lieber Sommer

Das Schöne am Wandern abseits hoher oder schroffer Gebirge: Es ist jederzeit möglich, auch mit Schnee. Anders gesagt: Rund ein Drittel der hier vorgestellten Touren kann genussvoll auch im Winter unternommen werden. Ja, grad im Winter, wenn man auch einmal querfeldein gehen kann. Die Wässermatten bei Langenthal laden selbst bei Dauerregen zu einem Spaziergang ein. Eine Jahreszeit sei besonders empfohlen, vielleicht weniger zum Wandern als zum Baden: Wenn die beiden Emmen, die Aare, der Mutzbach und der Burgäschisee über 20° warm sind, gibt es eigentlich nichts Schöneres, als einzutauchen. Aber aufgepasst bei Gewittern! Dann können Emme, Ilfis, Langete und ihre Seitenbäche innert kürzester Zeit zu lebensgefährlichen Flüssen und Bächen werden, die alles mitreißen. Das Napfgebiet gilt als eine der Gewitterkammern der Schweiz.

- Der Wetterbericht der MeteoSchweiz wird täglich fünfmal aktualisiert; er ist über Telefon 162 und über www.meteoschweiz.ch zu erreichen. Ebenfalls nützliche Wetterinfos: www.meteomedia.ch, www.meteoblue.ch.
- Livekameras auf diversen Websites (z.B. www.swisswebcams.ch). Guter Überblick bei www.myswitzerland.com/de/swisscams.

Karten: Wanderkarten auf Papier und Bildschirm

Die bei der jeweiligen Tour angegebenen Nummern beziehen sich auf die Landeskarte der Schweiz: 4 Ziffern = Maßstab 1:25.000; 3 Ziffern = Maßstab 1:50.000 (ist noch ein »T« dabei, so ist das Blatt auch als offizielle Wanderkarte der »Schweizer Wanderwege« erhältlich). Sehr gut ist die Zusammensetzung 1:25.000, Blatt 2522 T »Napf«.

Im Internet hat man die Landeskarte der Schweiz auf map.geo.admin.ch (die offizielle Site von www.swisstopo.ch, mit zahlreichen Zusatzfunktionen) sowie auf map.schweizmobil.ch (mit Wanderwegen, Haltestellen der öffentlichen Verkehrsmittel etc.); der Ausschnitt der Karte (oder des Luftbildes) kann jeweils ausgedruckt werden. Die Karten können mobil genützt werden, ohne dass dafür eine Netzverbindung nötig ist. Mobile Nutzer laden und speichern die Kartenausschnitte vorab auf ihre Endgeräte. Im Gelände funktioniert die Lokalisation mit GPS-Technologie.

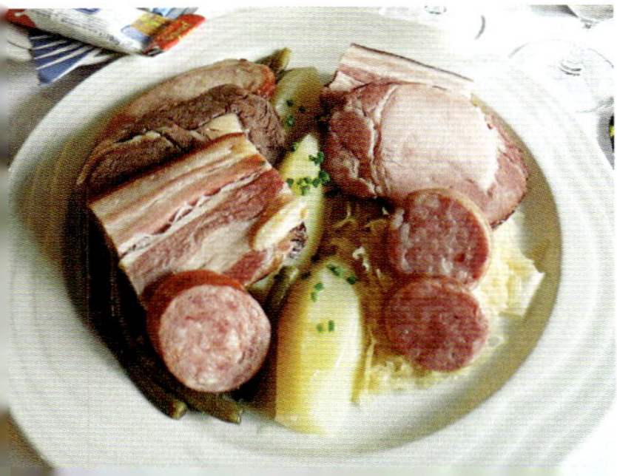

Berner Platte im »Hirschen« in Trubschachen (Tour 6).

Einkehr und Unterkunft: von der Käserei zum Landgasthof

Verpflegungsmöglichkeiten bestehen in vielen Dörfern, und an Alpwirtschaften fehlt es nicht. Auf der Ost-West-Traversierung des Napf beispielweise kann

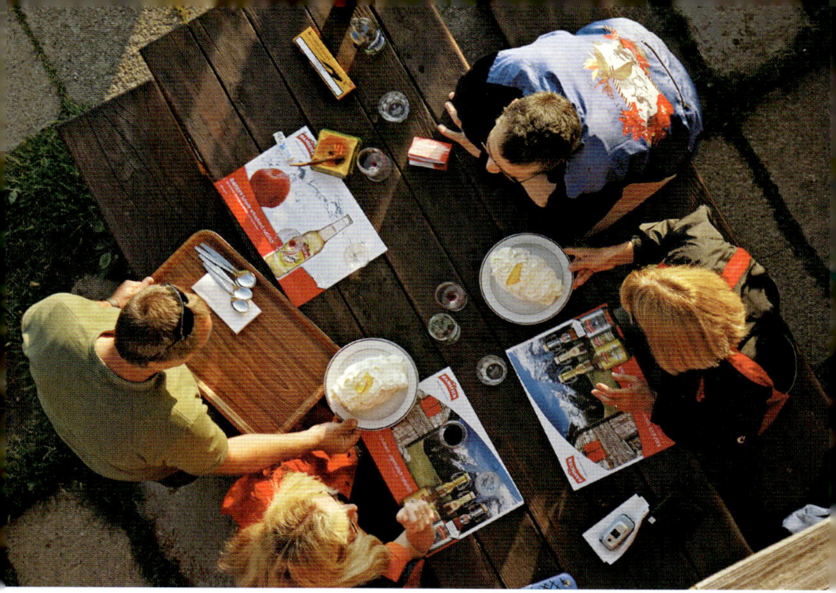

Meringues im Berghotel Napf, auf der Grenze Emmental/Entlebuch (Touren 36–38).

man unterwegs fünfmal einkehren, die Hotels am Start und Ziel und auf dem Gipfel nicht einberechnet. Allerdings sollte man, wenigstens bei den Getränken, etwas zurückhaltend sein. Als ich auf der Stächelegg für einen Kaffee einkehrte, fragte mich der Wirt, mit welchem. Damit meinte er Kirsch, Zwetschge, Pflümli oder Bätzi – und nicht, ob ich überhaupt Schnaps in den Kaffee wolle. Ja, Hunger sollte man auch haben: unvergesslich die mit Fleisch gefüllte Hirschenplatte im »Hirschen« in Trubschachen, die fast keinen Platz übrig ließ für den Rämisgummerücken und das Hagu-Hans-Schweinsfilet. Hungrig geht man zwischen Kemmeribodenbad an der jungen Emme und Vordere Schmidenmatt unweit des Ankehubel selten vom Tisch. Und sonst könnte man in einer Dorfkäserei oder einem Lädeli immer noch das einkaufen, wofür das Emmental weltberühmt ist: seinen Käse. Die bekannteste Käserei ist die Emmentaler Schaukäserei in Affoltern i.E. (vgl. Tour 21). Aber auch im Entlebuch wird groß gekäst: Tour 48 endet und Tour 49 startet direkt bei der »Entlebucher Spezialitäten Käserei«.
Wenn möglich, werden die Unterkunftsmöglichkeiten mit Telefonnummern einzeln angegeben. In den meisten Unterkünften kann eingekehrt werden; das Umgekehrte gilt jedoch nicht.
Nützlich: tel.search.ch; www.bnb.ch (Bed & Breakfast). Und: Tourismus Emmental gibt ein hübsches Verzeichnis zu Unterkünften heraus.

Der Umwelt zuliebe ...

Auch beim Wandern hinterlassen wir einen ökologischen Fußabdruck, aber im Einklang mit der Natur unterwegs zu sein, ist gar nicht so schwer!

VORBEREITUNG UND ANFAHRT

- Sich vorab informieren, worauf in Bezug auf Natur und Umwelt in der jeweiligen Wanderregion besonders zu achten ist.
- Soweit möglich mit Bahn und Bus anreisen, Wander- und Rufbusse nutzen.
- Ist eine Anfahrt mit dem Auto nötig, Fahrgemeinschaften bilden.
- Bei weiten Anfahrten Mehrtagestouren planen oder von einem Quartier vor Ort aus mehrere Touren absolvieren.
- Flugreisen möglichst reduzieren und durch Beiträge zu Klimaschutzprojekten kompensieren.

KLEIDUNG UND AUSRÜSTUNG

- Beim Kauf von Outdoor-Kleidung auf umweltfreundliche und faire Herstellung achten und Kleidungsstücke möglichst viele Jahre nutzen.
- Ausrüstung kann man eventuell auch gebraucht kaufen oder ausleihen.
- Reparieren statt neu kaufen.

VERPFLEGUNG

- Beim Einkauf Bio-Ware, regionale und saisonale Erzeugnisse bevorzugen.
- Hütten und Gasthäuser auswählen, die regionale Produkte verwenden.
- Auf Einwegflaschen und Plastikverpackungen verzichten, stattdessen wiederverwendbare Trinkflaschen und Brotzeitboxen benutzen.

ÜBERNACHTUNG

- Bei lokalen Anbietern buchen, damit Menschen vor Ort profitieren.
- Auf Hütten und in anderen Unterkünften Strom und Wasser sparen.

UNTERWEGS

- Wege benutzen und Abkürzer vermeiden.
- Sperrungen von Wegen und Schutzgebieten respektieren.
- Keine Blumen pflücken und keine Pflanzen entnehmen.
- Waldbrandgefahr beachten.
- Müll wieder mit nach Hause nehmen und dort entsorgen.
- Toilettengänge in freier Natur möglichst vermeiden.
- Lärm vermeiden.
- Hunde an die Leine nehmen.

ROTHER
BERGVERLAG

Anreise: schnell und bequem

Ob mit Bahn, Bus oder auch Flugzeug: Die hier vorgestellte Wanderregion im Viereck der Städte Bern, Interlaken, Luzern und Olten ist rasch erreicht, auch von den großen Flughäfen Zürich, Genf und Basel. Am elegantesten ist natürlich die Anreise per Bahn: Berlin Hauptbahnhof ab 6.31, Bern Hbf an 14.56 Uhr, mit dem ICE, ohne umzusteigen. Mit Umsteigen geht es sogar noch schneller. Für die zünftige Gipfelparade rund um Burgdorf reicht die Zeit nicht mehr, wohl aber für den Spaziergang von Hindelbank bei Bern nach Burgdorf, für den Emmental-Literaturweg in Konolfingen, auf den Spuren von Friedrich Dürrenmatt. Oder man steigt schon in Otten aus und wandert nach Sankt Urban.

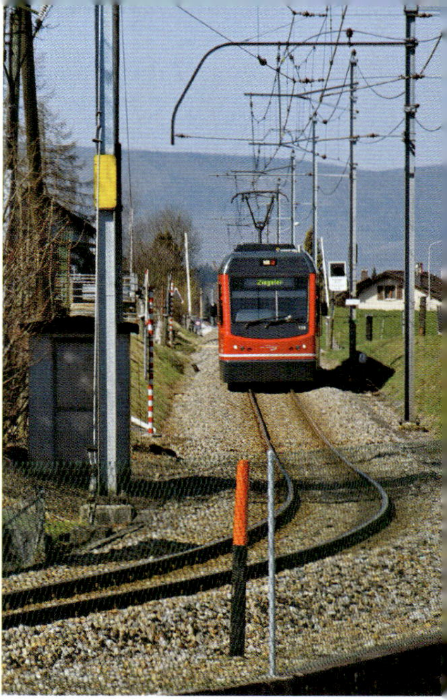

Zug vom Kloster St. Urban nach Langenthal, hinten der Jura (Tour 29).

Natur- und Umweltschutz: Natur und Kultur bewahren

- Keinen Dreck zurücklassen, weder Abgase noch Abfall.
- Tiere, Pflanzen und Steine schonen.
- Respekt zeigen vor den Einheimischen und ihrem Eigentum (Gebäude, Tiere); Weidegatter schließen.

Trekking: Schönste Mehrtageswanderungen

54 der 55 vorgeschlagenen Wanderungen sind Tages-, ja Halbtagestouren; ein paar von ihnen lassen sich zu mehrtägigen Wanderungen verknüpfen. Tour 24 stellt die zweitägige Wanderung von Solothurn entlang der Aare nach Olten vor. Drei weitere empfehlenswerte Touren:

Von der Emmenquelle zum Emmensprung. In sechs Tagen von einem Quellgebiet ins andere. Oder auch nur in zwei, die Luftlinie zwischen den zwei Ursprüngen misst bloß 14 Kilometer.

Die lange Runde: 1. Tour 1 von Habkern nach Kemmeribodenbad. – **2.** Auf dem Wanderweg nach Schangnau und auf Tour 6 nach Trubschachen. – **3.** Auf dem Grenzpfad Napfbergland über Turner und Champchnubel auf den Napf. – **4.** Tour 36 Richtung Romoos, nach der Schwändi-Seilbahn aber hinab zur Grossen Fontanne, hinauf aufs Bärgli, runter nach Entlebuch, auf Tour 41 der Grossen Entle entlang nach Finsterwald und noch weiter bis Gfelle – **5.** Tour 42 über Schimbrig auf die Wassenfallenegg und weiter ins Alprestaurant Stäldeli; man kann von der Wasserfallenegg noch den Fürstein mitnehmen (Tour 45). – **6.** Hinauf in den Sattelpass, Tour 44 Richtung Glaubenbielen bis Scheidbach am Rotspitz, weglos hinab aufs Totmoos, auf der Straße nach Emmen, von wo der Wanderweg zur Talstation der Luftseilbahn aufs Brienzer Rothorn geht; von hier zum Emmensprung sind es bloß 45 Min. Dann entweder hinab nach Sörenberg, oder auf Tour 55 hinauf aufs Rothorn.

Die kurze Runde: 1. Tour 1 bis zur Teufelsbrücke über die junge Emme und auf der Wanderroute über Chüblisbüel zum Berggasthaus Salwideli (Tel. +41 41 488 11 27). – **2.** Aufstieg auf dem Grenzpfad Napfbergland aufs Brienzer Rothorn und auf Tour 55 hinab zum Emmensprung.

Von der Emmenquelle zum Emmespitz. In vier Tagen so nah wie möglich dem namensgebenden Fluss folgen, vom Hohgant bis zur Aare. Schwierigster Abschnitt ist ganz klar die Emmeschlucht; um ihn zu vermeiden, sollte man wenigstens die Variante zum Räbloch wählen und dann den Wanderweg nach Eggiwil einschlagen. Wer die Etappen kürzer halten will,

Die Kleine Emme startet rauschend, im Gegensatz zur Grossen (Tour 55).

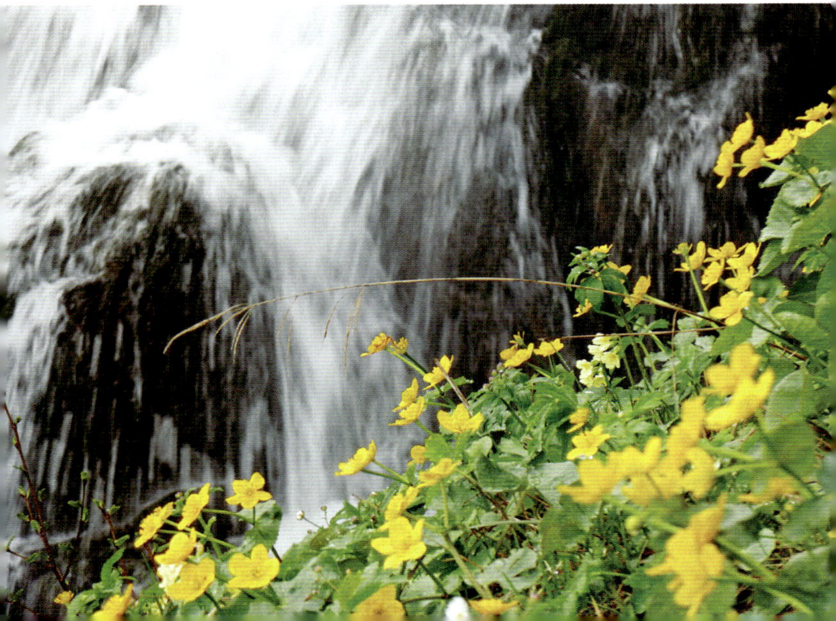

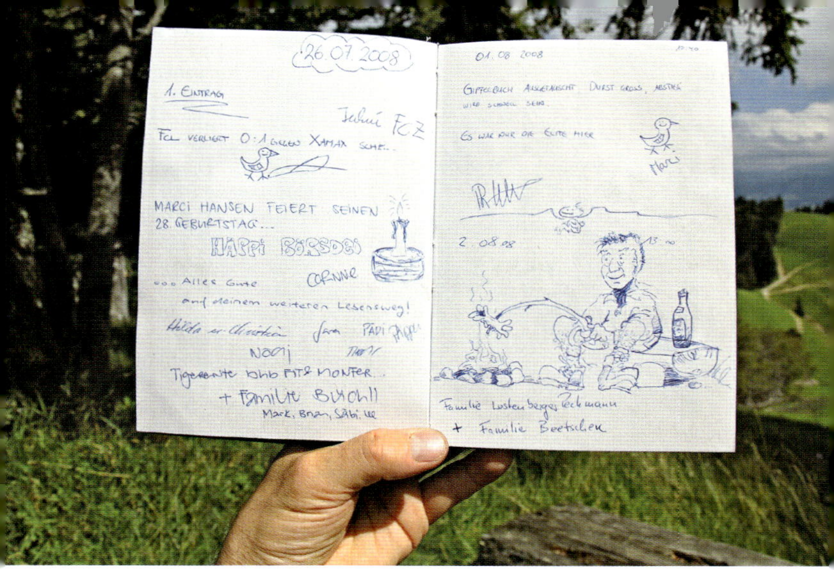

Gipfelbuch vom Hängst beim Napf (Tour 36).

unterteilt die Strecke von Eggiwil zur Aare in drei Abschnitte, mit Übernachtung in Lützelflüh und in Utzenstorf oder Bätterkinden; im Wasserschloss Landshut kann man nur einkehren, aber nicht nächtigen.
Die Etappen: 1. Tour 1 von Habkern nach Kemmeribodenbad. – **2.** Wanderweg bis unterhalb Schangnau (7,5 km), Tour 5 nach Eggiwil. – **3.** Uferweg über Lützelflüh nach Burgdorf (27 km). – **4.** Uferweg nach Utzenstorf (12 km) und wie Tour 23 zur Mündung in die Aare. Flussaufwärts nach Solothurn.

Grenzpfad Napfbergland. Von Langenthal bis zum Brienzer Rothorn und weiter zum Brünigpass erstreckt sich einer der spannendsten helvetischen Weitwanderwege: der 115 km lange Grenzpfad Napfbergland. Vor rund 170 Jahren schlugen sich die katholischen Luzerner und protestantischen Berner die Köpfe ein. Aber 1998, zum 150-jährigen Jubiläum der modernen Eidgenossenschaft, eröffneten die Nachbarn gemeinsam diesen abwechslungsreichen Weg zwischen dem Emmental und dem Entlebuch. Er führt in sechs Etappen durch urwüchsige Tannenwälder und über sonnige Grate, durch putzige Dörfer und vorbei an chüschtigen Berggasthöfen, zu schwarzen Köhlern und bunten Schmetterlingen. Man kann den Grenzpfad Napfbergland etappenweise abstottern, aber nachhaltiger wirkt ein mehrtägiges Unterwegssein. Alles Weitere auf www.grenzpfad.ch.

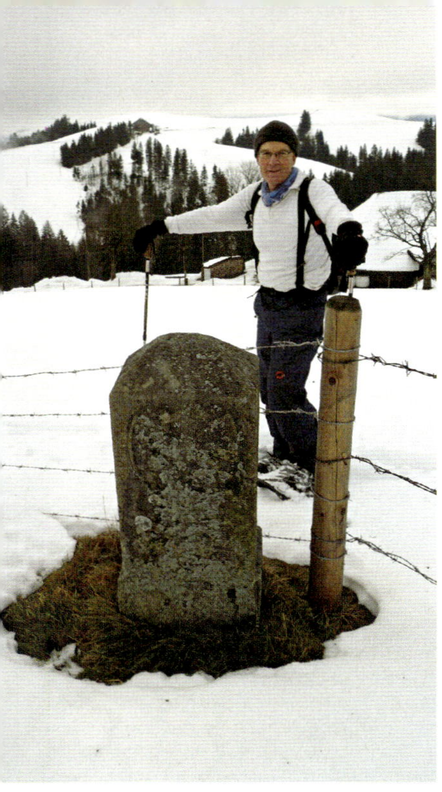

Turner, Kantonsgrenze BE/LU (Tour 39).

Märkte: in Langnau und anderswo

Neben Wochenmärkten, wie beispielsweise in der Marktgasse in Langenthal am Dienstag- und Samstagmorgen, gibt es auch ganz spezielle Märkte. So den Gotthelf-Märit in Sumiswald (am zweiten Samstag im Juni), den Kalten Markt in Schüpfheim, ein Herbstmarkt mit über 120 Marktständen (am zweiten Donnerstag im November) sowie die legendären Jahresmärkte in Langnau, die sechsmal im Jahr stattfinden; genaue Daten unter www.langnau-ie.ch/tourismus/maerkte.

Chäsbodewängstall: sprachliche und andere Grenzen

Dieser Wanderführer geht über geografische, geschichtliche, gesellschaftliche, kirchliche und kantonale Grenzen hinaus. Links, also westlich, das bernisch-protestantische Emmental. Rechts, also östlich, das luzernisch-katholische Entlebuch (und noch ein Stück katholisches Obwalden). Oben, also im Norden, das bernisch-reformierte Oberaargau, mit Abstechern ins Solothurnische (katholisch) und Aargauische (reformiert). Wie buchstäblich scharf die Grenze zwischen BE und LU tatsächlich noch immer ist, wird man spätestens auf dem Ahorn mit dem vierfachen Stacheldrahtzaun merken (Touren 32 und 33).
Es gibt aber noch andere Grenzen, nämlich sprachliche. Insbesondere dann, wenn man all die schön langen Namen rund um Rämisgummehoger und Champechnubel und Lütscherligütsch korrekt aussprechen möchte: Hürliseggschwändeli, Laubersmadghack, Rächelochbach, Schöniseischwand, Chüblisbüelbode und Chemmeribodenflue. Am Fuß von Letzterer liegt das Kemmerbodenbad, der berühmte Landgasthof an der jungen Emme. Und dort wird man vielleicht auch an Grenzen stoßen, wenn man sich mit zu wenig Hunger und Kapazitäten an den Verzehr der Coupe Hohgant macht.

Literatur: Gotthelf, Lenz & Co.

- Ewald Ackermann: Alpinwandern/Gipfelziele Entlebuch/Emmental, SAC Verlag 2011.
- Jürg Alder: Thunersee-Hohgant – Entdeckungsreisen zu Menschen und Landschaften, Weber Verlag 2010.
- Valentin Binggeli: Hügelland. Der Oberaargou i sir Sprooch – e bäärndütschi Geografii. Herausgeber.ch, 2011.
- Lukas Fischer, Philipe Cruz: Bern und Mittelland – Nachmittags-Ausflüge, Edition Lan 2011.
- Bernhard Giger, Bänz Friedli: Herz im Emmental. Vom Leben mit einem Mythos, Limmat Verlag 2011.
- Jeremias Gotthelf: siehe www.gotthelf.ch oder www.gotthelf.unibe.ch.
- Fritz von Gunten: Sagenhaftes Emmental, Druckerei Schürch, Huttwil 2008.
- Peter Hahn: Zeitspuren im Entlebuch, Waldentwicklung und Landschaftswandel im 20. Jahrhundert, Haupt Verlag 2011.
- Pier Hänni: Magisches Bernbiet, AT Verlag 2008.
- Francesco Micieli: Schwazzenbach. Schlaflos in Lützelflüh, Zytglogge Verlag 2012.
- Pedro Lenz: Das Kleine Lexikon der Provinzliteratur, Bilgerverlag 2005.

Kirche Lützelflüh mit den Gräbern dreier berühmter Schriftsteller (Tour 15).

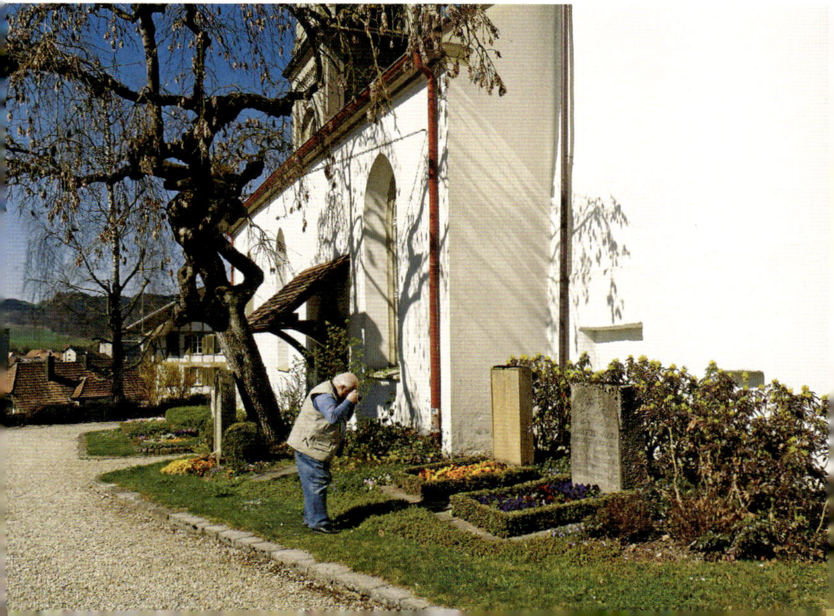

- Pedro Lenz: Der Keeper bin ich, Bilgerverlag 2012.
- Pedro Lenz: I bi meh aus eine: die bemerkenswerte Geschichte eines Emmentaler Siedlers, Cosmos-Verlag 2013.
- François Meienberg: Gratwegs ins Entlebuch, Rotpunktverlag 2008.
- Francesco Micieli: Schwazzenbach. Schlaflos in Lützelflüh, Zytglogge Verlag 2012.
- Mordsgeschichten aus dem Emmental. Landverlag, Trubschachen; Band 1 2008, Band 2 2009, Band 3 2012.
- Peter Pfander/Victor Jans: Gold in der Schweiz, Ott-Verlag 2013.
- Peter Studer, Walter Studer, Ernst Eggimann: Skateboard, Käse und Badewannen. Emmentaler Bildergeschichten 1952 bis 2009, Verlag Herausgeber.ch 2009.
- Hans Schüpbach, Hans Künzi: Auf Gotthelfs Spuren durchs Emmental, Ott Verlag 1997 auch (im Gotthelf Zentrum in Lützelflüh erhältlich).
- Dominique Strebel, Patrick Wülser: Mordspaziergänge. Kriminalliterarische Wanderungen im Kanton Bern, Rotpunktverlag 2001.
- Hans Peter Bärtschi: Industriekultur im Kanton Bern. Wegbegleiter zu 222 technikgeschichtlichen Sehenswürdigkeiten, Rotpunktverlag 2006.
- Fritz von Gunten: Denk mal – ein Denkmal, Druckerei Schürch, Huttwil 2010.
- Fritz von Gunten: Seen- und Seelenlandschaften. Sagenhafte Begegnungen an über 80 Seen im Kanton Bern. Druckerei Schürch, Huttwil 2012.
- Richi Spillmann: Berg-Beizli-Führer, Spillmann Verlag 2020.
- Wanderbücher des Vereines Berner Wanderwege: Emmental – Oberaargau, Kurzwanderungen.
- Paul Wittwer: Giftnapf, Nydegg Verlag 2008.
- Verena Zürcher: Alpbeizli-Führer Emmental, Werd & Weber Verlag 2015.

Wichtige Telefonnummern und Adressen

- **Wetterbericht der Schweiz**
  www.meteoschweiz.ch; Tel. +41 900 162 (allgemeine Ansage), Tel. +41 900 162 333 (persönliche Wetterberatung); www.meteoblue.com
- **Notruf**
  Die zentrale, europaweit und auch in der Schweiz gültige Notrufnummer für Polizei, Feuerwehr und Ambulanz ist 112. Darüber hinaus:
  Schweizerische Rettungsflugwacht REGA, Tel. 1414
  Polizeinotruf, Tel. 117
  Sanitätsnotruf, Tel. 144
- **Öffentliche Verkehrsmittel**
  Bahn, Bus und Seilbahnen: www.sbb.ch, Tel. +41 900 300 300; www.bls.ch; www.fahrplanfelder.ch
- **Allgemein**
  Schweiz Tourismus, www.myswitzerland.com, info@myswitzerland.com, Tel. +41 0800 100 200 30 (gratis); CH-8027 Zürich, Tödistrasse 7; D-60311

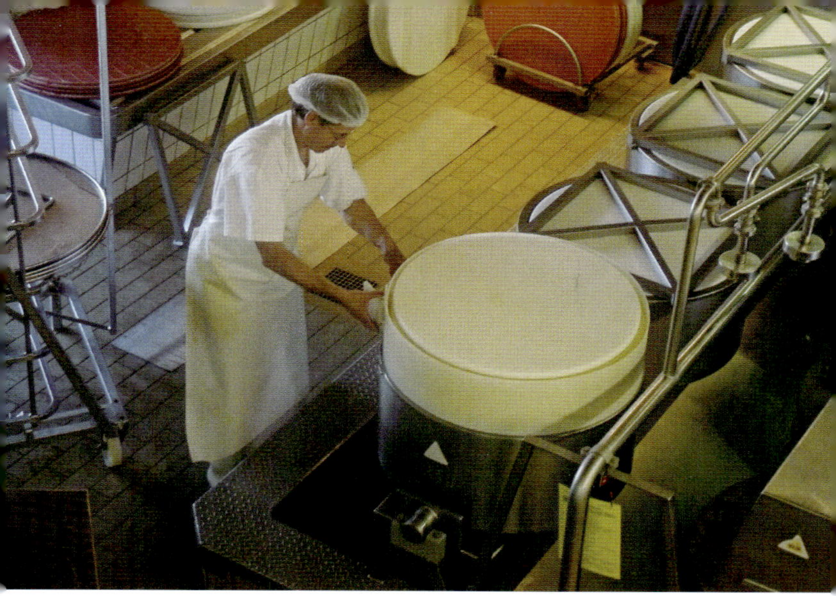

Schaukäserei in Affoltern im Emmental (Tour 21).

Frankfurt a.M., Rossmarkt 23; A-1040 Wien, Schwindgasse 20; NL-1001 JK Amsterdam, Postbus 17400.

- **Bern und Luzern**
  Tourismus Emmental, Bahnhofstrasse 44, CH-3401 Burgdorf,
  Tel. +41 34 402 42 52, www.emmental.ch
  Tourismus Oberaargau, Marktgasse 13, CH-4900 Langenthal,
  Tel. +41 62 919 19 00, www.myoberaargau.ch
  UNESCO Biosphäre Entlebuch, Chlosterbüel 28, CH-6170 Schüpfheim,
  Tel. +41 41 485 88 50, www.biosphaere.ch
- **Lokale Verkehrsvereine**
  Die Internetauftritte lokaler Verkehrsvereine findet man am schnellsten, wenn man den gesuchten Ort bei einer Suchmaschine eingibt.
- **Wandersites**
  www.alternatives-wandern.ch
  www.bernerwanderwege.ch
  www.gipfelbuch.ch
  www.hikr.org
  www.luzerner-wanderwege.ch
  www.wanderplaner.ch
  www.wandersite.ch

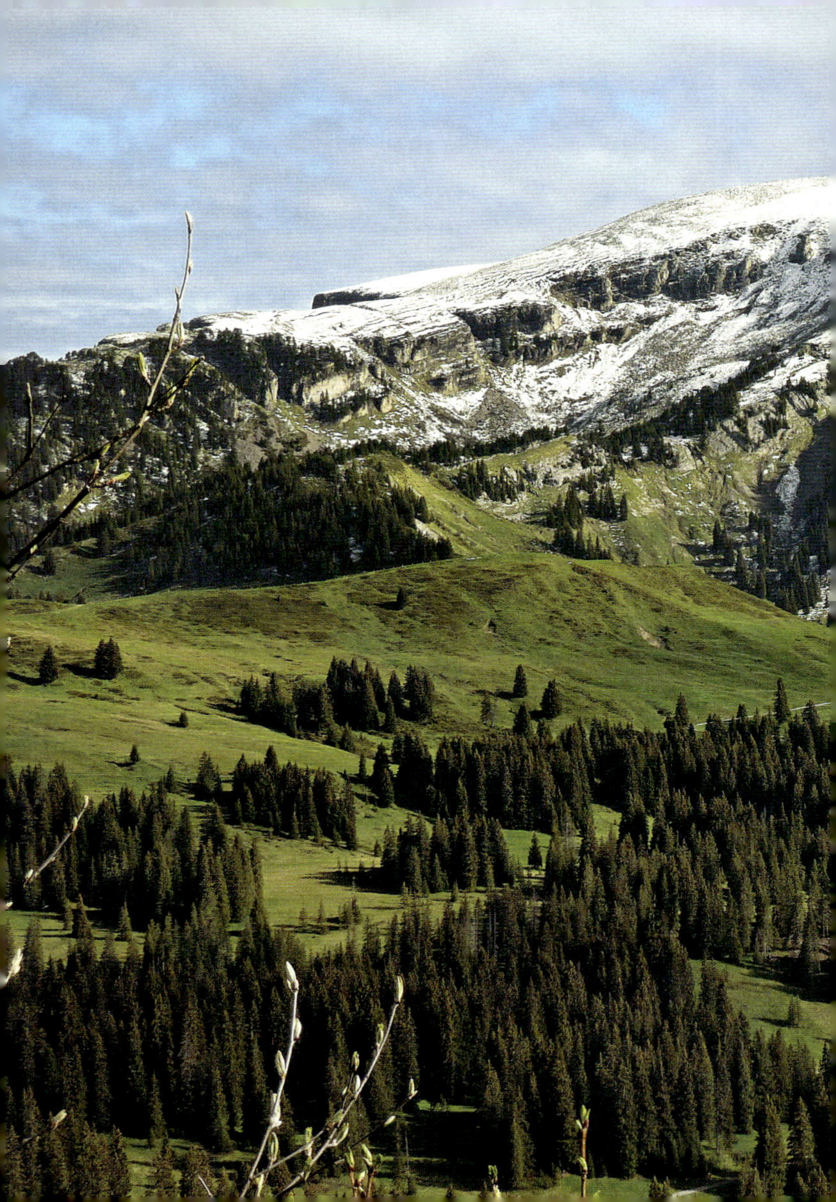

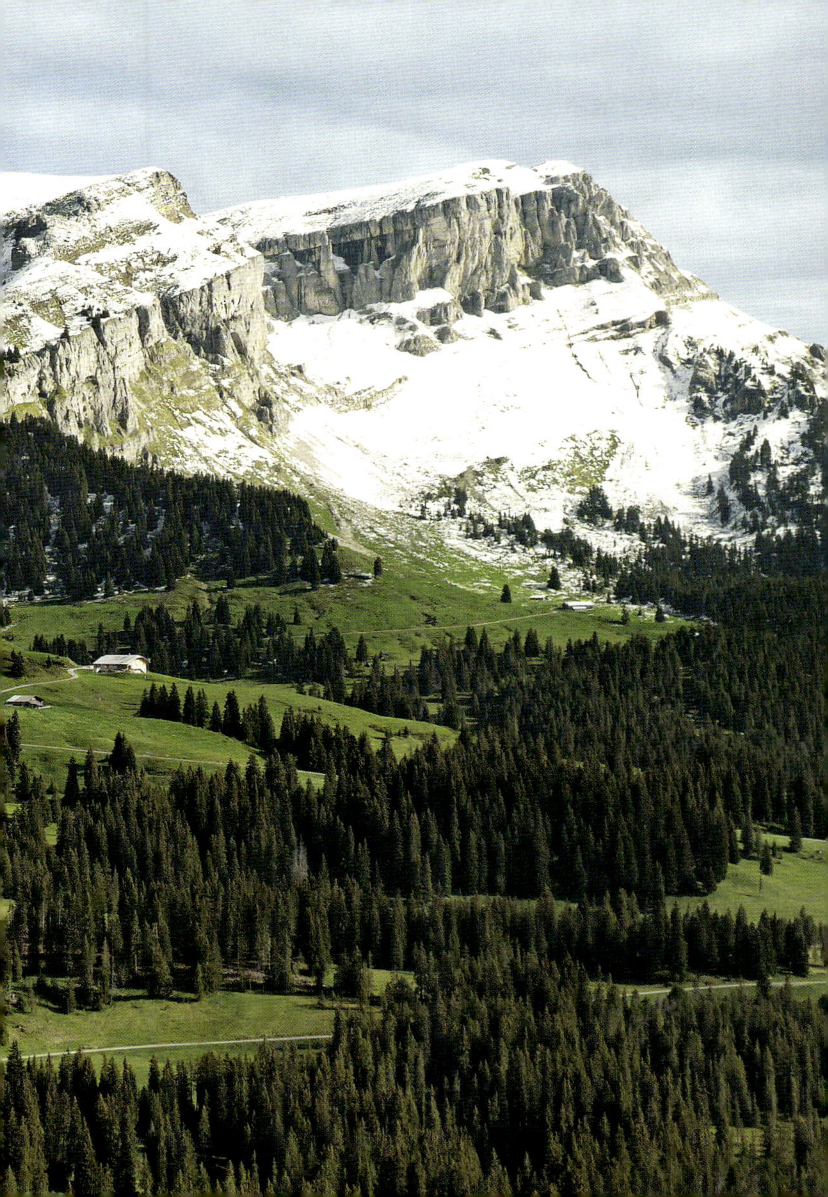

↗ 940 m | ↘ 1030 m | 17.3 km

1 Bolberg, 1800 m – Emmenquelle – Kemmeribodenbad

5.45 h

Willkommen im Emmental!

Keinen Zweifel zur Quelle der Emme lässt der erste Band »Aa – Emmengruppe« des Geographischen Lexikons der Schweiz von 1902 offen: »Dort, wo der Bohl (1799 m) in einem schmalen Grat (...) den Riedergrat mit dem Hohgant verbindet, entspringt sie aus mehreren kleinen Gebirgsbächen, die in einem weiten Zirkus sich aus einer Höhe von 1700 bis 1650 m zur Emme vereinigen, die hier auch den Namen Bocken führt; andere Bächlein fliessen ihr vom Augstmatthorn (2137 m) und dem Tannhorn (2221 m) zu.« Den Gebirgsbach, der am weitesten oben an diesem Verbindungsgrat zwischen Bolberg und Hohgant zu plätschern beginnt, nennt das Blatt »Beatenberg« der Landeskarte der Schweiz im Maßstab 1:25.000 seit der Ausgabe von 2008 Schwarzbach. Für uns wie für das Lexikon bleibt dieser Bach die Emme.

Ausgangspunkt: Habkern, 1068 m, Haltestelle Post; Postauto von Interlaken West.
Endpunkt: Kemmeribodenbad, 976 m; Postauto nach Escholzmatt an der Bahnlinie Bern – Luzern.
Anforderungen: Markierte und unmarkierte Wege mit weglosen Abschnitten. Leicht, außer im Graben der jungen Emme, wo man etwas aufpassen muss, aber mehr in dem Sinne, dass man keinen nassen Schuh rauszieht. Apropos Schuhe: wasserfeste, hohe Schuhe sind ein Muss, auch für den Aufstieg von Habkern auf dem Wanderweg gegen Winterröscht. Stöcke sehr vorteilhaft, Badekleidung im Sommer, für ein erstes Bad in der jungen Emme, kurz vor dem Kemmeribodenbad. T3.
Beste Jahreszeit: Von Spätfrühling bis Herbst.
Einkehr und Unterkunft: Hotels in Habkern. Hotel Landgasthof Kemmeriboden-Bad, Tel. +41 34 493 77 77.
Varianten: 1) Die drei Gipfel Winterröscht, Bolberg und Höchst könnten auf dem Wanderweg je auch umgangen werden.
2) Shuttlebus von Habkern nach Rotenschwand/Lombachalp, 1559 m, und zu Fuß in 40 Min. auf den Winterröscht; www.lombachalp.ch (unter diesem Link auch viel Wissenswertes zur Moorlandschaft).
Kombinationsmöglichkeit: Mit Tour 3 und 53.
Karten: 244 T Escholzmatt, 254 T Interlaken; 1189 Sörenberg, 1208 Beatenberg, 1209 Brienz.

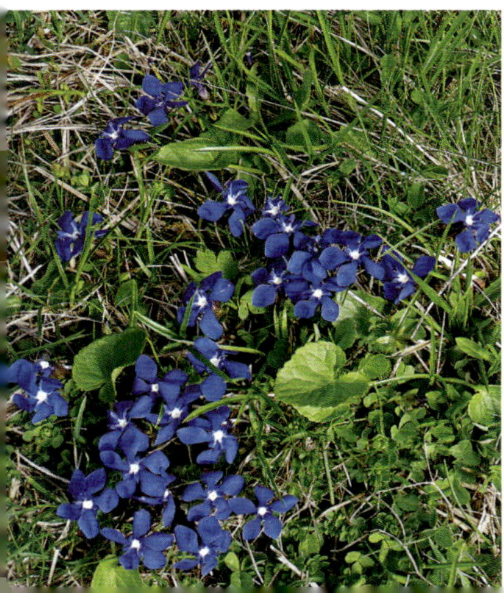

Blau blüht der Enzian auch an der Emme.

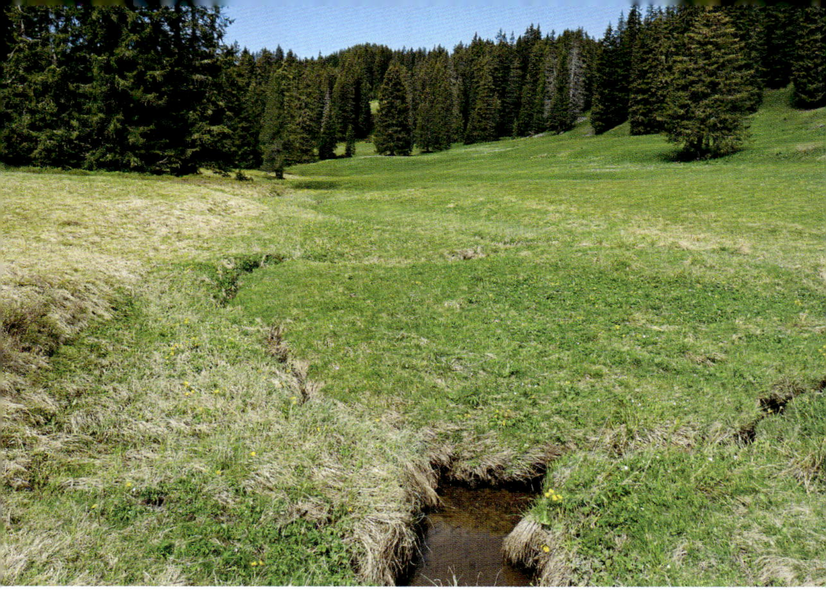

Die Emme als Bächlein im Hochmoor, 100 Höhenmeter unter der Quelle.

Von **Habkern** ❶ auf der Straße hinab zur **Traubach-Brücke** ❷, 1041 m, einem Bauwerk des berühmten Brückenbauers Roger Maillart. Auf dem anderen Ufer nach links auf den Fußweg, hinauf in die Siedlung Bolsiten und hindurch. Rechts auf einen Rücken und über ihn noch. Ein kurzes Stück auf der Straße, dann über die Wiesen von Wiswald (undeutlicher Weg, bei nassem Grat ein Test für die Schuhe). Auf der Alpstraße nach Teuftal, 1525 m, auf dem Weg Richtung Läger, aber noch vor der Hütte oben rechts weg, weglos hinauf auf den Kamm und über ihn direkt zum Gipfel **Winterröscht** ❸, 1759 m (Bank, ganz starke Aussicht auf die Berner Hochalpen und den Thunersee).

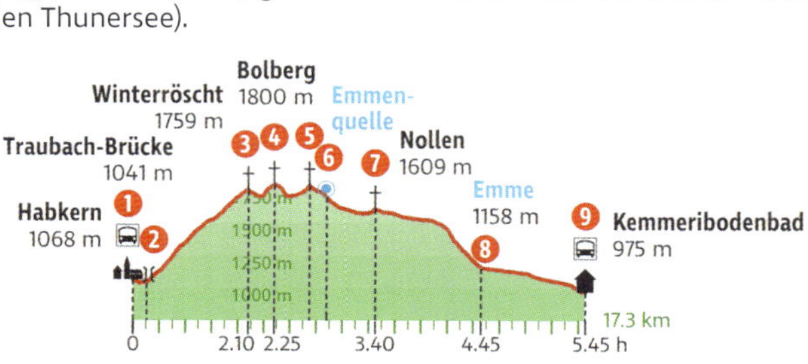

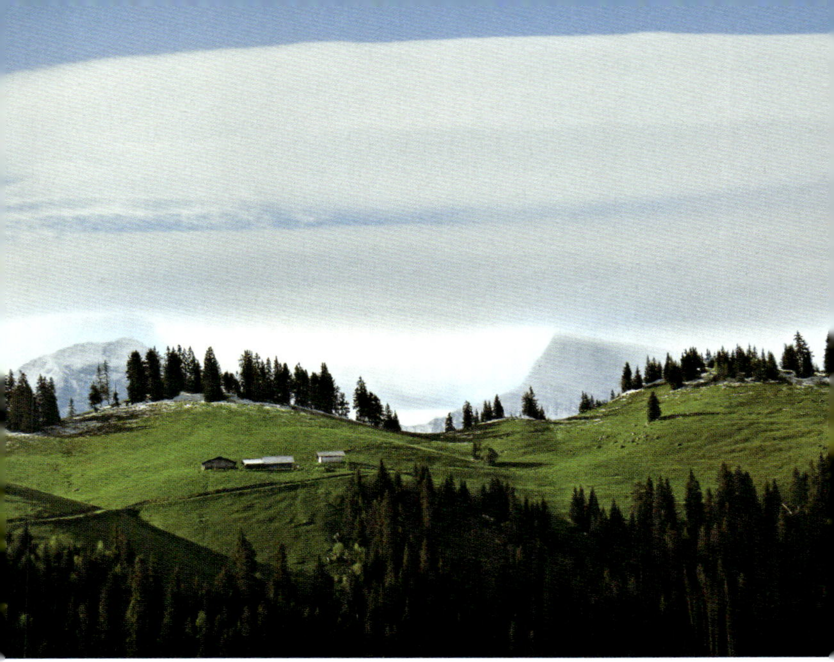

Berühmte Gipfel tauchen hinter dem Grat zum Augstmatthorn auf: Eiger und Mönch.

Zurück über den Grat nach Läger, zur westlichen Hütte, 1723 m. Abseits des Wanderweges weglos über Grat hinauf auf den **Bolberg** 4, 1800 m. Auf dem Grat (Wegspuren) hinab zur südlichen Widegg-Hütte, 1706 m. Nordwärts auf Fahrweg in einen Sattel. In waldigem, gebüschigem Gelände über den Südgrat, teilweise etwas rechts des Gratverlaufs, zum überwachsenen, höchsten Punkt des **Höchst** 5, 1792 m.

Eine Pfadspur führt über den Nordostgrat hinab in einen Sattel, ca. 1740 m, wo wir auf den breiten Wanderweg treffen. Wer will, könnte von hier rasch einen Abstecher auf den Stand, 1765 m, machen. Vom Sattel ostwärts und schräg links haltend hinab zur **Emmenquelle** 6 bei Brunnen, ca. 1700 m, etwa beim zweiten »g« von Widegg auf der Landeskarte, westlich oberhalb der Kurve der Alpstraße nach Allgäuli. Nun dem Emme-Bächlein entlang; zuerst links von ihm, durch einen ersten Graben und an seinem Ende nach rechts. Hinaus aufs Hochmoor und dem mäandernden Bach folgen, in dem die ersten Fische schwimmen; hier mündet der weiter südwestlich der Widegg entspringende Bach in denjenigen, den man von oben begleitet, und hier findet sich auf der Landeskarte auch die Bezeichnung Schwarzbach.

Man kommt zu einer Straßenverzweigung, 1586 m. Ostwärts auf der Straße wenig ab- und aufsteigend zur Heitbüel-Hütte und weglos hinauf zum Kulminationspunkt, 1609 m, des **Nollen** 7.
Ostwärts wieder hinauf auf die Teerstraße. Auf ihr über den Nollen-Rücken bis in die dritte Haarnadelkurve, ca. 1440 m. Wenn es die Verhältnisse erlauben, direkt hinab und rechts an der Tränke vorbei zum neu erbauten Habchegg-Hof, 1296 m; man kann auch auf der Erschließungsstraße marschieren. Vor dem Haus links hinab und hinüber zum Weg, der zum untersten Stall führt. Links hinüber zum kleinen Stall, hinab zum Wald und ihm entlang zu einer Holzbalkenbrücke. Durch Wald, nordwärts über die sumpfige Wiese und auf einem Weg hinab zur **Emme** 8, 1158 m. Ihr entlang über die Harzisböden nach **Kemmeribodenbad** 9.
Der markierte Umweg über die Teufelsbrücke lohnt sich nur, wenn man die erste Brücke über die Emme begehen will. Weiter unten empfiehlt sich aber vielleicht ein Abstecher zum Zusammenfluss von Bärselbach und Emme, wo es schöne Badebecken gibt, damit wir uns dann 15 Min. später frisch gewaschen an einen der sauberen Tische setzen können.

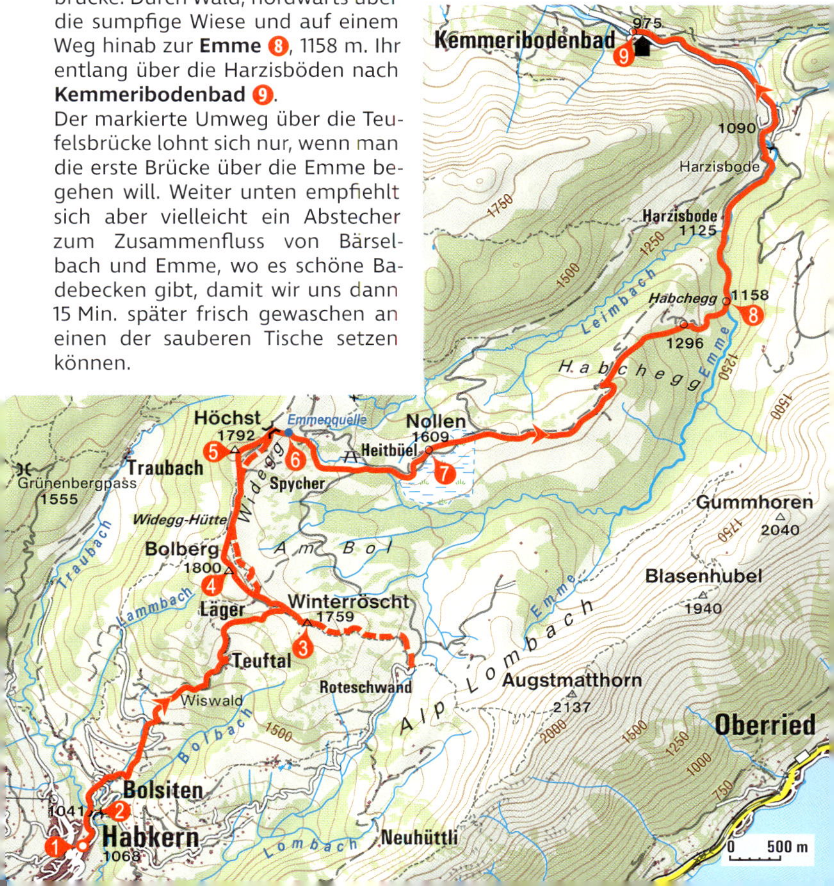

↗ 1050 m | ↘ 1050 m | 12.3 km

2 Trogehorn, 1973 m

5.30 h

Auf den westlichen Pfeiler des Hohgant-Massivs

Das Trogehorn als westlichster Gipfel des Hohgant-Massivs ist deutlich weniger frequentiert als die höchsten Gipfel um Hohgant und Furggegütsch im Osten. Dies bedeutet aber keine wirkliche Einbuße, was die tolle Aussicht zu den Berner Hochalpen betrifft. Bei klarer Sicht ist das Panorama auf den nördlichen Schweizer Alpengürtel überragend. Vom Titlis über Urner Alpen und die gesamten Berner Hochalpen bis hin zu den Diablerets im Westen bleibt kaum etwas verborgen – sogar der Mont Blanc gibt mit einer unverbauten Sicht sein Stelldichein im Gipfelreigen.

Die lohnende Runde über das Trogehorn ist sicher eine der schönsten Wanderungen in der Eriz-Region, für welche allerdings im Bereich des Trogehorns auch Trittsicherheit gefragt ist.

Ausgangs- und Endpunkt: Innereriz-Säge, 1040 m; Bus von Thun bis zur Endstation.
Anforderungen: Durchwegs markierte Wege; ein wenig ausgesetzt und Trittsicherheit erfordernd sind der Gipfelbereich und der Ostgrat des Trogehorns. T3.
Beste Jahreszeit: Sommer und Herbst.
Einkehr und Unterkunft: In Innereriz: Gasthof Schneehas, Tel. +41 33 453 06 05. Restaurant Säge, Tel. +41 33 453 13 21.
Variante: Von Arni zum Grünenbergpass, 1554 m, und in der Südflanke des Hohgant über Troge, 1664 m, Haglätsch, 1735 m, Stand, 1765 m, und Winterröscht, 1759 m, zur Lombachalp, 1559 m (Busverbindung); gut 7 Std.
Kombinationsmöglichkeit: Tour 1, 3 und 4.
Karten: 254 T Interlaken; 1208 Beatenberg.

In **Innereriz** ❶ bei der Straßengabelung unmittelbar nach der Bushaltestelle und dem Restaurant Säge links halten. An Ferienhäuschen vorbei aufwärts aufs Vorders Rotmösli und über ein Erschließungssträßchen zu den Alphütten **Obere Breitwang** ❷. Hier hat man eine schöne Sicht ins Eriz und hinüber zur bewaldeten Honegg. Nun folgt man der Beschilderung Richtung Chrinde, welche nach 200 m über einen breiten Grasrücken

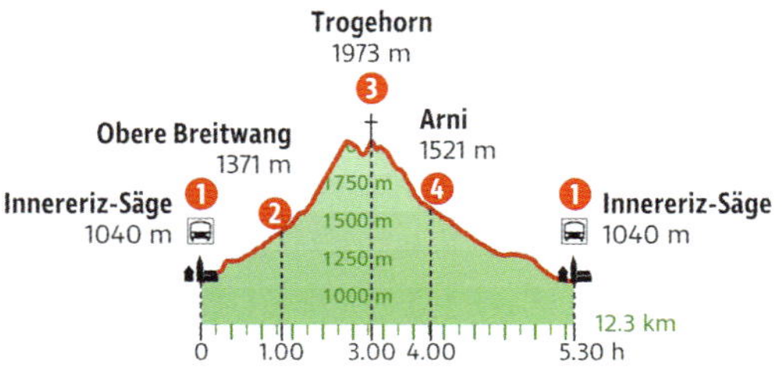

zu einer Weggabelung führt. Rechts haltend steigen wir durch einen Durchschlupf im großen Felsband, der Chrinde, bis auf den Grat des Hohgant-Massivs beim Chrinde-Sattel, 1968 m. Wir steigen rechts auf dem Grat etwas abwärts, überwinden eine steile Rinne mit Leitern, queren ein paar Felsen auf deren Nordseite und gelangen mit einem steilen Schlussanstieg über Blockgelände auf den Gipfel des **Trogehorns** 3 mit seinem exponierten Felsblock. Der Abstieg erfolgt über den traumhaften Arnigrat mit Blick auf die Sieben Hengste. Wenn der Grat sich im Gelände verliert, geht es durch den Wald weiter abwärts und durch das schöne Moorgebiet bei **Arni** 4 bis zur Wegkreuzung P. 1521. Links führt die Alpstraße zum Grünenbergpass. Wir halten uns rechts ab und steigen auf der Straße bis zu den Alphütten Fall, 1221 m, hinab. Hier links halten, den Fallbach überqueren und direkt danach rechts, um so über die Alphütten Hindere Sohl wieder zum Ausgangspunkt in **Innereriz** 1 zu gelangen.

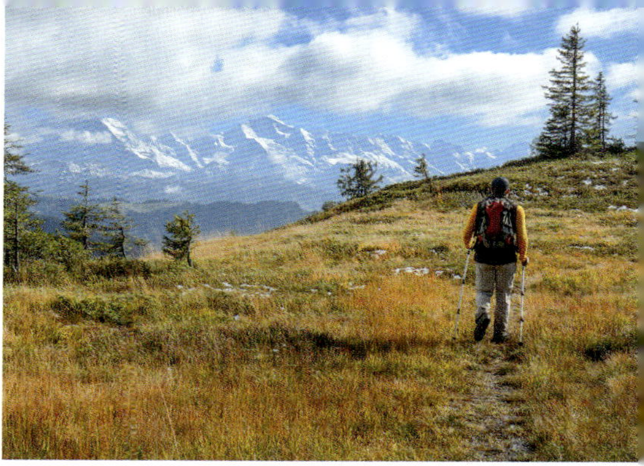

Beim Abstieg über den Arnigrat, im Hintergrund die Berner Hochalpen.

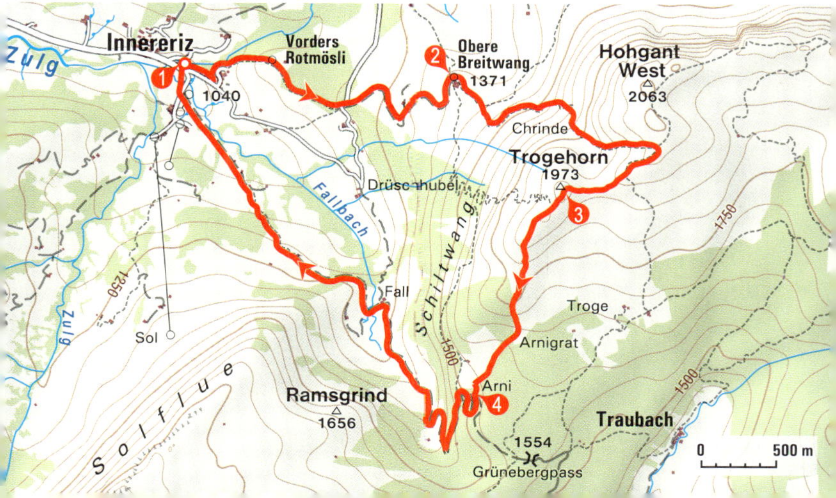

TOP

3

↗ 1650 m | ↘ 1710 m | 18.5 km

Innereriz – Hohgant, 2197 m – Kemmeribodenbad

8.30 h

Über die Krone des Emmentals

»Hohgant (2202 m), ein mächtiger, breiter Steinklotz, der das obere Emmenthal beherrscht und weit ins Land hinausschaut. Nordwärts zu Füßen liegt das grüne Schangnau und Bumbachtal und über alle Berge, Höhen und Täler des Emmenthals hinaus das Land bis zum Jura. Im Süden überragen die Alpen die Kette des Brienzergrates«, lesen wir im Führer »Wanderungen und Ferien im Oberemmenthal«, den Verkehrsvereine 1926 herausgegeben haben. »Wir können den Ostgipfel besteigen, den Furggegütsch (2002 m), oder den Westgipfel, die Gäbelistrittfluh, und auch den Weg von einem Gipfel zum andern machen über das blockbesäte Widderfeld und Hohgant (»Gand« ist ein Steinfeld).« Genau das machen wir, auch wenn die Namen Gäbelistrittfluh und Widderfeld nimmer gebräuchlich sind. Aber die Steine am höchsten Emmentaler Gipfel sind noch da, die umfassende Aussicht ist es ebenfalls.

Ausgangspunkt: Innereriz-Säge, 1040 m; Bus von Thun bis zur Endstation.
Endpunkt: Kemmeribodenbad, 976 m; Postauto nach Escholzmatt an der Bahnlinie Bern – Luzern.
Anforderungen: Markierte und unmarkierte Pfade mit kurzen weglosen Strecken; teilweise ausgesetzt. T4.
Beste Jahreszeit: Sommer und Herbst.
Einkehr und Unterkunft: In Innereriz: Gasthof Schneehas, Tel. +41 33 453 06 05; Restaurant Säge, Tel. +41 33 453 13 21. Die Hohganthütte, 1805 m, ist eine Privathütte der SAC-Sektion Emmental und normalerweise geschlossen, www.sac-emmental.ch. Hotel Landgasthof Kemmeriboden-Bad, Tel. +41 34 493 77 77.
Varianten: 1) Statt nach Kemmeribodenbad kann man vom Furggegütsch nach Ällgäuli, 171 m, absteigen und anschließend weiter zur Lombachalp, 1559 m; 7 Std., 1600 m Auf- und 1080 m Abstieg. 2) Klettersichere Alpinwanderer können vom Furggegütsch den direkten Ostgrat absteigen; 30 Min. kürzer, T5, II.
Kombinationsmöglichkeit: Mit Tour 1, 2 und 53.
Karten: 244 T Escholzmatt, 254 T Interlaken; 1188 Eggiwil, 1189 Sörenberg, 1208 Beatenberg, 1209 Brienz.

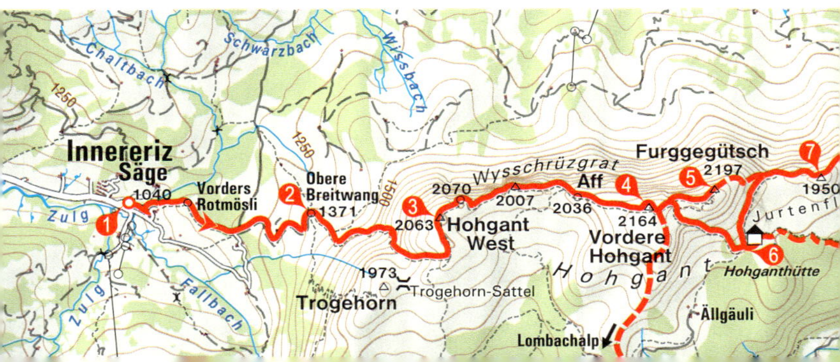

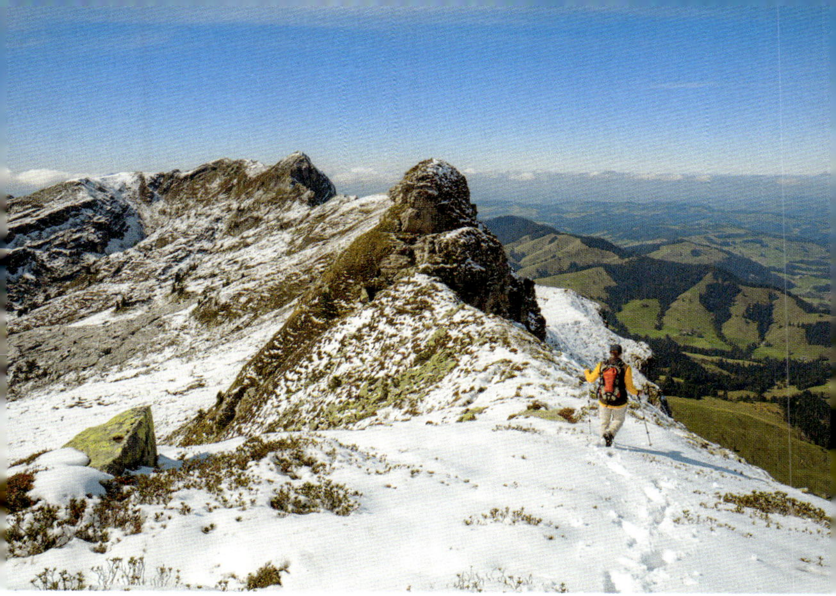

Blick auf den Wysschrüzgrat mit Aff im Vordergrund und die Westgipfel des Hohgant weiter hinten.

In **Innereriz** ❶ bei der Straßengabelung unmittelbar nach der Bushaltestelle und dem Restaurant Säge links halten. An Ferienhäuschen vorbei aufwärts aufs Vorders Rotmösli, über ein Erschließungssträßchen zu den Alphütten **Obere Breitwang** ❷ und weiter in den Chrinde-Sattel, 1968 m. Über den breiten, gegen oben wieder schmalen Südgrat auf den **Hohgant West** ❸, 2063 m; Gipfelkreuz und -buch. Hier endet die Wanderroute.

Um zum nächsten Gipfel zu gelangen, folgt man weiter dem Gratweg, mit Zwischenabstieg bis ca. 2040 m, zum westlichen Hohgant, 2070 m, einst Widderfeld genannt. Am einfachsten ist es, wenn man kurz zurücksteigt und über Grashänge auf den Verbindungspfad zum Vordere Hohgant absteigt; man kann von P. 2070 auch über den Ostgrat absteigen und dann rechts einer Felsplatte diesen Pfad gewinnen. Er sinkt in einen ersten Sattel, 1976 m, steigt am Wysschrüzgrat bis knapp

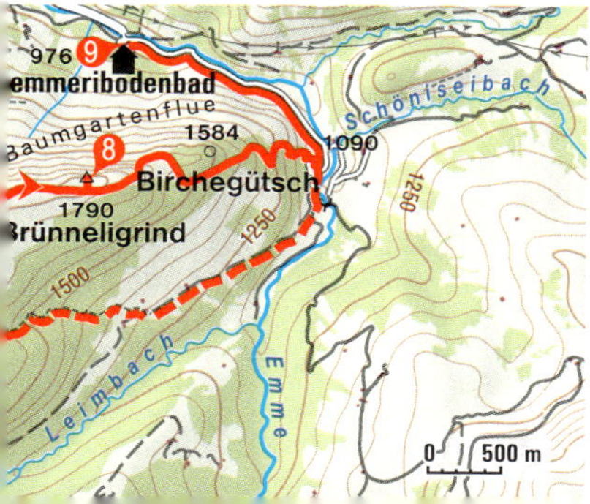

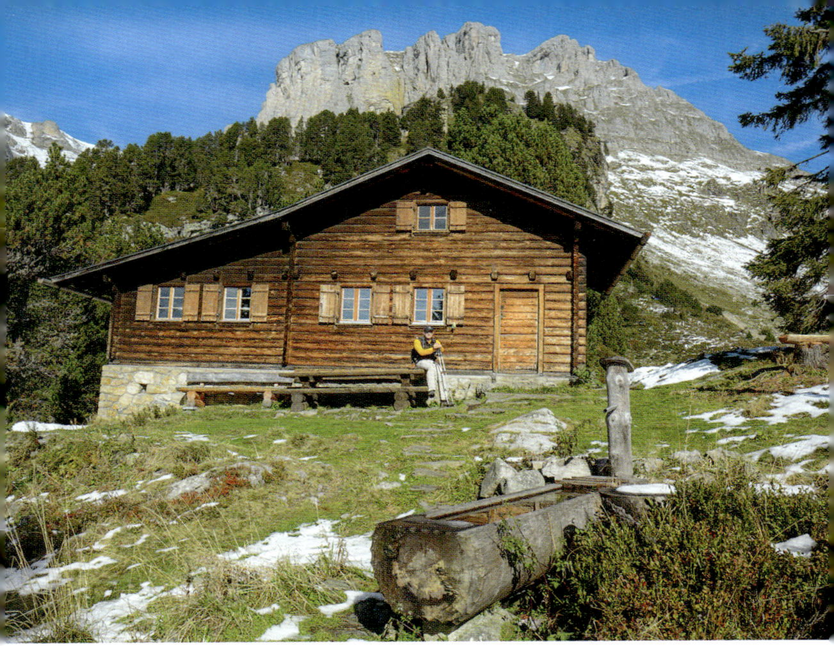

Pause und Trinkflasche auffüllen bei der Hohganthütte.

über 2000 m auf und sinkt in einen zweiten Sattel, 1959 m. Den Gratturm des Aff, 2036 m, umgeht der Pfad südseitig; man kann ihn auch überklettern (zwei kurze, luftige Stellen, wo die Hände gebraucht werden). Hinauf aufs steinig-grasige Gipfeldach, wo sich der Pfad verliert. Dann ist es aber nicht mehr weit zum Gipfel des **Vordere Hohgant** ❹, 2163 m. Nun wieder auf dem Wanderweg steil hinab in den Trichter zwischen Vordere Hohgant und Furggegütsch. Von der Wegverzweigung, ca. 2090 m, durch die Südseite des Westgrates und zuletzt etwas ausgesetzt zum **Furggegütsch** ❺, 2197 m, dem höchsten Gipfel im Hohgant-Stock.
Zurück in den Trichter und hinab zur **Hohganthütte** ❻, 1804 m, die zuletzt mit einem Gegenaufstieg erreicht wird. In grob nördlicher Richtung dem Pfad in den Sattel, ca. 1880 m, am Fuß des Nordostgrates des Furggegütsch und an der Abbruchkante zum Bumbach-Tal folgen. Der Pfad zieht ostwärts durch Karrenfelder und abschüssige Grashänge, auf dem Kamm selbst und in seinen Sonnenhängen, etwas unterhalb der **Jurtenflue** ❼, 1950 m, hindurch, aber diesen Gipfel nehmen wir noch mit.
Kurz danach kommen wir an einer dreieckigen Hütte, ca. 1865 m, vorbei. Entlang dem Grätli und der Baumgartenflue, unter dem leicht bewalde-

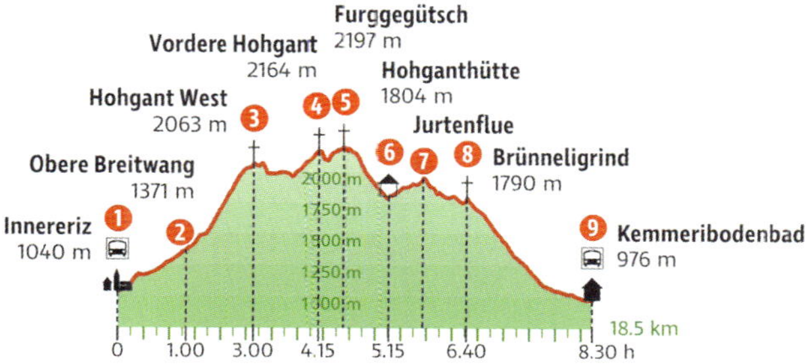

ten **Brünneligrind** ❽, 1790 m, hindurch – oder sind wir noch fit genug für einen letzten Gipfelabstecher? Aber sicher: von einer Einsattelung, ca. 1740 m, über den Südwestgrat hoch, Abstieg wie Aufstieg zurück auf den Pfad. Auf der Ostseite des Brünneligrind erleichtert eine Kette den Durchstieg durch einen Felsriegel. Dann auf dem Pfad unterhalb des Birchegütsch abwärts und zuletzt in zahlreichen Serpentinen durch Wald hinab nach Hinders Hübeli, 1090 m, und auf der Straße müde und glücklich nach **Kemmeribodenbad** ❾ torkeln.

Begegnungen auf dem Hohgant – das linke Ziegenhorn überdeckt den Furggegütsch.

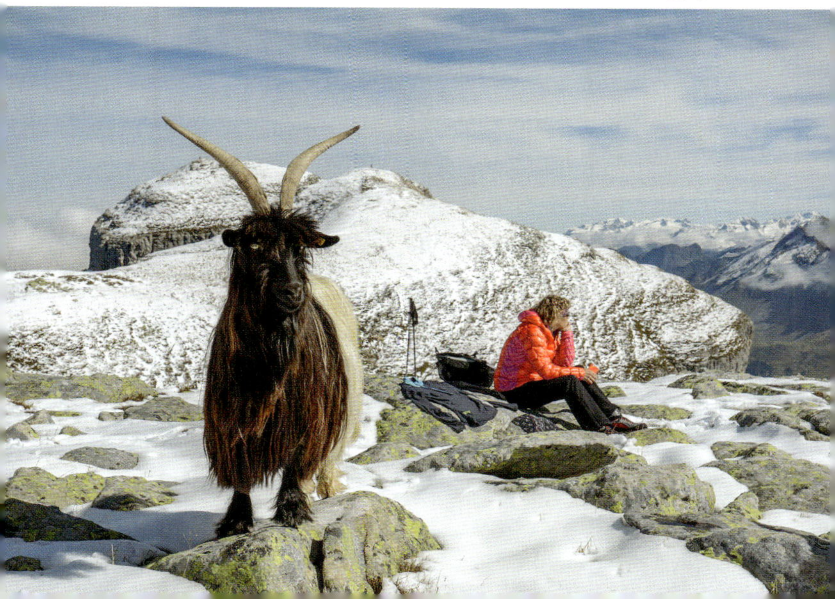

↗ 620 m | ↘ 580 m | 11.9 km

4.00 h

4 Chnübeli, 1424 m – Honegg, 1549 m

Im Banne des Hohgant – auf Gratwanderung über die Honegg

Wer ist der schwerste Emmentaler? Keine Frage. Er selbst. Die runden Käselaibe haben einen Durchmesser von 80 bis 100 cm, eine Höhe von 16 bis 27 cm und ein Gewicht von 75 bis 120 kg. Und wer ist der höchste? Das ist schwieriger zu beantworten. Denn dazu muss zuerst das Emmental genau abgesteckt werden. Wo ist zum Beispiel die Grenze zum Oberaargau, zum Entlebuch, zum Berner Oberland? Und wie weit dehnen sich die Emmentaler Alpen aus? Sicher weiter als das eigentliche Emmental. Ebenso sicher: Der Napf, 1406 m, ist nicht der höchste Emmentaler Gipfel. Er wird schon nur vom Wachthubel um sieben Meter geschlagen, ganz zu schweigen vom über 2000 Meter hohen Hohgant mit all seinen Gipfeln. Und auch von der Honegg, 1549 m, mit ihren Nebengipfeln, den an Metern gleich hohen Chnübeli und Bürkelihubel. Schwierige Namen. Einfacher sind die Namen der Haltestellen am Start und Ziel dieser Wanderung: Linde und Säge.

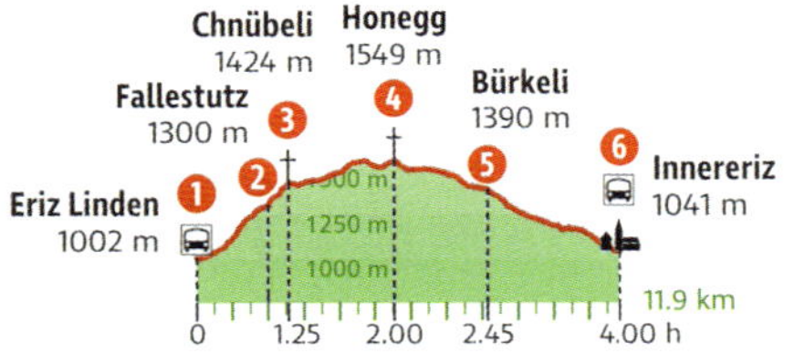

Ausgangspunkt: Eriz, Linden, 1002 m; Postauto von Thun.
Endpunkt: Innereriz, Säge 1041 m; Bus nach Thun (der braucht nur 5 Min. zum Ausgangspunkt Linden).
Anforderungen: Markierte und unmarkierte Pfade, kurze Passagen auch weglos. T2.
Beste Jahreszeit: Frühsommer bis Spätherbst.
Einkehr und Unterkunft: In Innereriz: Gasthof Schneehas, Tel. +41 33 453 06 05. Restaurant Säge, Tel. +41 33 453 13 21.
Varianten: 1) An der Stelle, wo der Wanderweg in die Nordseite der Honegg zieht, nach rechts und auf einem Pfad steil zum Westgipfel der Honegg hinauf; auf der kurzen, ausgesetzten Gratschneide zum Hauptgipfel hinüber; gut 10 Min. kürzer, T4. 2) Von der namenlosen Wegkreuzung auf 1400 m dem Kammweg folgen über den bewaldeten Bürkelihubel, 1424 m, und weiter auf der Wanderroute bis hinab zur Bushaltestelle nach Schangnau, 930 m; ca. 45 Minuten länger.
Literatur: An der Honegg entlud sich am 13. August 1837 jenes schier unglaublich schwere Gewitter, das zur schlimmsten bekannten Hochwasserkatastrophe im Emmental führte; Jeremias Gotthelf beschreibt sie eindringlich in »Die Wassernot im Emmental«.
Kombinationsmöglichkeit: Mit Tour 2, 3, 5, 6 und 53.
Karten: 244 T Escholzmatt; 1188 Eggiwil.

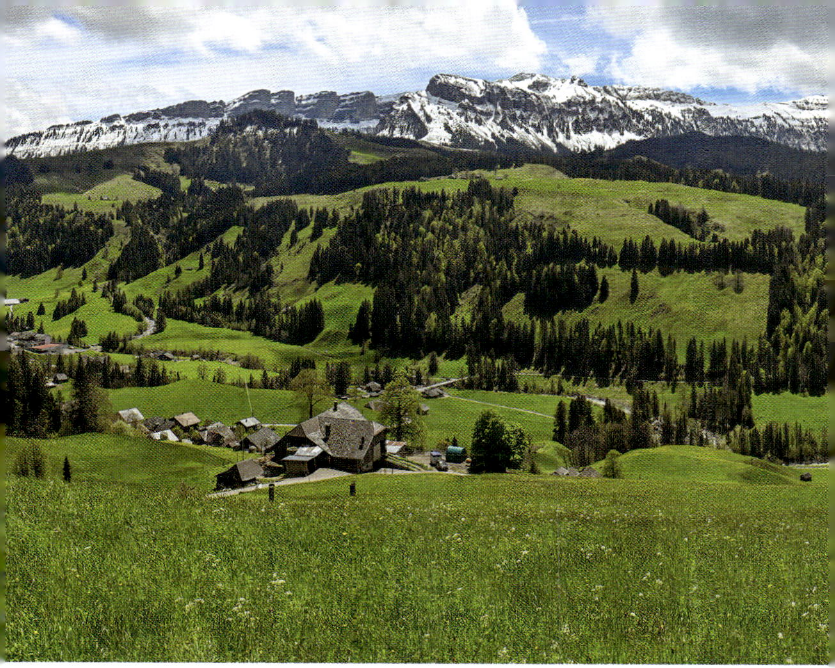

Grüner Aufstieg von Linden in Richtung Fallestutz.

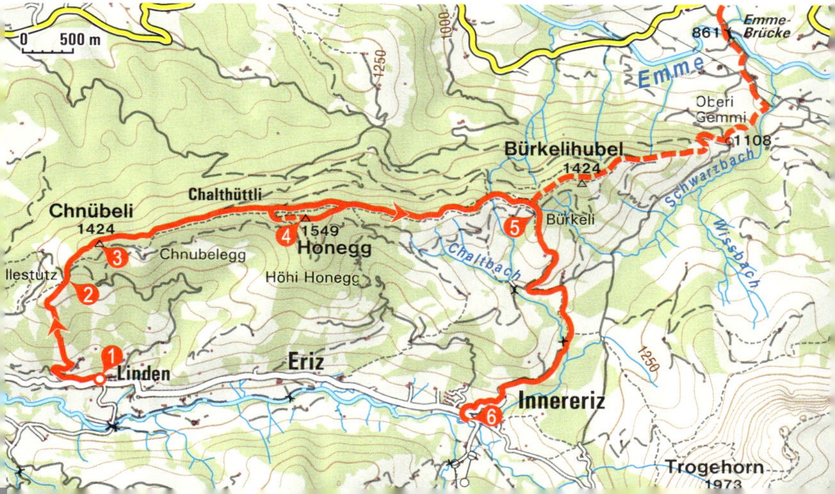

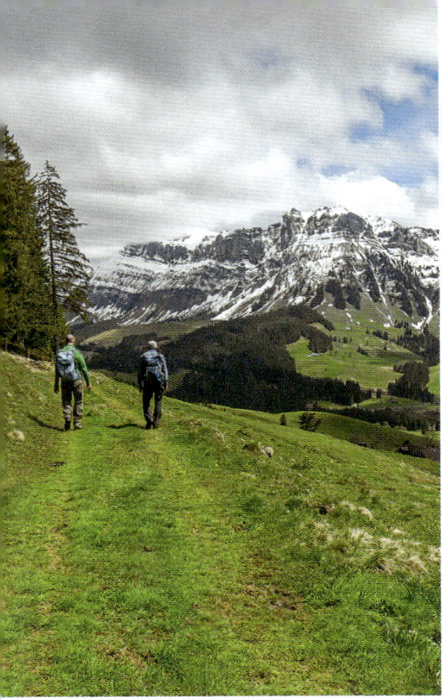

Auf dem Weg zwischen Honegg und Bürkeli mit dem Hohgant im Blick.

Von der Bushaltestelle **Eriz Linden** ❶ knapp 300 m der Hauptstraße talauswärts folgen und rechts auf dem geteerten Alpsträßchen hinauf bis zum Hof Oberi Halte, 1074 m. Hier links einen anfangs breiten Weg den Wiesenhang hinauf. Nach einer kleinen Hütte verliert sich der Weg und wir gehen weglos bis zum obersten Punkt der Wiese am Waldrand. Im Wald steigt man entlang des schwach ausgeprägten Bergrückens einer Wegspur folgend auf. Kurz nachdem ein Waldsträßchen nach links zieht (diesem nicht folgen), verlässt der Pfad den Wald und wir folgen mehr oder weniger weglos dem Bergrücken bis zu einer kleinen, umzäunten Hütte. Dem hier beginnenden Alpsträßchen nach bis zur Wegkreuzung **Fallestutz** ❷. Wir bleiben nur kurz auf dem gelb markierten Weg Richtung Chnubelegg und verlassen diesen bereits nach gut 50 m wieder, indem wir dem gut sichtbaren Pfad direkt dem Bergrücken entlang folgen. Er überquert ein Sträßchen und kurz danach ist das **Chnübeli** ❸ erreicht – ein toller Aussichtspunkt mit Sitzbänken und Tischen sowie einer Feuerstelle.

Auf dem Kammweg weiter über die Wegkreuzung Chnubelegg, 1410 m, hinweg. Kurz vor der Honegg zieht der Weg in die Nordseite und trifft erst östlich des Gipfels wieder auf den Grat bei der Wegkreuzung Honegg, 1490 m. Über einen unmarkierten Pfad (dieser ist nicht auf dem Wegschild aufgeführt) geht es auf dem breiten Kamm westwärts bis auf den höchsten Punkt der **Honegg** ❹, mit Sitzbank und einer abgestorbenen Gipfeltanne. Zurück zur Wegkreuzung und weiter auf dem Kamm entlang. Nach Verlassen des Waldes wird auch der Grat verlassen und es geht auf einem Wiesenweg sonnenseitig zu einer namenlosen Wegkreuzung, 1400 m. Hier den Weg Richtung Innereriz nehmen, welcher kurz darauf zur Wegkreuzung **Bürkeli** ❺ führt. Wir halten uns rechts und folgen der Wanderroute hinab zu der Alp Unterer Scheidzaun. Weiter südwärts durch das schöne Moorgebiet Rotmoos hindurch, über den Chaltbach zu einem Wiesenweg und zuletzt auf einer Straße den Hof Scheidzaun passierend hinab nach **Innereriz Säge** ❻.

4.30 h

Schangnau – Emmeschlucht – Eggiwil

Gang doch e chli der Ämme na

Irgendwo muss sie durch, die Emme. Schaut man vom Schibegütsch, dem Südgipfel der Schrattenflue, westwärts, so sieht man den flachen Boden von Bumbach und Schangnau, durch den der junge Fluss meistens gemütlich fließt, bis er verschwindet in grünen Weiden und Wäldern. Dort versteckt sich die 4,5 km lange Emmeschlucht, welche das Wasser aus dem Gestein herausgefressen hat. Bis 50 Meter hoch sind die Nagelfluhwände an der engsten Stelle, dem 2 km langen ersten Teil der Emmeschlucht, auch bekannt als Räbloch; dort ermöglicht eine Naturbrücke den Übergang vom einen zum andern Ufer. Aber insgesamt ist die Schlucht bis zu drei- bis viermal so tief, nur sind ihre Flanken nicht überall vertikal – zum Glück nicht. So können wir sozusagen auf halber Höhe hindurchgehen, auf Pfaden, welche teilweise die Geschicklichkeit einer Gämse erfordern. Erst nach Bächleren wandern wir direkt dem Fluss nach, bis uns Nagelfluhwände, zwischen denen er mäandriert, erneut zum Ausweichen zwingen. Wo der Geissbach in die Emme mündet, wird das Emme-Tal flach – auf Flusshöhe. Nun könnten wir tagelang auf Uferwegen gehen, bis die Emme in die Aare mündet.

Fluss überqueren ja, zelten eher nein: in der Emmeschlucht bei der Furt-Passage.

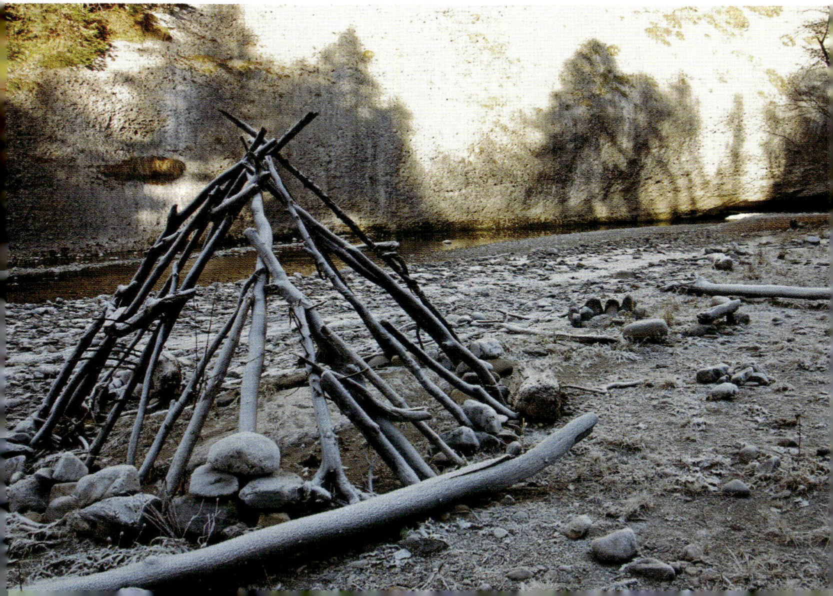

Ausgangspunkt: Schangnau, 929 m; Postauto von Escholzmatt an der Bahnlinie Bern – Langnau – Luzern.
Endpunkt: Eggiwil, 739 m; Bus nach Signau an der gleichen Bahnlinie.
Anforderungen: Abenteuerliche, oft weglose, teilweise ausgesetzte Durchquerung der Emmeschlucht auf etwa halber Höhe, mit einer Überquerung des Flusses. Sehr gute Trittsicherheit und Orientierungsfähigkeit nötig. Stöcke und Höhenmesser nützlich, lange Hose ebenfalls. Das schlimme Unwetter vom 24. Juli 2014 hat Spuren hinterlassen. T4+.
Beste Jahreszeit: Am besten bei niedrigem Unterholz im Wald und niedrigem Wasserstand, also Herbst. Aber gefroren darf es auch nicht sein. Frühling wäre auch eine Möglichkeit, aber dann führt die Emme meist Schmelzwasser. Im Sommer könnte man in der Emme baden, aber vielleicht ist dann das dornige Gebüsch zu hoch und die Weiden sind »bevölkert«.
Einkehr und Unterkunft: In Schangnau und Eggiwil.
Variante: Räbloch-Runde ab Schangnau: Auf der Straße hinab zur Emme, über die gedeckte Holzbrücke, 840 m, nach rechts. An zwei Höfen vorbei, bei Wegverzweigung rechts. Der Uferweg kommt zu einem Seitenbach. Diesen queren und weiter durch den Auenwald; das alte Wegtrassee ist noch knapp sichtbar. Zuletzt über Blöcke hinweg zu einem größeren Seitenbach, dem Hombach. Diesen queren, kurz links halten, dann rechts zu einem Zaun, darüber hinweg und über eine Rippe hinauf an den Waldrand. Über die Wiese zu hoher Doppeltanne und auf dem Weg nach Vorder Steinmösli. Auf der Straße am Hof, 959 m, vorbei bis zur Abzweigung des Wanderwegs. Hinab ins Räbloch und weiter auf dem Wanderweg über Schafschwand und Vorder Scheidbach, 1030 m, zurück nach Schangnau. 2 Std., T3.
Kombinationsmöglichkeit: Mit Tour 4, 6, 7, 8 und 53.
Karten: 244 T Escholzmatt; 1188 Eggiwil.

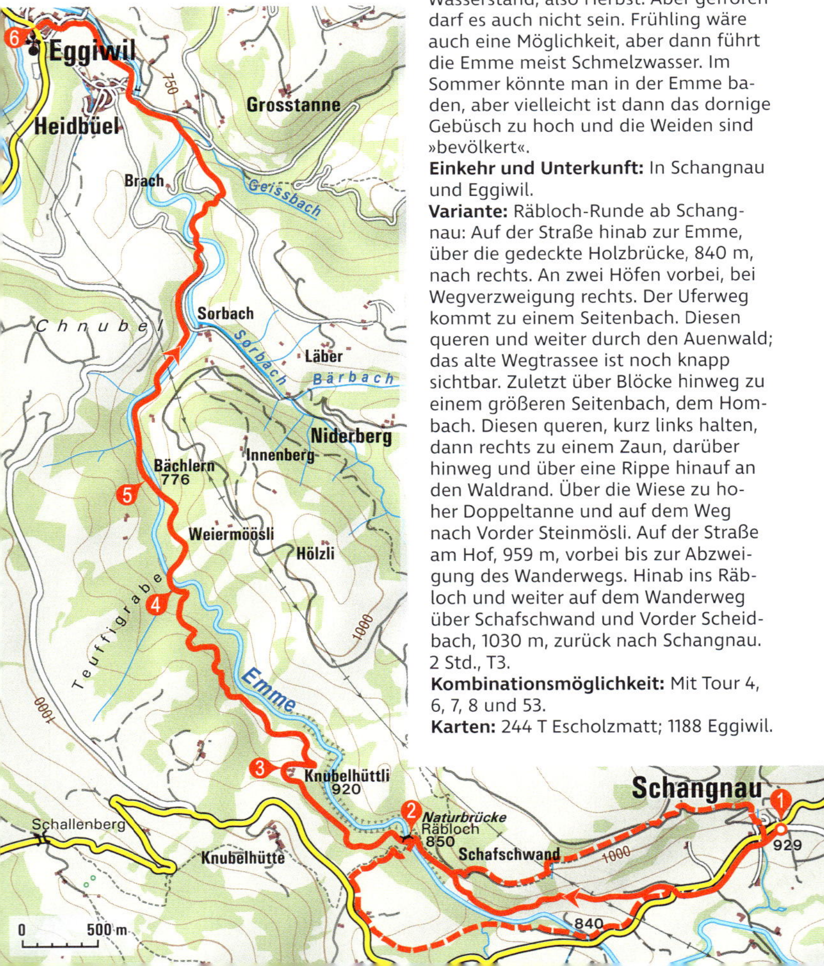

Von **Schangnau** ❶ auf der Hauptstraße Richtung Thun leicht abwärts bis Ober Wit, ca. 880 m (Käserei). Rechts ins Teersträßchen nach Lindenmatt und Stutz, dann auf Fahrweg ansteigen bis ca. 920 m und flach zu einem Stall. Von nun an wird's ernsthaft. Auf einem horizontalen Grasweg weiter dem Hang entlang; wo er sich teilt, links. Absteigen durch ziemlich steile Wiese und durch Wald bis zu einem Zaun in Wald, an einem Seitenbach zur Emme, die in der Tiefe gurgelt; ca. 880 m. Zaun und Bach übersteigen und Schräganstieg im Steilwald zum untersten Zipfel einer Wiese. In dieser schräg links haltend ansteigen zu Wegweiser, ca. 960 m, nordwestlich des Hofes Schafschwand. Nun auf dem guten und an ausgesetzten Stellen gut mit Geländern versehenen Wanderweg hinab zur Naturbrücke, ca. 850 m, übers **Räbloch** ❷; eindrückliche Tiefblicke zur Emme zwischen den tief eingeschnittenen Nagelfluhwänden.

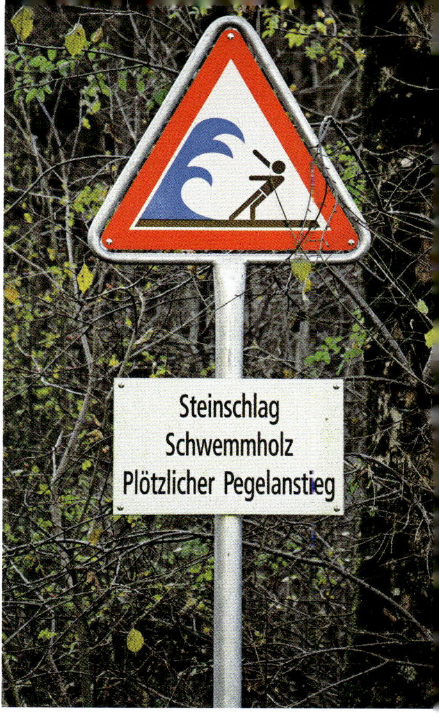

Wehe, wenn die Emme kommt!

Auf der andern Seite hoch, wobei man nochmals eine schmale Stelle passiert. Bei der dritten Kurve danach, auf ca. 880 m, zweigt rechts ein Wildwechsel ab, dem man durch den Steilwald folgt, wobei ein paar heikle Schritte zu machen sind, im Hang und in einem Bachbett. Um eine Kante herum verflacht sich der Hang etwas, und die Spur verliert sich; immer etwa auf gleicher Höhe weitergehen. Nach einem kleineren Bachbett kommt man zu einem mächtigen Seitengraben. Hinab, ca. 865 m, ein paar Meter dem Bach aufwärts folgen und schräg nach rechts aus dem Graben hoch auf einen Weg (auf der Landeskarte eingezeichnet, P. 885) – fürs Erste sind wir gerettet. Auf diesem Weg bis auf ein Flachstück, ca. 910 m, beim

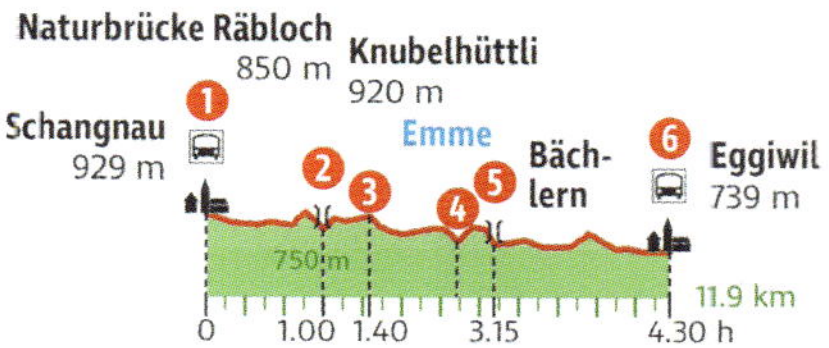

Knubelhüttli ❸, dann rechts auf einem breiten Weg hinab gegen die Emme; er verliert sich in einer Wiese. Schräg links zu einem Seitengraben; er kann auf der Höhe eines Stalles (auf der Landeskarte nicht eingezeichnet) und oberhalb eines Wasserfalls relativ locker gequert werden. Man kann auch vom Knubelhüttli, 920 m, direkt über den steilgrasigen Nordwesthang zum Seitengraben absteigen.
Von seinem westlichen Rand am Wiesenrand weiter flussabwärts bis zum Waldrand. Nun wird's schwierig, weil der in der Landeskarte eingezeichnete Weg kaum mehr vorhanden ist. Auf ca. 830 m durch moosiges Unterholz zum wenig tief eingeschnittenen Graben (er mündet bei P. 797 in die Emme). Ihn queren und im Wald in einem Wildwechsel ansteigen; nicht zu hoch, damit man auf den in der Landeskarte noch verzeichneten Weg trifft, der oberhalb der Abbruchkante zur Emme verläuft. Dieser Weg, manchmal eher nur ein Wildwechsel, quert die steile Schluchtflanke, wobei zwei weitere Seitengräben zu überwinden sind (stellenweise heikel!), auf einer Höhe von ca. 860 m. Zuletzt steigt man ab auf einen breiten Weg und gelangt auf diesem in eine Waldlichtung nordöstlich des unüberwindbaren Teuffigrabens.
Nach rechts und über das Weidegelände gegen die Emme hinab, aber noch vor dem untersten Zipfel rechts in den Wald hinein, etwas nach rechts queren, um einen Pfad zu finden, der auf der Ostseite eines Sporns verläuft und diesem entlang ausgesetzt zur **Emme** ❹, ca. 790 m, hinunterzickzackt. Unten nach links und flussabwärts zu offenem Gelände; Brätliplatz. Hier die Emme queren (bei wenig Wasser mit, sonst ohne Schuhe) auf das gegenüberliegende »Schwemmbödeli«. Und das Flussbett gleich im Wald auf einem Wildwechsel schräg links haltend verlassen. Man gelangt auf eine teilweise baumdurchsetzte Weide unterhalb Weiermöösli. Diese auf ca. 860 m nordwärts queren, zuletzt absteigend bis in den nördlichsten Zipfel. Auf einem in der Landeskarte nicht eingezeichneten, etwas ausgesetzten Weg über einen Sporn zurück zur Emme; auf ihren Ufersteinen zur Brücke von **Bächlern** ❺, 776 m. Ende der Schwierigkeiten.
Auf dem Sträßchen rechtsufrig weiter bis Sorbach, dann über die Emme und der Straße rund 600 Meter folgen, bis rechts ein Weg abzweigt. Über eine wackelige Hängebrücke zu einem Einzelhof, ca. 760 m, steiler Gegenaufstieg im waldigen Nagelfluhhang und nach links zu einem Sträßchen, ca. 830 m. Nun wenn möglich quer über die Matte zum Wanderweg am Waldrand (sonst halt dem Sträßchen folgen). Der Wanderweg erreicht das Sträßchen oberhalb der Geissbach-Brücke, folgt ihm kurz aufwärts zu einem Hof und sinkt dann sehr schön über den Sporn zwischen Emme und Geissbach. Über den Geissbach, ca. 845 m, und auf der Straße zur Emmenbrücke bei Heidbüel. Auf dem linken Ufer zum gedeckten Höllstäg und nach links ins Dorf **Eggiwil** ❻.

Der tiefste Graben im hügeligen Emmental: Emmeschlucht beim Räbloch.

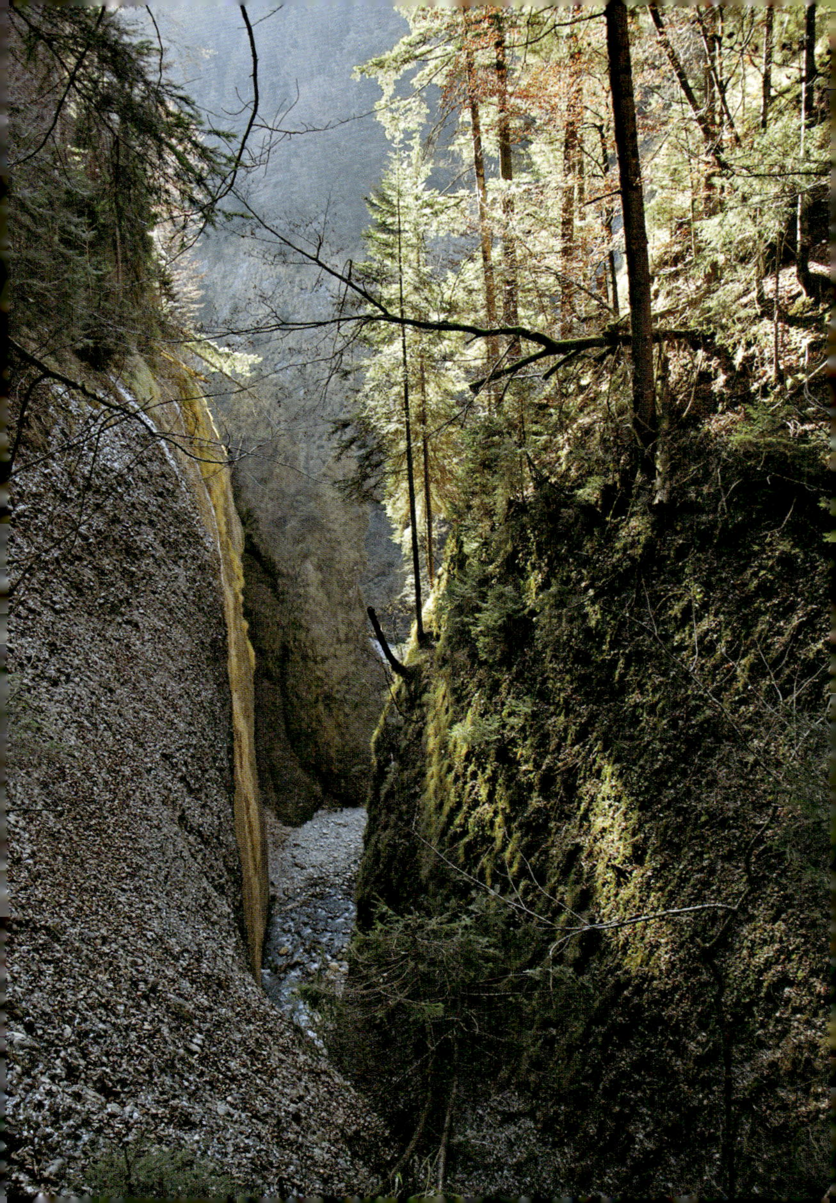

↗ 800 m | ↘ 600 m | 13.3 km

6 Trubschachen – Rämisgummehoger, 1300 m – Schangnau

4.15 h

Verdauungstour par excellence

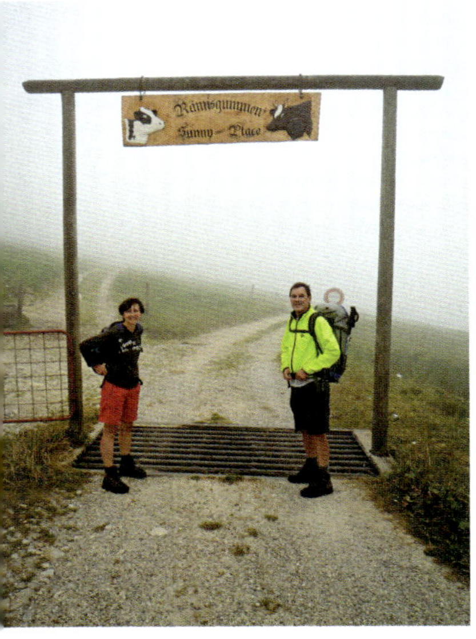

Foto oben: Sunny Place Rämisgummen. Sonnig? – Rechts: Kambly-Biscuits mit Bild von Albert Anker.

Wir hatten die Ski dabei, als wir am 7. März 2009 den Fabrikladen von Kambly am östlichen Dorfrand von Trubschachen verließen; die Feingebäckfabrik feierte in diesem Jahr ihren 100. Geburtstag. Als Verdauungstour – wir hatten uns an den Bretzeli, Matterhorn-Guetzli, Butterfly und all den andern Biscuits mehr als gütlich getan – wählten wir den Rämisgummehoger. Ein Gipfel, der sozusagen das Emmental verkörpert: Rämisgumme tönt stark nach bernischer Gemütlichkeit, und die Landschaft dort besteht ja aus lauter Hügeln, also Höger, und dazwischen den Gräben, den Chrachen. Am Rämisgummehoger finden sich aber auch weite Hänge: »Im Winter eine prächtige Skiabfahrt« lobte der Führer »Wanderungen und Ferien im Oberemmenthal« von 1926. Im »Allgemeinen Ski-Tourenführer der Schweiz« von 1932 findet sich die passende Reklame: »Die guten Kambly-Biscuits – ein willkommenes Picknick.« Das sind sie immer noch, auch wenn man die Ski nicht dabei hat. Und zum Abendessen im Hotel »Löwen« in Schangnau gibt es dann Wasserbüffelbraten. E Guete!

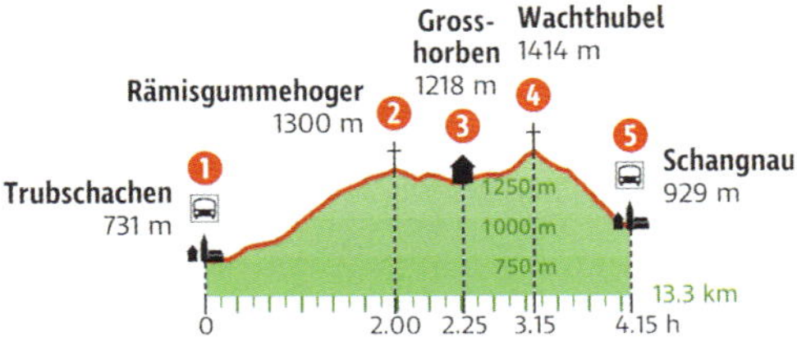

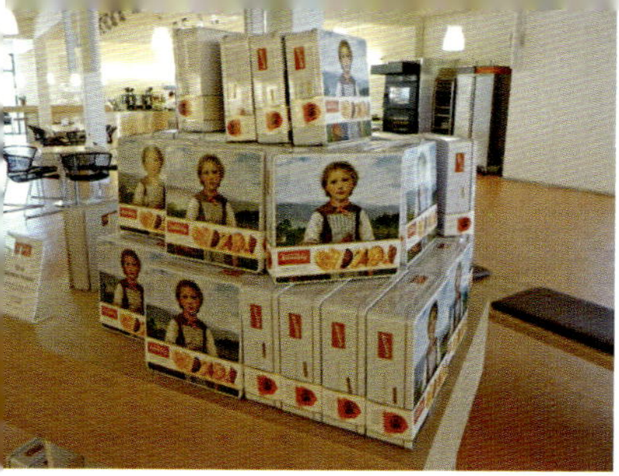

Ausgangspunkt: Trubschachen, 731 m, an der Bahnlinie Bern – Escholzmatt – Luzern.
Endpunkt: Schangnau, 929 m; Postauto nach Escholzmatt.
Anforderungen: Markierte Wanderwege. T1 mit wenigen Passagen T2.
Beste Jahreszeit: Sommer und Herbst.
Einkehr: Kambly Fabrikladen, täglich offen ab 8.30 Uhr, an einigen Feiertagen geschlossen; www.kambly.com.
Unterkunft: Hotels in Trubschachen. Bauernhof Grosshorben, Tel. +41 34 491 13 02. In Schangnau: Hotel Löwen, Tel. +41 34 493 32 01 (Mi und Do geschlossen).
Variante: Überschreitung des Pfyffer, 1315 m: Wo der Wanderweg in seine Ostflanke quert, weglos rechts haltend über die Weide und hinein in den Wald, wo man auf eine Pfadspur stoßen sollte. Über eine Kuppe hinweg und zuletzt über einen Nagelfluhgrat (kurz ausgesetzt) zum höchsten Gipfel. Südwärts in ein paar Schritten hinab auf eine Wiese und links haltend zurück zum Wanderweg. T3+.
Tipp: Die Wanderung von Trubschachen nach Schangnau ist die vierte und zweitletzte Etappe des Grenzpfades Napfbergland, der von St. Urban bei Langenthal aufs Brienzer Rothorn führt; www.grenzpfad.ch.
Kombinationsmöglichkeit: Mit Tour 4, 5 und 53.
Karten: 244 T Escholzmatt; 1168 Langnau i. E., 1188 Eggiwil.

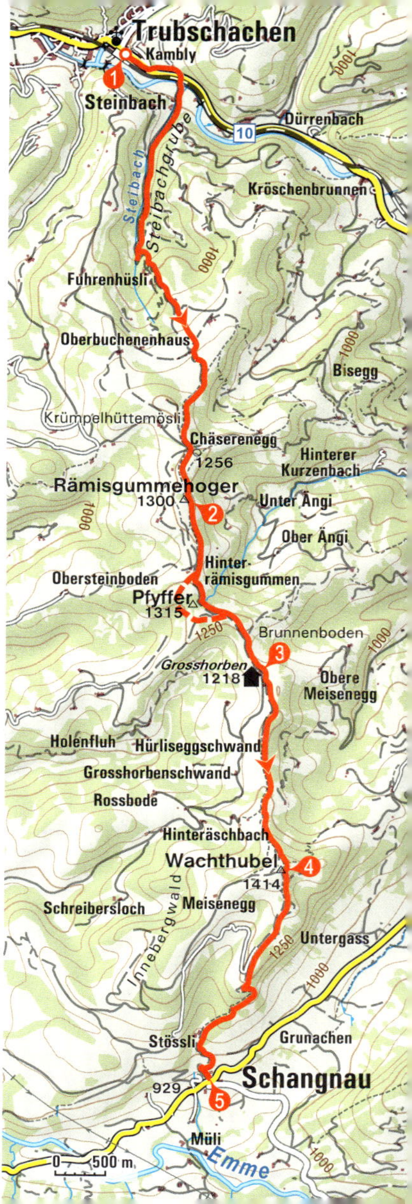

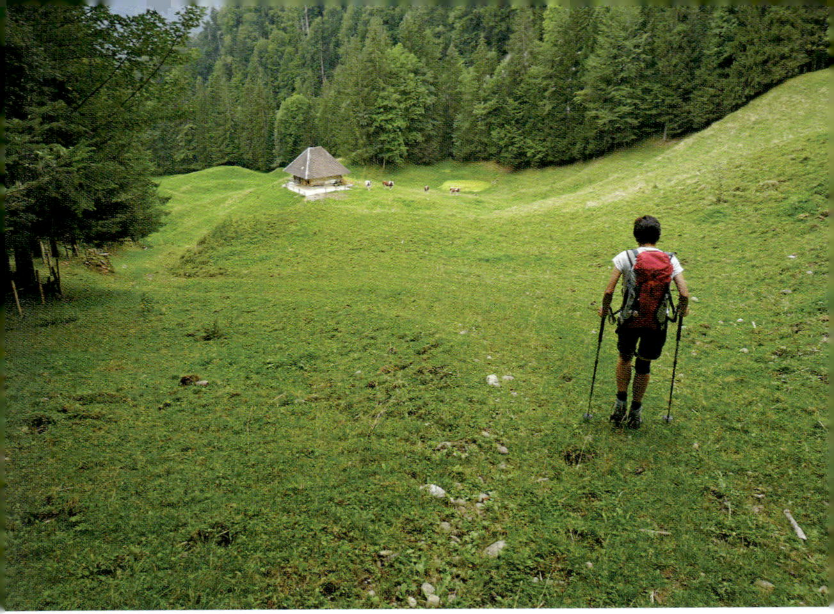

Ein letzter Abstieg über Kuhweiden zum Büffelbraten im »Löwen« in Schangnau.

Vom Bahnhof **Trubschachen** ❶ auf der bezeichneten Route zum Kambly-Fabrikladen. Noch kurz auf der Straße und rechts über eine gedeckte Brücke in den Weiler Steinbach, 738 m. Durch die Steibachgrube, in ein paar Serpentinen hinauf nach Fuhrenhüsli, in gerader Linie durch offenes Weideland über Oberbuchenhaus auf den Grat, unter der Chäserenflue durch und zuletzt etwas absteigend zum Wegkreuz auf der Chäserenegg, 1256 m. Auf dem Wanderweg südwärts, aber vor dem Gipfelwäldchen hinauf auf den Grat mit der Kantons- und Religionsgrenze: im Osten das katholische Luzern, im Westen das reformierte Bern. In wenigen Schritten hinauf auf den **Rämisgummehoger** ❷, 1300 m.

Auf dem Grat und rechts davon bis oberhalb Hinterrämisgummen, 1236 m, hinauf gegen den Pfyffer und durch seine Ostflanke auf einen Rücken, ca. 1280 m. Hinab zum Bauernhof **Grosshorben** ❸, 1218 m. Südwärts zuerst wenig ansteigend in der Flanke, dann etwas steiler über den Grat auf den **Wachthubel** ❹, 1414 m. Über den grasigen Südgrat hinab in einen Sattel und weiter auf einem Fahrweg, dann Sträßchen, bis die Wanderroute links abzweigt. Auf einem teils ziemlich gerölligen Weg hinab in eine Waldlichtung, bevor es durch zwei Serpentinen direkt zum »Löwen« von **Schangnau** ❺ geht.

↗ 700 m | ↘ 700 m | 14.1 km

4.30 h

Eggiwil – Pfyffer, 1315 m

Eine wilde Runde am »Nacktpopohügel«

Ziemlich überraschender Fund im zweiten Band von Erika Wasers Werk »Die Orts- und Flurnamen des Amtes Entlebuch«, das 1996 in der Reihe »Luzerner Namenbuch« erschienen ist. Dass darin Pfyffer als Ort gedeutet wird, »wo der Wind pfeift«, leuchtet ziemlich ein. Als Gipfel auf dem Grenzgrat zwischen Emmental und Entlebuch, vom dem sowohl weite Weideflächen wie tief eingeschnittene Gräben abgehen, mag der Wind schon ein leichtes Spiel haben. Aber dass der Pfyffer auch Blutfüdlehoger genannt wird, kann irgendwie nicht glatt auf die Landschaft umgedeutet werden. Oder hat der Scherzname vielleicht mit dem zu tun, was ich am 4. Oktober 2009 in mein Tourenbuch notierte? »Der Weg nach Schriberschwand – am Füdle vor Wäut.« Heißt übersetzt: am Arsch der Welt. Wenn sehr abgelegene Orte so stimmungsvoll sind wie Schriberschwand oder die Holenfluh mit dem Haus und dem Weg unter der überhängenden Nagelfluhwand: nichts wie hin, Name her.

Ausgangs- und Endpunkt: Eggiwil, 739 m; Bus von Signau an der Bahnlinie Bern – Langnau.
Anforderungen: Markierte und unmarkierte Wege mit weglosen Abschnitten. Schlüsselstellen sind der weglose Aufstieg auf die Trachselegg und der ausgesetzte Gratpfad auf den Pfyffer. T3+.
Beste Jahreszeit: Frühling bis Herbst.
Einkehr und Unterkunft: In Eggiwil. Bauernhof Grosshorben, Tel. +41 34 491 13 02.
Variante: Östlich von Schriberschwand den unteren Weg durch den Hinteren Geissbachgraben nehmen, bis man auf der anderen Talseite weglos über eine Weide auf den Südwestrücken des Pfyffer steigen kann. Nordwärts hinauf zum Gipfel.
Kombinationsmöglichkeit: Mit Tour 5, 6 und 8.
Karten: 244 T Escholzmatt; 1188 Eggiwil.

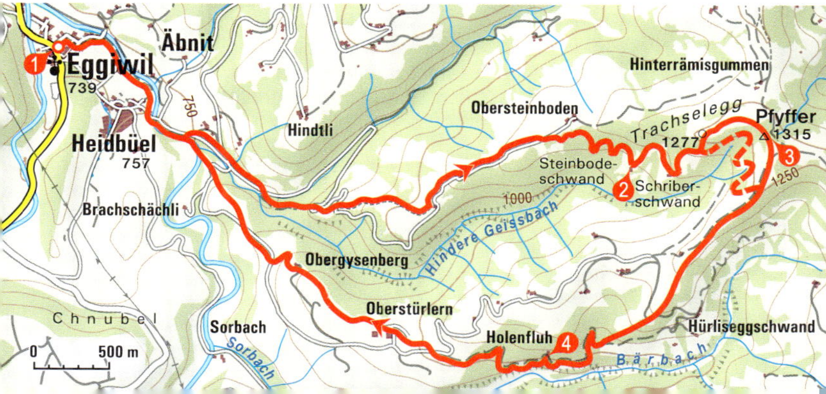

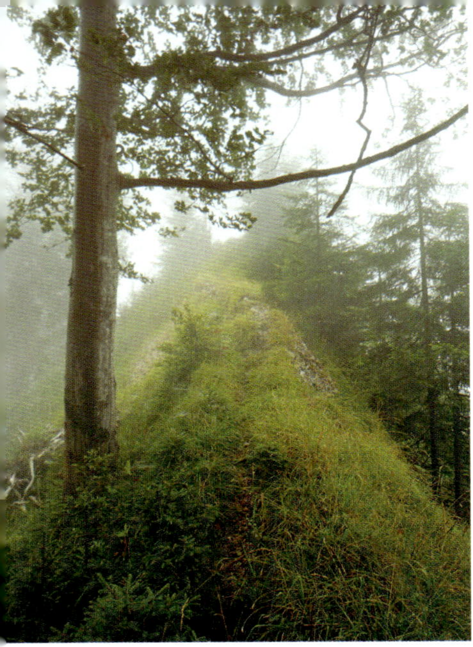

Auf dem Grat oben: Pfyffer.

Von **Eggiwil** ❶ auf der Wanderroute zum gedeckten Höllstäg und rechts der Emme zur Emmenbrücke bei Heidbüel. Nun auf der Straße zuerst der Emme, dann dem Geissbach entlang, bis der Wanderweg nach Rämisgummen abzweigt, ca. 770 m. Er führt durch Wald auf das Alpsträßchen hoch (P. 872) und macht auf ihm die Schlaufe zum Hof von Unterbodenstein; kann entlang dem Waldrand über Weidegelände abgekürzt werden. Weiter aufsteigen, zuerst auf dem Weg, dann auf dem Teersträßchen. Wir verlassen es nach rechts auf der Höhe des erratischen Blocks des Aaregletschers, ca. 1135 m. Auf einem breiten Weg hinein in den Graben des Hinteren Geissbachs. Der breite Weg sinkt ab bis ca. 1060 m und steigt wieder an zum Hof **Steinbodeschwand** ❷, ca. 1105 m, durch verschiedene Seitengräben. Weiter zum Stall von Schriberschwand.

Kurz danach verzweigt sich der Weg: Der Hauptweg zieht rechts durch den Hauptgraben und unter dem Pfyffer hindurch auf den südlichen Rücken (Variante). Der linke Weg geht hinauf auf eine Schulter mit mächtiger Linde und Baumruinen. Von dort auf Kuhpfaden horizontal und leicht aufsteigend in die kleine Waldlichtung genau südlich von P. 1277 der Trachselegg. Durch den steilen, aber gut begehbaren Tannenwald leicht rechts haltend östlich von P. 1277 auf den Grasrücken der Trachselegg aussteigen.

Ostwärts dem Waldrand entlang, dann wieder im Wald auf einer Pfadspur durch Heidelbeerkraut und im Wald gegen den Pfyffer. Über eine Kuppe hinweg und zuletzt über einen Nagelfluhgrat (kurz ausgesetzt) zum höchsten Punkt

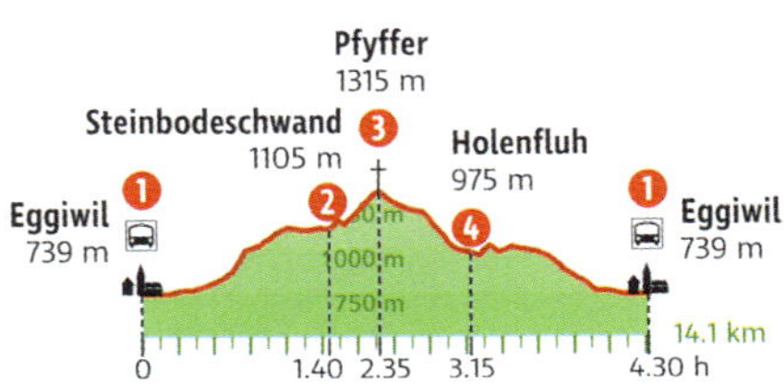

des **Pfyffer** ❸, 1315 m. Südwärts in ein paar Schritten hinab auf die Wiese und über sie auf den Fahrweg. Er führt über den Südwestrücken zu einem Hof. Links daran vorbei und weglos über die Weide weiter auf dem Rücken hinab auf ein Teersträßchen; wenn die Wiesen nicht gemäht sind, bleibt man auf den Wegen. Das Teersträßchen queren und weiter über den Rücken, mehr oder weniger dem Waldrand entlang hinab. Zuletzt im Wald auf einem Zickzackweg (in der Landeskarte nicht eingezeichnet) hinab auf den breiten Weg, bei einem Stall, ca. 1010 m. Man kann auch den Umweg über die Hürliseggschwand machen. Der Weg führt durch den Sonnenhang des Bärbach-Grabens zur **Holenfluh** ❹, ca. 975 m; in diese ausgehöhlte Nagelflue ist ein kleines Haus gebaut.
Weiter auf dem Weg unter dem mächtigen Nagelfluhband grabenauswärts – und auch aufwärts auf ein Teersträßchen, ca. 1020 m. Ihm ein paar Schritte folgen, dann auf einem Feldweg rechts hinüber zum Wanderweg. Er sinkt sehr schön und meist abseits von Teer über Weiden und auch mal durch Wald, an den Höfen Oberstürlen und Obergysenberg vorbei, bis hinunter zur Mündung des Geissbachs in die Emme. Auf der vom Hinweg bekannten Route zurück nach **Eggiwil** ❶.

Halb im Graben unten: gekonnt gemachter Weg bei Holenfluh.

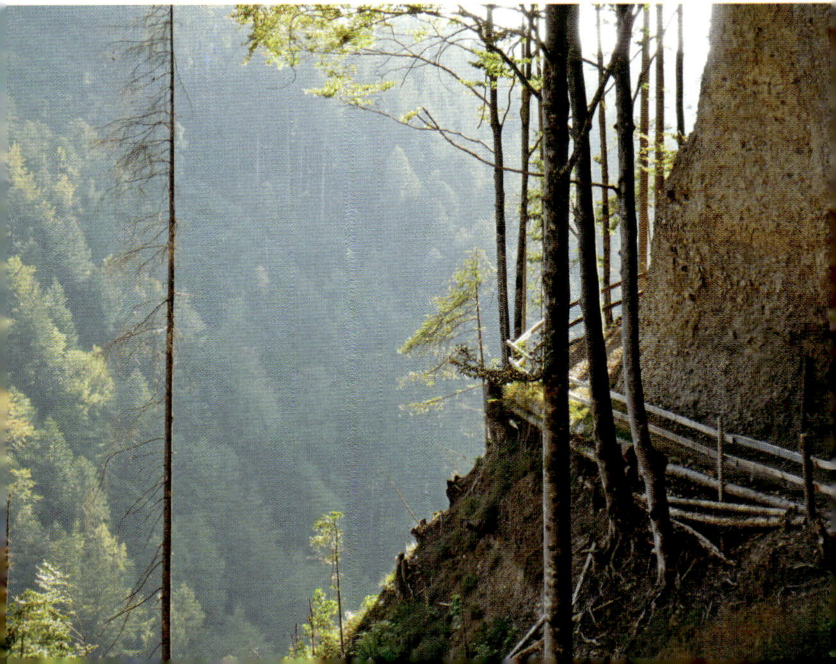

↗ 740 m | ↘ 870 m | 20.3 km

8 Eggiwil – Chuderhüsi, 1132 m – Oberdiessbach

5.15 h

Chrüz und churz

Typisch für das Berndeutsche ist das ziemlich rau ausgesprochene »ch« wie in churz (für kurz) oder Chrüz (für Kreuz). Solche Laute kennzeichnen die Gipfel auf dieser langen Wanderung von der Emme an die Kiese – richtig: an die Chise. Chapf bedeutet eine rundliche Kuppe zum Ausschauen. Der Chnubel ist eine Kuppe auf dem lang gezogenen Hügelzug des Churzenberges, nur sieht man von dort vor lauter Bäumen die Berge nicht. Umso mehr schätzen wir deshalb den Chuderhüsi-Aussichtsturm. Er wurde am 27. Mai 1998 zum 850. Geburtstag der Gemeinde Röthenbach eingeweiht; am 21. März 2001 brannte er ab, am 27. Mai 2002 war der neue Turm wieder besteigbar. Haben wir die 195 Treppenstufen erklommen, so überblicken wir von der Plattform auf 37 Metern über dem Waldboden das Emmental bis zu den Berner Hochalpen – auf einen Chlapf.

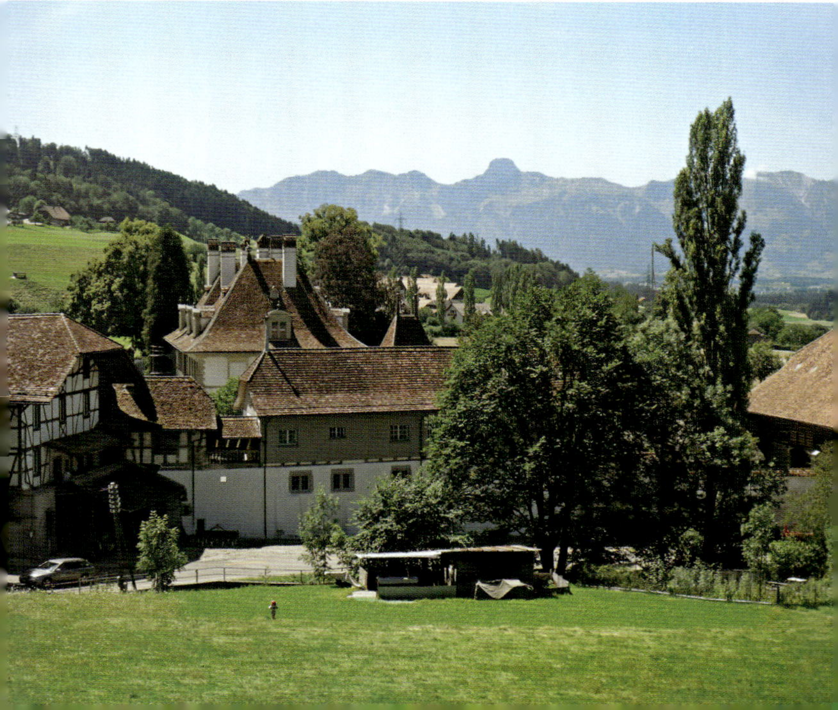

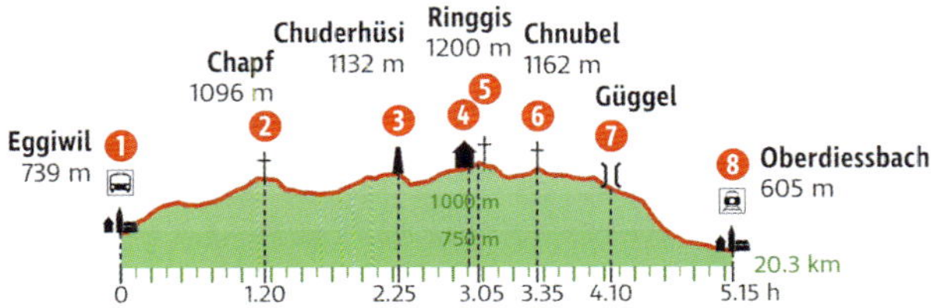

Ausgangspunkt: Eggiwil, 739 m; Bus von Signau an der Bahnlinie Bern – Langnau.
Endpunkt: Oberdiessbach, 605 m, an der Bahnlinie Burgdorf – Konolfingen – Thun.
Anforderungen: Markierte und unmarkierte Wege; kurz auch weglos. T1 mit kurzen Passagen T2.
Beste Jahreszeit: Frühling bis Herbst; auch im Hochsommer, da viel im Wald.
Einkehr und Unterkunft: In Eggiwil und Oberdiessbach. Restaurant Chuderhüsi, Tel. +41 34 491 14 22, www.elrafa.ch. Café-Bar Edelweiss in Mühleseilen. Bergrestaurant Ringgis (mit Lager), Tel. +41 31 771 11 82, www.ringgis.ch.
Variante: Abstieg von Äbersold ins Dorf Linden, 916 m; 25 Min. Bus nach Oberdiessbach.
Kombinationsmöglichkeit: Mit Tour 5 und 7.
Karten: 243 T Bern, 244 T Escholzmatt; 1187 Münsingen, 1188 Eggiwil.

Der Aufstieg beginnt gleich westlich der Brücke, 736 m, über den Rötebach am nördlichen Dorfeingang von **Eggiwil** ❶; hierher talauswärts von der Bushaltestelle. Ein Treppenweg führt hinauf zu einer Bergstraße. Man folgt ihr, bis der Wanderweg rechts abzweigt und weiter oben wieder auf sie trifft, ca. 910 m. Flach nach Kapfschwand; kurz nach der Straßenverzweigung zieht der Wanderweg zum Chapf rechts im Wald gegen das Schulhaus hoch, geht dann unter einem Sträßchen abwärts und aufwärts durch, quert dieses bei P. 1011, folgt dem Waldrand oberhalb des Sträßchens und kommt schließlich zur Gipfelweide. Über diese geht man abseits der Wanderroute weglos zum »Gipfelstall« des **Chapf** ❷, 1096 m, hinüber.
In der gleichen Richtung hinüber zum zweiten Stall, dem Zaun entlang leicht abwärts zum Waldrand und nach links zu einem Platz mit Brennholz; von hier könnte man südostwärts einem Weg zur Chapfstraße folgen. Wir steigen jedoch in westlicher Richtung weglos durch den Wald direkt auf diese Straße ab und treffen (hoffentlich!) auf den Wanderweg, der noch kurz den Wald quert, zum Bauerngut Stockernhüsi, 1023 m, kommt, hinab zum Bützen-Wald geht, durch ihn und seinem Rand entlang geht, die Heimrüti-Straße, ca. 990 m, quert und schließlich via Oberheimenrütti und den Goucherewald das Hotel Chuderhüsi, 1099 m, erreicht. Weiter durch den Wald zum Aussichtsturm **Chuderhüsi** ❸, 1132 m. Der Wanderweg zum

Privat: Schloss Oberdiessbach. Am Horizont grüßt das Stockhorn.

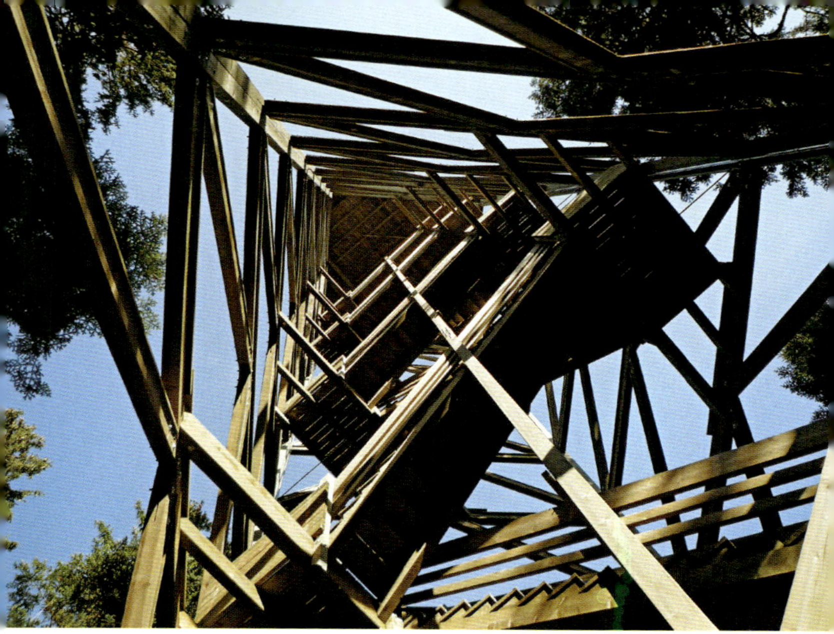

Öffentlich: Turm Chuderhüsi. 195 Stufen führen zur Plattform (37 m).

Weiler Mühleseilen holt weit nordwärts aus; wir schlagen deshalb vom Picknickplatz beim Turm gleich den Pfad ein, der genau südwärts durch den Wald auf einen Fahrweg absinkt, wobei er zuletzt etwas verwachsen ist. Auf dem teils betonierten Fahrweg nach Mühleseilen, 1067 m, und auf dem Wanderweg (Variante Sonnenweg wählen) zum **Bergrestaurant Ringgis** 4, 1169 m. Westwärts weiter, den rechten Wanderweg einschlagen, und gleich nochmals rechts in

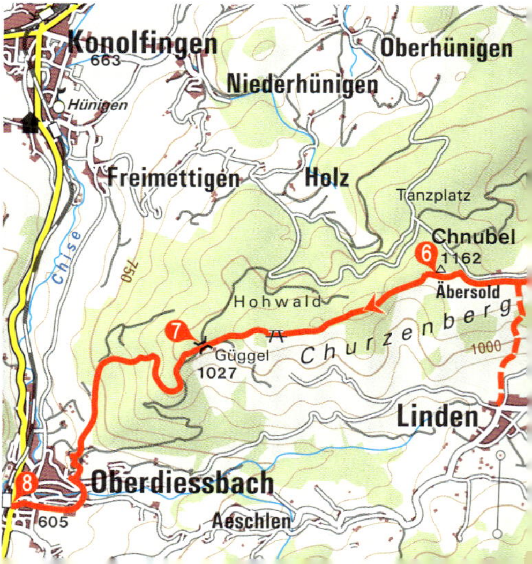

einen unmarkierten Weg einbiegen, der zum **Ringgis-Gipfel** ❺, 1200 m, dem höchsten Punkt des Churzenberges, hinaufgeht.

Der Abstieg erfolgt auf einem verwachsenen Pfad; aber schon bald ist wieder die Wanderroute erreicht. Sie sinkt zum östlichen Hof von **Äbersold** und hält flach hinüber zum westlichen, 1107 m. Hier abseits der Wanderroute der Straße nach Oberhünigen folgen; sobald sie in den Wald kommt, links weg und auf einem Weg hinauf auf den **Chnubel** ❻, 1162 m, einem leider wieder bewaldeten Gipfel ohne Aussicht.

Abstieg auf einem Pfad über den Westrücken zum Wanderweg (P. 1115). Nun dem Kamm des Churzenberges entlang, teilweise auf der Nordseite, in den Übergang **Güggel** ❼, 1027 m.

Über ein Flachstück weiter und leicht links haltend (undeutliche Markierungen) durch einen Hohlpfad abwärts. Man gelangt auf einen breiteren Weg, der sich schon bald als sehr geröllig erweist und ziemlich steil absinkt. Bei der Wegspinne von P. 771 wird das Wandern wieder bequemer. Kurz darauf verlassen wir die Wanderroute nach links. Auf einem Schotterweg abwärts; er geht in ein Teersträßchen über. Dieses senkt sich in eine Mulde hinab, wo wir uns links halten, eine Anhöhe gewinnen und den grasigen Chriesegglenweg einschlagen. Er führt flach in ein Einfamilienhausquartier. Hier nach rechts, dann zweimal nach links halten, um auf dem Stockhornweg abzusteigen. Wenn man sich oberhalb des Schlossgutes befindet, kann man auf einem schmalen Teerweglein direkt dorthin absteigen. Das Schlossareal rechts zur Allee umgehen, die uns zur Hauptansicht des privaten Schlosses Oberdiessbach leitet. Durch die Allee und die Schlossstrasse hinab zum Bahnhof **Oberdiessbach** ❽, 605 m.

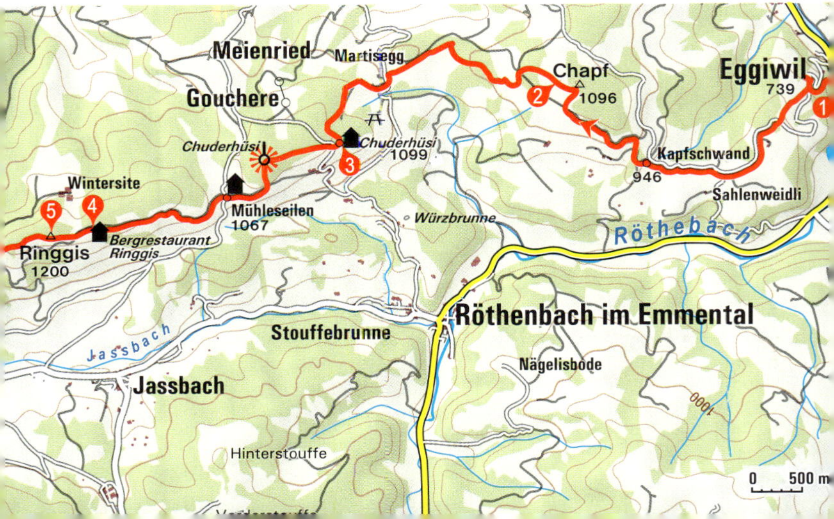

TOP 9

↗ 170 m | ↘ 170 m | 8.0 km

Konolfingen – Emmental Literaturweg

2.10 h

Auf den Spuren von Friedrich Dürrenmatt

»Das Herz mit deinem und meinem Namen, Alfred. Fast verblichen und auseinandergezogen. Der Baum ist gewachsen, sein Stamm, seine Äste dick geworden wie wir selber«, sagt Claire Zachanassian im Konradsweilerwald zu ihrem Jugendfreund Alfred Ill in der 1956 uraufgeführten tragischen Komödie »Der Besuch der alten Dame« von Friedrich Dürrenmatt (1921–1990). Das Zitat findet sich auf Tafel 8 des Emmental Literaturweges in Konolfingen, der zu Stationen aus der Jugendzeit von Dürrenmatt führt. So natürlich zum Pfarrhaus, in dem er am 5. Januar geboren wurde und die ersten 14 Jahre seines Lebens verbrachte. 15 Tafeln mit Zitaten aus seinem Werk säumen die wie eine Acht angelegte, 2008 eingeweihte Runde. Besonders schön: der Aussichtspunkt Rüteli und der Schlosspark Hünigen. In Konolfingen, dem westlichen Tor zum Emmental im Schnittpunkt zweier Eisenbahnlinien, hatte der wirtschaftliche Aufschwung genau mit dem Bahnbau und mit der 1892 gegründeten »Bernischen Alpenmilch Gesellschaft« eingesetzt. Ihre Stalden-Creme wurde schweizweit berühmt. Seit 1971 gehört die Herstellerin dem Weltkonzern Nestlé; im Produktions- und Technologiezentrum beim Bahnhof arbeiten über 250 Leute. In »Labyrinth, Stoffe I–III« aus dem Jahr 1981 (Tafel 2) erinnert sich Dürrenmatt: »Die Milch der ganzen Umgebung wurde in Kesseln hergefahren, von den Kleinbauern in Leiterwagen, die von großen Hunden gezogen wurden, von den Grossbauern mit Pferdefuhrwerken und von den entfernteren Dörfern her mit Lastwagen.«

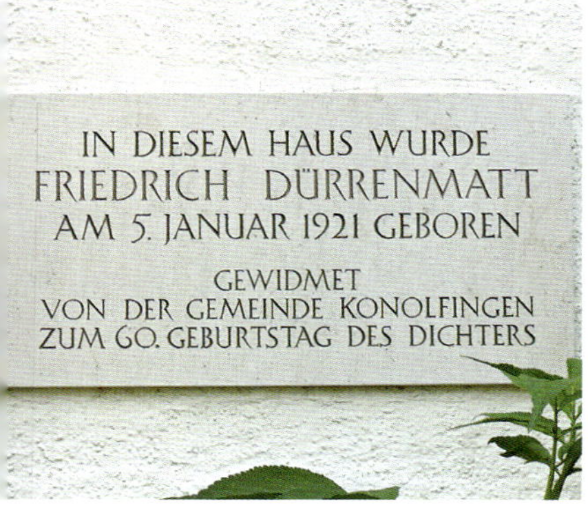

Ausgangs- und Endpunkt: Konolfingen, 663 m, an den Bahnlinien Bern – Luzern und Burgdorf – Thun.
Anforderungen: Mit violetten Wegweisern markierte Rundwanderung. T1.
Beste Jahreszeit: Immer; sehr schön im Sommer, wenn im Bad ein Zwischenhalt eingelegt werden kann (der Dürrenmatt-Weg führt daran vorbei).
Einkehr und Unterkunft: In Konolfingen. Schloss Hünigen, Tel. +41 31 791 26 11, www.schlosshuenigen.ch.
Tipp: Eine PDF-Datei zum Emmental Literaturweg kann zum Beispiel bei www.museum-alter-baeren.ch heruntergeladen werden; es gibt auch eine App für Smartphones.
Karten: 243 T Bern; 1187 Münsingen.

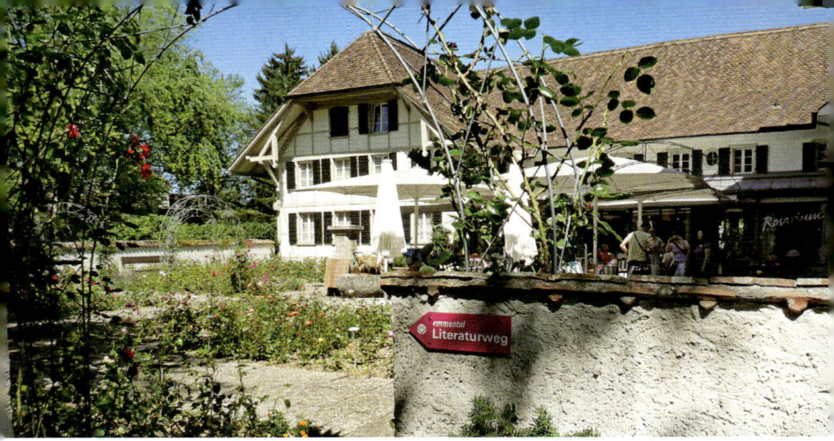

Da ist gut tafeln, trinken und lesen: Parkhotel Schloss Hünigen.

Vom Bahnhof **Konolfingen** ❶ hinab zum Kreuzplatz, 658 m, wo die beiden ersten Tafeln stehen (also nicht die Unterführung nehmen). Kurz auf der Thunstrasse, dann rechts in die Kirchgasse mit Kirche und Pfarrhaus, wo Friedrich Dürrenmatt aufwuchs. Am Schulhaus vorbei nach **Stalden** ❷, ca. 665 m. Hinauf in den Lochebergwald und südwärts zum Aussichtspunkt **Rüteli** ❸, 816 m.

Über die Wolfmatt zurück nach **Stalden** ❷ und hinab zur Bahnlinie, ca. 655 m. Über die Thunstrasse zum Parkhotel Schloss **Hünigen** ❹, durch die Allee in den wunderschönen Park, durch ihn hindurch. Dem einen Arm des Baches Chise entlang, am Schwimmbad vorbei und an der Katholischen Kirche, fast immer begleitet durch das Chise-Wasser. Linker Hand die neue Wohnüberbauung Chisenmatte. Am Ende der Matte hinüber zur Emmentalstrasse, zurück zum Kreuzplatz und zum Bahnhof **Konolfingen** ❶.

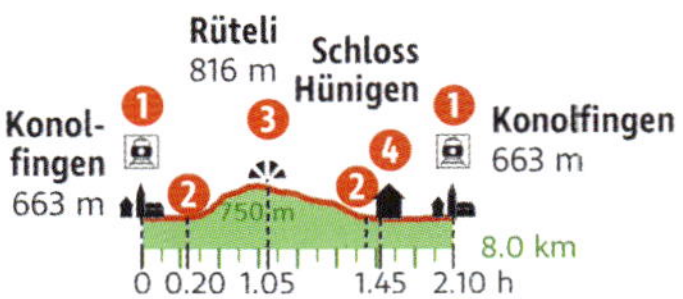

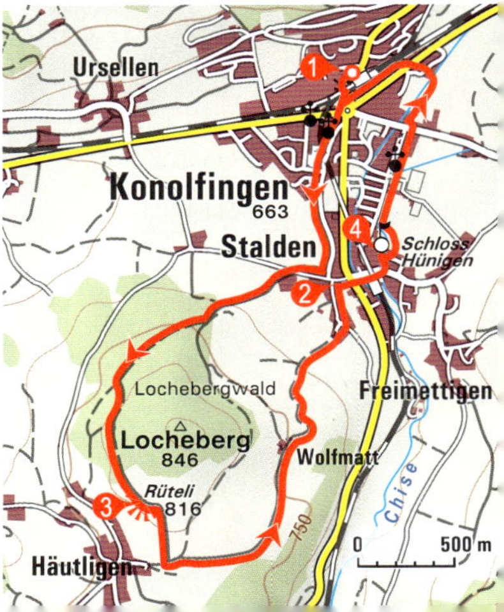

↗ 470 m | ↘ 470 m | 7.7 km

10 Zäziwil – Erdburgen Schwanden und Zwingherrenhubel

2.40 h

Besuch der etwas anderen Burgen

An meiner ersten Erdburg, die ich bewusst als solche fand, kam ich auf einer meiner ersten Hügelwanderungen im Emmental vorbei. Am 14. Dezember 2003 besuchte ich die Schweizer Extrembergsteiger Heidi und Albin Schelbert, die ihren Wohnsitz in einem alten Bauernhof hoch oberhalb von Wasen i.E. haben, zufälligerweise am gleichen Hügelzug, an dem auch meine Großtante Klara Dennler jahrzehntelang gelebt hat. Beim Bärhegechnübeli, 988 m, steht auf der Landeskarte die Zusatzbezeichnung »Erdburg«, und kleine braune Striche zeigen die Böschung aus Erde an. Das ist eben der Wall, der künstlich aufgeschüttete Hügel, auf dem oben jeweils noch Holzmauern zusätzlich für Abwehr und Schutz sorgten. Das Holz ist natürlich schon lange vermodert bzw. kehrt meistens in Form von lebenden Baumstämmen wieder. Anders gesagt: Erdburgen sollten in der laubfreien Zeit aufgesucht werden – wenn allerdings Nadelbäume im Graben, auf den Wällen und im Burginnern wachsen … Im Gebiet dieses Wanderführers sind ein paar Erdburgen zu finden, am einfachsten mit der »Burgenkarte der Schweiz – West«. Den Zwingherrenhubel gibt es gleich zweimal, bei Gerlafingen an der Emme und südlich von Zäziwil an der Chise. Zur zweiten schreibt die Begleitpublikation der Burgenkarten: »Wehranlage unbekannter Zeitstellung. Gräben, Wälle und Burghügel ohne Mauerreste.« Mehr zu dieser besonderen Erdburg – ja sogar ein bisschen über den Erdwall hinaus – findet man hier: www.dillum.ch/html/zwingherrenhubel_zaeziwil_bern.htm.

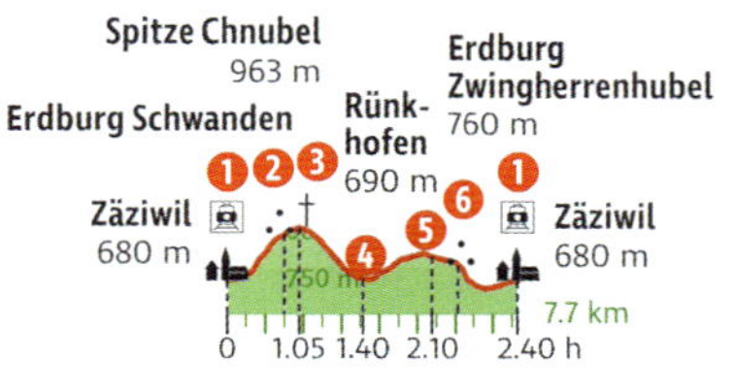

Ausgangs- und Endpunkt: Zäziwil, 680 m, an der Bahnlinie Bern – Konolfingen – Langnau.
Anforderungen: Markierte und unmarkierte Wege; der Zugang zu den Erdburgen teilweise weglos, ebenso der Beginn des Abstiegs vom Spitze Chnubel. T1 mit Passagen T2.
Beste Jahreszeit: Immer. Jeweils am letzten Mittwoch im September die Brächete mit Brauchtum und Handwerk wie zu Gotthelfs Zeiten.
Einkehr: In Zäziwil.

Tipp: Im Rotiholz oberhalb des Dorfes Arnisäge nördlich von Zäziwil gibt es seit 2002 einen hochinteressanten Walderlebnispfad für die ganze Familie, der zum Spielen einlädt, die Sinne anspricht, Geschichte und Kunst vermittelt. Ausgangs- und Endpunkt für den Nachhaltigkeitsweg Rotiholz ist Arnisäge an der Postautolinie Biglen – Arni – Moosegg; die reine Wanderzeit beträgt eine gute Stunde.
Karten: 243 T Bern; 1167 Worb, 1187 Münsingen.

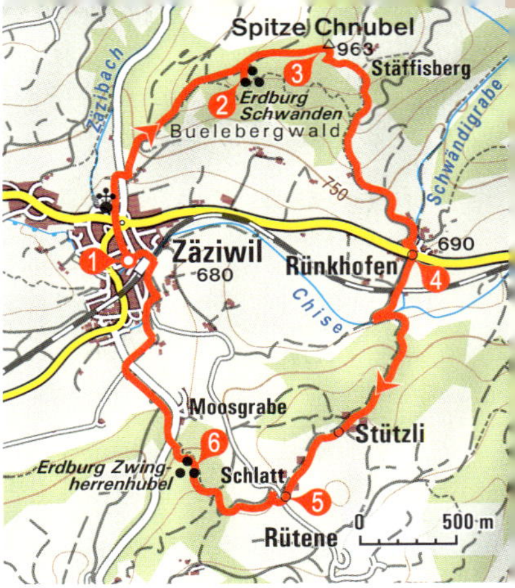

Vom Bahnhof **Zäziwil** ❶ durch die Bahnhofstrasse zum Kreisel in Dorfmitte, geradeaus durch die Oberthalstrasse weiter, bis der Wanderweg rechts abzweigt und mehr oder weniger entlang der Hangkante durch den und am Buelebergwald ansteigt. Wenn rechter Hand ein bewaldeter Kegel auftaucht, hinter dem der Weg verläuft, dann ist das die **Erdburg Schwanden** ❷, 927 m; je nach Unterholzdichte und -höhe ist der Zugang nicht ganz kratzfrei, und der Graben und der Wall sind nicht so gut erkennbar. Von der Erdburg zurück auf den Weg, ca. 910 m. Weiter aufsteigen; der Wanderweg biegt links ab. Wir bleiben aber auf dem Westgrat und Weglein bis hinauf zum Gipfelstein des **Spitze Chnubel** ❸, 963 m; ohne Namen auf der Landeskarte im Maßstab 1:25.000, jedoch im Maßstab 1:10.000 (auf map.geo.admin.ch). Ostwärts an den Waldrand, rechts hinab zu einem Zaun und ihm entlang südostwärts und auf Wegspur, durch zwei Zaundurchlässe hindurch und oberhalb an einem Stall vorbei, auf einen Weg, der vom Hof Stäffisberg herkommt. Auf ihm südwärts hinab; von rechts mündet der Wanderweg ein, der durch den Südhang des Buelebergwaldes verläuft. Hinab nach **Rünkhofen** ❹ und über die Talstraße, die Eisenbahnlinie und die Chise, 690 m. Auf dem Wanderweg hinauf zum Stützli-Hof, 801 m. Hier verlassen wir die markierte Route, gehen zwischen zwei runden Hügeln hindurch nach **Schlatt** ❺, 806 m, nehmen dort die Straße für ein paar Meter talwärts, dann links den Feldweg nach Siehe. Einmal im Wald, rechts abzweigen und hinab zu Wegspinne. Halb links auf dem Wanderweg zur **Erdburg Zwingherrenhubel** ❻, ca. 760 m.
Nach ihrer Besichtigung hinab in den Weiler Moosgrabe, ca. 690 m. Auf der Wanderroute durch die Talebene, zuletzt an der Chise entlang, zurück zum Bahnhof **Zäziwil** ❶.

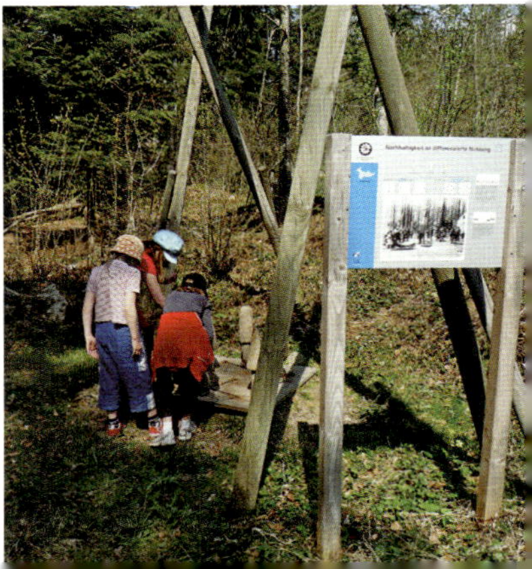

Für Kinder besser zum Spielen als Erdburgen: der Walderlebnisweg von Arnisäge (siehe »Tipp«).

↗ 530 m | ↘ 440 m | 12.6 km

11 Emmenmatt – Blaseflue, 1118 m – Grosshöchstetten

3.30 h

Sonnige Aussichten

»Die Blasenfluh ist mit 1118 m.ü.M. der höchste Aussichtspunkt Oberthals«, heißt es auf Wikipedia zur Gemeinde Oberthal (Abruf am 5.5.14). »Im Ersten Weltkrieg Bau eines hölzernen Beobachtungs- und Aussichtsturmes, welcher später wieder abgerissen wurde. Der Sockel ist noch vorhanden. Die Möglichkeit eines Wiederaufbaus des Blasenfluhturmes wird gegenwärtig abgeklärt.« Eigentlich keine schlechte Idee. Denn die Aussicht vom stark bewaldeten Gipfel ist ziemlich beschränkt. Was allerdings durch zahlreiche andere sonnige Aussichtspunkte auf dieser Wanderung mehr als wettgemacht wird. Einfach großartig, diese Blicke auf die Berner Hochalpen hinter der Kette Schrattenflue-Hohgant-Sieben Hengste, zum Beispiel vom Eggelriedhoger ein paar Schritte vor dem Gasthaus Waldhäusern. Als wir dort am 5.5.2014 zu Schweizer Erdbeeren mit Emmentaler Rahm einkehrten, wurden grad die Tische auf die Aussichtsterrasse gestellt. Beim Abstieg nach Grosshöchstetten erweitert sich dann das Panorama über die Freiburger Alpen hinweg bis hinüber zum Jura. Später schieben sich die Tannen des nahen Churzenberges sozusagen in die Eigernordwand. Und zuletzt wandern die Blicke auf den Teller mit dem Emmentaler Kalbssteak »Emmegnac« im Gasthof zur Sonne.

Auf dem Eggelriedhoger: die Berner Alpen am weiten Horizont.

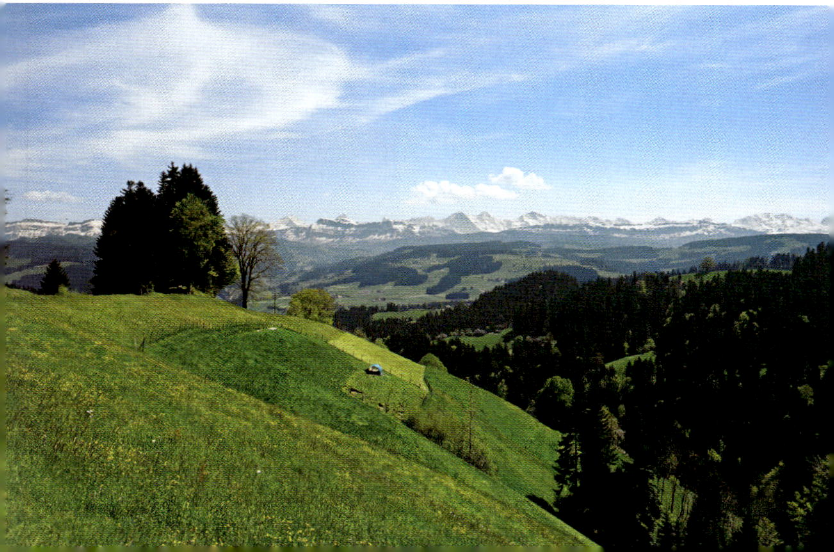

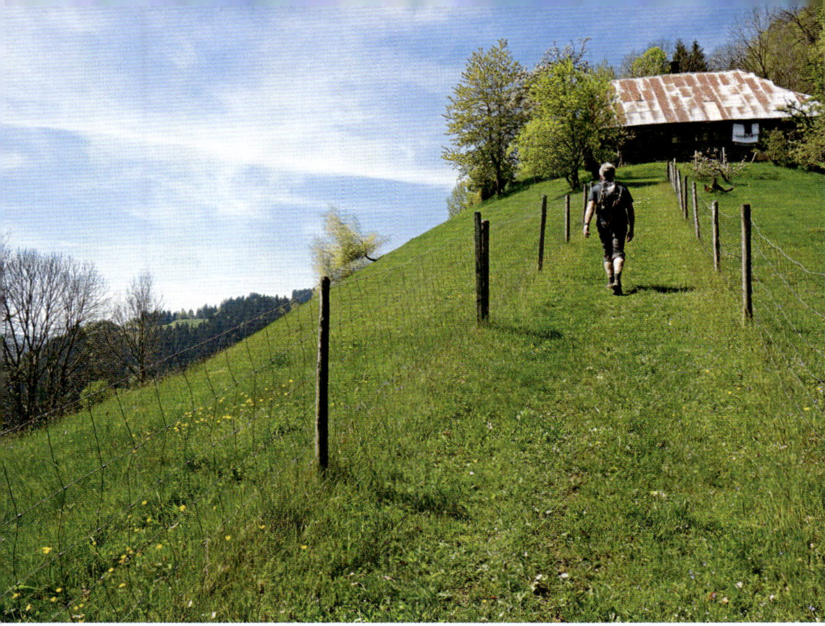

Zum Pfarrweidli-Hof ob Signau: ruhig gelegener Hof mit Wellblechdach.

Ausgangspunkt: Emmenmatt, 650 m; S-Bahn Bern – Konolfingen – Signau – Langnau.
Endpunkt: Grosshöchstetten, 743 m; Bahnlinie Burgdorf – Konolfingen – Thun.
Anforderungen: Markierte und unmarkierte Wege. Meist T1, kurze Abschnitte T2.
Beste Jahreszeit: Frühling bis Herbst.
Einkehr: Aemme Beizli in Emmenmatt. Gasthof Waldhäusern, Tel. +41 34 402 22 24 (Mai–Okt. Mi geschlossen, Nov.–April Mi und Do geschlossen).
Unterkunft: Hotel Moosegg, Tel. +41 34 409 06 06. Seminar Hotel Möschberg, Tel. +41 31 710 22 22. Hotels in Grosshöchstetten.
Varianten: Schneller und schöner Direktaufstieg von Signau, 683 m: Vom westlichen Bahnhofsgelände hinauf auf die Dorfstraße. Rechts am Gasthof zum roten Thurm durch die Untere Sonnhalde hoch und hinein in den Graben. Ihn auf einem Feld-, dann Waldweg verlassen und hinauf zum Pfarrweidli-Hof (ohne Namen auf der neuen Landeskarte). Rechts oder links daran vorbei, auf einem schlecht erkennbaren Weg weiter ansteigen, dann auf einem Pfad links unterhalb der Krete weiter hoch und zuletzt wieder im Gras auf ein Teersträßchen. Nach links, bei der Verzweigung nach rechts und zum Hof Oberrainsberg, 940 m. Von hier auf dem Wanderweg auf die Blaseflue; 1.20 Std.
Postauto von Biglen über Arni auf die Moosegg.
Kombinationsmöglichkeit: Mit Tour 12 und 13.
Karten: 243 T Bern, 244 T Escholzmatt; 1167 Worb, 1168 Langnau i. E.

Von der Station **Emmenmatt** ❶ nicht der Wanderroute folgen, sondern im Hang, der das Bahnhofsgelände im Westen begrenzt, die schmale Treppe hochsteigen (sie startet zwischen einem chaletähnlichen Haus und einem Gartenhäuschen). Oben links. Nun immer dem meist schmalen, im Aufstieg zu P. 794 steilen Weg an der Hangkante folgen. Bei der Blasenegg mündet der Wanderweg von rechts ein. Weiter oben geht man dem Zaun von Pferdeweiden entlang. Bei Eggelriedhoger tolle Alpensicht.
Und schon steht man vor dem beliebten **Gasthof Waldhäusern** ❷, 967 m; wo man auf die Straße kommt, könnte man nach rechts zum Hotel Moosegg. Zuerst noch auf der Straße, dann auf einem

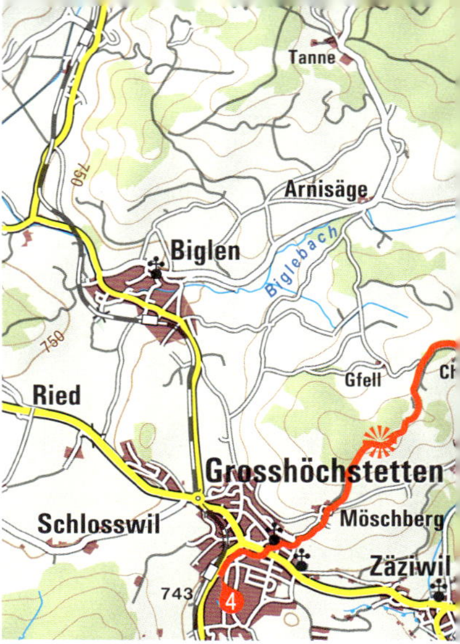

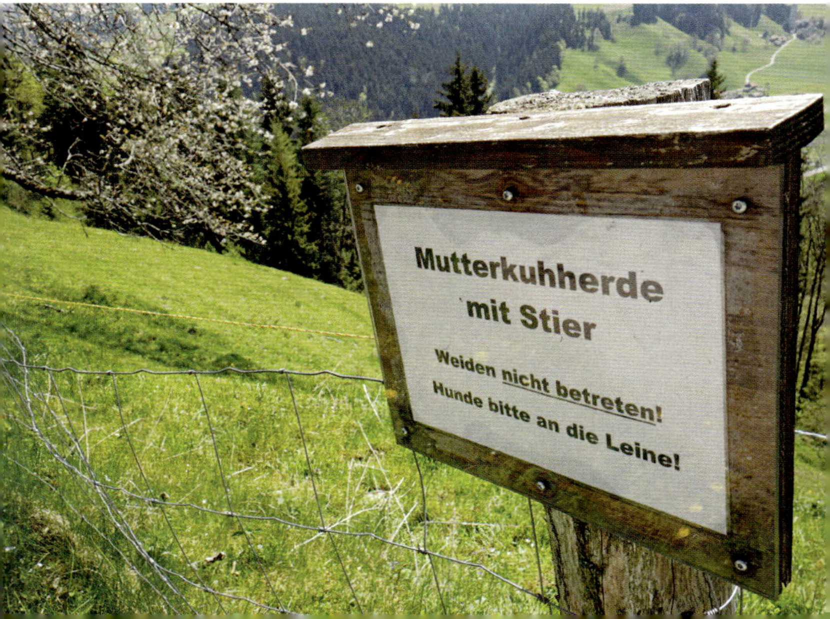

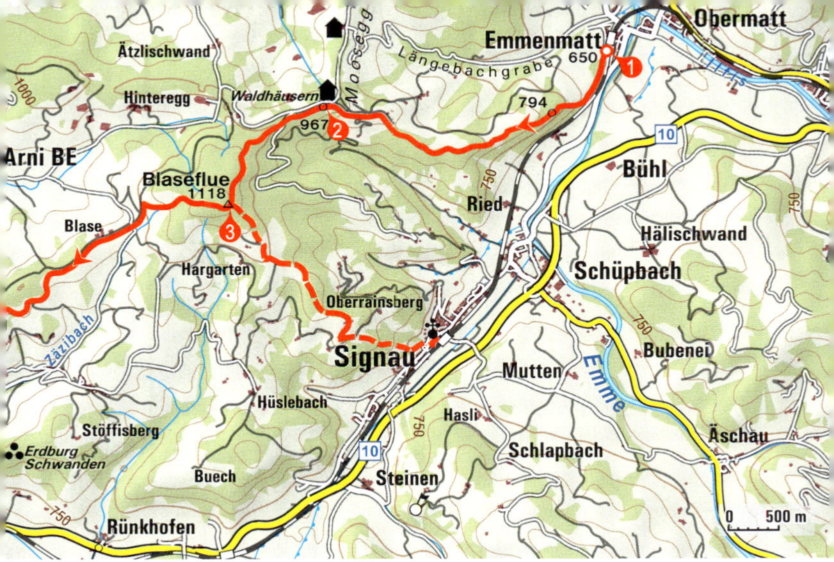

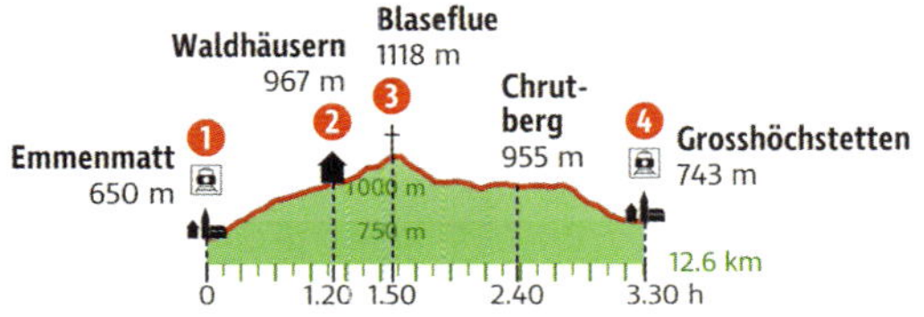

schon bald ziemlich ausgewaschenen Weg südwärts hinauf auf die **Blaseflue** ❸; bei der Bank mit dem Grenzstein befindet sich ein Vermessungssignal, 1118 m; der höchste Punkt liegt aber gut 100 Meter weiter westlich – und bietet noch weniger Aussicht ...

Zum Glück treten wir beim Abstieg nach Grosshöchstetten schon bald aus dem Wald. Über die Hofsiedlung Blase gelangen wir zu P. 981, wo der Wanderweg in den Wald taucht und auf dem schattigen Forststräßchen bleibt. Deshalb linker Hand immer dem sonnigen Rand des Chrutbergwaldes folgen, über Metzgerhüsi bis zur Kreuzung, ca. 955 m, oberhalb des Chrutberg-Hofes. Nun wieder auf der markierten Route über Büel, den Picknickplatz oberhalb des Hubel-Hofes, ca. 960 m, und den Weiler Möschberg nach **Grosshöchstetten** ❹. Durch das Dorf geht es zum Bahnhof.

Unterhalb der Blaseflue: klare Verhaltensregeln aufgestellt.

↗ 630 m | ↘ 630 m | 17.4 km

12 Zollbrück – Leuenberger-Gedenkweg – Moosegg, 954 m

5.00 h

Der Held des Emmentals

Die bernische Obrigkeit kannte keine Gnade: Am 6. September 1653 wurde Niklaus Leuenberger, Bauer und Anführer der Berner Untertanen im Bauernkrieg, in Bern öffentlich enthauptet und dann gevierteilt. Zur Abschreckung: Wer sich gegen den Staat erhob und sich für mehr (wirtschaftliche) Möglichkeiten, mehr Rechte und mehr Freiheit einsetzte, musste mit diesem Schicksal rechnen. Leuenberger, der zum Anführer der Aufständischen gewählt wurde, suchte im Bauernkrieg vergeblich einen Kompromiss. Als der Krieg verloren war, floh er, wurde jedoch von einem Nachbarn und Mitstreiter verraten. Auf dieser Wanderung rund um und durch den Nesselgraben kommen wir an den Höfen des Verräters und des Helden vorbei, am Ort des Verrates und natürlich auch am großen Leuenberger-Denkmal in Rüderswil. Weitere Gedenksteine für Leuenberger finden sich bei den Kirchen von Lauperswil, Langnau, Sumiswald und Huttwil sowie beim ehemaligen Hotel Kreuz an der Marktgasse 34 in Langenthal. Und im Schloss Trachselwald wartet die Gefängniszelle, wohin der Obmann der Bauern nach seiner Verhaftung und vor der Überführung nach Bern gebracht wurde.

Ausgangspunkt: Zollbrück, 625 m; S-Bahn Bern – Burgdorf – Langnau sowie Bus Ramsei – Langnau.
Endpunkt: Neumühle, 634 m, an denselben Linien.
Anforderungen: Wege nur teilweise markiert. T1, bei der Burgruine und danach kurz T2.
Beste Jahreszeit: Immer, außer bei zu viel Schnee.
Einkehr: Zollbrück. Hotel Moosegg. In Waldhäusern, Lauperswil und Neumühle.
Unterkunft: Hotel Moosegg, Tel. +41 34 409 06 06.
Varianten: 1) Von der Ruine Wartenstein auf dem Wanderweg über den Nordrücken hinab und zurück nach Zollbrück. 2) Vom Leuenberger-Gedenkstein auf der Wanderroute über Ätzlischwand und Waldhäusern zum Hotel Moosegg. 3) Postauto von Biglen über Arni auf die Moosegg.
Tipp: Faltblatt Leuenberger-Gedenkweg; erhältlich auf der Gemeindeverwaltung Rüderswil und bei Pro Emmental in Langnau.
Kombinationsmöglichkeit: Mit Tour 11 und 14.
Karten: 243 T Bern, 244 T Escholzmatt; 1167 Worb, 1168 Langnau i. E.

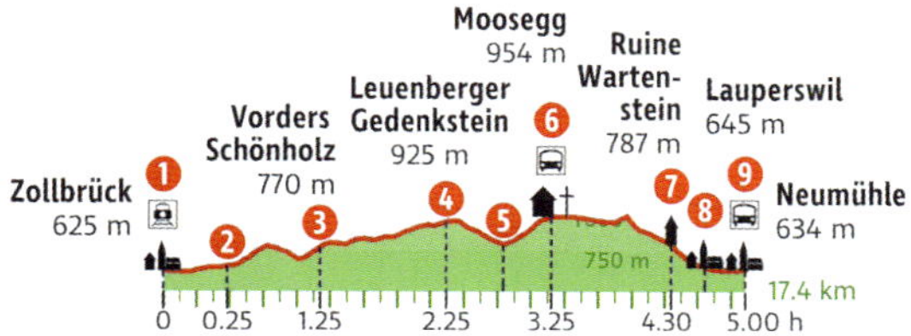

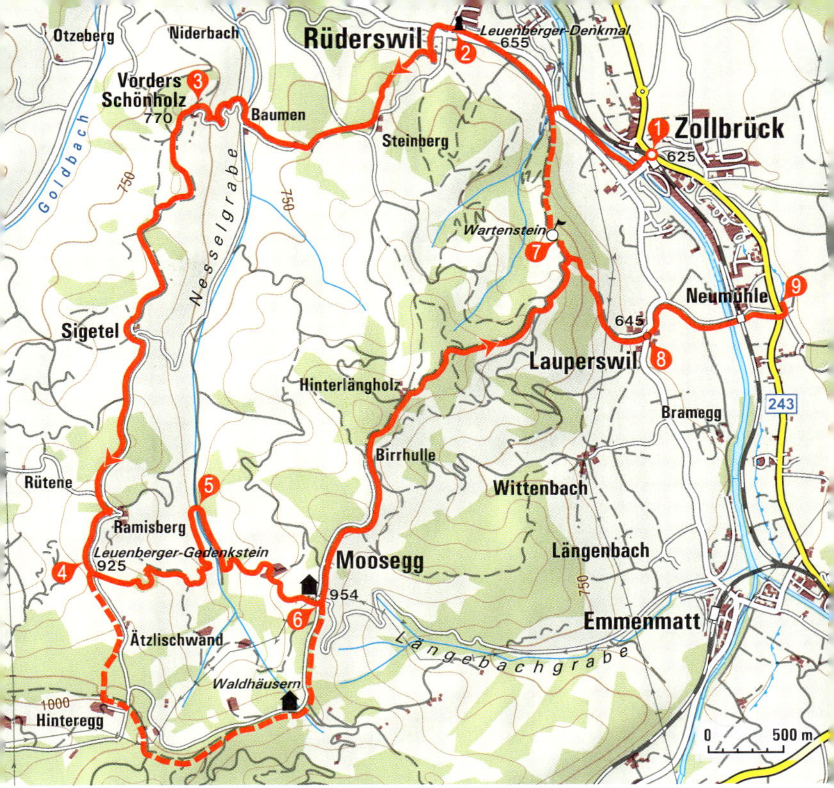

Von der Bahnstation **Zollbrück** ❶ auf der Straße über die Emme und gleich rechts in den Wanderweg nach Rüderswil einbiegen. Er folgt dem Fluss, dann der Landstraße, überquert auf einem Steg einen Seitenbach (mit Abzweigung zur Ruine Wartenstein; vgl. Variante), steigt kurz im Wald hoch und überquert ein Feld mit Schießstand zum Friedhof von Rüderswil, 655 m; wenn geschossen wird, geht man am rechten Rand des Feldes entlang. Beim Dorfeingang erhebt sich unübersehbar das **Denkmal für Klaus Leuenberger** ❶. Im Dorf selbst, je schräg gegenüber der Kirche, stehen zwei mächtige Linden, die Leuenberger- und die Krämerhaus-Linde (beide sind als Naturdenkmäler klassifiziert).

Bei der Krämerhaus-Linde beginnt unser Weg in den Nesselgraben abseits der gelb markierten Wanderroute. Südwärts durchs Dorf hinaus, nach dem letzten Haus rechts auf einem Feldweg auf einen grasigen Rücken und über

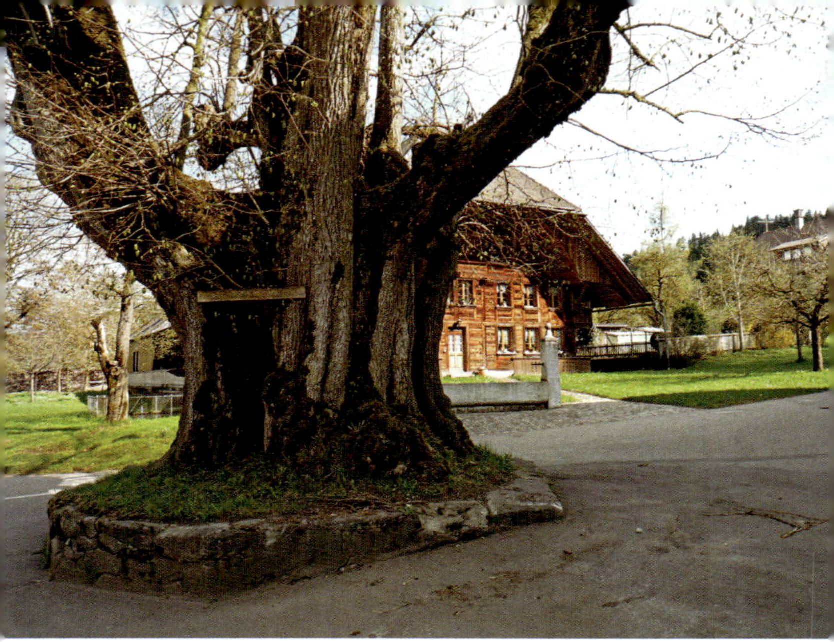

Naturdenkmal: Leuenberger-Linde in Rüderswil.

diesen hoch; kurz durch Wald, dann wieder übers Feld zum Steinberg-Hof, ca. 770 m. Westwärts am Waldrand entlang, ein Sträßchen kreuzen und auf einem Feld-, dann Fahrweg hinab in den Nesselgraben. Dabei kommt man kurz vor der Talsohle durch den oberen Hof von Baumen, wo Hans Bieri lebte, der am 30. Mai 1653 der Obrigkeit den Aufenthaltsort von Leuenberger verriet. Den Bach durch den Nesselgraben überschreiten, 688 m, und auf einem Teersträßchen hinauf nach **Vorders Schönholz** ❸, ca. 770 m, mit dem prächtigen Hof von Klaus Leuenberger rechter Hand. Dort wurde er am 7. Juli 1615 geboren. Weiter hinauf zu einer Wegspinne (P. 789). Südwärts, durch Hinders Schönholz hindurch, zu einer Wegverzweigung (P. 781): Der kleine Leuenberger-Weg sinkt zurück in den Nesselgraben, der große steigt rechter Hand auf den Hügelzug.

Auf der Wanderroute in schöner Höhenlage durch Wald und Feld zur Siedlung Sigetel, 832 m, und auf der Teerstraße Richtung Moosegg bis zum **Leuenberger-Gedenkstein** ❹, ca. 925 m, bei einem Ferienhäuschen zwischen Ramisberg und Ätzlischwand; hier stand früher das Waseschürli, wo Leuenberger verhaftet wurde. Allerdings gibt es auch Berichte, wonach Leuenberger bei Ankuft der Schergen von Landvogt Tribolet in den Nesselgraben flüchtete – vergeblich freilich. Dort hinab gehen wir. Rund 100 m nach dem Gedenkstein links in einen Feldweg einbiegen, der flach zu einem Wäldchen hinüber- und darin zum Hof mit dem vielversprechenden Namen Thannentalbad hinabzieht. Taleinwärts auf dem Teersträßchen zum Hof Hinter Tannetel; nach einem Stall linker Hand den Feldweg nehmen, der sich in Schlaufen in den **Nesselgraben** 5, 786 m, absenkt. Dem Bach entlang talaufwärts und den zweiten Weg links wählen. Beim Hof Alpmoos vorbei hinauf auf die **Moosegg** 6, auf dem Wanderweg hinauf zum Kulminationspunkt, 954 m, mit Bänken am Waldrand; wer noch will, geht zum Hotel, ca. 950 m.

Nun wieder brav auf den Wanderwegen wandern: nordwärts auf dem Teersträßchen, am Schulhaus vorbei, bis P. 927. Auf dem Waldweg nach Hinterlängholz, 915 m. Hinauf auf eine Waldkuppe, 945 m, und aussichtsreiche Kammwanderung zu den Häusern von Burgweidli, 791 m. Auf einem Fahrweg weiter hinab zum Burghügel; eine Holztreppe führt auf der Westseite zur Anlage der **Ruine Wartenstein** 7, 787 m, hinauf; sie wurde 1383 von den Bernern verwüstet. Auf der Ostseite versteckt sich der Ziehbrunnen. Hinunter auf den Fahrweg, kurz zurück Richtung Burgweidli, dann links den Wanderweg nach **Lauperswil** 8, 645 m, und zur Kirche mit dem Gedenkstein zur Erinnerung an die Verhaftung von Leuenberger einschlagen. Vom Dorf auf der Straße zur Bahnhaltestelle **Neumühle** 9 an der Emme und evtl. noch weiter zur Bushaltestelle im Dorf.

Gedenkstein: Hier wurde der Bauernführer Niklaus Leuenberger am 9. Juni 1653 verhaftet und dann ins Schloss Trachselwald (Tour 14) gebracht.

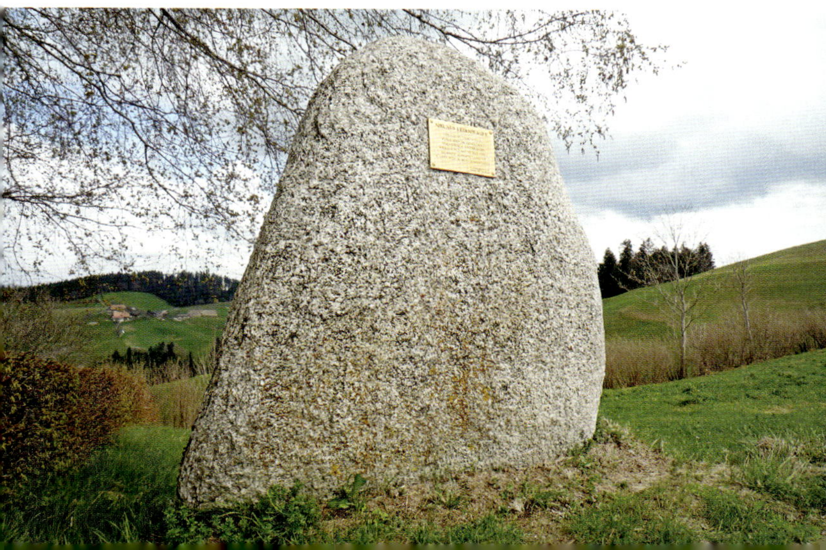

↗ 370 m | ↘ 350 m | 8.0 km

13 Langnau – Hohwacht, 1035 m – Aeschau

2.40 h

Quer über die Hügel

Von Langnau nach Aeschau wandern wir, von der Ilfis zur Emme, den beiden wichtigsten Flüssen des Emmentals, nicht flusswärts, sondern hügelwärts. Über die Hohwacht, eine der bekannteren Anhöhen von Langnau, und über einen genau 1000 Meter hoch kotierten Nagelfluhgrat, den wir – nach dem benachbarten Hof Brüggle und dem nordwärts abgehenden Brügglegrabe – ganz einfach Brügglengrat nennen. Die ganze Wanderung erfolgt abseits der Wanderroute und Teersträßchen auf oft schmalen Pfaden; beim Aufstieg sind sie etwas verbuscht und feucht, aber in den Höhen sonnig. Und auf genau 1000 Meter über dem Mittelmeer und 357 Meter über dem Zusammenfluss von Emme und Ilfis warten zwei Bänke auf aussichtshungrige Pfadfinder.

Ausgangspunkt: Langnau, 673 m.
Endpunkt: Aeschau, 694 m, Haltestelle Brücke an der Buslinie Röthenbach – Eggiwil – Signau; eine weitere Haltestelle befindet sich bei der Sägerei.
Anforderungen: Technisch nicht schwierig; der Grashang zum Brügglengrat ist ziemlich steil. Nur selten markierte Wege, zwei kurze Strecken weglos; etwas Orientierungsvermögen schadet also nicht. T2.
Beste Jahreszeit: Immer, außer bei zu viel Schnee (aber dann kann man immer noch auf dem gepflügten Sträßchen und Wanderweg zum Kurhaus Hohwacht aufsteigen).
Einkehr: Kurhaus Hohwacht (Mo, Di geschlossen). Restaurant in Aeschau (Mi, Do geschlossen), das Wasser vom Brunnen läuft aber immer.
Unterkunft: Hotels in Langnau und Signau.
Variante: Statt nach Aeschau nach Signau: Von der Sägerei an der Emme auf dem Wanderweg zur gedeckten Brücke, über den Fluss und wieder flussabwärts. Nach der nächsten Brücke gleich links (der Wanderweg macht einen weiten Umweg), bei der ersten Möglichkeit rechts und schon bald wieder links (nun markiert) zum Schüpbachkanal. Ihm entlang, dann hinüber zum Bahnhof Signau, 683 m. 1 Std., T1.
Tipp: Wenn das Gras hoch steht, dann empfiehlt sich die Besteigung der beiden Gipfel auf den Abstiegsrouten: Die Hohwacht also vom gleichnamigen Hof aus erreichen, und den Brügglengrat auf dem Weg über den Westrücken.
Kombinationsmöglichkeit: Tour 11 und 14.
Karten: 244 T Escholzmatt; 1168 Langnau i. E.

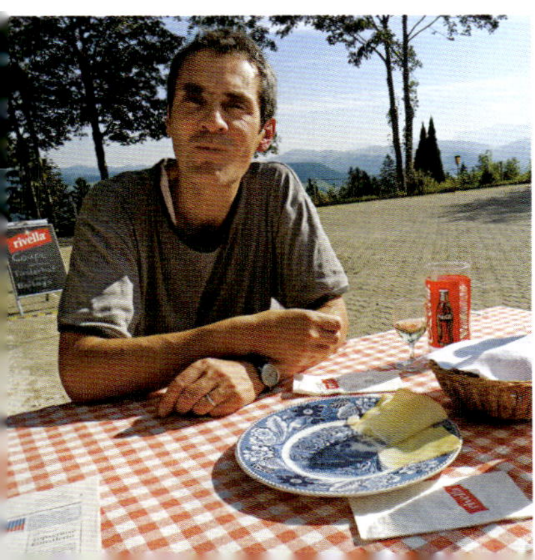

Brotzeit im Kurhaus Hohwacht.

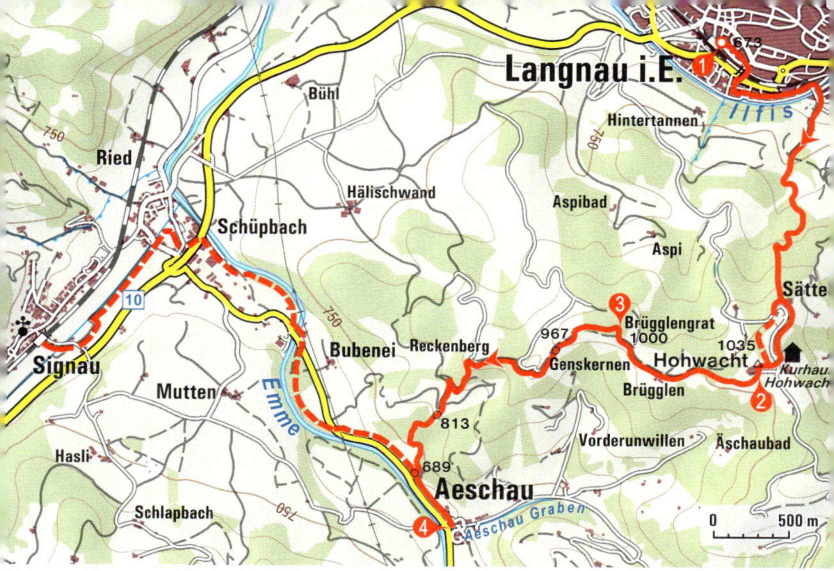

Vom Bahnhof **Langnau** ❶ ostwärts und auf einer Passerelle über die Gleise. An der Ilfishalle des Schlittschuhklubs SCL Tigers vorbei zur Ilfis. Flussaufwärts zur Straßenbrücke und aufs andere Ufer. Südwärts dem Mülebach entlang auf einem Fahrweg ansteigen. Bei einer Verzweigung im Wald nach links zu einem Hof. Von dort auf einem grasigen Feldweg wieder südwärts weiter und hinein in den Wald. Der etwas überwachsene Weg quert rechts haltend Bachgräben und Rippen und kommt auf eine geschotterte Forststraße. Weiter auf einem in der Landeskarte nicht mehr eingezeichneten Pfad über eine Nordrippe aufsteigen. Man gelangt so auf eine Wiese bei Sätteli und muss diese zur Straße queren.

Für den Weiterweg gibt es zwei Möglichkeiten: 1) Will man ins Kurhaus Hohwacht, ca. 1000 m, folgt man einfach der Straße; um von dort dann den Gipfel der Hohwacht zu erreichen, erklimmt man westwärts den Grashang zum Wanderweg. 2) Von Sätteli auf dem Wanderweg etwas oberhalb der Straße, dem Waldrand entlang; wo der Weg das freie Feld betritt, geht man weiter dem Waldrand entlang und gelangt schließlich zum höchsten Punkt der **Hohwacht** ❷, 1035 m, mit Bäumen und einem Schuppen, unweit des gleichnamigen Hofes. Hinab zu diesem Hof und auf dem

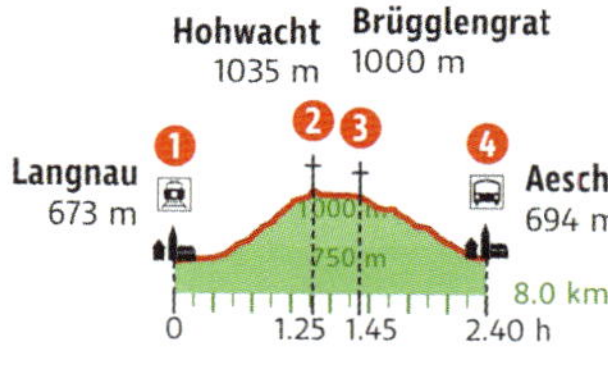

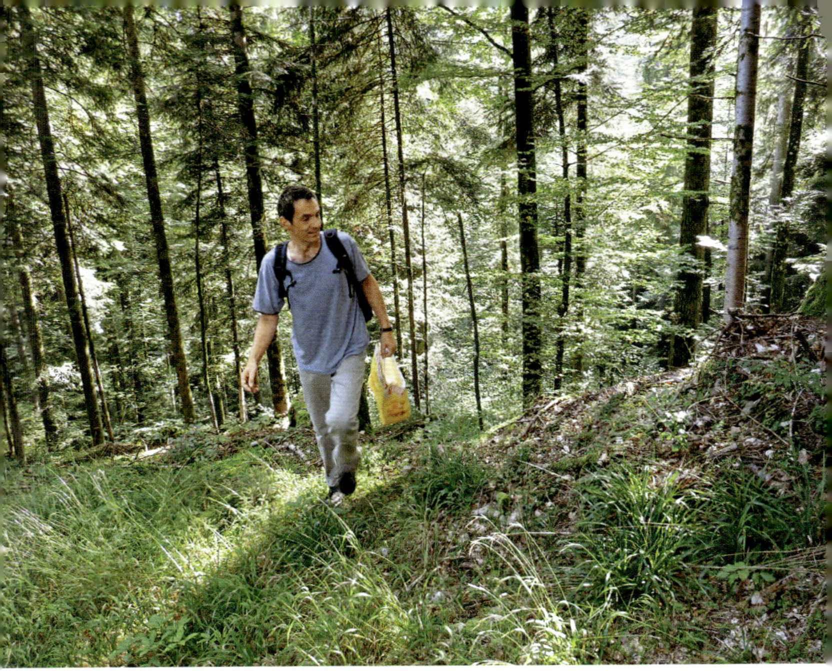

Pilzzeit im Dorfwald ob Langnau: Beat Hächler sucht – und findet – Steinpilze.

Wanderweg westwärts; im Wald schlägt man linker Hand den unmarkierten Weg ein, der teilweise am Waldrand entlangführt und so mehr Sonne bietet. Später wieder auf dem Wanderweg zum Hof Brügglen, 976 m. Bei der folgenden Kreuzung links auf einen Hangweg. Von den ersten Bäumen am Wegrand weglos über einen steilen Grashang hoch zu einer langen Sitzbank und über Treppenstufen hinauf in die Lichtung des genau 1000 Meter hohen bewaldeten Kammes aus Nagelfluh, den **Brügglengrat** 3.
Auf dem Kammweg (unterwegs nochmal eine sonnige Bank, mit Blick auf Eiger, Mönch und Jungfrau) hinab auf den Wanderweg (P. 967), und ihm folgend durch die Hofsiedlung Genskernen zum Hof Reckenberg, 915 m, unterhalb einer Erdburg. Hier die Wanderroute nach links verlassen und südwärts auf einem Pfad über eine Rippe hinab an den Waldrand. Nach rechts aufs Sträßchen und nach links zu einer Kreuzung, 813 m. Auf dem Fahrweg über den Geländerücken hinab bis zum übernächsten Hof. Gleich unterhalb des Gebäudes trifft man auf einen Pfad, der – teils im Wald – zur Sägerei und zur Talstraße, 689 m, absinkt. Auf dem Uferweg der Emme flussaufwärts in den Hauptweiler **Aeschau** 4.

2.30 h

Langnau – Dürsrütiwald – Zollbrück

Wenn Tannen in den Himmel wachsen

»Plötzlich diese Bäume, himmelhoch, Säulen aus Holz wie gotische Stützpfeiler einer Kathedrale.« Das schrieb ich in meinem 1995 publizierten Führer »Wanderungen in Kalifornien« in der Einleitung zu Tour 50, die den Humboldt Redwoods State Park mit seinen bis zu 115 Meter hohen Küstenmammutbäumen vorstellt. Nun, ganz so hoch wie die Sequoia sempervirens an der Pazifikküste wächst die Abies alba im Emmental nicht. Die strebsamsten Tannen im Dürsrüti-Reservat nordwestlich von Langnau werden gut 50 Meter hoch. Nummer 165 war 1997 54,2 Meter hoch, bis sie zwei Jahre später im Lothar-Sturm von 1999 ein Gipfelstück von rund zehn Metern verlor; seither wachsen zwei Äste als neue Wipfel in die Höhe. Der Stamm dieses 350 Jahre alten Baumes hat einen Umfang von knapp fünf Metern. Eine Fichte im Dürsrütiwald gipfelt heute bei rund 54 Metern. Doch das wirklich Eindrückliche ist ja nicht ein einzelner hoher Baum, sondern all diese Nadelbäume zusammen, ein ganzer Wald mit schlanken, säulengleichen Stämmen. Wofür sie auch noch taugen, sehen wir dann ganz am Schluss der Wanderung in Zollbrück: Die Sägerei Brand Reber erwirtschaftet mehr als 15 Prozent ihres Umsatzes in Japan – mit Weißtanne. Das Inselvolk im Pazifik verwendet dieses im Emmental so gut wachsende Holz als Plättchen für Fisch oder als Brettchen mit eingeschriebenen Grußbotschaften.

Zwischen Mönch und Jungfrau wächst die einst höchste Weißtanne mit zwei Wipfeln.

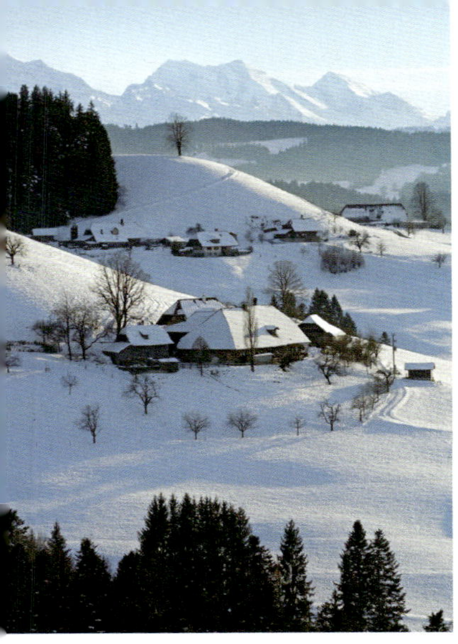

So herrlich: Höfe, Hügel, Hochalpen.

Ausgangspunkt: Langnau, 673 m.
Endpunkt: Zollbrück, 625 m; S-Bahn Bern – Burgdorf – Langnau sowie Bus Ramsei – Langnau.
Anforderungen: Markierte und unmarkierte Wege. T1.
Beste Jahreszeit: Immer. Am schönsten an einem sonnigen Nachmittag im Winterhalbjahr, wenn die Laubbäume keine Blätter tragen.
Einkehr und Unterkunft: Hotels in Langnau; Restaurants in Neumühle und Zollbrück.
Variante: Weiter über den Grat zwischen dem Ober- und dem Unterfrittenbachgraben bis hinauf zum Gipfel der Rafrüti, 1201 m: von dort umfassender Blick über das Gräben- und Hügelgewirr des Emmentals. Dann hinab zum Hotel-Restaurant Lüderenalp, 1141 m; Bus nach Wasen und Langnau am Sonntag von Mai bis Okt. Gut 2 Std. vom Dürsrütiwald.
Kombinationsmöglichkeit: Mit Tour 12, 13 und 36.
Karten: 244 T Escholzmatt, 1168 Langnau i. E.

Vom Bahnhof **Langnau** ❶ auf der Wanderroute durchs Dorf bis zum Friedhof in Kehr am Eingang in den Ober Frittenbachgraben. Die Straße zu den Dürsrüti-Höfen lässt sich auf einem Waldweg abkürzen, dann müssen wir mit ihr Vorlieb nehmen bis zum Dürsrütiwald – in der kalten Jahreszeit kann bei günstigen Verhältnissen direkt über die Weide nach Mitteldürsrüti, 843 m, aufgestiegen werden. Oberhalb dieses Hofes kommt man zum Waldrand und folgt ihm und der Straße bis zu einer Bank rechter Hand.
Hier hinein in den Wald und auf einem unmarkierten Weg nordwärts ansteigen, über Punkt 922 m hinweg zu einem Platz, wo von links der Fahrweg und die Wanderroute heraufkommen. Geradeaus weiter kommen wir in Kürze zur einstmals höchsten Weißtanne (links vom Fahrweg). Zwei Infotafeln erklären die Besonderheit des **Dürsrütiwaldes** ❷ und seiner Nadelbäume. Wir bleiben für die nächsten 500 Meter auf dem Fahrweg, bis er links an einer Kuppe (P. 931) vorbeiziehen will; wir aber überschreiten diese auf einem Pfad und kommen so den hohen Dursrütitannen nochmals ganz nah.
Zurück auf der Wanderroute, bleiben wir auf ihr bis zur nächsten Verzweigung, 918 m. Hier links, hinab zum sehr schön gelegenen Doppelhof Oberhochfeld und nach vorne zu einem **Aussichtspunkt** ❸, 875 m, mit zwei Bänken und dem mächtigen Strunk einer Linde. Auf dem Weg hinab gegen

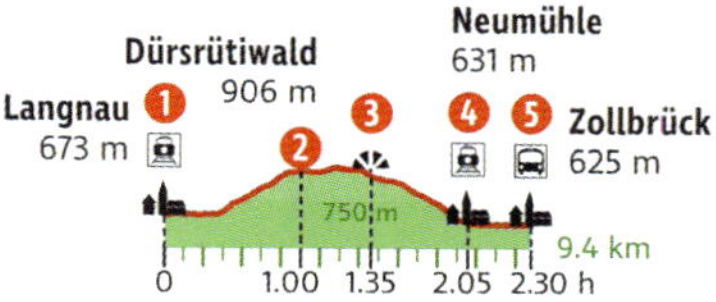

ein Wäldchen; der Wanderweg geht rechts daran vorbei, wir auf einem Weg links. Auf einer Teerstraße angekommen, halten wir uns nach links zum Hof Unterhochfeld. Dort den Weg nehmen, der westwärts über die Wiese hinabsinkt; er zieht nach rechts, wir gehen aber zu einer Baumreihe, die gegen ein weiteres Wäldchen stößt: Dort kann man hindurchgehen. Dann dem Waldrand entlang zu einer Holzhütte, wo man einen Weg findet, der nochmals an schönen Tannen vorbei auf eine Teerstraße hinabgeht. Hier gelangen wir auch wieder auf die Wanderroute. Über Äbnit hinunter nach **Neumühle** ❹, 631 m; die Bushaltestelle befindet sich rechter Hand beim Restaurant »Sternen«, die Bahnstation am Ufer der Emme. Rechts der Emme nach **Zollbrück** ❺; dabei kommen wir direkt an der großen Sägerei vorbei.

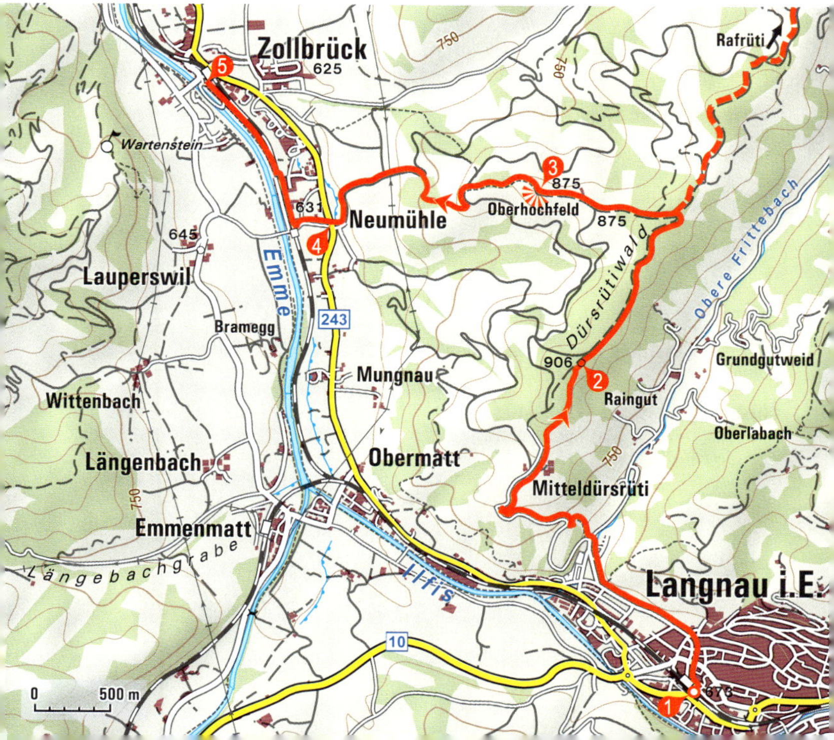

TOP 15

↗ 480 m | ↘ 560 m | 15.4 km

Sumiswald – Trachselwald – Lützelflüh

4.00 h

Auf den Spuren von Jeremias Gotthelf

Emmental ohne Gotthelf, das wäre wie Weimar ohne Goethe oder Stratford-upon-Avon ohne Shakespeare. Emmental ist Gotthelf-Land. Epizentrum ist das Dorf Lützelflüh an der Emme, wo der am 4. Oktober 1797 in Murten geborene Albert Bitzius vom 1. Januar 1831 bis zum seinem Tod am 22. Oktober 1854 wirkte, als Pfarrherr, Schulinspektor, Armenpfleger und Sozialreformer. Und als Schriftsteller: 1836 erschien »Der Bauernspiegel«, sein erster Roman. Der Name der Hauptfigur, Jeremias Gotthelf, wurde sein eigener. Hier entstand das gewaltige literarische Œuvre mit Titeln wie »Die Wassernot im Emmental«, »Anne Bäbi Jowäger«, »Käserei in der Vehfreude« oder »Wie Joggeli eine Frau suchte«. Unsere Wanderung beginnen wir in Sumiswald, wo »Die Schwarze Spinne« spielt und jeweils im Sommer der Gotthelf-Märit stattfindet. Und beenden sie im neuen Gotthelf Zentrum in Lützelflüh. Dorf finden wir diese Stelle aus einem Gotthelf-Brief: »Ich wandle zu Fuss und beneide englische und französische Schriftsteller nicht, welche zwei- und vierspännig fahren.«

Ausgangspunkt: Sumiswald-Grünen, 662 m; S-Bahn von Bern, Bus von Huttwil.
Endpunkt: Lützelflüh-Goldbach, 582 m; S-Bahn nach Bern und Langnau.
Anforderungen: Markierte und unmarkierte Pfade. Etwas Orientierungsvermögen kann nicht schaden. T1, beim Aufstieg auf den Ramisberg im überwachsenen Weg kurz T2.
Beste Jahreszeit: Immer. Der Aufstieg auf den Ramisberg fällt leichter, wenn nicht zu stark überwachsen. Öffnungszeiten von Hotels, Schloss Trachselwald und Gotthelf Zentrum beachten.
Einkehr und Unterkunft: In Sumiswald: Landgasthof Bären, Tel. +41 34 431 10 22 (Mo und Di geschlossen, aber das Hotel ist offen, die Rezeption besetzt von 17 bis 19 Uhr); Restaurant Kreuz (Mi und Do geschlossen). Restaurant in Trachselwald, Kiosk in Ramsei. In Lützelflüh: Gasthof Ochsen, Tel. +41 34 461 15 10 (Mi geschlossen); Kuchen und Napfgold(bier) im Gotthelf Zentrum.
Variante: Wer den direkten Aufstieg auf dem überwachsenen Weg nach Channebode auf dem Ramisberg scheut, macht den Umweg auf der Straße über die Höfe Unter Ramisberg und Hühnerhüsli.
Tipps: Schloss Trachselwald, offen Mo–Fr 8–18 Uhr, Sa 9–18 Uhr, So und Feiertage 12–18 Uhr. Gotthelf Zentrum Emmental in Lützelflüh, offen Di–Fr 13.30–17 Uhr, Sa–So 10–17 Uhr, www.gotthelf.ch. Kulturmühle Lützelflüh mit reichhalti-

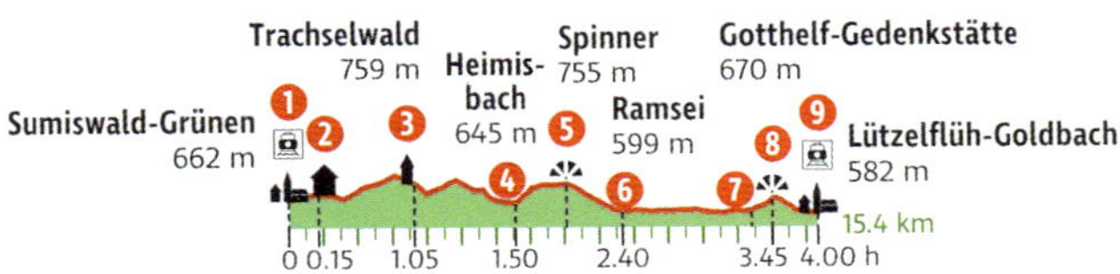

gem Programm, www.kulturmuehle.ch. Emmentaler Mords- und Spukgeschichtenweg, Infos auf www.emmental.ch.
Literatur: Walter Laedrach: Jeremias Gotthelf in Lützelflüh, Berner Heimatbuch Nr. 9, 1943. Hanns Peter Holl: Jeremias Gotthelf. Leben, Werk, Zeit, Artemis 1988. Hans Schüpbach, Hans Künzi: Auf Gotthelfs Spuren durchs Emmental. 19 Wanderungen zu bedeutsamen Schauplätzen im Leben und Werk von Albert Bitzius, Ott Verlag 1997 (im Gotthelf Zentrum erhältlich). Gotthelf Augenblicke: mit Beiträgen zu Leben und Werk, Fischer Verlag 1997.
Karten: 233 T Solothurn, 234 T Willisau, 243 T Bern, 244 Escholzmatt; 1147 Burgdorf, 1148 Sumiswald, 1167 Worb, 1168 Langnau i. E. Wichtig sind vor allem die beiden letztgenannten Blätter.

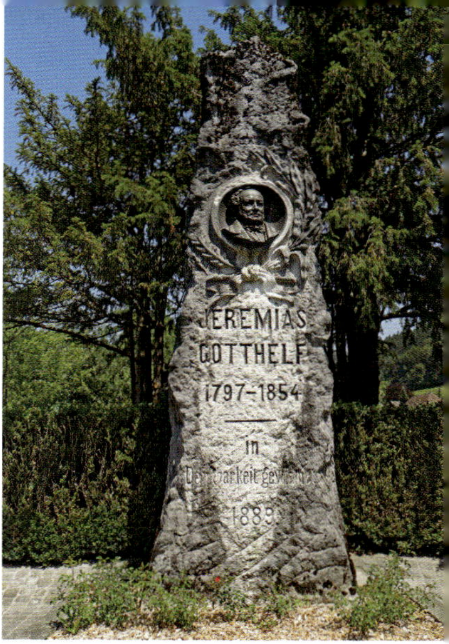

Kam als Albert Bitzius nach Lützelflüh.

Vom Bahnhof **Sumiswald-Grünen** ❶ auf der großen Bahnhofstrasse gegen das Dorf Sumiswald hinauf, bis rechts die kleine Hofackerstrasse abzweigt. Auf ihr an den Schulhäusern vorbei und rechts zurück ins Zentrum. Zur Post und gleich links von ihr durch einen schmalen Weg zur Kirche von Sumiswald; an der Mauer beim Eingang Erinnerungstafeln für hingerichtete Täufer und für den Bauernkriegobmann Niklaus Leuenberger (vgl. Tour 12). Gegen-

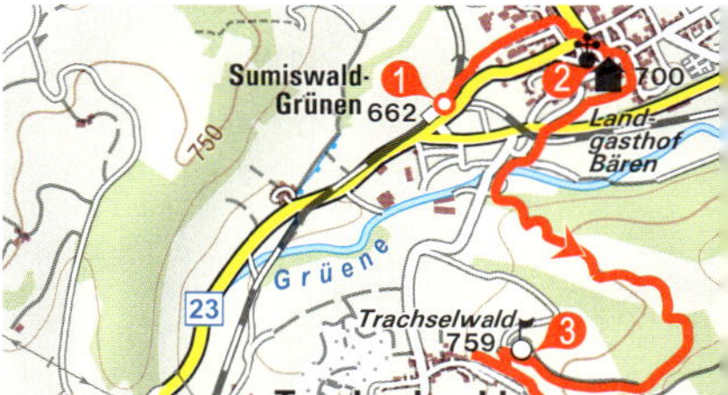

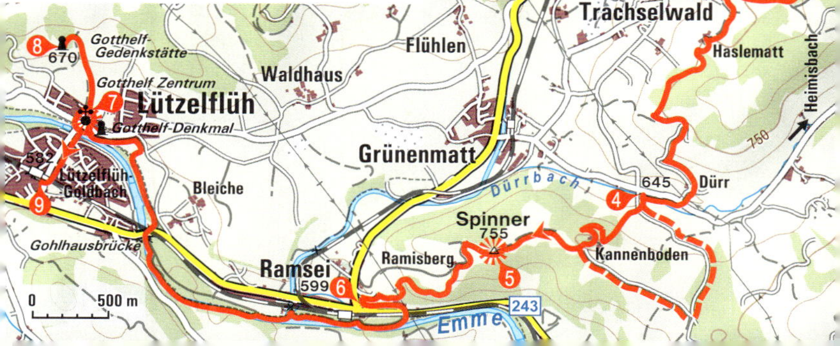

über der Kirche der stattliche **Landgasthof Bären** ❷, 700 m; in der Gaststube der berühmte, uralte runde Tisch, um den sich laut Gotthelfs Novelle »Die Schwarze Spinne« die Überlebenden der Pest-Epidemie trafen. Südlich des Bären die Trinkhalle mit Ausblick in ein Tälchen, durch das wir absteigen werden. Durch die Marktgasse, bis rechts die Eichholzstrasse abzweigt. So bald als möglich nochmals nach rechts und auf einem schmalen Teerweg abwärts. Dann durch die Haldenstrasse ganz in den Talboden hinunter. Durch das Mühlestützli, die Bahnlinie nach Wasen überschreitend. Rechts haltend zur Hauptstraße, 662 m, auf ihr über die Grüene, dann auf dem Wanderweg links weg. Ein Treppenweg führt steil hoch und mündet in Fahrwegen. Die Wanderroute holt ostwärts durch eine teilweise bewaldete Talmulde bis 780 m aus und kommt zum **Schloss Trachselwald** ❸, 759 m; Infotafel zum Weg »Auf den Spuren der Täufer von Sumiswald«. Hinein in das Schloss, wenn offen; Besichtigung und Besteigung des Bergfrieds (Gefängniszellen, Ausstellung zum Bauernkrieg, schöne Aussicht). Durch die gedeckte Treppe hinab zur Gartenanlage (wenn geschlossen, folgt man der Straße außen herum); bei ihrem Eingang Gedenkstein für Albert Bitzius sowie Infotafel zum Schloss. Ihm war einst eine Armenerziehungsanstalt angegliedert, die Gotthelf mitbegründen half. 1892 eröffnete der Kanton Bern im Schloss eine Jugendstrafanstalt, die zu einem »Ort des Schreckens« wurde, wie es heißt. Einer der Insassen war der Schriftsteller Carl Albert Loosli, der 1924 in »Anstaltsleben« die schlimmen Verhältnisse offenlegte.
Auf dem alten Weg in Serpentinen hinab gegen das Dorf Trachselwald, ca. 700 m, und links. Südostwärts zum Weiler Chlösterli, südwestwärts hinauf zum Hof Haslematt, 763 m. Oberhalb des Gebäudes einen horizontalen Wiesenweg einschlagen, hinüber zum Wald, ihm entlang abwärts, dann im Wald weiter und schließlich wieder über Wiesen fast zum Hof Scheuer, 724 m. Hangweg nach links Richtung Dürrberg, auf dem Teersträßchen hinab in den Weiler Dürr und auf die Talstraße durch das **Heimisbach-Tal** ❹; auf ihr talauswärts zu einer Kreuzung, 639 m.
Einst hieß dieses Tal Dürrgraben; es erhielt zu Ehren des Mundartdichters Simon Gfeller, der auf dem Hof Zuguet im Seitenast Liechtguetgrabe aufwuchs, nach seinem Erfolgsroman »Heimisbach« den neuen Namen. Von der Kreuzung südwärts auf der Straße und gleich rechts weg auf einen Zufahrtsweg zu einem Haus. Rechts daran vorbei und hinauf in den Wald. Der Weg, leider ziemlich überwachsen, zieht schnurgerade hoch gegen eine Lichtung, biegt nach rechts und verläuft bald einmal flach. Er geht um eine Rippe herum, biegt endlich wieder nach links und kommt hinauf auf den Kannenboden in einen Fahrweg, westlich des Hofes. Hier verläuft auch der Bauernlehrpfad. Nach rechts, und nach ein paar Minuten ist auch die Wanderroute erreicht. Sie führt zum obersten Hof des Ramisbergs, nach **Spinner** ❺, ca. 755 m, wo während Generationen gesponnen wurde. Und wo eine von Simon Gfeller gesammelte Bitzius-Anekdote spielt, die den berühmten Pfarrer als überlegenen Jäger zeigt (das Gewehr ist im Gotthelf

Zentrum zu bewundern). Wer den höchsten Punkt, 761 m, des Spinner erreichen will, muss übers Feld gehen, was nur möglich ist, wenn das Gras niedrig ist.

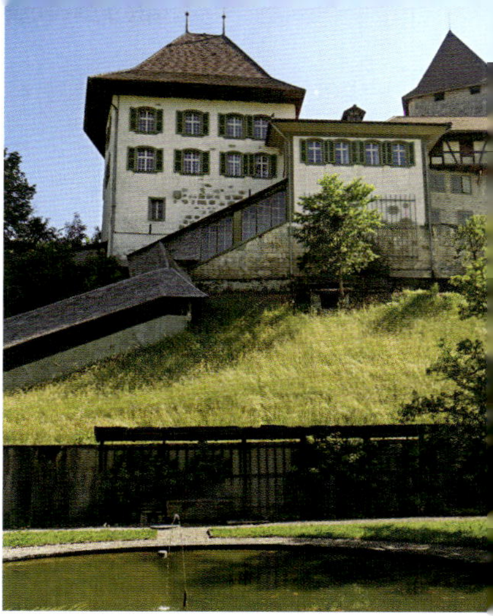

Schloss Trachselwald – für Carl Albert Loosli ein »Ort des Schreckens«.

Auf dem Wanderweg hinab zum Hof Ramseiberg, und von dort durch Feld und Wald und Gras, zuletzt auf Treppen, in den Talboden. Auf Straßen zum Bahnhof **Ramsei** ❻, 599 m. Am 19. Januar 1910 wurde die »Emmentalische Obstweingenossenschaft Ramsei« gegründet, heute gehört Ramseier zu den bekanntesten Getränkeherstellern der Schweiz. Der Wanderwegweiser zeigt westwärts nach Lützelflüh, aber da muss man sehr lange auf der Straße gehen. Kürzer ist die Straßenstrecke ostwärts, bis man sich nach rechts an die Emme halten kann. Nun auf dem rechten Emmeuferweg, dabei die Grüene überquerend, idyllisch zur gedeckten Gohlhausbrücke. Hier ist eine Station des Emmentaler Mords- und Spukgeschichtenweges: »Im Netz gefangen« von Johannes Hostetter; andere spielen in der Umgebung von Sumiswald, Trachselwald und Grünenmatt. Weiter im Wald auf dem Wander- und Dammweg gegen Lützelflüh, bis man bei einem Platz nach rechts abbiegt und über einen Wiesenweg gegen eine Häusergruppe geht. Über einen Kanal, unter einer Straße hindurch und nach links. Auf der Straße hinauf nach Lützelflüh und zum Gasthof Ochsen, der Stammbeiz von Gotthelf. Auf der Straße weiter Richtung Kirche; rechter Hand durch den Skulpturenpark mit bronzenen Gotthelf-Plastiken und zum hohen Gotthelf-Denkmal. Zurück auf die Straße und nach rechts zur **Kirche**, ca. 600 m; auf der Sonnenseite nebeneinander die Gräber von Jeremias Gotthelf, Emanuel Friedli (in Lützelflüh geborener Dialektforscher, von Gotthelf getauft, bei Gfeller zeitweise wohnend) und Simon Gfeller. Hinter der Kirche das **Pfarrhaus** mit dem neuen **Gotthelf Zentrum** ❼. Bevor wir es besuchen, oder auch anschließend, steigen wir hügelaufwärts zur **Gotthelf-Gedenkstätte** ❽, ca. 670 m, am Waldrand mit schönem Blick über Lützelflüh und das Land von Gotthelf. Zurück zu seiner Wirkungsstätte, nach rechts zum Uli-Brunnen beim Schulhaus; die Figur ist »Uli der Knecht«, nach dem gleichnamigen Roman von Gotthelf, den Franz Schnyder erfolgreich verfilmt hat (die Fortsetzung »Uli der Pächter« ebenfalls). Zuletzt auf der Straßenbrücke über die Emme und zum **Bahnhof Lützelflüh-Goldbach** ❾.

↗ 610 m | ↘ 630 m | 17.4 km

16 Worb – Rüttihubelbad – Mänziwilegg, 934 m – Boll

4.40 h

Nur Wandern ist schöner als Baden

»Einer der freundlichsten Kurorte der Schweiz«, versprach früher ein Prospekt des seit 1779 bekannten Rüttihubelbades und lobte die »erdig-salinische Eisenquelle von beachtenswerter Heilkraft«. In den Büchern »Bäderfahrten. Wandern und baden, ruhen und sich laben« von Ursula Bauer und Jürg Frischknecht (Rotpunktverlag, 2002) und »Gesundgebadet. Ein Berner Bäderbuch« von Walter Däpp und Hansueli Trachsel (Edition Erpf, 1982) wird der wechselvollen Geschichte des Rüttihubelbades nachgegangen. Mit solchen Weihen kann der private Badeweiher von Schönbrunne weiter oben natürlich nicht mithalten. Das Wasser stammt aus einer Quelle tief im Hügel drinnen; auch in den heißesten Monaten sprudelt es mit 10 Litern pro Sekunde und 8 bis 10 Grad kalt in den Brunnen beim Bauernhaus von 1599. Laben können wir uns übrigens nicht nur an gesundem Wasser, sondern auch an der Aussicht, vom Knörrihubel bei der Mänziwilegg so gut wie von der Gumihöchi. Stellvertretend für das Panorama nochmals der Rüttihubelbad-Prospekt: »Die blendendweissen Gestalten der Berner Schneeriesen lenken den Blick immer und immer wieder auf sich, namentlich wenn sie bei Nachtanbruch rosig angehaucht oder hoch erglühend ihre feierlichen Abendgrüsse uns zuwinken.«

Ausgangspunkt: Worb, 581 m; S-Bahn und Tram von Bern.
Endpunkt: Boll-Utzigen, 566 m, an der S-Bahn Worb – Bern.
Anforderung: Lang und leicht; markierte und unmarkierte Wege. Beim Knörrihubel kurz weglos (fakultativ). T1.
Beste Jahreszeit: Frühling bis Herbst; wenn nicht zu viel Schnee, auch im Winter.
Einkehr: Restaurant Hotel Rüttihubelbad; Mänziwilegg (Mo und Di geschlossen); Utzigen (Gasthof zum durstigen Bruder); Boll.
Unterkunft: Restaurant Hotel Rüttihubelbad, Tel. +41 31 700 86 86, www.ruettihubelbad.ch. Hotels in Worb.
Variante: Vom Sattel, ca. 855 m, kann man auf einem Feldweg bis zu einem Stall, dann weglos über den Rücken den höchsten Punkt der Gumihöchi, 896 m, erreichen. Der Weiterweg Richtung Südgipfel, 876 m, ist dem Waldrand entlang gut möglich, aber dann folgt ein Feld mit unverständlichem Betretungsverbot. Beginn/Ende in Rüttihubelbad, Wikartswil und Utzigen (alle mit öffentlichen Verkehrsmitteln gut erschlossen).
Kombinationsmöglichkeit: Mit Tour 17.
Karten: 243 T Bern; 1167 Worb.

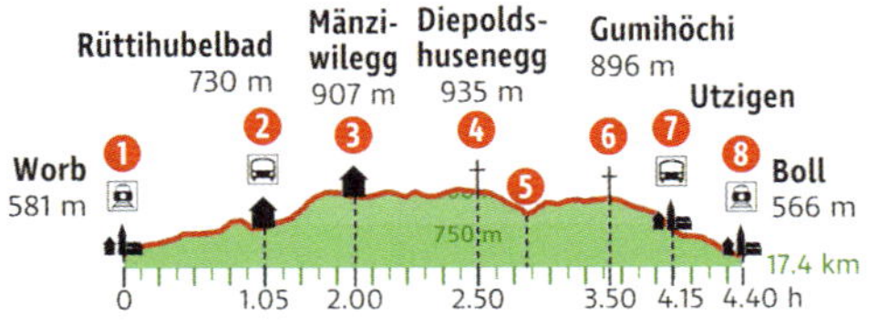

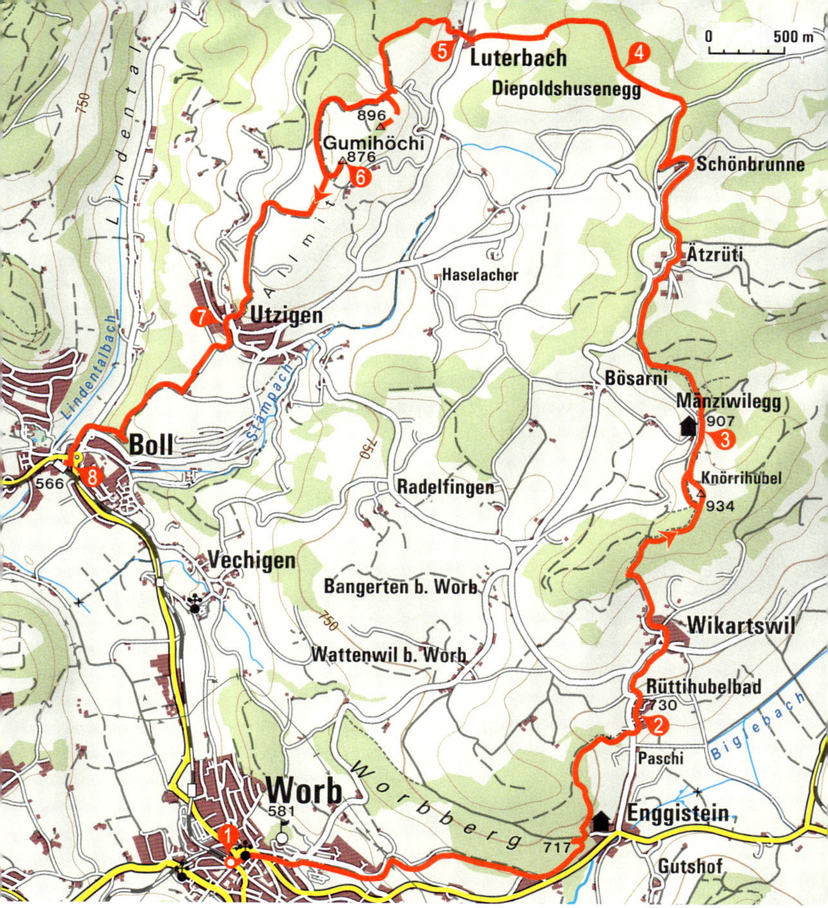

Vom **Bahnhof Worb** ❶ auf der Wanderroute zum Rüttihubelbad nord-, dann ostwärts durchs Dorf, durch den Schlossstalden steil hinauf auf ein Flachstück; nach links Abstecher zum Schloss Worb aus dem 14. Jahrhundert (Privatbesitz). Ostwärts durch die Farb- und Schützhausstrasse zum Schützenhaus, dann links hinauf zum Bauerngut Leen und hinein in den Worbberg-Wald. Flach und wenig ansteigend bis zu einer Wegspinne westlich oberhalb von Enggistein, wohin sich die Wanderroute auf dem Forststräßchen senkt. Wir folgen diesem aber nur ein paar Meter und biegen

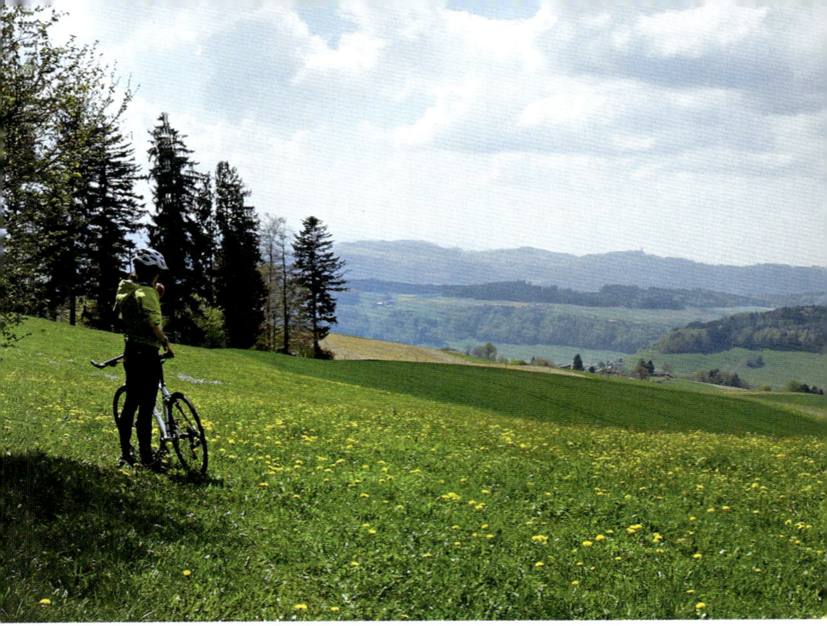

Panorama von der nördlichen Gumihöchi mit Stadt Bern und Bantiger (Tour 17).

links in einen etwas überwachsenen Waldweg ein, der ansteigt und sich schon bald verzweigt: links durch einen leider ziemlich überwachsenen Hohlweg hinauf zu einem breiten Wald- und Wanderweg, ca. 770 m. Nach rechts und schon bald wieder nach rechts absteigend zu einem großen Picknickplatz. Von dort führt der markierte Pfad hinab zu einem Bach, den ein Steg überbrückt, ca. 710 m. Hinauf zu einem Haus und zur Straße, die von Enggistein heraufkommt. Sie bringen uns in Kürze zum **Rüttihubelbad** ❷, ca. 730 m.

Auf der Straße ins Dorf Wikartswil und steil hinauf über Wiesen und durch Wald auf einen Waldrücken, 904 m. Nach rechts zur Mänziwilegg: über den Rücken zu P. 934 im Wald und am Weg. Bald darauf links

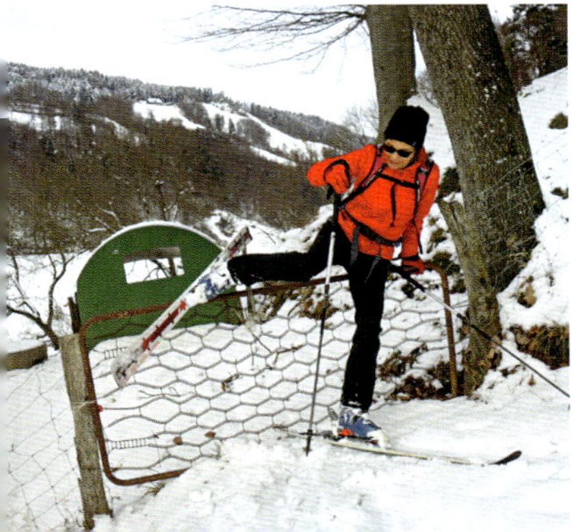

Betteinlage als Zauntor am Gummihubel – so der alte Name.

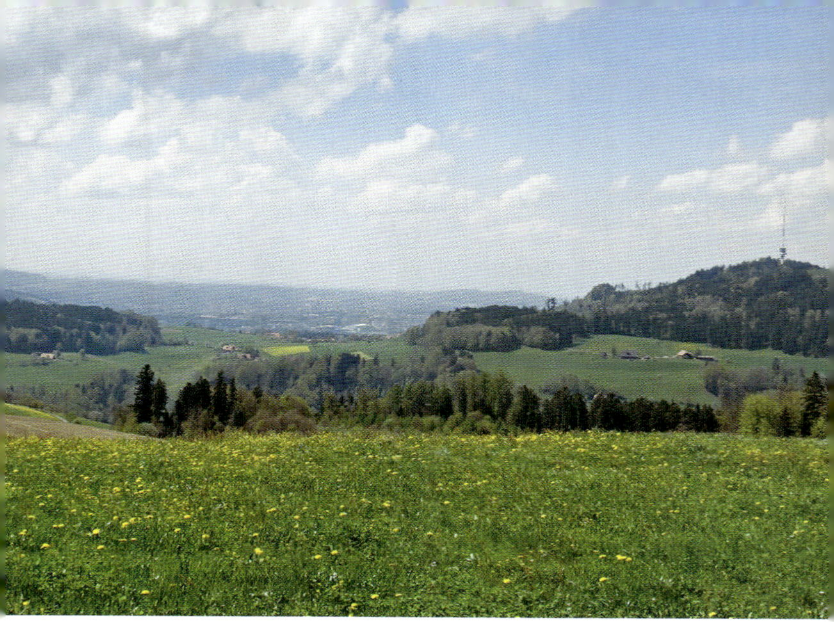

am Knörrihubel, 934 m, vorbei – je nach Vegetation und Gipfellust wird man ihn überschreiten. Das Gasthaus **Mänziwilegg** ❸, 907 m, befindet sich weiter nördlich. Nordwärts auf der Wanderroute, auf dem Sträßchen und zweimal auch rechts von ihm, auf- und absteigend über Ätzrüti bis zum Weiler Schönbrunne, ca. 910 m, welchen die Wanderroute rechts liegen lässt.
Auf dem nördlichen Zufahrtssträßchen zurück auf die Wanderroute, die uns auf die **Diepoldshusenegg** ❹, 935 m, bringt. In ihrem Nordhang bleiben wir 400 Meter auf dem Wanderweg, nehmen dann aber den Weg hinab nach **Luterbach** ❺, 802 m; nördlich davon liegt das Ankehüsli. Westwärts hoch zu einer Wegspinne, 864 m; nach links zum Wanderweg und nochmals nach links. Man gelangt in den Sattel, ca. 855 m, zwischen Rötelismatt und Spittelsmatt. Durch die Westseite der Gumihöchi, 896 m, auf dem kurvenreichen Feldweg westwärts zum Wanderweg, ca. 840 m, auf diesem zum grasigen Südrücken der **Gumihöchi** ❻ und auf dem Stichweg hinauf zum Aussichtspunkt, 876 m, mit jungem Baum und Verbotstafel.
Über den Südrücken zurück, nach rechts und gleich wieder nach links in einen unmarkierten Feldweg. Über Allmit hinab auf die Wanderroute. Sie führt uns ohne weitere Abstecher und Abkürzungen über **Utzigen** ❼, 714 m, mit Schloss und Pflegeheim hinab nach **Boll** ❽.

↗ 470 m | ↘ 450 m | 10.9 km

17 Boll – Bantiger, 947 m – Krauchthal

3.20 h

Am Rande

Mit dem fast 1000 Meter hohen Bantiger (die Besucherplattform des Sendeturms liegt auf 986 m, seine Spitze auf 1143 m) reicht das Emmental fast bis an den Stadtrand von Bern. Anders gesagt: Der Bantiger ist der höchste der Berner Hausberge, den berühmten Gurten um fast 100 Höhenmeter übertreffend. Wir überschreiten den Bantiger von Süden nach Norden, auf sehr abwechslungsreichen Wegen aus dem Worblental nach Krauchthal. Dabei kommen wir an Steinen vorbei, welche der Aaregletscher liegengelassen hat. Ein Gruß aus den Alpen, fast so erfrischend wie der Zwischenhalt im Gasthof Alpenblick.

Ausgangspunkt: Boll-Utzigen, 566 m, an der S-Bahn Bern – Worb.
Endpunkt: Krauchthal, 582 m, an der Postautolinie Hindelbank – Bolligen; diese beiden Orte sind gut per Bahn bedient.
Anforderungen: Nicht durchgehend markiert. T2.
Beste Jahreszeit: Immer. Bei Schnee und Eis ist der Abstieg nach Krauchthal nicht zu empfehlen.

Einkehr: In Boll und Krauchthal.
Unterkunft: Gasthof Alpenblick in Ferenberg, Tel. +41 31 931 40 07.
Tipp: Gemeindemuseum im Alten Schulhaus an der Länggasse 8 in Krauchthal; offen Mai–Nov, jeden 1. Sonntag im Monat 10–12 Uhr, jeden 3. Freitag im Monat 19–21 Uhr; www.krauchthal.ch.
Kombinationsmöglichkeit: Mit Tour 16.
Karten: 233 T Solothurn, 243 T Bern; 2502 T Bern und Umgebung.

Feldweg übers Egghübeli bei Ferenberg.

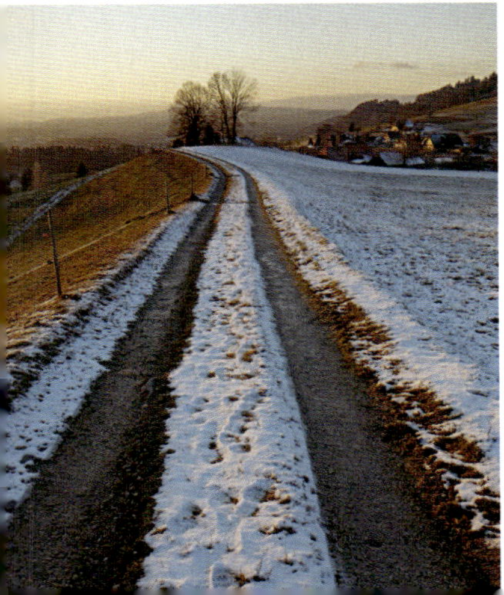

Gratweg beim Abstieg nach Krauchthal.

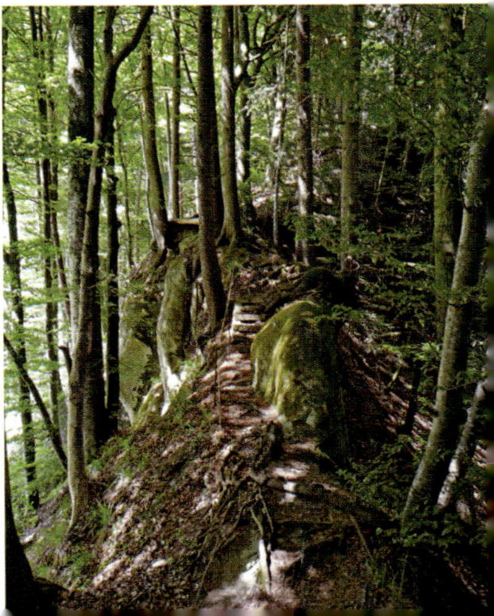

Den Bahnhof **Boll-Utzigen** ❶ in nordwestlicher Richtung verlassen und nordwärts über die Hauptstraße. Diese queren und hinein ins Lindental, links eines Baches. Hinauf zu Teich und Tennisplatz und zwischen einer modernen Wohnsiedlung rechts und Schloss Sinneringen links zur Schlossstrasse. Nun auf der Wanderroute durch das Einfamilienhausquartier empor zum Waldrand und hinein in den Äschiwald. Der Fahrweg macht eine scharfe Rechtskurve und kommt nach 250 m zu einem Platz; hier linker Hand den unmarkierten Weg einschlagen. Nachdem dieser weiter oben die Wanderroute gekreuzt hat, nehmen wir bei der nächsten Möglichkeit links einen auf der Landeskarte nicht eingezeichneten Weg, der durch Tannenwald zu einem anderen Weg hinaufgeht. Oben in ein paar Schritten zum höchsten Punkt des **Äschiwaldes** ❷, 782 m.

Zurück zur Wegverzweigung, nun aber links und nach rund 100 m nochmals links wenig aufsteigend

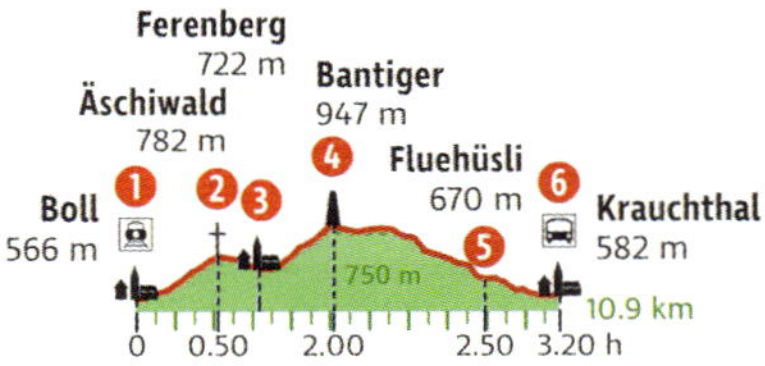

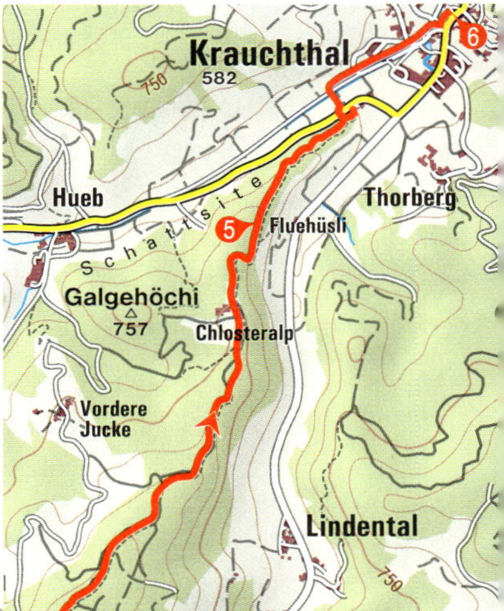

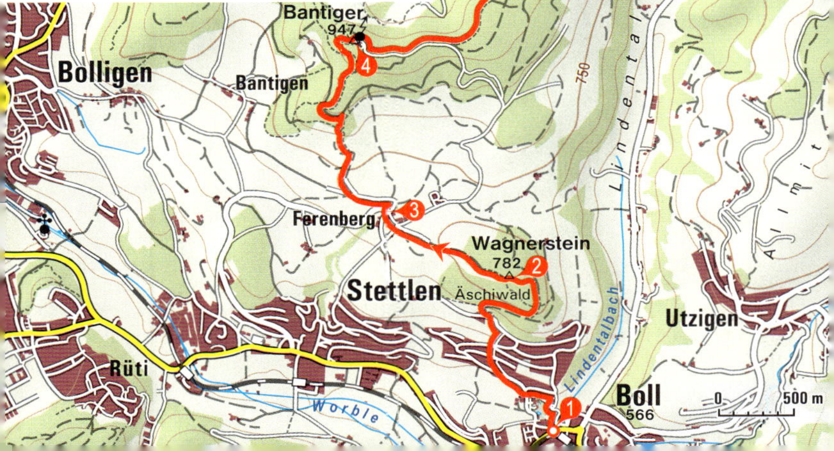

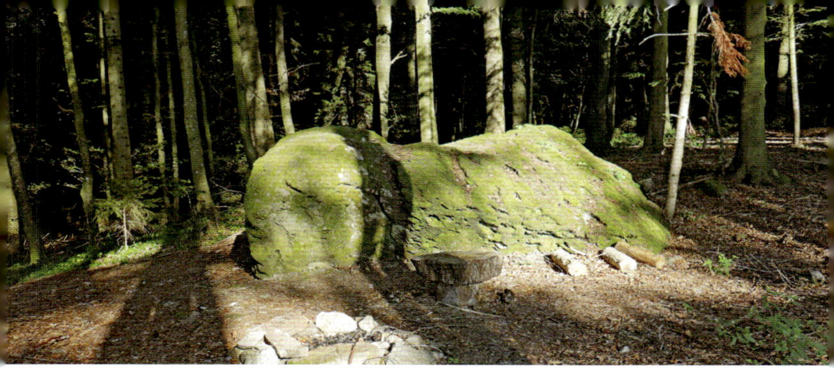

Wagnerstein im Aeschiwald ob Boll.

zum Wagnerstein, einem Findling aus Tschingelkalk, den der Aaregletscher vom Mettenberg ob Grindelwald hergebracht hat; der Stein ist Gerhard Wagner, dem Entdecker der Mittelmoränen des Worblentals, gewidmet. Kurz südwestwärts hinab auf den Wanderweg; nach rechts. Über das Egghübeli ins Dorf **Ferenberg** 3, 722 m, und über den Sonnenhang hoch Richtung Bantiger, zu einem Sitzplatz am Waldrand. Der Wanderweg geht links, aber wir folgen dem Pfad rechts durch Jungwald; bei der Verzweigung links hinauf auf ein Forststräßchen; hier nach links und schon bald wieder nach rechts wieder auf dem Wanderweg über Treppen (Chatzenstyg) hoch auf einen Rücken. Ein kurzer Stichpfad führt zu einem im Steilwald stehenden erratischen Block – dem Gedenkstein für den Steinforscher Karl Ludwig Wagner; die drei auf der Landeskarte am Bantiger Südhang eingezeichneten »Err. Bl.« hingegen sind von der Vegetation verschluckt worden. Zuletzt wieder ziemlich steil hinauf aufs Gipfelplateau des **Bantiger** 4, 947 m, mit dem Triangulationssignal, dem 196 Meter hohen Sendeturm und der Besucherplattform in 39 Meter Höhe; vier moderne Tafeln erklären das 360°-Panorama.
Der Abstieg erfolgt zuerst auf der Zufahrtsstraße, bis links der Wanderweg nach Krauchthal abzweigt. Er kommt zu einer Waldhütte, 868 m, und verläuft später mehrheitlich links des Nordgrates; spannender ist es allerdings, den Gratpfad zu benützen, der die Punkte 811 und 801 traversiert (mit kleinen Gegenanstiegen). Rechts am Bauerngut Chlosteralp vorbei und hinab in einen Sattel, 715 m. Rechter Hand durch eine steile Rinne hinunter und auf flachem Weg entlang von Sandsteinwänden zu den **Fluehüsli** 5, ca. 670 m, den bewohnten Höhlenwohnungen in den Sandsteinwänden in der Ostflanke des Lindentals. Über den schmalen Nordsporn, rechts unterhalb von P. 688 vorbei und teilweise auf Treppen hinab an den Nordfuß, ca. 590 m, des Bantiger-Massivs. Quer über die Ebene zum Chrouchtalbach und ihm entlang ins Dorf **Krauchthal** 6 und zur Haltestelle Post.

↗ 60 m | ↘ 50 m | 7.3 km

1.50 h

Hindelbank – Bernhard-Luginbühl-Park – Burgdorf

18

Kultureller Sonntagsspaziergang

Er gehört zu den ganz großen Künstlern der Schweiz: der Berner Bildhauer, Eisenplastiker, Zeichner und Filmer Bernhard Luginbühl (1929–2011). Zusammen mit dem Freiburger Jean Tinguely dominierte er das skulpturelle Schaffen in der Schweiz in der zweiten Hälfte des 20. Jahrhunderts. Nicht zuletzt deshalb, weil ihre Werke im öffentlichen Raum ihre volle Wirkung entfalten konnten. In Hamburg stehen zwei Eisenplastiken von Luginbühl. Von 1965 bis zu seinem Tod lebte und arbeitete er im beschaulich-ländlichen Weiler Mötschwil zwischen Hindelbank und Burgdorf; seine Arbeitsstätte war ein Skulpturenpark, der an einigen Sonntagen im Jahr besucht werden kann. Aber auch wenn er geschlossen ist, kann man außerhalb des Parks ein paar seiner gleichzeitig tonnenschweren wie luftigleichten Gebilde bewundern.

Eisen-Kunst: Auch die Skulptur »Marserbse« von 1989 ist am schönsten zu sehen, wenn die Kirschbäume blühen, also im April.

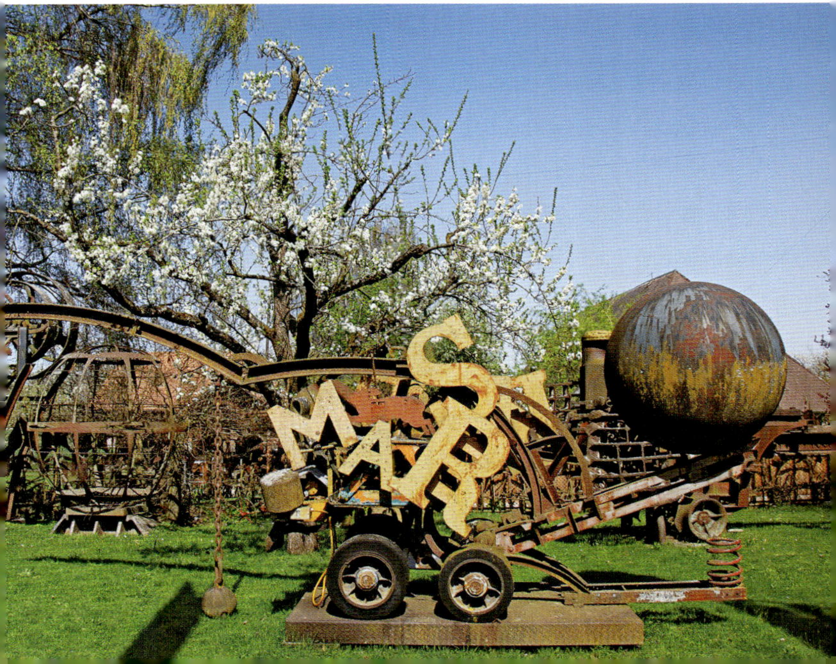

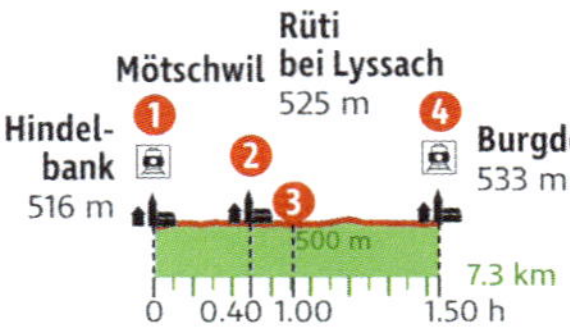

Ausgangspunkt: Hindelbank, 516 m; S-Bahn Bern – Burgdorf.
Endpunkt: Burgdorf, 533 m.
Anforderungen: Markierte und unmarkierte Wege. T1. Erstaunlich wenig Hartbelag und trotzdem kinderwagentauglich.
Beste Jahreszeit: April. Der Skulpturenpark Bernhard Luginbühl in Mötschwil ist immer am 2. Sonntag der Monate April bis Oktober geöffnet, jeweils 11–17 Uhr; www.luginbuehlstiftung.ch. Die Wanderung lässt sich aber das ganze Jahr machen.
Einkehr: In Hindelbank und Mötschwil.
Unterkunft: In Burgdorf.
Variante: Eine Skulptur in der reformierten Kirche von Hindelbank gehörte einst zu den Top-Sehenswürdigkeiten einer Reise durch die Schweiz. Größen wie Johann Wolfgang von Goethe und Arthur Schopenhauer besuchten das Grabmal für Maria Magdalena Langhans, das der Bildhauer Johann August Nahl schuf; es zeigt die erst 28-jährige Gemahlin des Pfarrers von Hindelbank, die im Frühling 1751 bei der Geburt ihres ersten Kindes starb; der Knabe folgte ihr bald. Das Denkmal zeigt eine aufgebrochene Grabplatte mit Mutter und Kind in der Spalte – tröstend auferstehend oder hoffnungslos verschwindend. Vom Bahnhof durch die Dorfstraße bis zur Gemeindeverwaltung linker Hand; schräg gegenüber rechter Hand in einen Fußweg einbiegen und beim Friedhof vorbei zur Kirche. Von dort in ein paar Schritten zur Dorfkreuzung, geradeaus durch den Hübeliweg in den Moosweg, links, dann rechts durch den Kräholzweg zum Wald und zur Wanderroute. 30 Min. zusätzlich.
Tipp: Im Alten Schlachthaus an der Metzgergasse 5 in Burgdorf werden ebenfalls Werke von Luginbühl ausgestellt, offen sonntags 11–17 Uhr; www.luginbuehlbernhard.ch.
Kombinationsmöglichkeit: Mit Tour 19.
Karten: 233 T Solothurn; 1147 Burgdorf.

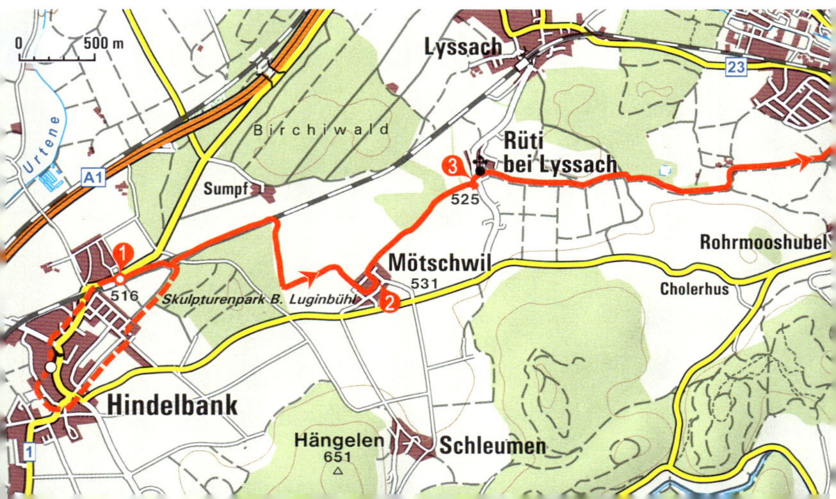

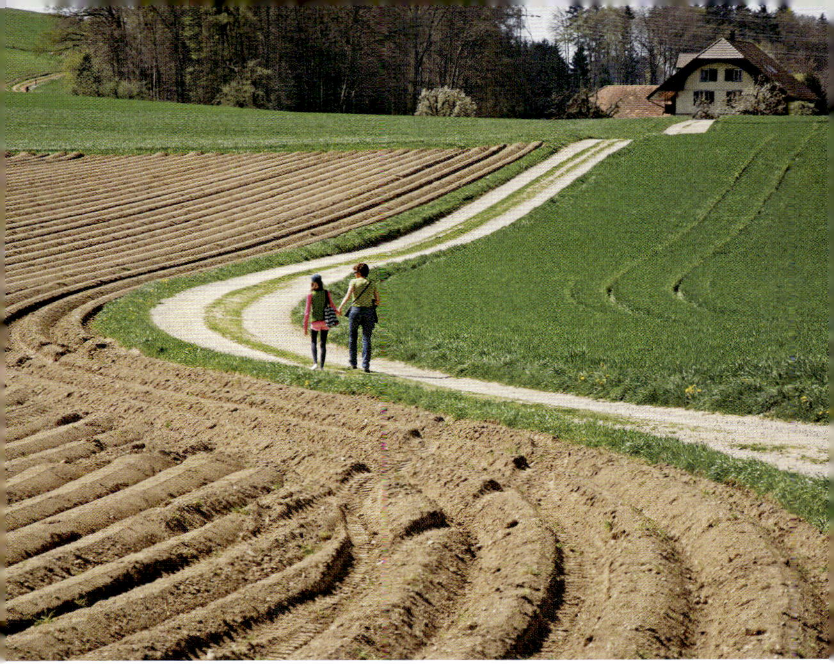

Land Art: Sonntagsspaziergang zwischen Meiemoos und Burgdorf.

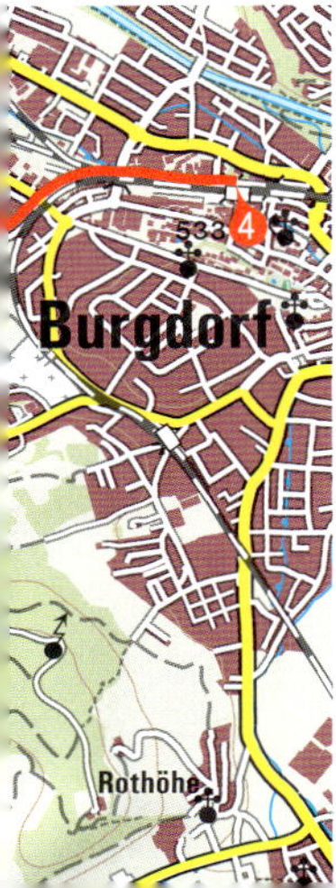

Von der Südseite der Bahnstation **Hindelbank** ❶ auf einem unmarkierten Feldweg entlang der Gleise ostwärts. Nach einer Unterführung linker Hand gelangt man auf die Wanderroute. Zwischen Gleisen und Wald weiter und um die Waldecke herum. Bei der zweiten Möglichkeit verlassen wir die Wanderroute nach links hinaus ins Feld. Bei der folgenden Kreuzung nach rechts, und schon stehen wir auf der Rückseite des Skulpturenparkes von Bernhard Luginbühl in **Mötschwil** ❷, wo ein paar Eisenplastiken am Feldrand stehen. Der Eingang befindet sich auf der Südseite des Parkes.
Später durch das Dorf, bei der Straßenverzweigung nach links, dann wieder nach rechts. Auf Feldwegen – und nach dem Büelhölzli auf der Wanderroute – nach **Rüti bei Lyssach** ❸ mit einer hübschen, spätromanischen Kirche. Ostwärts am Fuße des Rebberg-Hügels durch und über Meiemoos und Lerchebode zum Bahnhof **Burgdorf** ❹.

TOP

19 Gipfelrunde um Burgdorf

↗ 700 m | ↘ 700 m | 20.1 km

6.00 h

Über zehn Hügel musst du gehen

Zuerst über sieben Hügel rechts der Emme, dann über drei links von ihr: Das verspricht die Tour über die Hügel von Burgdorf und, es sei zugegeben, ebenfalls von Oberburg. Man könnte die beiden südlichsten Anhöhen, die Bättwilegg und den Waldbrueder, weglassen, zumal beim »Urwaldbrueder« ohnehin Brombeergestrüpp den Zugang zum höchsten Punkt verwehrt. Freilich scheint auch die benachbarte Rothöhe mehr zu Oberburg als zu Burgdorf zu gehören. Doch wollen wir uns das dortige, täglich offene Gipfelrestaurant entgehen lassen? Mitnichten! Deshalb: Wir starten mit einer Gipfelweide und hören mit einer auf. Dazwischen viel Wald, tiefe Sandsteinkavernen, vier Flühe. Und der Färnstu-Hügel mit einem sehr bekannten »Tunnel«: In der gleichnamigen Erzählung lässt Friedrich Dürrenmatt den Zug auf den Erdmittelpunkt zurasen. Dann schon lieber während Stunden auf und ab gehen, über die Hügel rechts und links des Tibers bzw. der Emme.

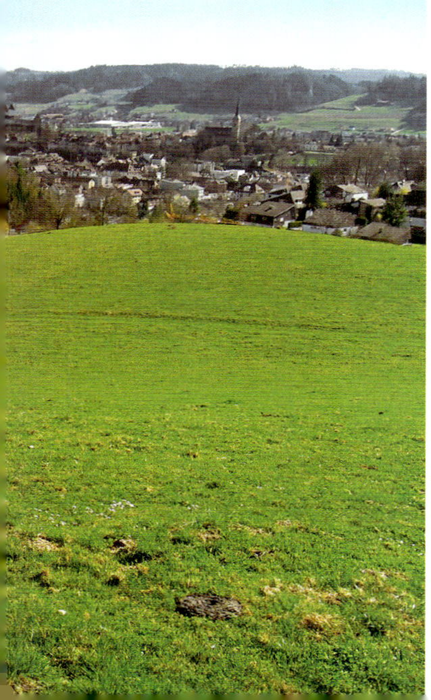

Ausgangs- und Endpunkt: Burgdorf, 533 m.
Anforderungen: Trittsicherheit und Orientierungssinn erforderlich. Markierte und unmarkierte Pfade, auch weglose Abschnitte. Besichtigung der Sandsteinhöhlen auf eigene Verantwortung (Einsturzgefahr). T2, Stellen T3.
Beste Jahreszeit: Spätherbst bis Frühling, wenn die Bäume keine Blätter tragen und die Felder betreten werden können.
Einkehr: Landgasthof Sommerhaus, Juni–August Do Ruhetag, September–Mai Mi und Do Ruhetag. Wirtschaft Steingruebe. Restaurant Rothöhe, täglich offen.
Unterkunft: In Burgdorf und Oberburg.
Variante: In Oberburg kann die Tour gut unterbrochen bzw. wieder aufgenommen werden.
Kombinationsmöglichkeit: Tour 18 und 21.
Karten: 233 T Solothurn; 1147 Burgdorf.

Vorne Düttlisberghöhe, unten Burgdorf mit Schloss und Kirche, hinten Waldbrueder und Rothöhe.

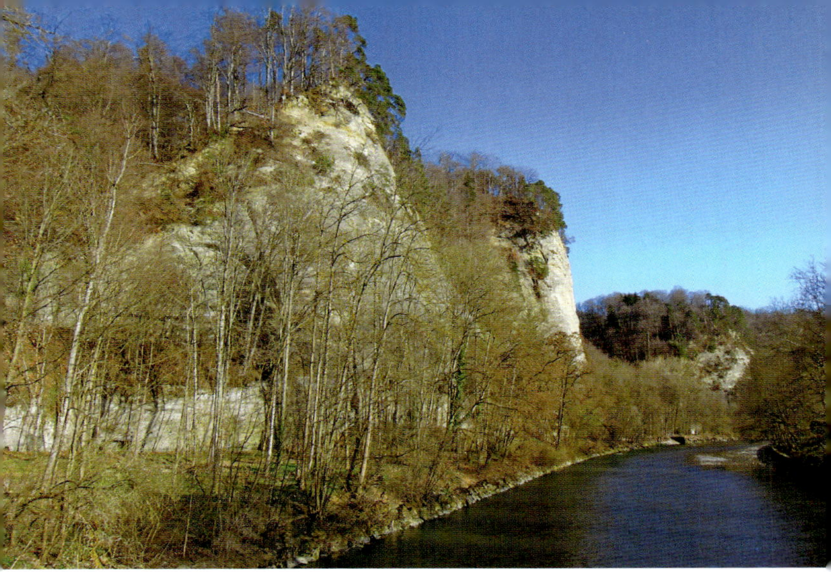

Unten die Emme, oben die Gisnauflue zwei bis vier (von links).

Im Bahnhof **Burgdorf** ❶ nordwärts unter den Geleisen durch und durch die Kirchbergstrasse und den Typonweg zur Emme. Auf dem Typonsteg über die Emme und 70 m flussaufwärts. Auf der markierten Route durch den überbauten Hang des Gyrisberges hoch bis zum obersten Haus. Wir verlassen den Wanderweg nach links, kommen zu einem Reitstall, gehen links daran vorbei und steigen über die Weide auf den höchsten Punkt der flachen **Düttisberghöchi** ❷, ca. 635 m, früher genau 634,5 m, markiert durch eine Stange; großartige Rundsicht. Südostwärts über die Gipfelhochfläche zu Baum und Abhang und einem Zaun entlang hinab in den Übergang, ca. 605 m, zwischen Düttisberghöchi und Färnstu; Wasserreservoir. Je nach Benützung der Weide an der Düttisberghöchi durch Tiere ist dies auch die Aufstiegsroute. Auf dem Wanderweg durch den Wald zu Grillplatz und Abzweigung des Weges nach Sommerhaus. Auf dem Wegweiser heißt es »Färnstuhöchi 651 m«; der höchste Punkt des **Färnstu** ❸, 651 m, liegt aber weiter nördlich, bei einem Platz mit zwei Bänken. Von dort zurück zum erwähnten Wegweiser und auf dem Wanderweg in der ziemlich steilen Waldflanke des Färnstu hinab zur Straße, 564 m, westlich des Sommerhauses.

Zwei Möglichkeiten für die Fortsetzung: 1) Schöner, aber länger hinüber gegen den Landgasthof Sommerhaus und auf dem Wanderweg im Wald bis zur Abzweigung, ca. 565 m, des direkten Weges auf die Gisnauflue.

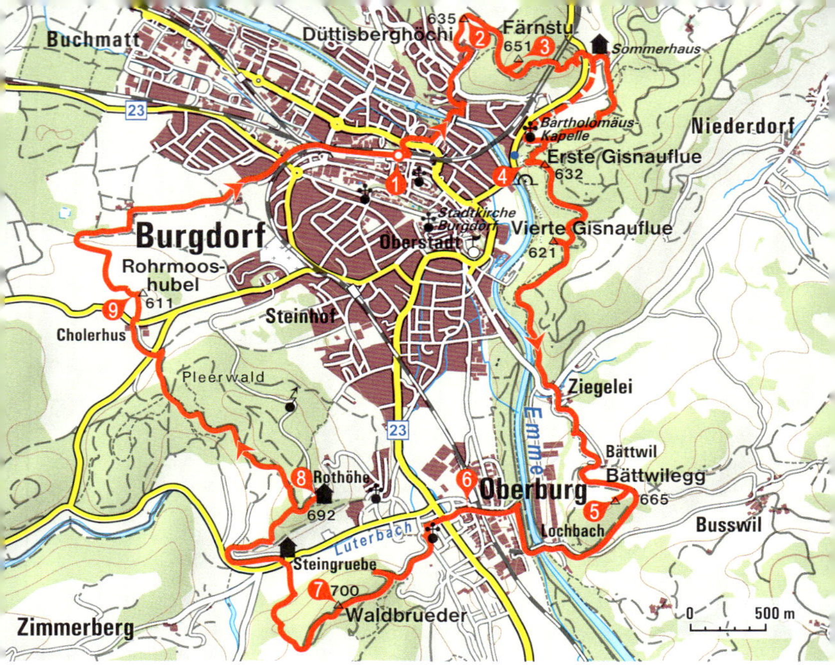

2) Kürzer, aber lärmiger entlang der Straße, bis links der Feldweg zur Bartholomäuskapelle abzweigt; an ihr vorbei und links zur oben erwähnten Abzweigung.

In Serpentinen hinauf auf die **Erste Gisnauflue** ❹, 632 m; faszinierender Tiefblick auf Burgdorf. Sie wird übrigens gekrönt von einer Erdburg, ca. 645 m, die man noch erkunden mag. Auf dem Wanderweg südwärts, bei der nächsten Verzweigung rechts. Etwa 30 m danach zweigt rechts eine undeutliche Wegspur ab, die durchs Gebüsch auf die Zweite Gisnauflue, ca. 620 m, hinausführt; ohne Blätter kann man den »Gipfel« der Flue, eine eigentliche Kanzel, gut erkennen. Zurück auf den Wanderweg und auf ihm zur Dritten Gisnauflue, ca. 640 m. Auf dem Alfred-Dür-Weg, der etwas ausgesetzt in der Flanke (und nicht oben auf dem Hochplateau) verläuft, in den Kesselgraben hinab und hinauf zur Vierten Gisnauflue, 621 m (laut Wegweiser); diese Flue ist südlich abgesetzt zu den drei andern und am stärksten überwachsen. Weiter auf dem Alfred-Dür-Weg zu einer großen Wegverzweigung. Südwärts durch die Schinterhole, einen aus dem Sandstein gehauenen Hohlweg, hinab zu den großen Sandsteinbrüchen, ca. 560 m, der Ziegelflue, flussaufwärts zur Heimiswilbrücke, 547 m, und zur

Ziegelei. Südwärts auf dem Wanderweg, teilweise durch Gras, zum Bättwilhof. Nach dem Hof links den unmarkierten Feldweg einschlagen und an seinem Ende zwischen zwei Feldern südwärts zur Waldrandecke und westwärts hinauf zum höchsten Punkt der **Bättwilegg** 5, 665 m (heute ohne Namen auf LK).

Zurück zur Wandrandecke und hinein in den Wald. Man trifft auf einen Pfad, der an einem Steinbruch vorbeigeht, breiter wird und die Straße erreicht, die zum Lochbachbad, 552 m, absinkt. Über die Emme, nach rechts und später nach links zum Bahnhof **Oberburg** 6, 547 m. Westwärts die Bahnhofstrasse queren, durchs Kältberggässli und durch den Konsumweg, die stark befahrene Emmentalstrasse überschreiten, durch den Doktorweg, links in die Schwandgasse, rechts in den Giebelweg; bei seiner Verzweigung links. Hinauf zum Waldrand und rechter Hand den Hohlweg einschlagen, der durch den Wald hinaufkurvt; bei der Verzweigung rechts. Man kommt auf die Hochfläche, ca. 700 m, des **Waldbrueders** 7; der höchste Punkt, 715 m, ist wegen Brombeerengestrüpp nicht zugänglich.

Auf dem rechten Weg hinab an den Waldrand (P. 680). Nordwestwärts hinab und an den riesigen Sandsteinkavernen der Rappeflue vorbei. Bei der letzten Höhle links hinab und auf dem Feldweg hinüber in den Weiler Steingruebe, ca. 555 m. Auf dem geteerten Hinterrotweg und der Wanderroute westwärts; nachdem der Waldsaum durchquert wurde, gleich nach rechts und oberhalb der Kavernen von Steingruebe nordostwärts. Wir gelangen so zurück auf den Wanderweg, verlassen ihn aber gleich wieder und steigen nordwärts über die Wiese und den Wald auf einen Rücken hoch. Über diesen bringt uns ein Weg zum überbauten Gipfel der **Rothöhe** 8, 692 m, mit Restaurant und Spielplatz. Auf der Aufstiegsroute kurz zurück, schräg hinab zum obersten Gansere-Hof und durch den Pleerwald zum Siebewegeplatz, 607 m; genau gezählt sind es aber acht Wege). Auf dem Weg nord- und abwärts, die Landstraße querend, zum Hof Cholerhus. Auf einem in der LK nicht eingezeichneten Feldweg über den Südhang des **Rohrmooshubel** 9, 611 m (auf der LK fälschlicherweise Rohrmishubel geschrieben), flach der Gipfelhochfläche entlang, kurzer Abstecher zum höchsten Punkt und hinab auf einem ebenfalls nicht verzeichneten Feldweg auf einen Weg, auf dem man zum Rütihubel-Hof gelangt. Nordwärts runter auf den Wanderweg und über Meiemoos und Lerchebode zum Bahnhof **Burgdorf** 1.

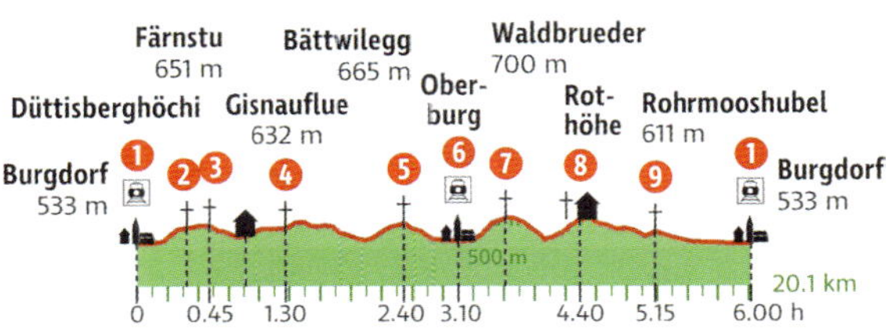

TOP

20 Riedtwil – Mutzbachfall – Oberbüelchnubel, 818 m

↗ 490 m | ↘ 490 m | 16.4 km

4.45 h

»Geit's i Mutz?«

Das fragte uns ein Mitarbeiter der Landi in Riedtwil am frühen Aprilmorgen, als wir vorbeimarschierten. Es ging dorthin, in den grünen, unverbauten Mutzgraben, der sich in die Wyniger Berge hineinzieht und worin ein Sandsteintunnel und ein Wasserfall für zusätzliche Ambiance sorgen. Der Mutzbach selbst entspringt zwischen dem Oberbüelchnubel, einem rundum großartigen Aussichtshügel inklusive Gipfelbeiz im Sommer, und dem auf der Landeskarte namenlosen Wäckerschwendchnubel. Und dazwischen liegt idyllisch der Weiler Ferrenberg mit der Wirtschaft »Zum wilden Mann«, die 2015 den Icomos-Spezialpreis erhielt. Auch dort geht es hinein.

Ausgangs- und Endpunkt: Riedtwil, 496 m; Bus Wynigen – Herzogenbuchsee.
Anforderungen: Markierte und unmarkierte Wege, beim Wäckerschwendhubel weglos. Etwas Orientierungsvermögen kann also nicht schaden. T2 mit Stellen T3. Bleibt man auf den markierten Routen, wird die Tour leichter, verläuft aber mehr über Asphalt.
Beste Jahreszeit: Immer, außer nach starken Regenfällen oder wenn vereist.
Einkehr: Riedtwil. S'Trio-Beizli in Rüedisbach. Zum Wilden Mann und Sommerrestaurant Oberbüelchnubel in Ferrenberg (Di/Mi geschlossen), Tel. +41 34 415 11 61; alles zum Spezialpreis unter www.icomos.ch. Zur Sonne in Wäckerschwend (Mo/Di geschlossen). Wirtschaft Oschwand (Mo/Di geschlossen).
Varianten: Wo der Wanderweg im Mutzgrabe rechter Hand hinaufzieht, weiter dem Bach entlang, mal rechts, mal links, über umgestürzte Bäume und unter ihnen durch, bis zur Verzweigung des Grabens. Hinauf zu kleiner Gebäuderuine und auf Forststräßchen; nach rechts. Es quert den Seitengraben und steigt am Sonnenhang empor. Der Hangkante entlang zum Weiler Riedten. Eine spannende, kurze Urwald-Erfahrung; T4. Wer sich im weglosen Gelände gut zurechtfindet, kann sich im Färbergwald, statt hinauf nach Kleinweidli zu gehen, quer hinüber zur Weide unterhalb des Friedihaus-Hofes halten; teils sumpfig.
Tipp: Im Weiler Brechershäusern 1 km westlich von Rüedisbach liegt der Glungge-Hofe, auf dem Franz Schnyder Mitte der 1950er viele Szenen seiner erfolgreichen Gotthelf-Filme »Ueli der Knecht« und »Ueli der Pächter« drehte. Der 1681 erbaute Hof ist eines der ältesten Bauernhäuser des Kantons Bern.
Kombinationsmöglichkeit: Tour 21 und 22.
Karten: 233 T Solothurn, 234 T Willisau; 1127 Solothurn, 1128 Langenthal, 1148 Sumiswald.

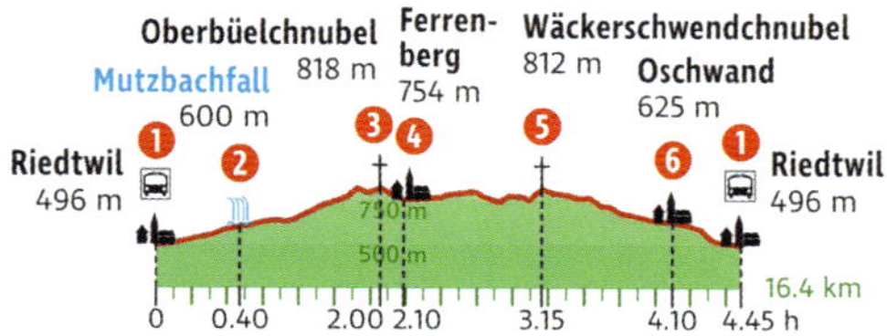

Von der Bushaltestelle **Riedtwil** ❶ (beim stillgelegten Bahnhof) auf der Straße nordostwärts, bis es rechts ins Tal des Mutzbachs hineingeht. Schon bald führt ein Feldweg taleinwärts. Beim Steg über einen Seitenbach rechter Hand kann man durch den Sandsteintunnel gehen, durch den der Bach herunterfließt. Wo sich das Tal verengt, kommt man zum 15 Meter hohen **Mutzbachfall** ❷, dem bekanntesten Wasserfall im Oberaargau. Eine kurze Eisenleiter erleichtert den Aufstieg. Kurz danach senkt sich der Weg zurück zum Bach und folgt ihm auf dem anderen Ufer. Dann zieht er sich in die Ostflanke des Mutzgrabe hinauf und verlässt diese schließlich. Bei der folgenden Weggabelung verlassen wir die markierte Route (die nach Rüedisbach hält) und queren einen Seitengraben zum Kohlerhüsli, 629 m. 150 m der Straße nach Rüedisbach folgen, dann links hinüber zum Weiler Riedten, wo man einen Weg findet, der in den Wald hineinzieht. Man kommt zum Wegweiser »Oberbüelknubel«, steigt hinab in den Graben, wechselt auf einer Baumstammbrücke das Ufer, steigt im Schattenwald hoch, kommt schließlich zum Wald heraus und schon bald auf ein Teersträßchen (Zufahrt zum prächtigen unteren

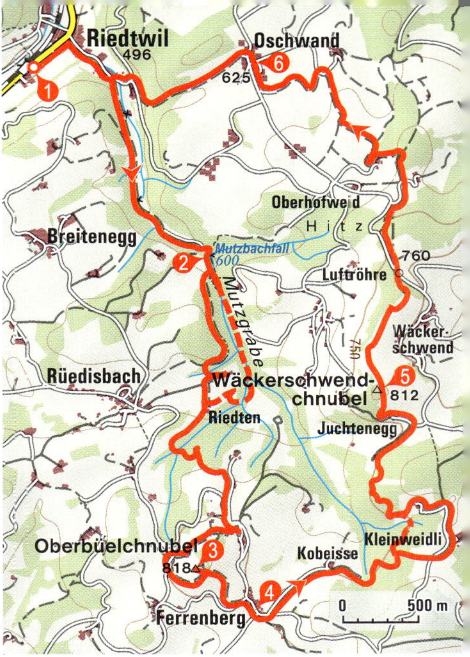

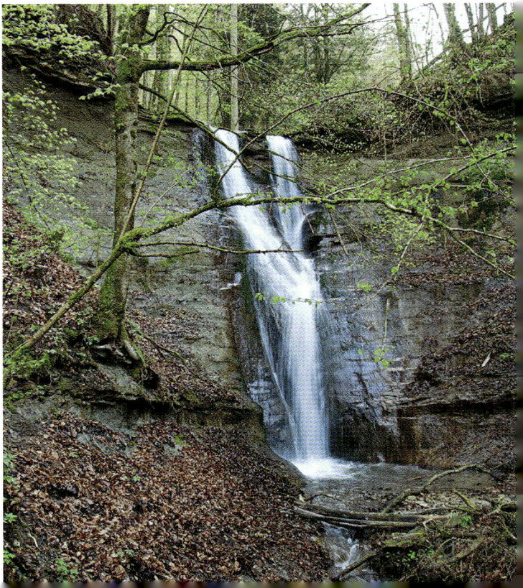

Im Sommer wird hier geduscht: Mutzbachfall.

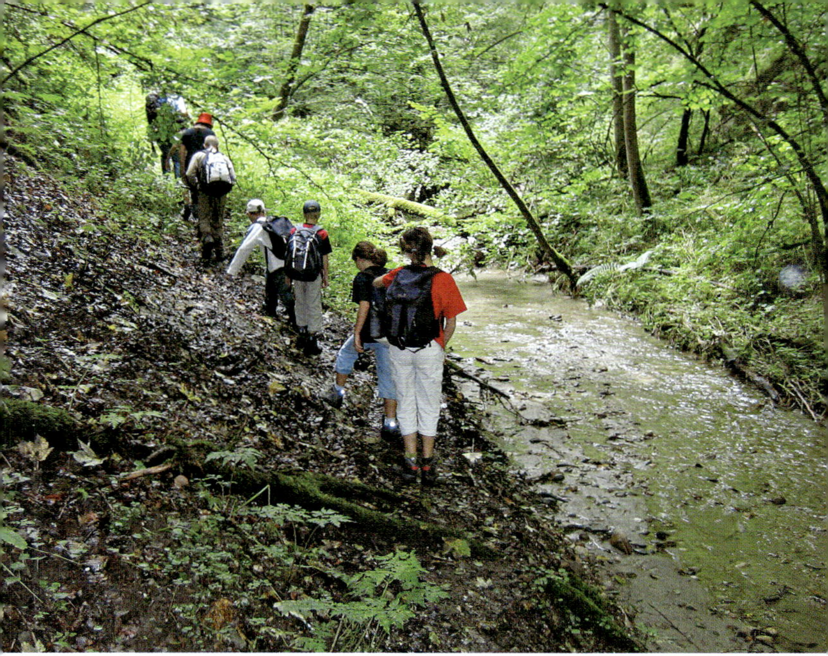

Immer ein beliebtes Wanderziel: der Mutzbachgraben.

Häusern-Hof). Auf dem Sträßchen bis zu einer großen Verzweigung, 749 m. Geradeaus zum oberen Häusern-Hof, wo man Wanderweg-Markierungen trifft. Ansteigend im Uhrzeigersinn um den **Oberbüelchnubel** 3, 818 m, herum, und zuletzt von Osten zum Gipfel mit Sommerwirtschaftshaus, Schatten spendenden Bäumen, Tischen und Bänken – ein wunderbarer Ort mit einer verblüffenden Aussicht!

Abstieg auf dem Graskamm nach **Ferrenberg** 4, 754 m. Hier verlässt man wieder die Wanderroute. Ostwärts auf einem Sträßchen zum Hof Kobeisse. Geradeaus und leicht abwärts in Färbergwald, ca. 720 m. Auf ungefähr gleicher Höhe da hindurch, durch zwei Gräben im Oberlauf des Mutzbachs und um zwei Rippen, bevor es steil hinauf auf die Straße und nach Kleinweidli, 789 m, geht. Auf der Straße (und der Wanderroute) 300 m nordwärts und links hinab zum Hof Friedihaus; daran vorbei hinab bis ca. 730 m. Nun auf einem Höhenweg sehr schön durch den Wald; bei Verzweigung nach rechts. Man gelangt nach Juchtenegg und geht weiter auf dem Hangsträßchen Richtung Juchten. Nach dem Eintritt in den Wald steigt man durch diesen weglos hoch. Wo er von Laub- in Tannenwald übergeht, hält man

sich nach rechts und steigt dem Waldrand entlang hinauf auf den **Wäckerschwendchnubel** ❺, 812 m (ohne Namen auf der LK).
Nordwärts dem Waldrand entlang, vorbei an einer Aussichtsbank und später am Naturfreundehaus Sunneschyn; auf seinem Zufahrtsweg auf die Straße und in eine Art Sattel, 760 m, einst Luftröhre genannt, weil es dort immer windet. An ihrem Nordrand Gedenkstein für Artur Weese, mit Bank. Auf der Wanderroute nordwärts Richtung Oschwand über Schnerzenbachweid und die Anhöhe Weid, 663 m, bis zur Vierwegkreuzung südöstlich des Dorfes; nach links statt geradeaus. In **Oschwand** ❻, 625 m, die gleichnamige Wirtschaft und westlich davon Wohnhaus und Atelier des berühmten Schweizer Kunstmalers Cuno Amiet (1868–1961). Bleibt der Abstieg zum Mutzbach und nach **Riedtwil** ❶.

Im Frühling wandert es sich malerisch: bei Oschwand.

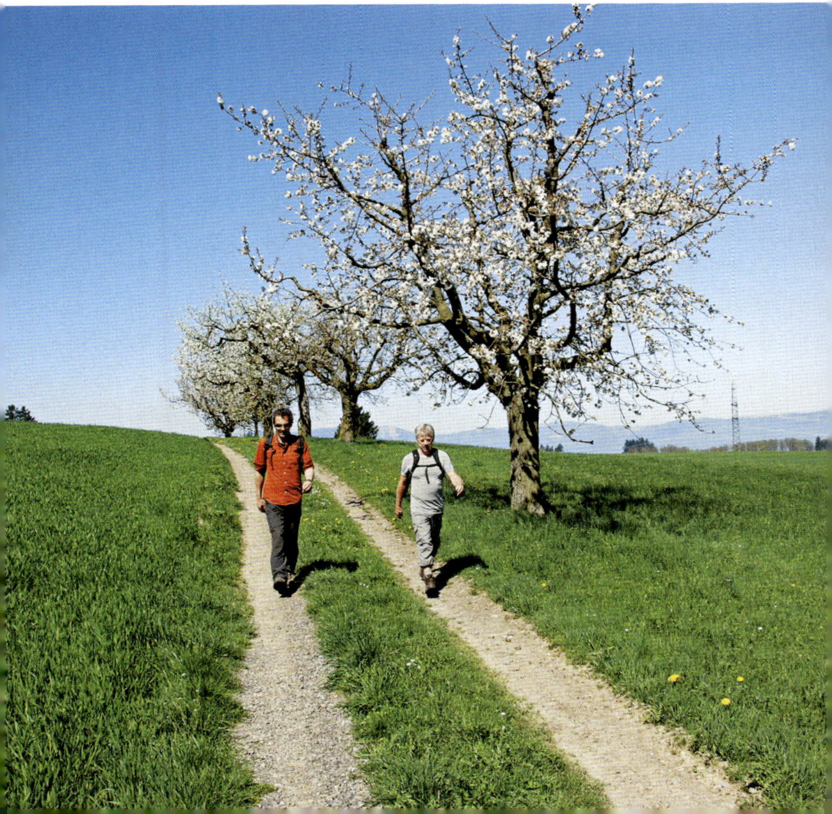

↗ 770 m | ↘ 400 m | 25.7 km

21 Langenthal – Friesenbergchnubel, 837 m – Lueg, 887 m

7.15 h

Annäherung an den Heiligenlandhubel

Heilig ist das 1921 erbaute Kavalleriedenkmal auf dem bekannten Aussichtspunkt Lueg ja nicht wirklich. Der 1919 gefasste Beschluss für die sechseckige Steinsäule zu Ehren von 54 bernischen Reitsoldaten, die im Ersten Weltkrieg und dann im Ordnungsdienst beim Generalstreik vom November 1918 an der Spanischen Grippe starben, wurde mit diesem Zusatz versehen: »... für alle Zukunft wehrhaft und frei zu bleiben, sowohl nach aussen wie gegen inneren roten Terror.« Da gefällt der Gedenkstein für Pfarrer Eduard Henzi (1865–1934) schon viel besser; er war der Initiant des Alpenpanoramas von der Lueg, das die Sektion Burgdorf des Schweizer Alpen-Clubs 1926 beschloss. Henzi war auch für die Bestimmung der 300 Gipfel zuständig, die man dort oben sieht. Auf dem Alpenzeiger auf dem Heiligenlandhubel oder Pöli, wie die Lueg auch heißt, sind 100 Gipfel verzeichnet. Wie viele man wohl vom Friesenbergchnubel oder von der Otterbachegg sieht? Sicher ist, dass man auch von dort oben wunderbar ins Land »luegen« kann.

Schlemmen: Speisewirtschaft zum Wilden Mann in Schmidigen.

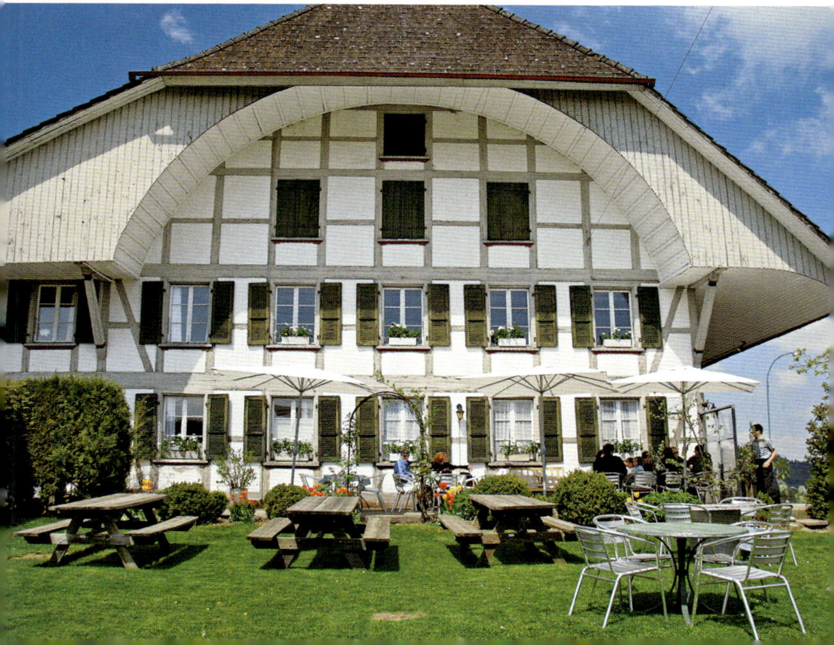

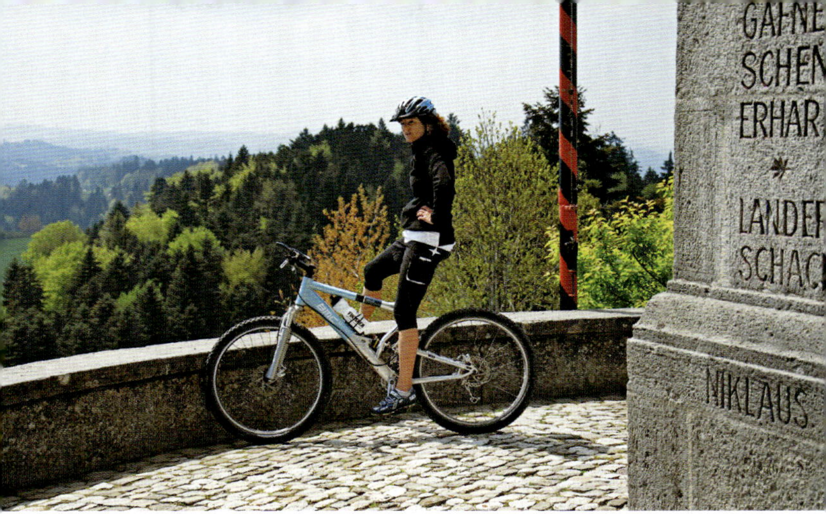

Schauen: »Bergvelo-Reiterin« neben dem Reitsoldaten-Denkmal auf der Lueg.

Ausgangspunkt: Langenthal, 472 m.
Endpunkt: Landgasthof Lueg, 838 m; Bus nach Burgdorf.
Anforderungen: Meist markiert, kurz auch weglos; T1. Beim Friesenbergchnubel T2. Lässt man diesen sowie Otterbachegg und Dornegggütsch rechts bzw. links liegen, verkürzt sich die Tour um etwa 30 Min.
Beste Jahreszeit: Immer.
Einkehr: Lotzwil, Rütschelen, Schmidigen (Mo/Di geschlossen), Kaltacker, Summerhaus, Lueg.
Unterkunft: Langenthal: zahlreiche Möglichkeiten, sehr empfehlenswert zum Essen und Übernachten L'Auberge, Tel. +41 62 926 60 10, www.auberge-langenthal.ch. Landgasthof Lueg, Tel. +41 34 435 18 81, www.lueg.ch. Burgdorf. Und natürlich auch in Affoltern i.E.: Landgasthof Hotel Sonne, Tel. +41 34 435 80 00.
Varianten: 1) Abstieg nach Burgdorf: Auf dem Wanderweg meist abseits der Straße auf breiten und ganz schmalen Wegen in den Weiler Kaltacker, 711 m. Auf Teersträßchen über den Rücken von Egg, vorbei an einer alten Nagelschmiede, dann rechts durch teilweise sehr ausgeprägte, malerische Hohlwege hinab zum Sommerhaus, ca. 570 m. Ein Waldweg führt zur Wynigenbrücke über die Emme. Der Wanderroute oder der Hauptstraße folgend zum Bahnhof Burgdorf, 533 m. T1, kurze Passagen T2; 2.20 Std.
2) Emmentaler Schaukäserei in Affoltern i.E.: Täglich offen 8.30–18.30 Uhr, von der Otterbachegg in 30 Min. erreichbar. Bus zu den Bahnhöfen Hasle-Rüegsau oder Affoltern-Weier.
Literatur: Die Infos zu den Gedenksteinen auf der Lueg stehen in diesem Buch: Fritz von Gunten: Denk mal – ein Denkmal. Eine Entdeckungsreise zu über 170 Denkmälern und 150 Museen und Kulturstätten im Kanton Bern. Druckerei Schürch, Huttwil 2010.
Kombinationsmöglichkeit: Mit Tour 19, 20, 30 und 31.
Karten: 233 T Solothurn, 234 T Willisau; 1128 Langenthal, 1147 Burgdorf, 1148 Sumiswald.

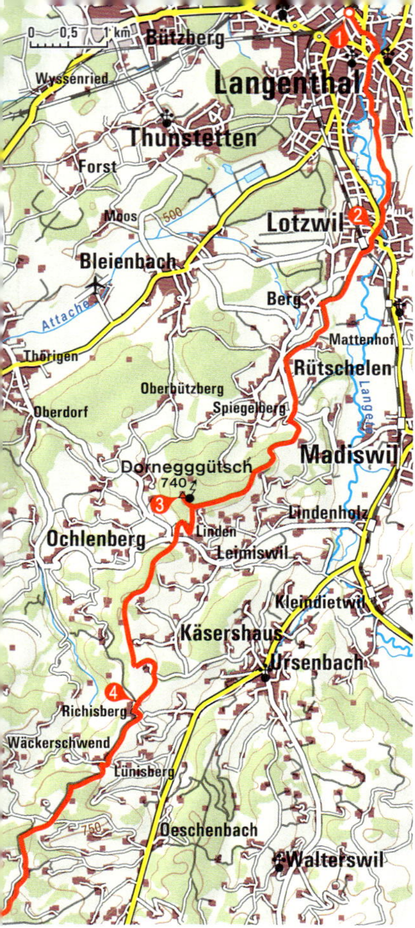

Vom Bahnhof **Langenthal** ❶, 472 m, durch die Bahnhofstrasse stadteinwärts. Rechts durch die Fußgängerzone der Marktgasse. An ihrem Ende links über die Langete und gleich rechts in die Farbgasse einbiegen. Sie folgt dem Fluss, der so unschuldig daherkommt, aber schon oft bös' über die Ufer geschossen ist (deshalb die hohen Gehsteige in der Bahnhofstrasse!). Am Ende der Farbgasse weiter auf dem Wanderweg durch die idyllischen Wässermatten mit ihren Wasserläufen nach Lotzwil. Wo der Wanderweg die Langete verlässt, folgen wir ihr, zuerst links, dann rechts vom Wasser, bis wir nach rechts auf die Langenthalstrasse gehen müssen. Auf ihr südwärts, an der Kirche von **Lotzwil** ❷, 502 m, vorbei zur Bahnlinie, wo wir wieder auf die Wanderroute stoßen. Sie führt uns, meist abseits der Autostraße, über die Siedlung Berg ins Dorf Rütschelen, 546 m. Auf der Wanderroute über den Weiler Spiegelberg in den Buechwald und auf einem Rücken bis zu einer Fünf-Weg-Kreuzung; der Wanderweg geht links dem Waldrand entlang. Wir gehen jedoch halb rechts, gelangen zum höchsten Punkt des **Dornegggütsch** ❸, 740 m, mit der Antenne und südwärts zum Picknickplatz und zur Aussicht.

Wieder auf dem Wanderweg hinab in den Weiler Linde, 660 m. Über eine Straßenbrücke und steil hinauf in den Weidwald. Durch Wald und Feld über diesen Hügelzug, 749 m; der baumgekrönte Südgipfel heißt Wacht, 741 m. Wenn die Felder abgeerntet sind, kann er erreicht werden. Sonst folgt man dem Wanderweg über Buuchi in den hübschen Weiler **Richisberg** ❹, 697 m. Weiter über den nächsten Hügel, ca. 740 m, nach Lünisberg und hinauf auf eine Hochebene, 795 m, und zu einer Straße. Man folgt ihr mit wenig Auf- und Abstieg bis dort, wo der Wanderweg links nach Friesen-

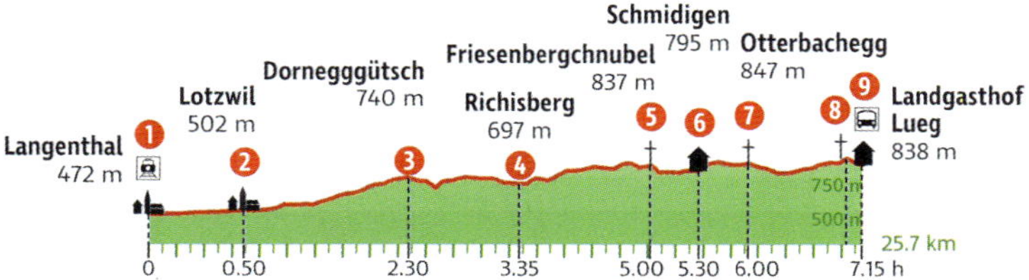

berg abzweigt. Man bleibt noch ein wenig auf der Straße bis auf die Höhe des auffälligen, runden und oben bewaldeten Friesenbergchnubel (»Burgstelle« auf der Karte). Nun weg von der Straße und in gerader Linie zum Wald, wenn möglich einem Zaun folgend. Dann rechter Hand dem Waldrand entlang sehr steil aufwärts und sobald als möglich im Wald selbst auf den höchsten Punkt des **Friesenbergchnubels** 5, 837 m. Hier hausten im Mittelalter die Herren von Friesenberg; im sogenannten Kiburgerkrieg anno 1383 stürmten die Berner die Festung.
Wir gehen hinab in eine Senke und hinauf auf zweiten Burghügel. Dann ostwärts, bei einer Bank vorbei, nach Friesenberg. Nun wieder auf der Wanderroute und der Straße bis zur großen Landstraße; nach links. Im nördlichen Ortsteil von Häckligen, wo der Wanderweg nach rechts abzweigt, geht man auf einem Feldweg ostwärts in eine Senke, ca. 765 m, hinab und gelangt aufwärts nach **Schmidigen** 6, 795 m, mit der Speisewirtschaft zum Wilden Mann. Gleich dort beginnt der Wanderweg, der durch ein Tälchen ansteigt, ein kurzes Waldstück quert und zu einem runden, von einer Linde markierten Grashügel kommt. Er geht auf seiner Westseite vorbei;

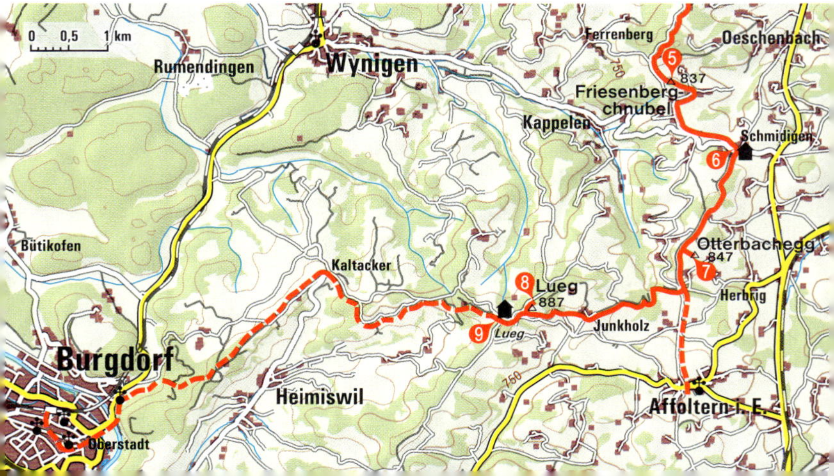

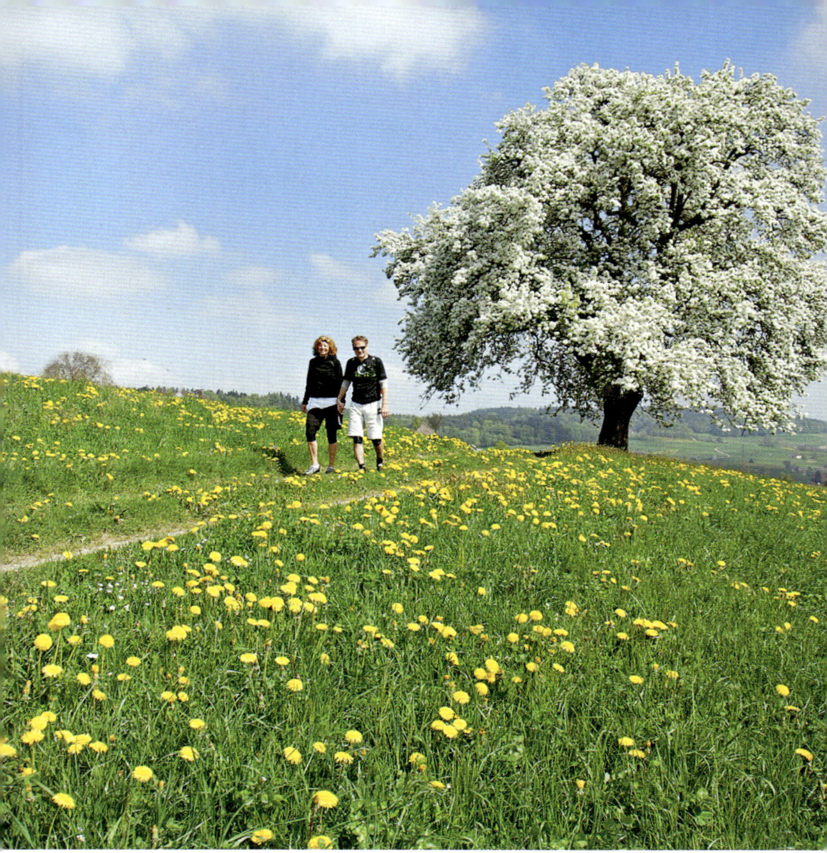

Schlendern: Verena Stoller und Ernst Heiniger zwischen Buchi und Richisberg.

wir jedoch erklimmen die **Otterbachegg** 7, 847 m, ost-, dann südwärts, wenn es die Verhältnisse auf den Wiesen erlauben (oder die Kühe ...). Hinab zu einer Wegspinne. Der Wanderweg zur Lueg sackt in den Sackgraben hinab, ca. 730 m, und erreicht über Juch den Weiler Junkholz. Der Wanderweg zum Denkmal auf der Lueg holt weiter nordwärts aus; schneller ist derjenige zur Wirtschaft Lueg, der durch einen Südhang kurvt; wo er in den geteerten Weg mündet, gehen wir nach rechts und stehen in wenigen Minuten beim Alpenzeiger und großen Soldatendenkmal auf der **Lueg** 8, 887 m. Westwärts hinab zum **Landgasthof Lueg** 9.

↗ 140 m | ↘ 180 m | 9.5 km

2.30 h

Steinhof – Burgäschisee – Herzogenbuchsee

22

Woher die Steine und die kleinen Kinder kommen

Findlinge sind Zeugen der Eiszeiten, als Gletscher fast die ganze Schweiz bedeckten. Und beim Rückzug in die Alpen Felsblöcke liegen ließen. Erratische Blöcke nennt man diese ortsfremden Steine. Sie sind Kraftorte im wahrsten Sinne des Wortes. Bevor alle Findlinge zu Quadern, Säulen und Randsteinen verkleinert wurden, konnten viele unter Schutz gestellt werden. Das war die Geburt des Naturschutzes in der Schweiz. Der mächtigste Findling im schweizerischen Mittelland ist die Grosse Fluh auf dem solothurnischen Steinhof-Hügel. Ebenfalls auf ihm liegt ein sogenannter Kindli- oder Rütschistein. Auf ihm machen Frauen, die sich ein Kind (oder auch einen Mann) wünschen, mitternachts auf dem nackten Hintern eine Rutschpartie. Einen warmen Körper verspricht der Burgäschisee, der aus einem Toteisloch entstand. Als das Eis endlich schmolz, entstand eine mit Wasser gefüllte Senke.

Nur Klettern ist schöner als Wandern: Andrea Feller an der Grossen Fluh.

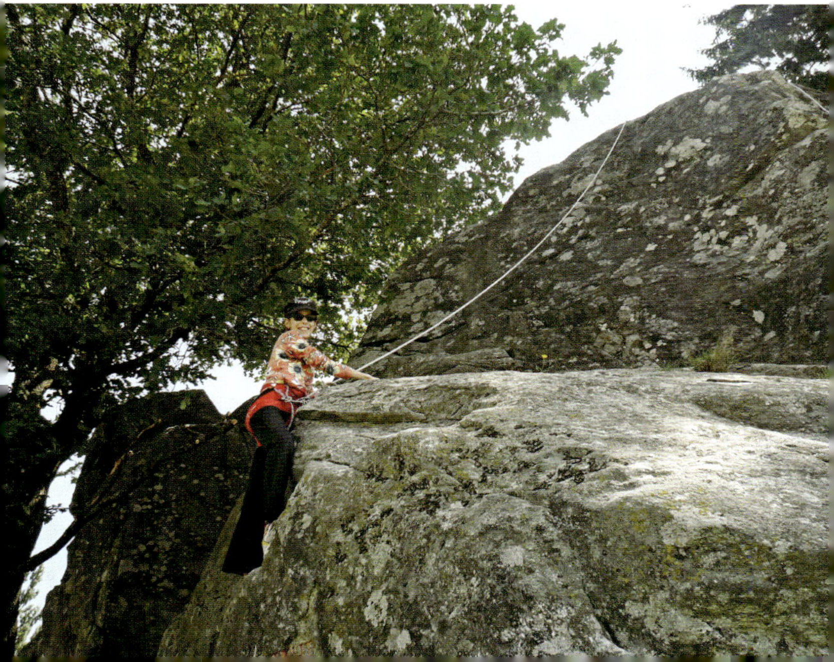

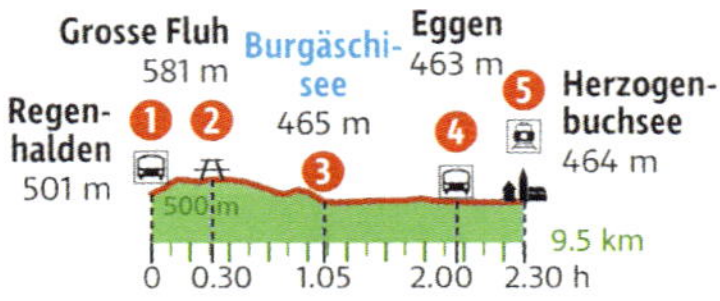

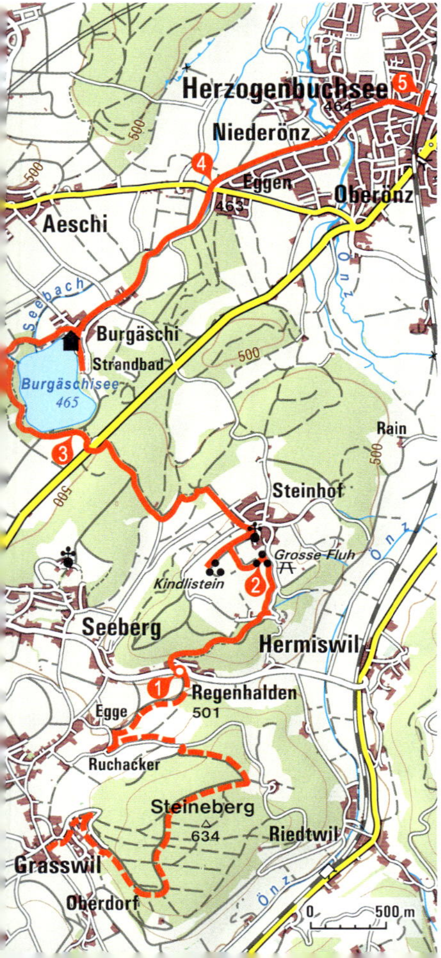

Ausgangspunkt: Regenhalden, 501 m; die Haltestelle heißt Grasswil, Sonne. Bus von Wynigen an der Bahnlinie Bern – Burgdorf – Herzogenbuchsee – Olten.
Endpunkt: Herzogenbuchsee, 464 m.
Anforderungen: Markierte und unmarkierte Wege. T1.
Beste Jahreszeit: Sommer und Frühherbst, wenn im Burgäschisee gebadet werden kann. Das Strandbad ist offen von Anfang Mai bis Anfang Sept. Tel. +41 62 961 04 28.
Einkehr und Unterkunft: Restaurant Hotel Seeblick Burgäschi, Tel. +41 62 530 15 15 (von Nov. bis Mai am Mo geschlossen). Beizli im Strandbad. Restaurant in Niederönz. Hotels in Herzogenbuchsee.
Varianten: 1. Von Niederönz Eggen mit dem Bus nach Herzogenbuchsee. Auch von Burgäschi fährt (selten) ein Bus dorthin. – 2. Start in Grasswil Oberdorf und auf der Solothurner Waldwanderroute über den Steinenberg mit seinen vielen Findlingen nach Regenhalden; 1.15 Std.
Tipp: www.waldwanderungen.ch; 6. Solothurner Waldwanderung, auf den Spuren der Gletscher. Prospekte beim Solothurner Amt für Wald, Jagd und Fischerei; www.wald.so.ch.
Literatur: Christoph Blum: Wo Steine Hof halten. Klettern und Bouldern an Findlingen auf Steinhof und Steinenberg. Mit einem Vorwort des Everest-Drittbesteigers Hansruedi von Gunten, Topoverlag 2015.
Kombinationsmöglichkeit: Mit Tour 20.
Karten: 233 T Solothurn; 1127 Solothurn.

Von **Regenhalden** ❶ mit dem schönen Gebäude »Wirtschaft Regenhalden – Restaurant Sonne« auf dem Wanderweg durch den Steinhofwald hinauf auf den Hügel von Steinhof – und hinein in den Kanton Solothurn; Steinhof

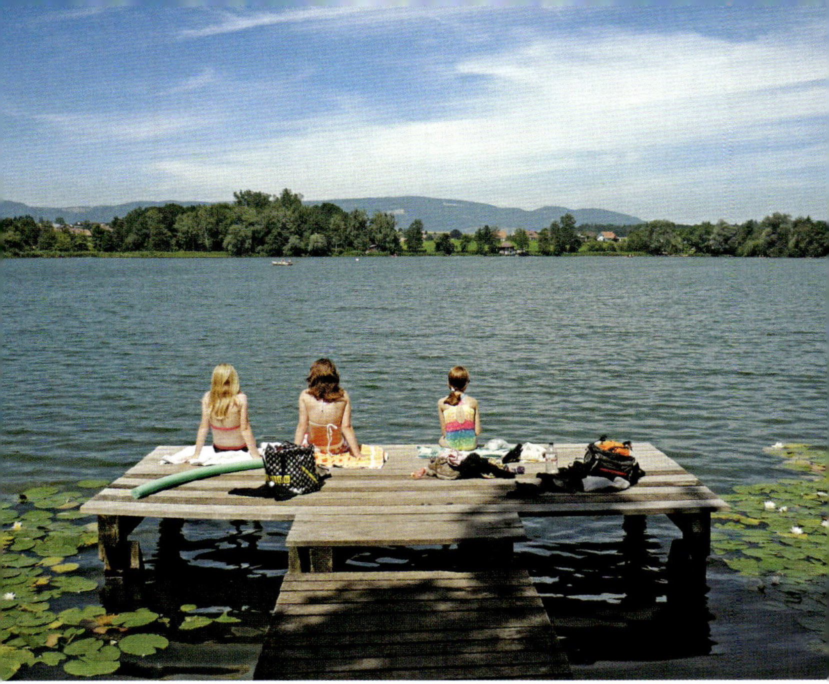

Und Baden ist noch schöner: am Burgäschisee.

ist ringsum vom Kanton Bern umschlossen. Gegen das Dorf und noch vor den ersten Häusern nach links zur **Grossen Fluh** ❷, 581 m, dem riesigen, 1200 Kubikmeter messenden, 3500 Tonnen schweren und 8 Meter hohen erratischen Block aus Granit-Gneis vom Typ Dent Blanche; man kann ihn erklettern. Südöstlich von ihm erhebt sich matterhornähnlich ein spitzer Turm. Auf dem Feldweg südwestwärts, dann rechts und gleich wieder links auf einem Feldweg zum Kindlistein.

Auf dem Feldweg zurück, zur Kapelle und in die Siedlung Steinhof. Auf dem Wanderweg durch Feld und Wald hinab auf die Staatsstraße 1 (die alte Bern-Zürich-Straße). Bei der Wanderwegverzweigung nach links, aber gleich wieder nach rechts zum mehrheitlich solothurnischen **Burgäschisee** ❸ und zu einem Holzsteg. Im Uhrzeigersinn so nah als möglich am Wasser um den See herum in den Ort Burgäschi und noch weiter zum Restaurant Seeblick und Strandbad, 465 m. Zurück nach Burgäschi und auf der Wanderroute meist auf Sträßchen nach **Eggen** ❹ und auf der Straße durch Niederönz zum Bahnhof **Herzogenbuchsee** ❺.

↗ 40 m | ↘ 80 m | 18.4 km

Utzenstorf – Emme(kanal) – Solothurn

4.20 h

Im Wasseramt

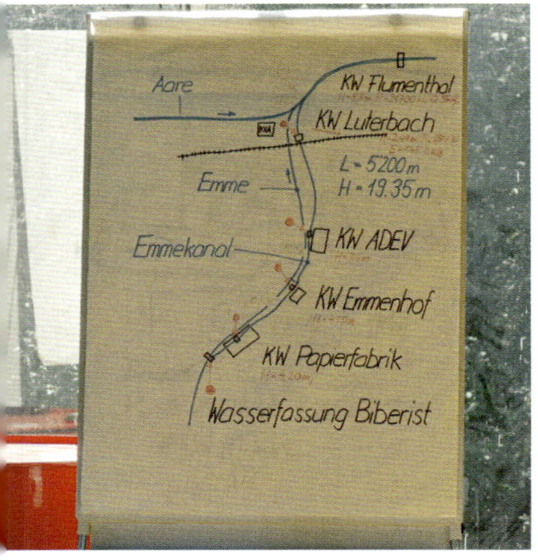

Die Mischung von Idylle und Industrie, von Fluss und Kanal, von Wasserschloss und Wasserkraftwerk: emmlisch gut! Kaum einen Schritt durch Industrieanlagen hindurch machen wir, und trotzdem fühlen wir, wofür die Kraft der Emme mit dem 1858 geplanten und in drei Abschnitten von 1859 bis 1886 gebauten Kanal gebraucht wurde und wird. Und am Schluss verabschieden wir den Fluss, der einer ganzen Landschaft und einem großen Käse den Namen gegeben hat, gleich zweimal. Ja eigentlich dreimal, weil wir vor dem Emmespitz noch flussaufwärts gehen müssen. Aber nicht bis zum Hohgant …

Ausgangspunkt: Utzenstorf, 474 m; S-Bahn von Bern.
Endpunkt: Solothurn, 432 m.
Anforderungen: Markierte und unmarkierte Wege. Eine Baumstammbrücke und ein kurzer Aufstieg durch Gebüsch (je nicht zwingend); T1.
Beste Jahreszeit: Immer; am schönsten im Sommer und Frühherbst, wenn in Emme und Aare gebadet werden kann und wenn das hübsche Schloss Landshut geöffnet ist.
Einkehr: Schloss Landshut, Schloss und Café offen Mitte Mai bis Mitte Okt., Di–Sa 14–17 Uhr, So 10–17 Uhr, Mo geschlossen. Restaurants in Biberist, Derendigen und Luterbach.
Unterkunft: In Utzenstorf, Bätterkinden und Solothurn.
Variante: Die Wanderung kann an mehreren Orten abgebrochen oder wieder aufgenommen werden.
Literatur: Stefan Blank: Der Industrielehrpfad Emmekanal im solothurnischen Wasseramt, Gesellschaft für Schweizerische Kunstgeschichte 2002.
Kombinationsmöglichkeit: Mit Tour 24.
Karten: 234 T Solothurn; 1127 Solothurn.

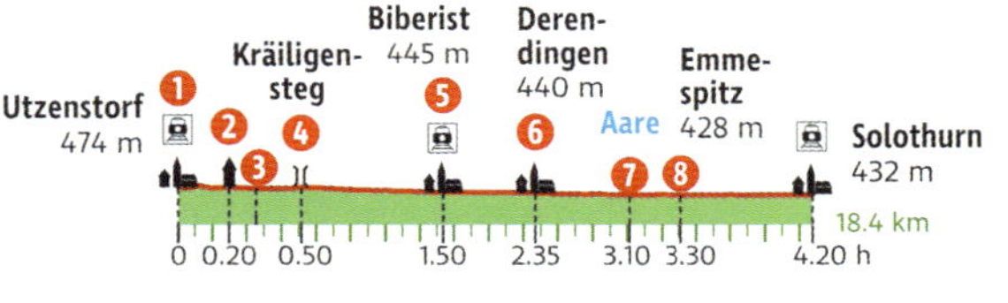

Vom Bahnhof **Utzenstorf** ❶ gleich westwärts auf dem Wanderweg über die Möösli-Matte und über den Mülibach. Fünf Minuten nach Start der Tour also gleich beim Thema – die Nutzung des Wassers durch den Menschen. Der Mühle-Bach fließt weiter zum **Schloss Landshut** ❷, dessen Park wir auf einem abzweigenden Wiesenpfad erreichen. Der Park ist immer zugänglich und mit seinen riesigen Bäumen allein schon einen Besuch wert. Wir gehen um das von Wasser umgebene Schloss herum; wenn offen, auch hinein. Anschließend auf der Wanderroute auf Straßen zur **Emme** ❸; wo wir sie erreichen, befindet sich auch die Wasserfassung für den ersten Abschnitt des Emmekanals. Auf dem Dammweg zwischen beiden Wasserläufen flussabwärts, an der Papierfabrik Utzenstorf vorbei zum **Kräiligensteg** ❹. Gleich rechts vom Steg, oder auch ein paar Schritte weiter unten, führen unmarkierte Pfade zum Fluss. Nun auf einem in der Landeskarte nicht eingezeichneten, romantischen Pfad (bekannt als Ho-Chi-Minh-Pfad) wassernah und dann wieder mit kleinen Kurven der Emme entlang bis dort, wo ein Seitenkanal einmündet. Auf einem Baumstamm hinüberbalancieren – wer sich das nicht zutraut, findet flussaufwärts einen Steg. Weiter mehr oder weniger direkt der Emme entlang; unten Kiesbänke zum Sonnenbaden, gegenüber Nagelfluh-Sandstein-Wände. Schließlich sind Fluss und Kanal nur durch einen Damm und eine Holzwand getrennt. Wir kommen zum

Wasser als Kraft, Wasser als Schutz: Übersicht über die Kraftwerke am Emmekanal, fotografiert im Werk Luterbach (linke Seite), Schloss Landshut bei Utzenstorf.

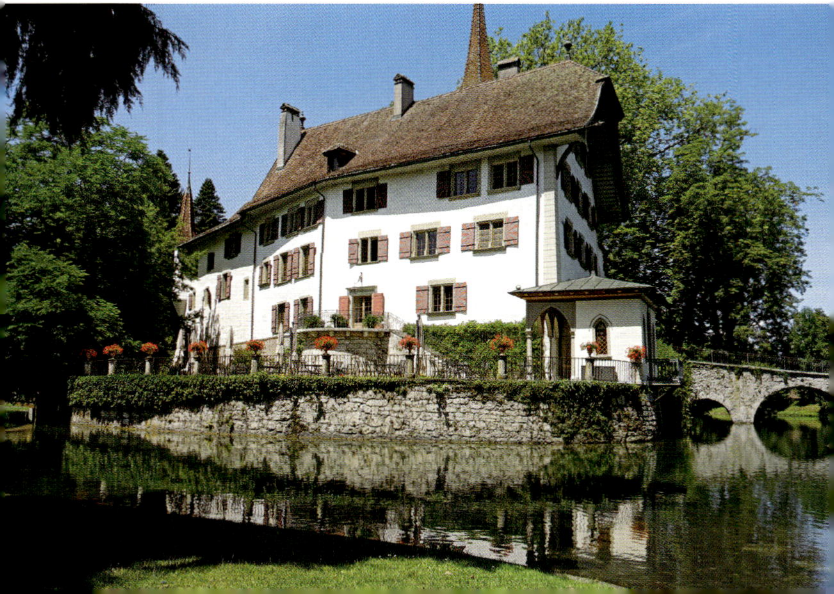

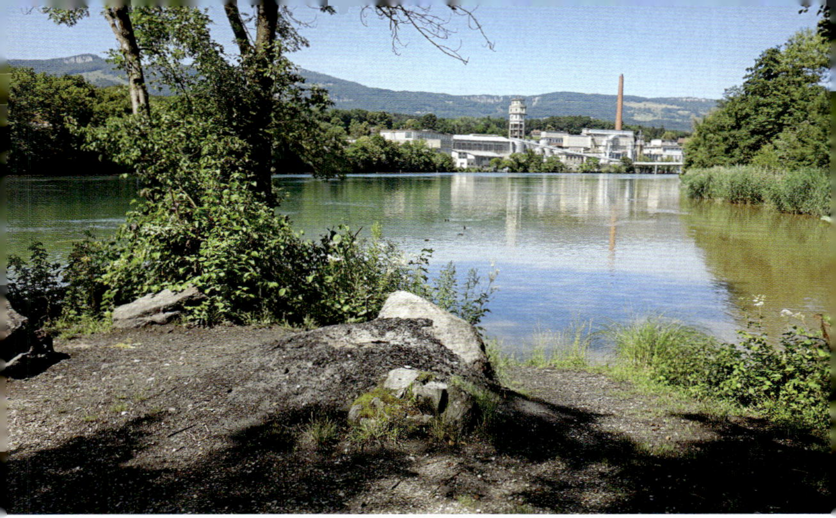

Aare-Mündung des Emme-Kanals; flussabwärts die ehemalige Papierfabrik Attisholz.

Steg von Zielebach Schache, den der markierte Emmeuferweg benützt. Wir bleiben aber auf dem rechten Ufer. Ein Fahrweg führt zum Fluss hinab – und genau hier verlässt die Emme ihren Ursprungskanton Bern und fließt nun im solothurnischen Wasseramt zur Aare; an ihrem Anfang bildet sie auf 1 km die Grenze zum Kanton Luzern. An den Gebäuden der Stahlfabrik vorbei; Ludwig von Roll gründete 1818 die gleichnamige Eisenschmiede, die ab 1862 stark ausgebaut wurde und in den 1960er-Jahren 5000 Arbeiter beschäftigte; heute sind es beim Nachfolger Stahl Gerlafingen noch 550. Vor dem **Bahnhof Biberist** 5 stoßen wir wieder auf die Wanderroute, hier beginnt der zweite Abschnitt des Emmekanals.
Auf dem Emmeuferweg rechtsufrig gehen – und links der 1865 eröffneten Papierfabrik Biberist. Vorbei am Lamahof Gruebehöfli und am Platz der Begegnung. Beim Beizli in Derendingen Waldhaus (ohne Name auf der LK) treffen wir auf den Solothurner Industrielehrpfad Emmekanal, der von hier zur ehemaligen Baumwollspinnerei Emmenhof (gegründet 1864) führt. Wir aber folgen der Emme und gehen schon bald über eine schmale gedeckte Brücke; rechter Hand ein Wehr im Kanal, darunter ein Trainingsparcours für Kajaks. Gleich in der Nähe ein großer Spielplatz, und schon stehen wir beim Kreuzplatz von **Derendingen** 6; Bushaltestelle (in 10 Min. zum Hauptbahnhof in Solothurn). Durch die Untere Emmengasse, auf der Flussseite ein dichter Wald, rechts Einfamilienhäuschen, darunter ein Erdhaus mit Baujahr 2007. Die Eisenbahnbrücke wartet als Nächstes: Unter der Brücke hindurch, dann hangeln wir uns am Geländer zum Ab-

stellgleise empor oder wuchten uns noch etwas weiter nördlich durchs Gebüsch die paar Meter hoch – und schon stehen wir am Emmekanal. Wer sich vor diesem Einsatz scheut, kann weiter unten auf einem Fahrweg zum Kanal gelangen.

Auf dem linken Ufer dem breiten Kanal entlang zum 1872 erbauten Kraftwerk der ehemaligen Kammgarnspinnerei. Wir folgen dem Kanal, unter der Autobahnbrücke hindurch, zur nächsten Eisenbahnlinie. Unten durch und gleich nach rechts zum Wasserkraftwerk Luterbach von 1888 und seinen Nachfolgern; Informationen dazu unter www.luterbach.ch und www.hydroelectra.ch. Links am Kraftwerk vorbei, schräg rechts haltend über die Straße und zum Emmekanal. Auf seinem rechten Ufer ganz nah am Wasser kanalabwärts; am Wegrand Informationstafeln, so zur Industrialisierung im Wasseramt.

Und dann stehen wir an der **Aare** 7 und am einen Ende der Emme. Über den Kanal, aareaufwärts zur anderen Mündung der Emme in die Aare. Emmeaufwärts, bei Wegverzweigung rechts, dann steil hinauf auf die Straßenbrücke. Nochmals der Emme entlang nach vorne zum **Emmespitz** 8. Etwas westlich davon auf einem Holzbalkensteg über die Aare und flussaufwärts; wo der Wanderweg bei Feldbrunnen leicht ansteigt, gehen wir direkt auf einem wurzeligen Uferpfad weiter. Hinein in die Stadt **Solothurn** 9, immer am Wasser entlang bis zur verkehrsfreien Kreuzackerbrücke. Zum letzten Mal übers Wasser und zum Bahnhof.

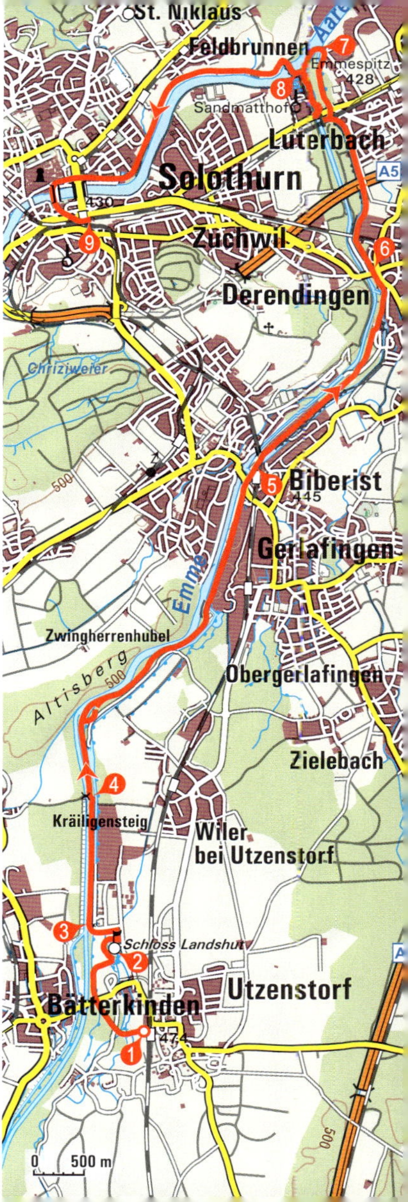

↗ 310 m | ↘ 350 m | 45.3 km

24 Aare: Solothurn – Aarwangen – Olten

2 Tage

»Gang immer no chli der Aare naa«

Bücher über die Aare, den längsten ganz in der Schweiz verlaufenden Fluss, sind immer wieder erschienen. Aber was Martin Kundert herausgegeben hat, ist einzigartig. Sein Urgroßvater, der Aarauer Schirmfabrikant Eduard Müller, hat nämlich Ende des 19. Jahrhunderts den Aarelauf von der Quelle beim Oberaarhorn bis zur Mündung in den Rhein mit rund 200 schwarz-weißen Fotos dokumentiert. 110 Jahre später hat der Urenkel die Standorte mit seiner Kamera nochmals aufgesucht. Entstanden ist so eine überaus reizvolle, überraschende, erhellende, manchmal auch nachdenklich stimmende Gegenüberstellung von gestern und heute. Mit diesem schön gemachten Fotoband und Geschichtsbuch geht man gerne auf (Bildungs-) Reise von der Grimsel nach Koblenz. Oder immerhin von Thun nach Solothurn.

Ausgangspunkt: Solothurn, 432 m.
Endpunkt: Olten, 396 m.
Anforderungen: Der Aare entlang markierte Wege; am Rotkanal unmarkiert. T1.
Beste Jahreszeit: Frühling. Und Sommer, wenn in der Aare gebadet werden kann (Badekleider!).
Einkehr: Immer wieder, aber dennoch gibt es auch längere Strecken ohne Beizen.
Unterkunft: In Aarwangen: Hotel Bären direkt an der Aare, Tel. +41 62 922 22 06. Falls geschlossen oder kein Platz: mit dem Zügli rasch nach Langenthal in die Auberge, Tel. +41 62 926 60 10. Hotels in Wangen a.d.A.
Tipp: Feldstecher zum Beobachten der Vögel mitnehmen.
Kombinationsmöglichkeit: Mit Tour 23, 25 und 29.
Karten: 223 Delémont, 224 T Olten, 234 T Solothurn; 1088 Hauenstein, 1107 Balsthal, 1108 Murgenthal, 1127 Solothurn.

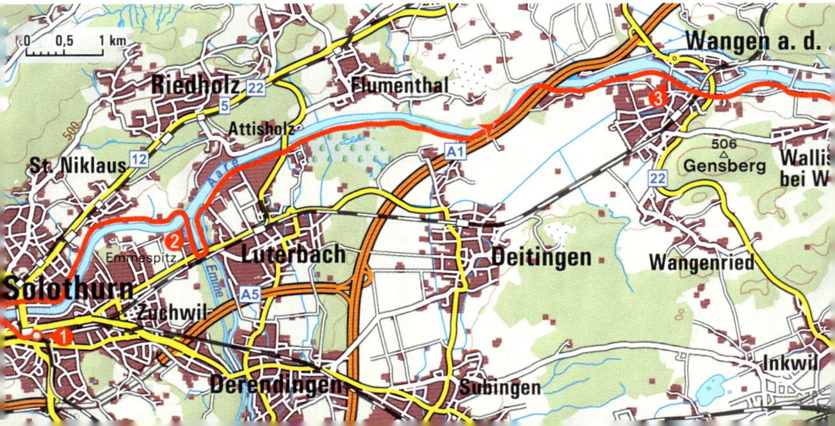

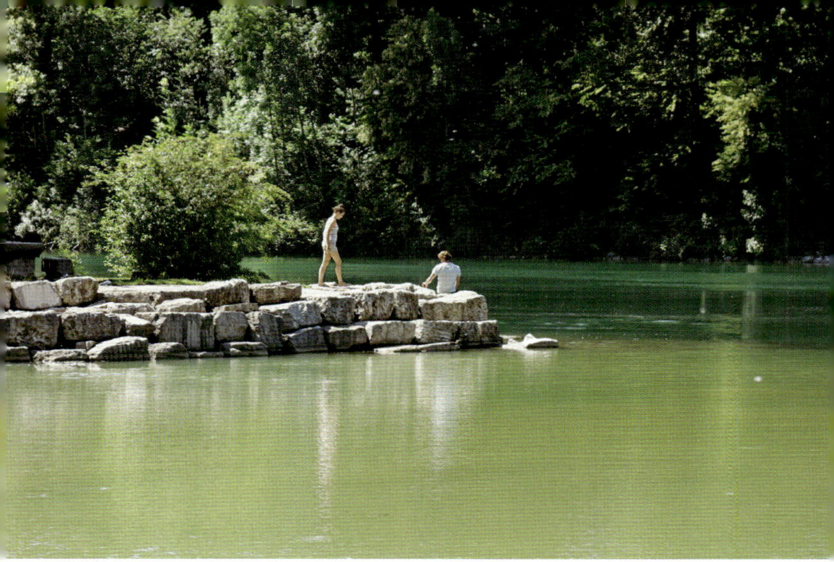

»Die vor Ämme, die vor Aare« heißt es im Bernermarsch: am Emmespitz.

1. Etappe: Solothurn – Wangen a.d. Aare – Aarwangen (22,4 km, 5.15 Std.): In der Stadt mit den 11 Kirchen (die größte, die Kathedrale von St. Ursen, hat 11 Altäre und 11 Glocken), mit den 11 Kapellen, 11 historischen Brunnen und 11 Türmen ist gut weilen. Es reicht, wenn wir um 11 Uhr in **Solothurn** ❶ losziehen, aus der Altstadt auf dem linken Uferweg. Wo der bei Feldbrunnen leicht ansteigt, wandern wir direkt auf einem wurzeligen Uferpfad weiter. Wo sich die Aare zum See erweitert, gehen wir über den Holzbrettersteg aufs rechte Ufer und weiter zum **Emmespitz** ❷, wo die Emme einmündet. Sie zwingt zu einer Schlaufe, doch in einem Wanderführer über das Emmental darf das schon zugemutet werden. Zurück an der Aare und kurz darauf über den Emmekanal. Später erfordert ein Rohrleitungssystem das Einziehen des Kopfes. Entlang einem Golfplatz können wir aufatmen, doch schon bald bedrängt

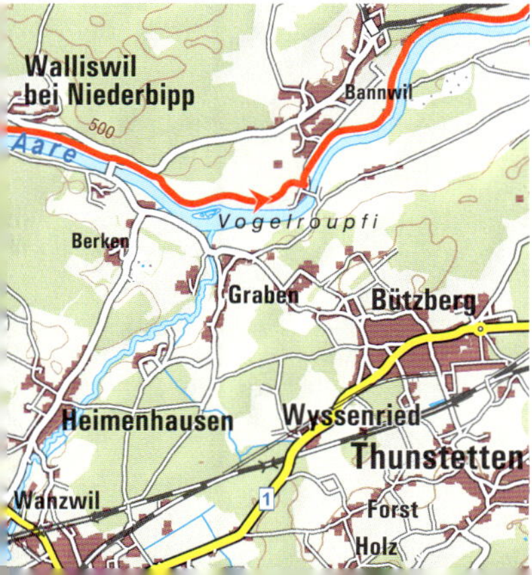

uns die Autobahn. Wenn dann gleichzeitig noch ein Bauer seine Gülle aufs Feld sprüht, wird die Aaretour zum Überlebenstrip ... Entwarnung ist erst in der Kasernenstadt **Wangen an der Aare** 3 angesagt, wenigstens für die Wanderer. Nach einer Brotzeit in der Altstadt oder im Park bei der gedeckten Holzbrücke aus dem Jahre 1549 marschieren wir rechtsufrig weiter. Der **Walliswilsteg** 4 befördert uns aufs linke Ufer zurück. Flussabwärts geht's in Richtung Aarwangen. Wunderschön der Blick auf die Flussinsel **Vogelroupfi**, und dass sich dahinter das Atomkraftwerk Graben nicht zeigt, stört nicht. Ein paar kurze Gegenanstiege sorgen für Abwechslung. Und dann sind wir in **Aarwangen** 5. Trutzig bewacht das Schloss den Aareübergang, über den Lastwagen lärmen, eine Schmalspurbahn rattert und die Aarewanderer durstig dem »Bären« sich nähern. Aus diesem Aaredorf stammt mein Großvater mütterlicherseits.

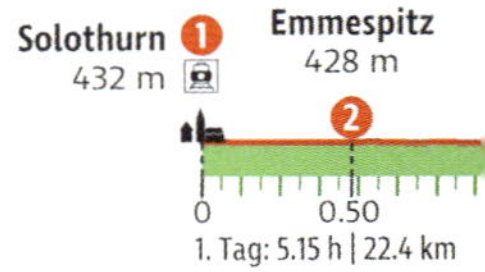

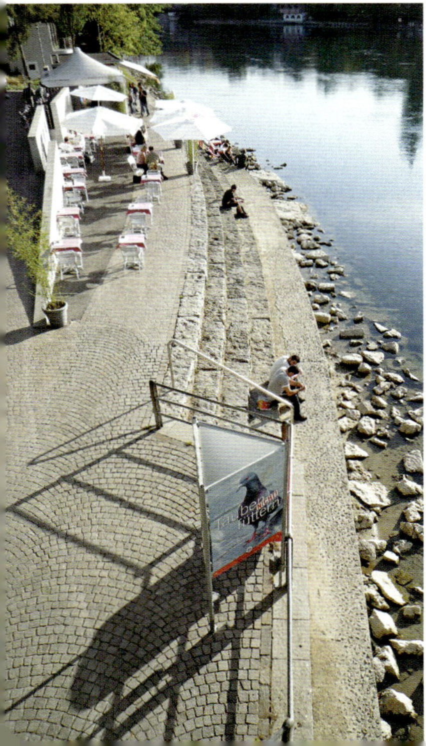

2. Etappe: Aarwangen – Murgenthal – Aarburg – Olten (23 km, 5.45 Std.):

Wir ziehen auf dem rechten Ufer von dannen. Schon bald ist das Elektrizitätswerk **Wynau** 6 erreicht. Im geschützten Wolfwil-Cher steigen wir in die **Wolfwil-Fähre** 7 (in Betrieb vom zweiten Sonntag im April bis Ende September), um das Restaurant auf dem gegenüberliegenden Ufer aufzusuchen. Zurück auf dem rechten Ufer, nehmen wir den manchmal nur hüftbreiten Uferweg nach Murgenthal unter die Füße. Bei der Einmündung der Murg fließt die Aare endgültig aus ihrem Ursprungskanton. Und wir Wanderer müssen sie verlassen: Es gibt keinen durchgehenden Uferweg mehr. Deshalb hinauf zum Bahnhof **Murgenthal** 8 – und dahinter zum Rotkanal. Er führt uns, wie bei Tour 29 beschrieben, zum Bahnhof **Rothrist** 9. Von

In Olten ist der Aaremarsch vorbei.

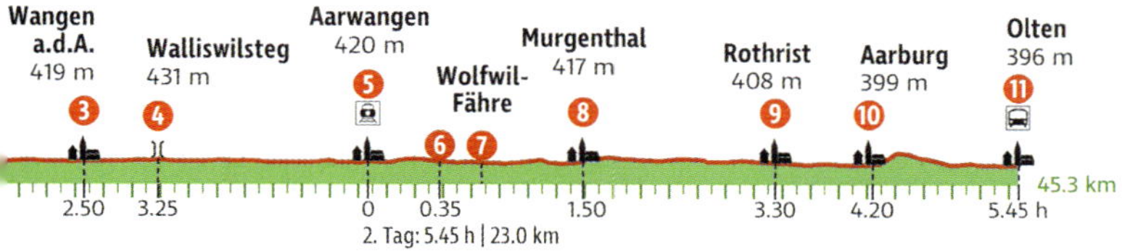

dort auf der Wanderroute durchs Industrieviertel zurück an die Aare. Rechtsufrig am Wehr von Ruppoldingen und am historischen Bad von Aarburg vorbei ins Städtchen **Aarburg** ⑩.

Über die Aarebrücke und auf dem Wanderweg rund 90 Höhenmeter über das Restaurant Höfli hinaus auf den Höhenweg am Born keuchen: Ungewohnte Tiefblicke entschädigen für die zusätzlichen Schweißtropfen. Wir können sie abwaschen im Chessiloch, einer Aarebucht mit heimtückischen Wirbeln, oder etwas später im Schwimmbad von Olten. Zuletzt lenken wir die Schritte ins hübsche Zentrum mit der alten Holzbrücke. Erstaunt stellen wir fest, dass **Olten** ⑪ mehr ist als ein großer Bahnhof.

Von dort bringt uns ein Schnellzug in 16 Minuten nach Solothurn zurück, von wo wir vor 660 Wanderminuten gestartet sind.

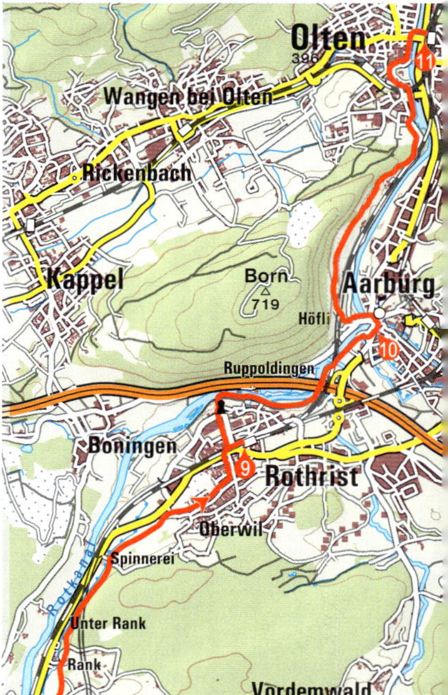

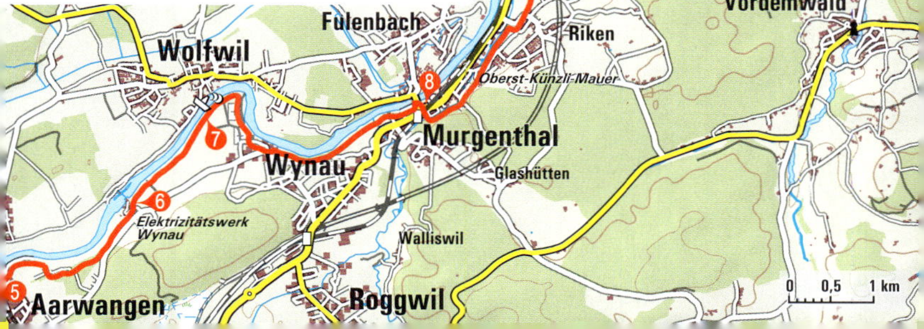

↗ 310 m | ↘ 350 m | 17.3 km

25 Niederbipp – Jurasüdfuß – Bernstein – Wangen an der Aare

4.20 h

»Amrain liegt am Jurasüdfuß«

So beginnt der zweite Satz in der Rede, die der Niederbipper Schriftsteller Gerhard Meier 1999 im historischen Rathaus in Köln hielt, als ihm der Heinrich-Böll-Preis verliehen wurde. Amrain ist Niederbipp, und Niederbipp ist die Welt. Jedenfalls im Werk von Gerhard Meier (1917–2008). Hier wurde er geboren, hier lebte und arbeitete er (in einer Lampenfabrik), hier schrieb er, in einer kleinen Kammer mit Blick in einen großen Garten, Gedichte, Kurzprosa und Romane von Weltrang. An seinem Haus gehen wir vorbei, auf dieser Wanderung entlang dem Jurasüdfuß, die uns durch zwei mittelalterliche Kleinstädte führt, zu einem Findling, der Bernstein heißt, zur Aare. Immer wieder können wir uns auf eine Bank setzen und über das Mittelland hinweg den Alpenbogen bewundern. Dann nehmen wir das letzte Buch von Meier aus dem Rucksack, »Ob die Granatbäume blühen«, eine Hommage an seine Frau: »Dorli, zuweilen stelle ich deine Gartenschuhe ein bißchen zur Seite, wische herangewehtes Laub weg, Halme, trockene Erde. Und wenn ich durch Amrain gehe, habe ich manchmal ein Gefühl, als schritte ich durch meine Schreibe.«

»Es ist seltsam, wie Häuser mich beeinflussen können«, sagt Gerhard Meier in den »Amrainer Gesprächen«. Mittelalterliche Häuserzeile in Wiedlisbach.

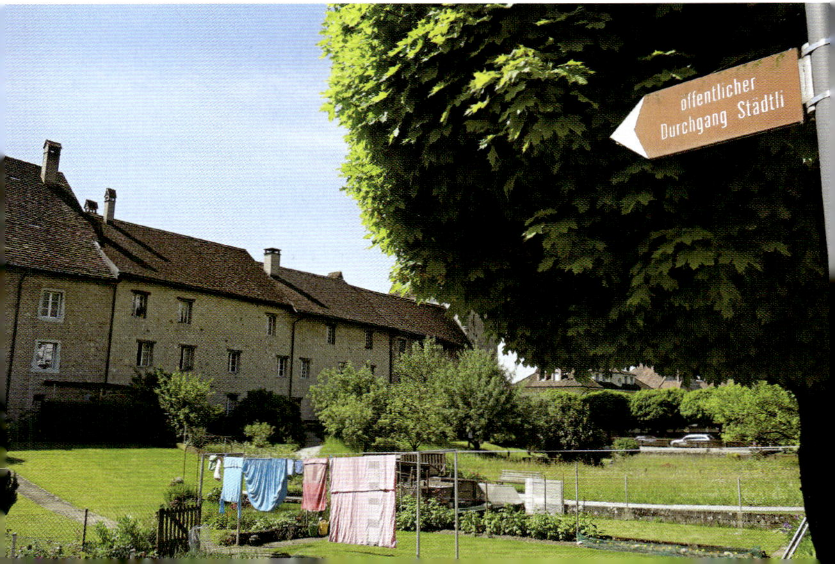

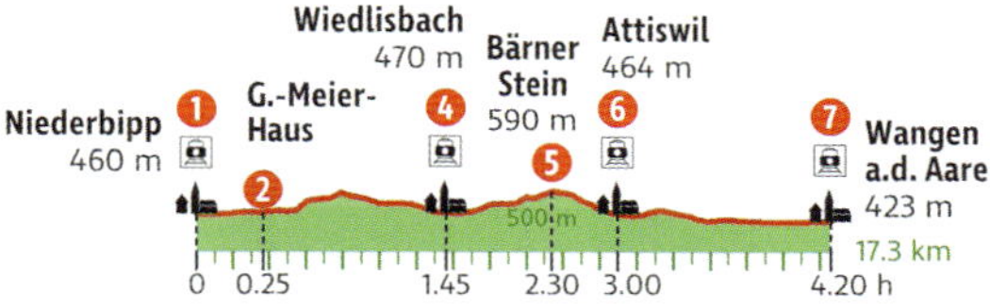

Ausgangspunkt: Niederbipp, ca. 460 m; Station Niederbipp Dorf (Halt auf Verlangen) der Linie Langenthal – Oensingen – Solothurn. Man kann auch im Hauptbahnhof Niederbipp, 468 m, starten.
Endpunkt: Wangen a.d.A., 423 m, an der Bahnlinie Olten – Oensingen – Solothurn.
Anforderungen: Markierte und unmarkierte Wege und Straßen; der kurze Abstecher zum Bärner Stein führt weglos durch den Wald. T1.
Beste Jahreszeit: Immer, wenn möglich aber mit guter Fernsicht auf die Alpen. Oder wenn die Kirschbäume blühen.
Einkehr und Unterkunft: In Niederbipp, Wiedlisbach, Dettenbühl, Attiswil und Wangen a.d.A.
Variante: Die Wanderung kann gut in Wiedlisbach und Attiswil abgebrochen oder wieder aufgenommen werden.
Literatur: Die Werke von Gerhard Meier erscheinen im Zytglogge und Suhrkamp Verlag. Sehr empfehlenswert auch: »Das dunkle Fest des Lebens. Amrainer Gespräche« von Gerhard Meier und Werner Morlang, Bruckner & Thünker Verlag, 1995; Quarto Nr. 13, 2000, Zeitschrift des Schweizerischen Literaturarchivs; »Amrain, Güggel, Rügen. Die Landschaft im Leben und Werk Gerhard Meiers« von Valentin Binggeli (Text) und Heini Stucki (Fotos), Jahrbuch des Oberaargaus, 2002 (im Internet).
Kombinationsmöglichkeit: Mit Tour 24 und 28.
Karten: 223 T Delémont; 1107 Balsthal.

Von der Haltestelle **Niederbipp Dorf** ❶ auf der Kirchgasse westwärts zur reformierten Kirche; sehenswerte Bauernhäuser, bei der Kirche das vornehme Pfarrhaus (wie immer im Kanton Bern) sowie eine beeindruckend mächtige Rosskastanie. Beim Straßenschild »Kirchgasse 16, 18, 20« kurzer Abstecher zum ältesten Bauernhaus des Oberaargaus, das rechts der Stichstraße unscheinbar und klein steht; seine ältesten Teile stammen aus dem Jahr 1475, heute wirkt es etwas verlottert und verunziert. Dann zurück durch die Kirchgasse, über die Bahnlinie zu einer Kreuzung und nach links. Nordwärts auf der Dorfstraße gegen den Jura, unter der Hauptbahnlinie durch (rechter Hand der Hauptbahnhof von Niederbipp) und weiter zum Gasthof Brauerei. Hier nach rechts durch die Untere Dürrmühlestrasse, bis links der Gerhard-Meier-Weg abzweigt. In der Nr. 17 links an der Straße, bei einem großen Kirschbaum, das **Haus von Gerhard Meier** ❷. Vor seinem Haus zweigt der Grundackerweg ab; wir nehmen ihn für ein paar Schritte, biegen aber gleich links in den Moosackerweg ein. An seinem Ende wieder nach links. Vor einem Forellenteich nach rechts in den Zelgliweg und vor der Spitalanlage durch bis auf die große Anternstrasse, wo wir auf die Wanderroute stoßen. Sie verlässt die Straße schon bald nach links und

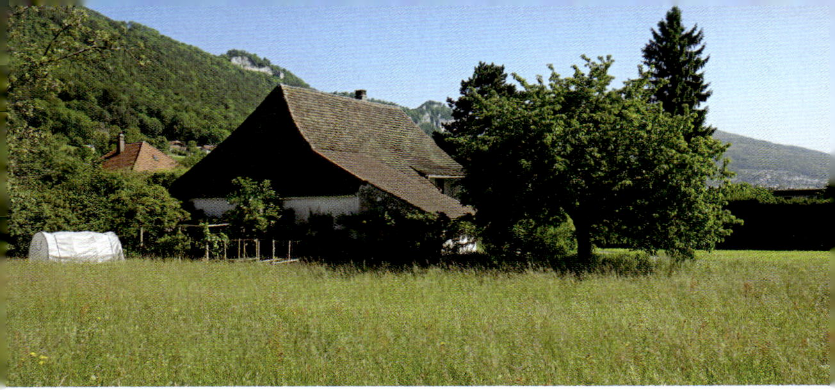

»Einmal blieb Dorli an ihrem Wägelchen stehen, schaute zum Berg hinauf, zur Lehnfluh, hinüber zum Gehöft.« Dorlis letzter Spaziergang; aus »Ob die Granatbäume blühen«.

steigt zum Wald hinauf, zu einer roten Bank (und geht dann dem Waldrand entlang). Wir stechen aber wie der Sagenweg von Pro Jura Bipperamt (dem Schild werden wir noch häufig begegnen) rechts der Bank in den Wald hinein. Ein etwas zugewachsener, oben ziemlich steiniger Pfad folgt einem Waldrücken, mit kurzen Zwischenabstiegen. Nach rund 20 Minuten erreichen wir ein Flachstück, wo der Sagenweg rechter Hand abzweigt. Wir halten uns links und gelangen in Kürze zur **Stierenweidhütte** 3 mit großer Feuerstelle, ca. 580 m; in der Nähe befindet sich eine Schießanlage.
Südwestwärts auf einem Sträßchen, in das die Wanderroute später von links einmündet, in ein Einfamilienhausquartier von Niederbipp und zum Mühleweiher, ca. 520 m, an dem man links vorbeigeht (bitte die beiden Tore wieder schließen). Auf der Wanderroute durch Feld und Wald abwärts, schließlich bei Sportplätzen vorbei immer gut geleitet bis zum Bahnhof von **Wiedlisbach** 4, ca. 470 m. Hier lohnt sich ein Bummel durch die hübsche mittelalterliche Kleinstadt: Durch einen öffentlichen Durchgang in der nördlichen Häuserzeile kommen wir überraschend und direkt ins Städtli.
Dann wieder zum Bahnhof und auf dem Oeleweg östlich davon ansteigen; bei einer Verzweigung links die Route zum Hornusserplatz wählen. Man kommt so zu einem Panoramaplatz mit Bänken (hübscher Blick auf die Altstadt und die Alpen). Im Wald dahinter trifft man erneut die Wanderroute. Auf ihr durch den Weiler Dettenbühl, 520 m, mit dem Oberaargauischen Pflegeheim zum Bauerngut Eichholz. Gleich danach rechts den unmarkierten Feldweg einschlagen; bei der Verzweigung links zur Nordseite des Burchwaldhügels. Wo der Wald bis zum Weg herabkommt, findet man eine Infotafel von Pro Jura Bipperamt zum Bärner Stein, einem großen Findling aus Mont-Blanc-Granit, den der Rhônegletscher hier vor ein paar Jahrtausenden liegengelassen hat. Weglos durch den Wald hinauf zu diesem

eindrücklichen erratischen Block, ca. 590 m, an dessen Nordseite unter anderem das Wort »BERN« eingehauen ist. Deshalb auch der Name **Bärner Stein** 5 oder Bernstein; in der Nähe liegen noch weitere Findlinge.

Zurück auf den Weg und westwärts auf eine Straße. Sie führt in Schlaufen hinab zum Gärberhof, wo uns die Wanderroute aufnimmt. Auf ihr nach **Attiswil** 6 und gerade hinab zum Bahnhof, 464 m. Dort links, dann rechts über die Geleise und zur Kirche.

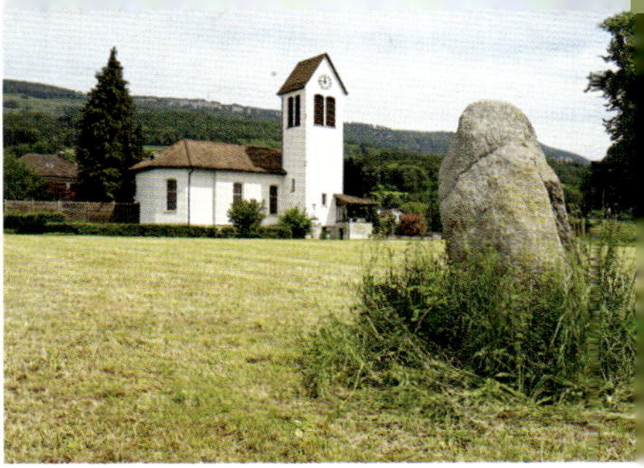

»Während des Gehens hatte ich meine schönsten Offenbarungen.« Kirche Attiswil mit Menhir.

Südlich von ihr steht im Feld ein Menhir, Freistein genannt: ein insgesamt 3,6 m hoher Findling aus Mont-Blanc-Granit, der kultischen Handlungen diente. Auf der Wanderroute südwärts durch weite Felder und über einen wenig hohen Hügelzug, an zwei Höfen vorbei, bis hinab an die Aare, ca. 420 m. Auf dem meist idyllischen Aareuferweg, unter der Ost-West-Achse der Schweiz durch, nach **Wangen an der Aare** 7. Von der Flussinsel durch die gedeckte, 95 m lange Holzbrücke aus dem Jahre 1549 hinein in die mittelalterliche Kleinstadt, dann südwärts zum Bahnhof.

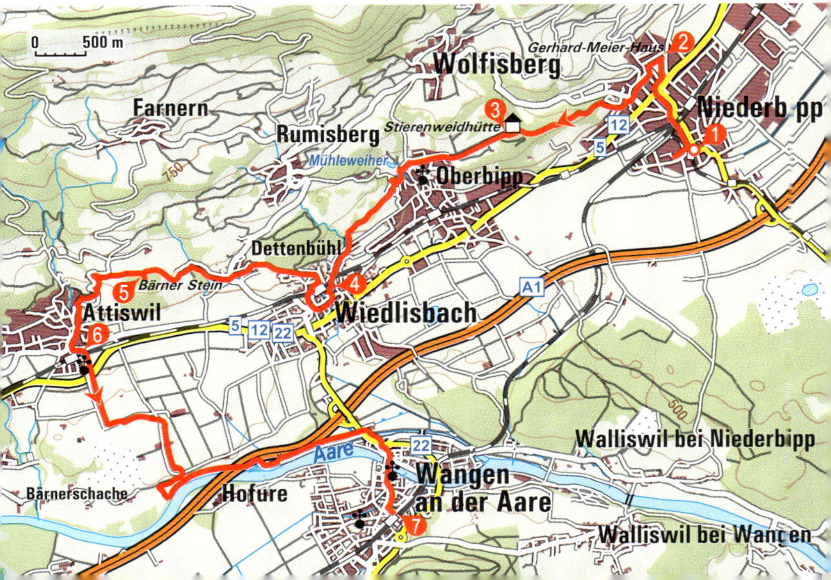

↗ 630 m | ↘ 700 m | 12.2 km

26 Ankehubel, 1086 m – Hällchöpfli, 1232 m – Günsberg

4.15 h

Ankerhubel

Wer auf der Karte von www.schweizmobil.ch als Suchbegriff »anke« eingibt, erhält rund zwei Dutzend Treffer, vom Ankeberg über den Ankehubel bei Wolfisberg und den Ankenhubel ob Lungern bis zum Ankestock. Es kommt halt darauf an, ob der Anken, der schweizerdeutsche Ausdruck für Butter, mit oder ohne »n« am Ende geschrieben wird. Aber was ist dann mit Anker, Ankerewald und Ankersbode, die ebenfalls auf der Landeskarte der Schweiz zu finden sind? Hat das mit jemandem zu tun, der Anker heißt? Ein Schiffsanker kann jedenfalls nicht gemeint sein, liegen doch die Flurnamen weit ab von schiffbaren Gewässern. Vielleicht ist der Name auch bloß falsch geschrieben, und es müsste Anke oder Anken heißen. Also einen Bezug zum Milchprodukt haben. Wie beim Hubel, den wir auf unserer Wanderung durch den Jurazipfel des Oberaargaus überschreiten. Und der mit seiner abgerundeten Form, an der die Kühe ringsum weiden, tatsächlich an einen Butterhügel erinnert. Auch die drei anderen Gipfel tragen ihre Namen zu Recht: Die Randflue ist eine Felswand am Dorfrand von Rumisberg, das Hällchöpfli ein heller Kopf aus Jurakalk, der lang gezogene Schattenberg wirft seinen Schatten auf ein verstecktes Hochtal. Aber woher kommt der Name Bettlerküche (im Dialekt Bättlerchuchi)? Eine Tafel des Sagenwegs durchs Bipperamt erklärt ihn vor Ort. Diejenige auf dem Ankehubel erzählt ihrerseits das schreckliche Geheimnis der Randflue.

Ausgangspunkt: Rumisberg, Haltestelle Weissacker, ca. 695 m, oberhalb des Dorfes. Bus von Herzogenbuchsee über Wangen an der Aare (evtl. umsteigen).
Endpunkt: Günsberg, 624 m, Postauto nach Solothurn. Das Postauto fährt auch von Glutzenberg, 708 m, ob Günsberg; weniger dichter Fahrplan.

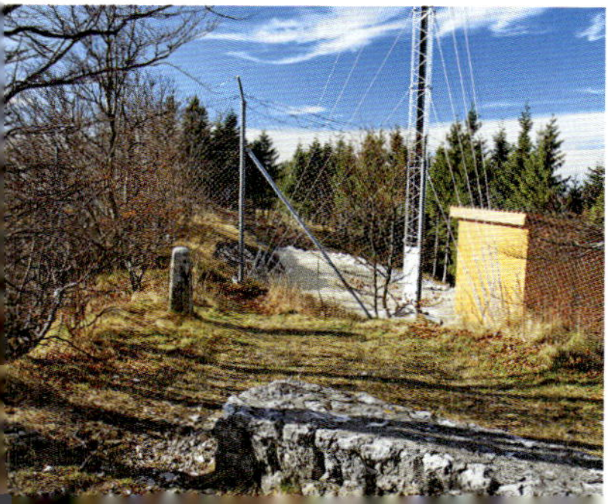

Anforderungen: Bergwanderung auf markierten Pfaden; T2. Schwierig ist nur der direkte Aufstieg auf die Randflue und den Ankehubel auf einem unmarkierten, teils etwas ausgesetzten und nicht ausgeprägten Pfad; die Schlüsselstelle ist allerdings durch Seile und Leiter entschärft; T4. Auch der technisch leichte Weiterweg vom Ankehubel Richtung Hällchöpfli ist unmarkiert und teils weglos.
Beste Jahreszeit: April bis November; am schönsten im Herbst bei perfekter Sicht auf die Alpen. Aber auch im Frühling, wenn das Mittelland voll ergrünt ist.
Einkehr: Weidewirtschaft Buechmatt, Mo und Di geschlossen. Bergwirtschaft Hofbergli, Mo–Mi geschlossen. Restaurant Hintere Schmidenmatt. Restaurant

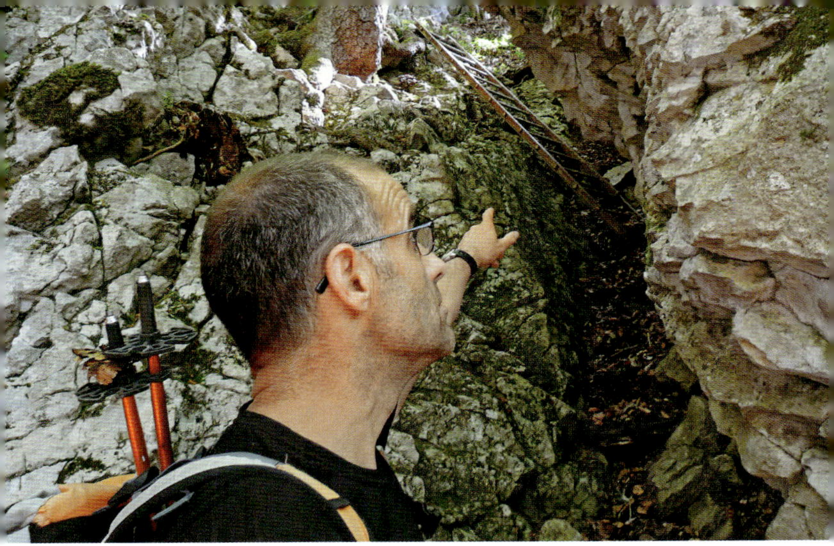

Oben: Daniel Anker bei der Schlüsselstelle im Aufstieg zu »seinem« Berg.
Links unten: Geheimbauten auf dem Hällchöpfli, Top of Oberaargau.

Glutzenberg, immer offen. Restaurants in Günsberg.
Unterkunft: In Rumisberg: Hotel Bären, Tel. +41 32 636 29 77. Bergwirtschaft Hinteregg, Mi und Do geschlossen, Tel. +41 32 636 32 72. Bergwirtschaft Vordere Schmidenmatt, Mo und Di geschlossen, Tel. +41 32 636 27 04.
Varianten: 1) Aufstieg von Wolfisberg, 670 m (weniger gut mit Bus erschlossen als Rumisberg) auf dem Wanderweg über Buechmatt auf den Ankehubel; 1.15 Std. 2) Direktabstieg von Hochchrüz nach Günsberg; 35 Min.
Kombinationsmöglichkeit: Mit Tour 27.
Karten: 223 T Delémont; 1107 Balsthal.

Von der Haltestelle **Weissacker ob Rumisberg** ❶ kurz der Straße entlang aufwärts, dann rechts den Wanderweg Richtung Hinteregg einschlagen. Er führt auf Wegen und Sträßchen aufwärts zum Hof Weid, wo man auf die Straße nach Hinteregg kommt. Der Wanderweg folgt ihr und kürzt eine Kurve ab. Wo er wieder auf die Straße kommt, geht man auf ihr weiter (und nicht auf dem Wanderweg), und zwar bis in die nächste Haarnadelkurve (P. 877 m). Fast am Ende der Kurve zieht ein unmarkierter, auf der Landeskarte nicht eingetragener Waldpfad nordostwärts (im Frühling eine braune Spur inmitten von Bärlauch). Der Pfad steigt an und zickzackt gegen die Wand der Randflue hinauf. An ihrem Fuß, ca. 940 m, nach links in eine Rinne und durch diese mit Fixseil und 13-sprossiger Leiter hoch. Anschließend sichert noch kurz ein Drahtseil den Weiterweg. Der nicht immer ganz gut erkennbare Pfad klettert weiter in schrofigem Gelände hoch, zuerst

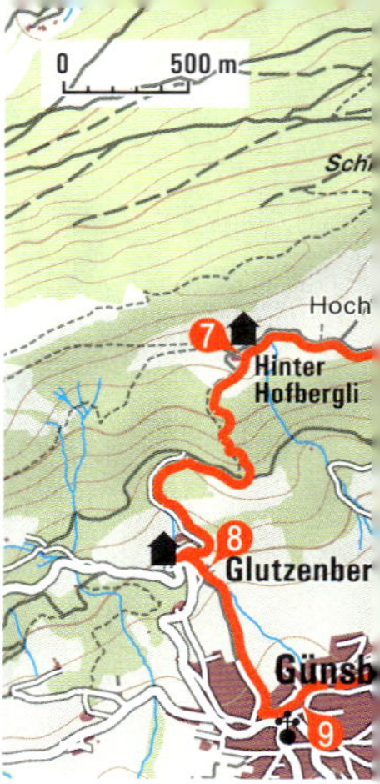

mehrheitlich auf einer Rippe, dann links von ihr, wobei man an der roten Höhenangabe »1000 M.ü.Meer« vorbeikommt.

Schließlich gelangt man an den Waldsaum, ca. 1050 m, und auf Weidegelände; Querlatten zwischen zwei Baumstämmen ermöglichen ein leichtes Übersteigen des Zaunes. Nun könnte direkt gegen den Ankehubel angestiegen werden, doch vorerst sollte man noch den höchsten Punkt der Randflue gewinnen. Deshalb südostwärts entlang dem Waldrand bis zum Gipfel der **Randflue** 2, ca. 1065 m, mit Bank und Feuerstelle; schöner Tiefblick auf Rumisberg und ins schweizerische Mittelland. Nordwestwärts über die Alpweide und zwei Zäune auf den **Ankehubel** 3, 1086 m; Alpenzeiger. Auf der Nordseite dieser grünen Anhöhe hinab auf den Weg, der von der Buechmatt (Wirtschaft) heraufkommt, und weglos über die Alpweide links haltend hinauf in die Waldsaumecke, wo sich der Zaun gut übersteigen lässt. Dort findet man auch einen unmarkierten, auf der LK nicht eingezeichneten und teils mit Steinen eingefassten Weg, der nordwärts durch den Wald führt und zu einer Wanderwegverzweigung gelangt. Nun auf dem Wanderweg, teilweise auf Treppen, durch den Südhang auf das **Hällchöpfli** 4, 1232 m, wo man grad knapp neben dem Zaun der militärischen Anlage zum Kulminationspunkt vordringen darf.

Abstieg wie Aufstieg, aber auf dem Wanderweg bleibend bis in den Sattel P. 1077, wo man auf die Straße von Rumisberg nach Hinteregg (Wirtschaft) trifft. Auf dem Gratweg über den Schatteberg, die vorderste Kette des Faltenjuras; dieser Kamm bricht gegen Süden mit Kalkwänden ab. Der Weg bleibt auf der schattigen, mit Buchen bestückten Nordseite und erreicht den Kamm eigentlich nur in Lücken, in die er jeweils absinkt. Allerdings leitet da und dort ein Stichpfad auf einen Gipfelpunkt hoch, so ein paar Minuten, nachdem man die Vorrichtung für einen kleinen Skilift passiert hat; Steinmann. Der auf der Landeskarte höchste punktierte Punkt des **Schattebergs** 5, 1153 m, liegt 50 m westlich der einfachen Hochspannungsleitung. Später

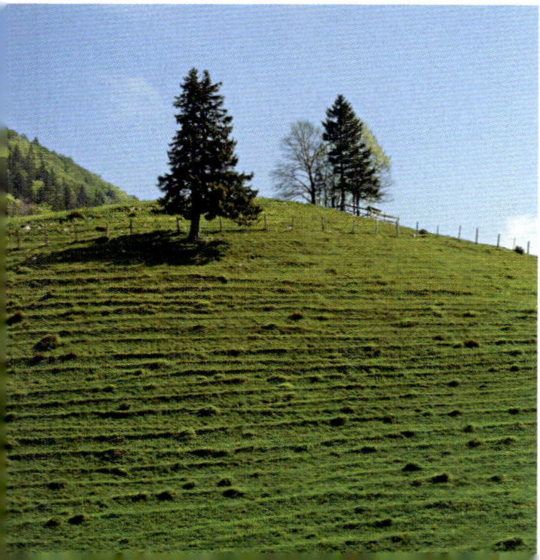

Rund und fast glatt: Ankehubel.

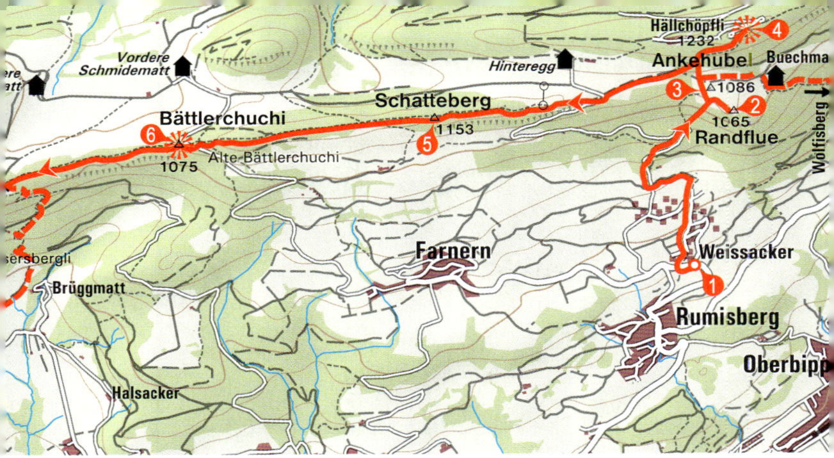

geht man unter einer dreifachen hindurch, und dann sinkt der Weg unter eindrucksvollen, senkrechten Kletterwänden zur Alten Bättlerchuchi, 1090 m, ab. Von dort ist es nicht weit zum Felsdurchbruch der **Bättlerchuchi** ❻ oder Bettlerküche, 1074 m, und zur Straße, welche vom Dorf Farnern über den Kamm hinweg die Vordere Schmidenmatt (Wirtschaft) erschließt. Weiter westwärts auf dem Kammweg (und dem Jurahöhenweg, der früher einmal gelb-rot markiert war; die Markierungen sind da und dort noch sichtbar). Wieder verläuft der Weg auf der Schattseite des Grates; nach 300 m, wenn oben auf dem Kamm eine Bank sichtbar ist, kann man auf einem Pfad hoch- und auf der Südseite wieder absteigen, zur privaten, geschlossenen Hütte »Lueg is Land«. Weiter auf dem bewaldeten Kamm, an drei auffälligen Felszähnen vorbei, oft in leichtem Auf und Ab und zuletzt über die Kantonsgrenze Bern-Solothurn, bis in den Kammübergang Hochchrüz, 1050 m. Auf dem Erschließungssträßchen zur Wirtschaft **Hinter Hofbergli** ❼, 1065 m.

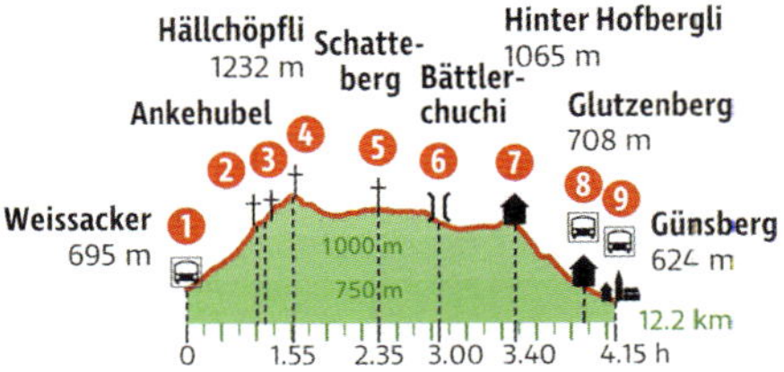

Südwärts auf dem Wanderweg durch den steilen Hoggenrain-Wald (teils etwas verwirrende Vielfalt von Wegen) hinab auf einen Fahrweg; nach rechts und bald wieder links abzweigend hinunter zu einem Hof und auf Straßen zum Restaurant **Glutzenberg** ❽, 708 m; Postautohaltestelle. Auf der Wanderroute durch Wiesenland hinab nach **Günsberg** ❾, 624 m.

↗ 1400 m | ↘ 820 m | 17.9 km

27 Balsthal – Rüttelhorn, 1193 m – Chamben, 1251 m

7.00 h

Gipfelglück am Nordrand

Das Besondere am Oberaargau ist, dass er sich von den Ausläufern der Emmentaler Alpen bis zum Jura-Gebirge erstreckt: vom Ahorn, 1140 m, an der Grenze zum Emmental und zum Kanton Luzern bis zum Hällchöpfli, 1232 m, auf der vordersten Jurakette und auf der bernisch-solothurnischen Grenze. Der Grenzstein mit der Höhe 1033 Meter auf der Wannenflue, hoch oben in der Klus von Balsthal, ist der nördlichste Punkt des Oberaargaus. Ihm entspricht der Felskopf 1188 Meter auf dem Grat des Chamben. Die hier vorgeschlagene Route durch den Oberaargauer Jura verbindet diese beiden Eckpunkte auf einer möglichst geraden Linie, geht dann aber noch weiter, weil eine zweite Wannenflue wartet. Anders gesagt: von Bals-Thal nach Balm-Berg und von Flue zu Flue über ein paar Gipfel. Und vorbei an ein paar Gasthäusern. Wohl bekomms!

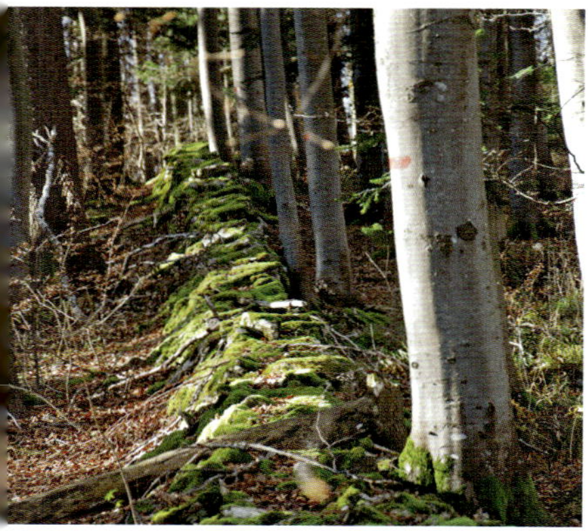

Ausgangspunkt: Balsthal, Haltestelle Thalbrücke, ca. 480 m; Zug von Oensingen.
Endpunkt: Balmberg, Kurhaus, 1058 m; Postauto nach Solothurn.
Anforderungen: Markierte und unmarkierte Wege mit weglosen Abschnitten. Am schwierigsten ist der Aufstieg auf die östliche Wannenflue, T4-. Sonst T2 und T3.
Beste Jahreszeit: Mai bis Oktober; am schönsten im Herbst bei perfekter Sicht auf die Alpen.
Einkehr: Bergwirtschaft Hindere Schmidenmatt. Alpwirtschaft Niederwiler Stierenberg.
Unterkunft: Hotel in Balsthal. Bergwirtschaft Schwengimatt,

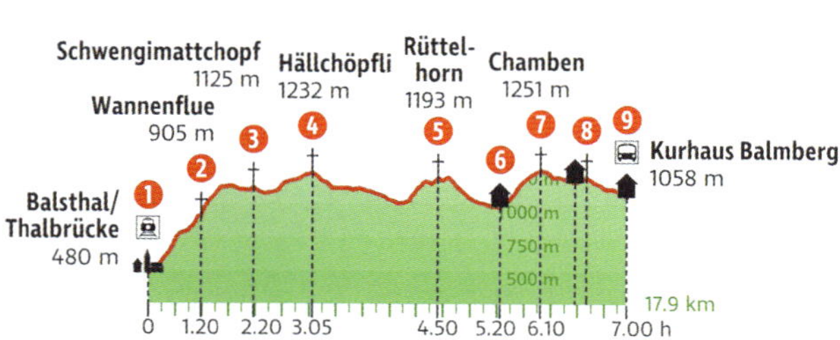

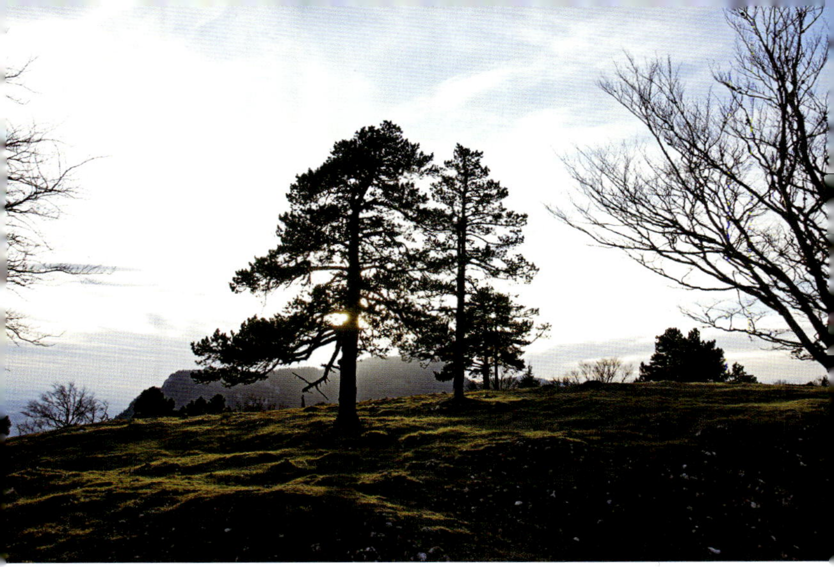

Oben: Abendstimmung auf dem solothurnischen Chamben.
Links: Kantonsgrenze etwas oberhalb des nördlichsten Punktes des Oberaargau.

Tel. +41 62 391 11 49. Bergwirtschaft Hinteregg, Mi und Do geschlossen, Tel. +41 32 636 32 72. Bergwirtschaft Vordere Schmidenmatt, Mo und Di geschlossen, Tel. +41 32 636 27 04. Balmberg: Kurhaus Balmberg, Tel. +41 32 637 00 22, www.kurhaus-balmberg.ch; Restaurant-Pension Mittlerer Balmberg, Tel. +41 32 637 15 30; Restaurant Vorderbalmberg, Tel. +41 32 637 15 06.
Varianten: Der Rosschopf, 1115 m, kann überschritten werden: über den Nordostgrat, zuerst unterhalb von glatter Felswand, dann auf der Nordseite. Zwei Erhebungen rechts umgehend bis zum höchsten Felsen vordringen, zuletzt im Unterholz. Abstieg über den Südwestgrat auf Wegspur zu einem Weg und nach links zum Wanderweg. T4+.
Auch der Läberen-Kamm kann traversiert werden, wegen des gesperrten Geländes allerdings nicht vom Hällchöpfli weg. Am lohnendsten ist es, wenn man bis zur Bergwirtschaft Hinteregg ab- und von dort auf dem breiten Weg in den Kammsattel, ca. 1155 m, hochsteigt. Weiter auf einer Wegspur zum Läberen-Mittelgipfel, 1177 m. Auf der Wegspur über den Grat bis zum Westgipfel, 1139 m, grad nach der Hochspannungsleitung. Auf der Schattseite in einen Gratsattel absteigen, wo sich die Wegspur verliert. Vielleicht könnte man von hier südwärts absteigen. Ich stieg durch den Steilwald nordwestwärts ab zum Wanderweg; unten nach links, durch einen Felseinschnitt auf Treppen hinab und hinein in die obersten Hornbachgraben; T5-.
Tipp: Hinteregg, Rüttelhorn, Chamben sind beliebte, sonnige Klettergebiete. Alle weiteren Informationen im Kletterführer »Solothurner Jura« aus dem SAC-Verlag, 2012.
Kombinationsmöglichkeit: Mit Tour 26.
Karten: 223 T Delémont; 1107 Balsthal.

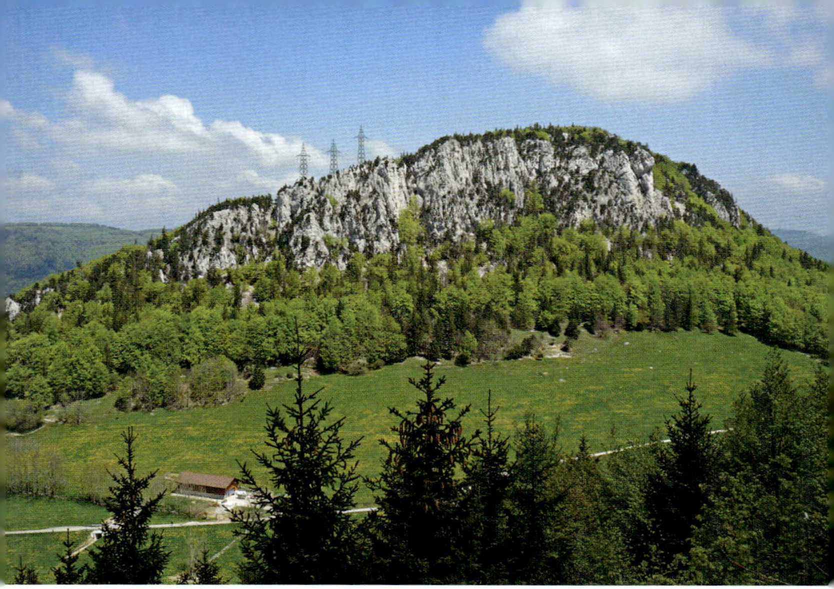

Das Rüttelhorn: Kletterparadies, Grenzgipfel, Stromleitungsgrat.

Von der Haltestelle **Thalbrücke** ❶ auf der Wanderroute die Dünnern überschreiten und westwärts. Gleich nachdem der markierte Weg im Wald anzusteigen begonnen hat, zweigt links ein Pfad ab, der steil durch die Nordflanke der Läberen hochzieht, zwei quer verlaufende Wege kreuzt und wieder auf den Wanderweg stößt. Auf ihm nach links zum Aussichtspunkt Lueg is Thal, 712 m (ohne Namen auf der Landeskarte). Nun auf Wegspuren der Hangkante der Wannenflue entlang, wobei zwei schrofige Aufschwünge etwas rechts der Kante überwunden werden. Unterhalb von P. 905 steigt man rechter Hand entlang einem Felsband auf. Packender Tiefblick auf die Klus von Balsthal

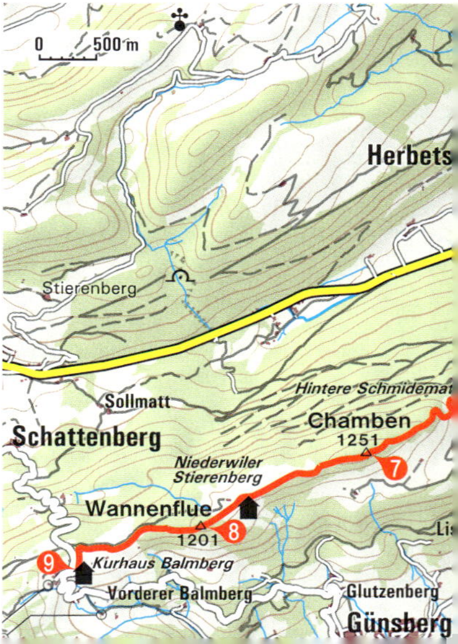

von P. 905 der **Wannenflue** ❷. Weiter auf dem Grat in einen Weidezipfel, über die Weide in den Weg, der von der Schwengimatt herkommt und nach links zum Grenzstein P. 1033, dem nördlichsten Punkt des Oberaargaus. Mehr oder weniger der Grenzmauer entlang, auf einem Weg mal rechts und mal links von ihr, unterhalb der Kuppe P. 1096 in einen Sattel, ca. 1065 m, mit Straße und Spielplatz. Weiter auf dem Weg entlang der Kantonsgrenze Bern-Solothurn, dann rechter Hand hinauf auf den Gratweg und zum Gipfel des **Schwengimattchopf** ❸, 1125 m (ohne Namen auf der Landeskarte). Weitreichende Aussicht auf Jura, Mittelland und Alpen bietet die Bank südwestlich des Gipfels. Auf einem schmalen Pfad nordwärts auf eine Weide, ca. 1060 m, und zum Wander- und Jurahöhenweg. Er führt südlich unter dem Rosschopf durch und über den Kamm der Breitflue aufs **Hällchöpfli** ❹, 1232 m, wo man grad knapp neben dem Zaun der militärischen Anlage zum Kulminationspunkt vordringen darf.

Zurück zum Wegweiser, auf Treppen südwärts hinab – wo sie aufhören, kann man nach rechts den Felsen entlanggehen, um das auf Kopfhöhe hinter einer Buche versteckte Gipfelbuch zu finden. Auf dem Wanderweg hinab bis auf die Hinteregg-Weide, ca. 1090 m. Rechter Hand dem Waldrand entlang und auf einem Fahrweg zur Bergwirtschaft **Hinteregg**, 1107 m. Auf dem Wanderweg unter dem Läberen-Grat gegen den Hornbachgraben. Bevor der Weg in den Wald kommt, links weglos hinab zum Bach, ca. 950 m, und ihn an geeigneter Stelle überschreiten; evtl. muss man bachaufwärts gehen gegen die Stelle, wo zwei Bäche zusammenfließen. Auf

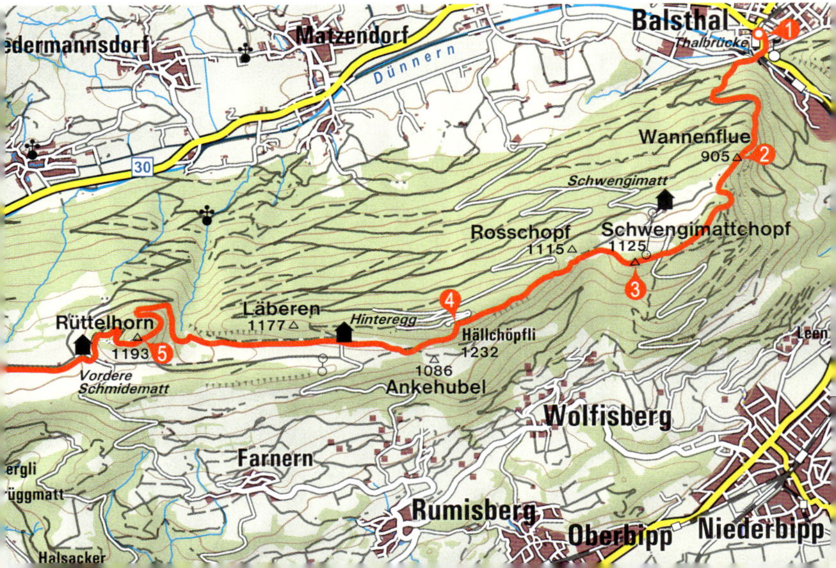

dem anderen Ufer weglos hinauf zu einer Wegspur, die auf der linken Seite durch den Hornbachgraben zieht, an einem großen Grenzstein BE/SO vorbeikommt und leicht ansteigend durch die Flanke einen Grateinschnitt mit Forststräßchen erreicht (Eggli auf der Landeskarte). Auf dem links abzweigenden breiten Weg hoch, der in einer weiten Schlaufe zurück auf den Grat gelangt. Schließlich auf einem schmalen Weg hinauf zum höchsten Punkt des **Rüttelhorns** 5, 1193 m, das gegen Süden mit steilen, bei Kletterern beliebten Kalkwänden abbricht.
Auf einem Pfad über den Westgrat runter (etwas schwieriger als die Aufstiegsroute). Bei den Masten der Hochspannungsleitung erreicht man einen breiten Weg. Auf ihm hinab zur Bergwirtschaft **Vordere Schmidenmatt**, 1018 m. Auf dem Sträßchen westwärts zur Bergwirtschaft **Hintere Schmidenmatt** 6, ca. 980 m, wo der Aufstieg zum Chamben beginnt. Hinauf zum Grat, nördlich unterhalb von Felsköpfen und Kantonseckpunkt 1188 m hindurch und weiter zum Hauptgipfel des **Chamben** 7, 1251 m, den man vom Hauptweg links abzweigend erreicht; Bank, tolle Aussicht.
Zurück auf den markierten Weg und auf der Schattseite in einen Sattel. Gegenaufstieg zu Felsen, auf der Südseite auf- und absteigend, Treppenwege, teils kettengesichert. Schließlich erreicht man den flachen Westgipfel, 1227 m, des Chamben. Über Hochweiden hinab zur Alpwirtschaft **Niederwiler Stierenberg** und zu einer Wegspinne, ca. 1160 m. Der Wanderweg umgeht die **Wannenflue** 8, 1201 m, im Schattenhang, wir jedoch überschreiten sie; ihr höchster Punkt liegt rechts vom Weg. Dann ist es nicht mehr weit zur Postautohaltestelle beim Kurhaus **Balmberg** 9, 1058 m.

Der Jura ermöglicht die besten Alpensichten! Hier vom Rosschopf.

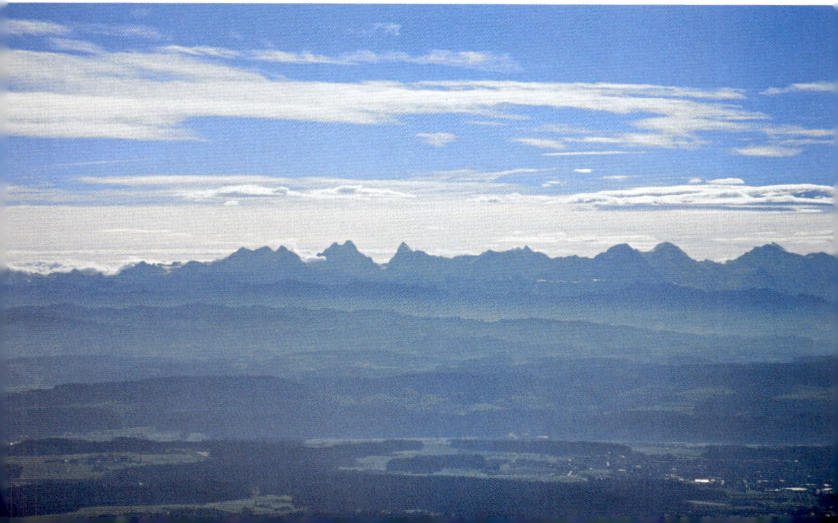

↗ 300 m | ↘ 300 m | 4.2 km

2.20 h

Oensingen – Leenflue, 692 m – Erlinsburg, 752 m

28

Wilde Wege am Dorfrand

Eisenbahnen, Autostraßen, Industriebauten, Einfamilienhäuschen und ein Pistolenschießplatz: Wirklich still ist es selten auf der Leenflue, diesem Felsriff am Fuß der Jurakette und am Rand des Verkehrsknotenpunktes Oensingen. Wild ist es trotzdem, und wie! Sowohl auf dem schwindelerregenden Felspfad durch die Nordwand der Leenflue, der wohl als Fluchtweg von der Hinteren Erlinsburg diente, wie auf der Handarbeit erfordernden Gratroute zur Vorderen Erlinsburg. Da wird man außer dem eigenen Herzklopfen nicht mehr viel anderes hören. Anders gesagt: eine Burgentour der besonderen Art. Vorsicht verlangt auch der erste Abschnitt des Gipfelgrates auf die Leenflue. Dort versteckt sich eine rund fünf Meter tiefe Zisterne: Alleine hineingefallen, nützt alles Rufen nicht mehr. Aber wer fällt schon in eine Grube, die andere gebaut haben, im 11./12. Jh.?

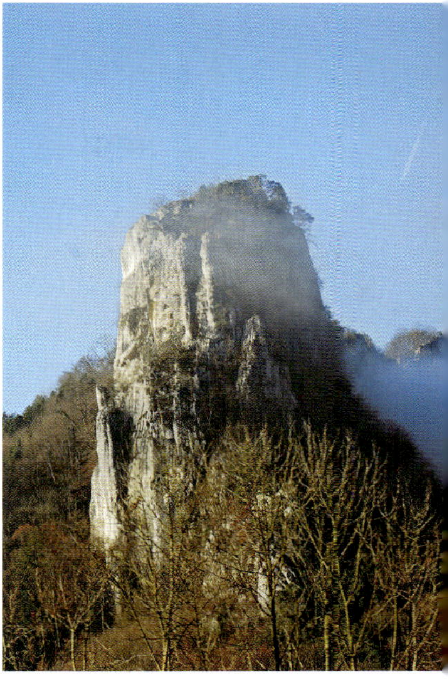

Da von rechts auf die Leenflue? Aber ja!

Ausgangs- und Endpunkt: Oensingen, 462 m, an den Bahnlinien Olten – Biel und Langenthal – Solothurn.
Anforderungen: Eine Tour für sehr erprobte Alpinwanderer. Die Routen durch die Nordwand der Leenflue und über den Nordostgrat auf die Vordere Erlinsburg sind schwierig. Der genial angelegte Nordwandpfad ist sehr ausgesetzt, am Nordostgrat muss ein paar Mal geklettert werden; T5+.
Beste Jahreszeit: Immer, außer wenn vereist, verschneit oder regennass. Am besten im Frühling, wenn noch kaum Blätter an den Bäumen. – Nicht bei Schießbetrieb im Schießstand im Leuental; dann sollte man über den Normalweg von Süden her auf die Leenflue steigen.
Einkehr und Unterkunft: In Oensingen.
Variante: Normale Zustiegswege zu den beiden mit Burgruinen besetzten Gipfeln; Schwierigkeit T2/T3.
Kombinationsmöglichkeit: Mit Tour 25.
Karten: 223 T Delémont, 224 T Olten; 1107 Balsthal, 1108 Murgenthal.

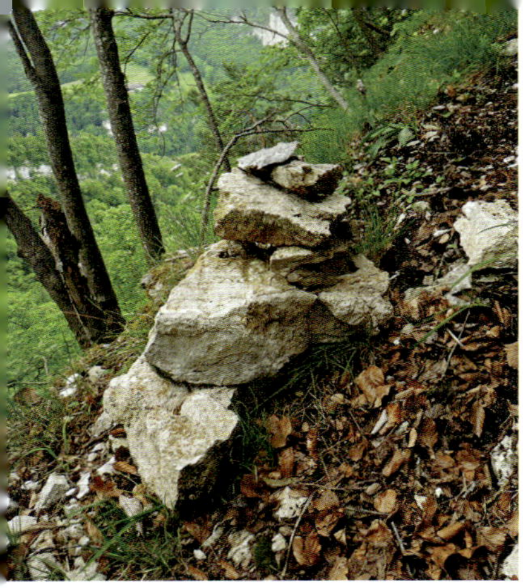

Hilft etwas: Steinmann am Nordwandweg.

Vom Bahnhof **Oensingen** ❶ auf der Wanderroute Richtung Erlinsburg durch die Bahnhofstrasse und hinein ins Lehnfeld-Quartier. Durch den (unmarkierten) Erlinsburgweg, der in den Lehnfluhweg mündet; nach rechts. Bei einem Straßenschild hinein in den Wald. Der Weg führt zu den untersten Felsen der Leenflue und umrundet sie; hier befindet sich das Klettergebiet Spinnenfels. Auf dem Weg westwärts im Leuental ansteigen. Bei der Verzweigung links den Hohlweg einschlagen und ihm kurz folgen. Bei der ersten Kurve links weg, weglos über eine Böschung auf ein Flachstück und geradeaus hochsteigen, an einem Steinmann vorbei zu einem blauen Holzpfosten. Blaue Markierungen ebenfalls an Bäumen. Leicht rechts haltend ansteigen, dann aber über eine moosig-geröllige Stelle links haltend zum wenig markanten Pfad am Fuß der Nordwand der Leenflue, ca. 550 m. Dieser Pfad zieht, von unten gesehen, schräg links haltend durch die ganze Wand hoch.

Nach einem Schräganstieg durch erdiges Gelände führen ein paar Serpentinen an die eigentliche Felswand, wo der sehr ausgesetzte, teils fast nur schuhbreite, teils herausgehauene Pfad beginnt. Eine Stelle mit Drahtseil, eine Passage vor zwei Serpentinen ist halb abgerutscht, weiter oben folgt nach einem kurzen Abstieg ein sehr erdiger Abschnitt. Zuletzt warten nochmals zwei Serpentinen, und dann steht man auf dem Nordostgrat der Leenflue – geschafft! In ein paar Schritten nach links zu einem Aussichtspunkt; toller Tiefblick auf Oensingen. Weiter geht's auf dem Pfad zu einer grasigen Kuppe und anschließend meistens etwas rechts des Grates. Bei einer Verzweigung links hinauf auf den Grat und über ihm zum Gipfel der **Leenflue** ❷, 692 m, mit den Überresten der Hinteren Erlinsburg.

Auf dem normalen Zugangsweg zwischen Felsen hinab in einen breiten, grasigen Sattel, ca. 662 m. Der besser auszumachende Weg geht links und sinkt in die Südseite hinunter. Der andere folgt dem Kamm, erreicht die kaum erkennbare Mittlere Erlinsburg, ca. 680 m, und kurz darauf den Grenzstein der Kantone BE/SO. Weiter über den felsigen und teils nur leicht bewaldeten Grat. Eine kurze Stufe muss hinabgeklettert werden. Darauf folgt die Schlüsselstelle der Tour: ein schmaler Felsgrat, der direkt erklettert wird (ca. 10 m, gute Griffe, aber ausgesetzt; Schwierigkeit II). Eine nächste Felsstufe im Wald sieht schwieriger aus, als sie ist (kurz senkrecht, aber sehr gute Griffe; II). Kleinere Felsstufen, grasige Stellen und Flammeichen wechseln sich ab.

Zuoberst mündet die Wegspur über den Nordostgrat in den offiziellen Zugangsweg auf die **Vordere Erlinsburg** ❸, 752 m; Fahnenmast und schöner Blick auf Jura, Mittelland und Alpen. Über den Zugangsweg hinab zu einem Grillplatz. Auf dem Wanderweg hinab Richtung Oensingen. Bei der ersten Verzweigung, ca. 620 m (ostwärts nach Oensingen, westwärts nach Niederbipp), mündet von links der Weg von der Hinteren Erlinsburg ein. Im Lehnfeld-Quartier stoßen wir auf die bekannte Route zum Bahnhof **Oensingen** ❶.

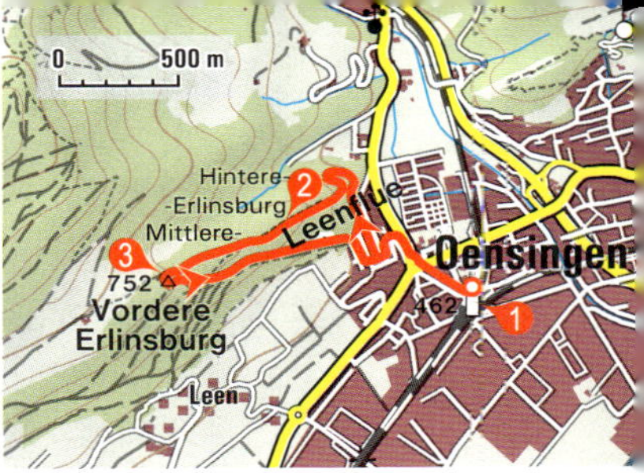

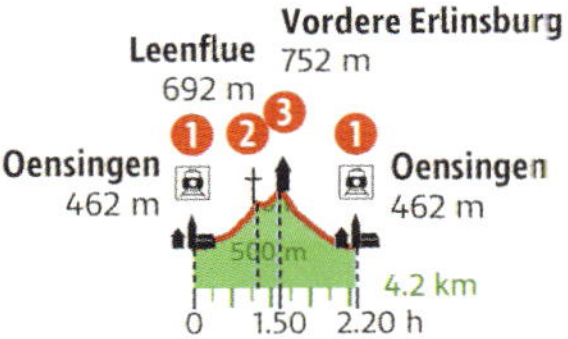

Bitte festhalten: Blick zurück auf den Grat von der Leenflue her.

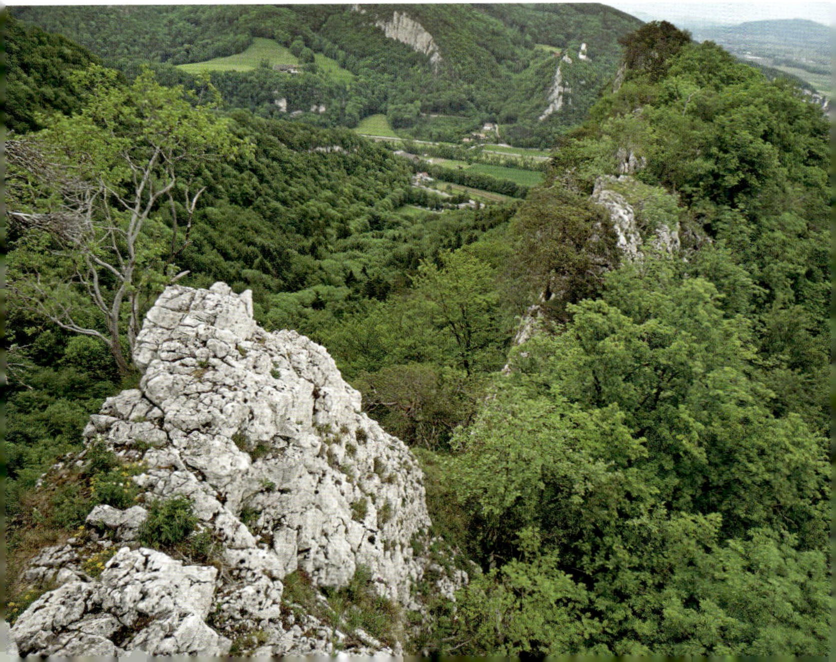

↗ 170 m | ↘ 130 m | 11.6 km

29 Rothrist – Rotkanal – St. Urban

2.50 h

Kanaltour zum Kloster

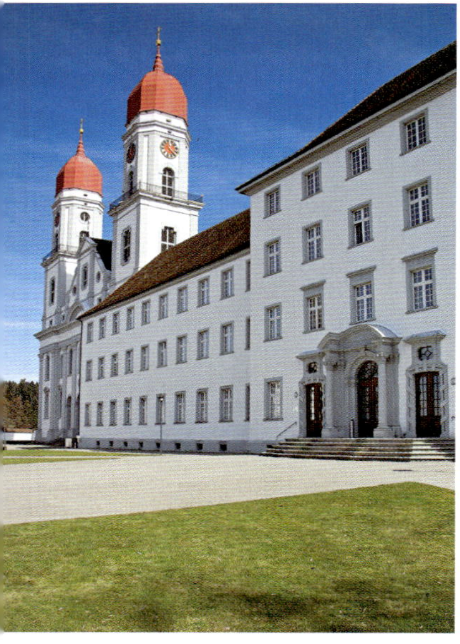

Weiß wie Mauern: Kloster St. Urban.

Mit dem Canal d'Entreroches, dem Herzstück des nie ganz fertiggestellten Kanals zwischen dem Neuenburger und dem Genfer See, kann sich der Rotkanal nicht messen. Mit dem Canal du Midi, der die Verbindung von der französischen Atlantikküste zum Mittelmeer ermöglicht, natürlich auch nicht. Der 8,5 km lange Rotkanal, der sich vom Zusammenfluss von Langete und Rot bis in die Aare erstreckt, wurde von 1640 bis 1645 unter Leitung der Mönche des Klosters St. Urban gebaut, nicht für den Warentransport, sondern zur Bewässerung der mageren Wiesen zwischen Murgenthal und Rothrist. Und als Energielieferant; an seinem Lauf gibt es heute drei kleine, private Kraftwerke zur Stromerzeugung. So viel zum agrar-industriellen Aspekt dieser Kanaltour. Den geistlichen erleben wir im einstigen Zisterzienserkloster St. Urban, einem schneeweißen barocken Prachtbau. Spätestens dort, am schönsten im Klostergasthaus, sollten wir ein besonderes Wasser trinken: Rivella, das in Rothrist produzierte, molkehaltige Schweizer Nationalgetränk.

Ausgangspunkt: Rothrist, 407 m; Bahnlinie Langenthal – Olten.

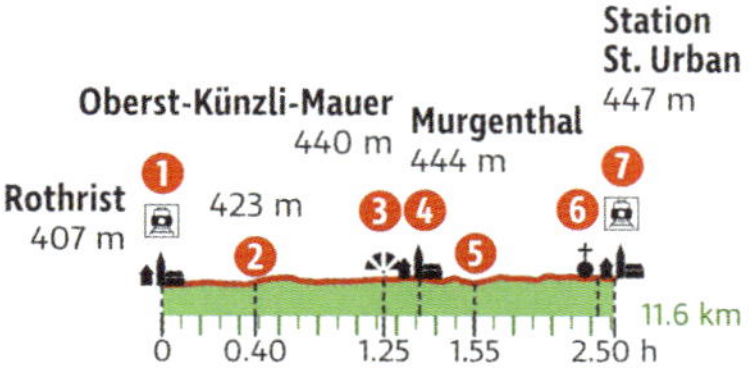

Endpunkt: Station St. Urban, 447 m; Bahn nach Langenthal.
Anforderungen: Markierte und unmarkierte Wege, teilweise kurz auch weglos. Meist T1.
Beste Jahreszeit: Immer. Besonders schön, wenn es verschneit ist; dann kann auch quer über das Feld marschiert werden.
Einkehr und Unterkunft: In Rothrist, Murgenthal und St. Urban (Klostergast-

haus Löwen am Mittwoch geschlossen).
Varianten: Bus vom Bahnhof Rothrist nach Oberwil. – Abbruch oder Aufnahme der Wanderung im Bahnhof Murgenthal.
Tipp: Jeweils am ersten Sonntag eines Monats von Mai bis Oktober können Einzelpersonen nach dem Sonntagsgottesdienst ohne Voranmeldung an einer kunsthistorischen Gratisführung durch das ehemalige Kloster St. Urban teilnehmen. Auf einem ca. 90-minütigen Rundgang werden Klosterkirche, Bibliothek, Festsaal und Barock-Treppenhaus vorgestellt und gezeigt. Gottesdienst 9.30 Uhr, Treffpunkt für die Führung 10.45 Uhr auf dem Kirchenvorplatz; www.st-urban.ch.
Kombinationsmöglichkeit: Mit Tour 24 und 30.
Karten: 224 T Olten; 1108 Murgenthal.

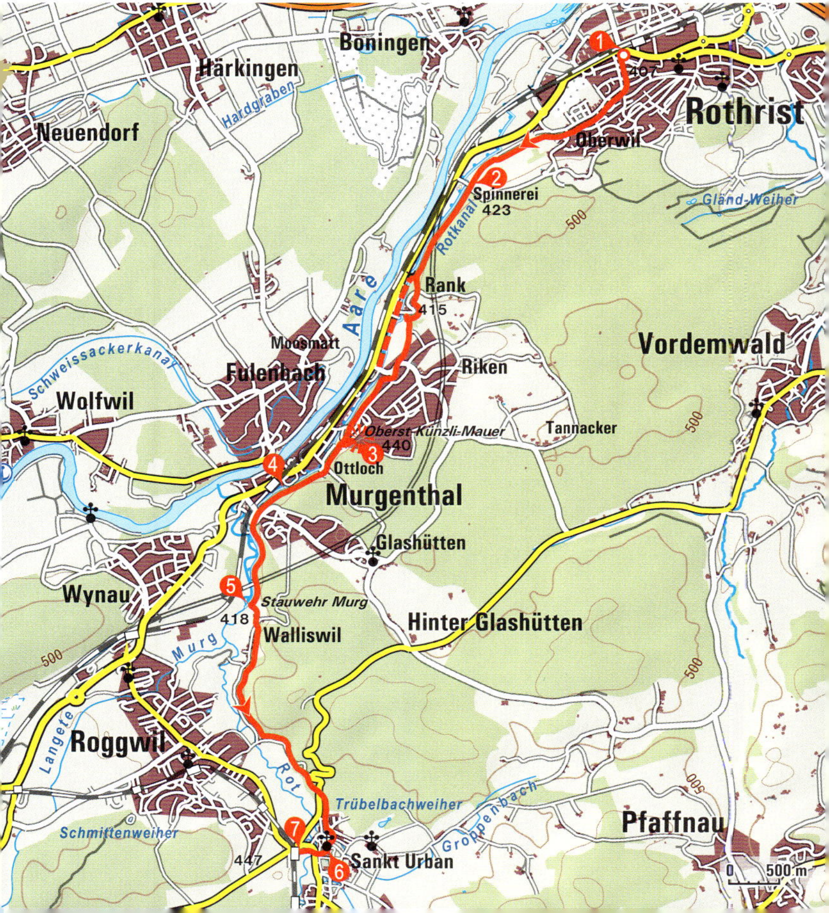

Vom Bahnhof **Rothrist** ❶ auf der Wanderroute durch den südwärts verlaufenden Galliweg, bis rechts die Oberwilerstrasse abzweigt. Auf ihr bis knapp 200 m nach der Bushaltestelle Oberwil, dann links durch eine Nebenstraße und am letzten Haus vorbei zu einer Baumreihe; darunter befindet sich der Rotkanal. Über eine Treppe und einen Steg hinab zum Kanal, der von hier bis zur Spinnerei allerdings mehrheitlich verlandet ist. Wir erreichen die Spinnerei auf dem grasigen Damm auf dem in Laufrichtung rechten Ufer, zuletzt am Gebäude vorbei, wo das Wasser durch ein Metallrohr zur 1862 erbauten und 1985 stillgelegten **Spinnerei** ❷ geführt wird (sie erinnert übrigens mehr an eine Kaserne als eine Textilfabrik, was indes nicht allzu erstaunlich ist, da ihr Bau von Oberstkorpskommandant A. Künzli initiiert wurde). Weiter 1,1 km auf dem rechten Ufer des Kanals, an einem rötlichen Haus vorbei, bis nach Untere Rank. Ab hier zwei Möglichkeiten:
1) Aufs andere Ufer; linker Hand ein Schuppen, geradeaus ein Wohnhaus. Links von ihm, bei einer großen Tanne, in den Wald, über ein Bächlein und durch einen überwachsenen Hohlweg hoch, der in eine Forststraße mündet, ca. 440 m. Auf ihr zum Wald heraus und an Einfamilienhäusern hinab und zurück zum Rotkanal in Rank, ca. 415 m.
2) Auf der Hauptstraße.
Für die Fortsetzung nach Moosmatt gibt es wiederum zwei Möglichkeiten:
1) Hinab zur Kantonsstraße und nach links (wer schon auf ihr wanderte, geht auf ihr weiter); nach der Rosenweg-Siedlung nach links und dem Feld entlang hinauf zum Kanal und ihm folgen (sehr schöner Abschnitt mit dem Auenwald). Leider ist es nicht möglich, von Rank auf dem rechten Kanalufer weiterzugehen, da es auf einer kurzen Passage als Privatgrund mit Absperrgitter und bissigen Hunden »unterbrochen« ist.
2) Von Rank auf dem linken Ufer bis zum Bach, der den Kanal unterquert; auf einem Feldweg nach Riken und hinab zum Kanal.
Von Moosmatt auf dem nächsten Abschnitt kanalaufwärts links vom Wasser, auf dem Wanderweg. Bei der Teerstraße nach rechts und gleich wieder links. Der Wanderweg steigt an und geht unter einer mächtigen Mauer vorbei; auf einem links abzweigenden Weg steigen wir aber hoch zur sogenannten **Oberst-Künzli-Mauer** ❸, einem schönen Aussichtspunkt, ca. 440 m.
Zurück auf den Wanderweg, der sich zum Kanal absenkt. Eine Straße überqueren und weiter links vom Kanal wandern; rechts ginge es eigentlich auch, aber der Beginn bei einem Riegelhaus über einen Damm fast im Wasser ist nicht wirklich empfehlenswert ... Auf der Höhe des Bahnhofs **Murgenthal** ❹ wechseln wir auf einer Fußgängerbrücke aufs rechte Ufer. Auf diesem bleiben wir bis zum Anfang des Rotkanals beim Stauwehr Murg: zuerst an einem Kleinkraftwerk vorbei, unter einer Straßenbrücke hindurch, hart den Geleisen entlang und dann lange auf einem Weg (und der Wanderroute) hoch oberhalb der mäandernden Murg, die gleichzeitig die Kantonsgrenze AG/BE bildet; man kommt auch noch unter der Brücke der

neuen Bahn 2000 durch. Wir erreichen das **Stauwehr Murg** ❺, 418 m, wo der Rotkanal seinen Anfang hat. Die Murg (nicht zu verwechseln mit dem gleichnamigen Nebenfluss der Thur) wiederum wird durch die Langete und die Rot gebildet, die ca. 500 m flussaufwärts zusammenfließen.

Vom Stauwehr gehen wir südwärts nach Walliswil, ab dem ersten Haus begleitet vom Wasser in einem kleinen Kanal, der seinen Ursprung beim Kloster St. Urban hat. Von Walliswil, 428 m, bis zur Sägerei bei Breiten müssen wir mit einer Straße vorliebnehmen; im Winter könnten wir natürlich auch rechter Hand der Rot folgen. Das gilt auch für den Weiterweg nach St. Urban: Die Wanderroute verläuft links mehrheitlich im Wald; in der kalten Jahreszeit kann man auch quer übers Feld zwischen dem kleinen Kanal und der Rot gehen. Wir gelangen so oder so auf die Landstraße in der Nähe des Dreiländerpunktes Aargau/Bern/Luzern, 441 m. Südwärts auf einem Weg rechts des Kanals, an einem Gebäude und dann an einer stillgelegten Sägerei vorbei. Nun links und rechts ausholend hinauf zum **Kloster St. Urban** ❻, ca. 450 m, wo sich nicht allein der Besuch der im Innern schneeweißen Barockkirche aufdrängt, sondern der ganzen Anlage, soweit zugänglich. Und natürlich der zum Kloster gehörigen Gaststätte.

Der Weg westwärts hinüber zur Station **St. Urban** ❼ (und in den Oberaargau) ist dann nicht mehr weit; man überschreitet auch noch den kleinen Kanal westlich unterhalb des Klosters – und die Rot.

Rotkanal – ein Ganzjahresziel wie das Kloster.

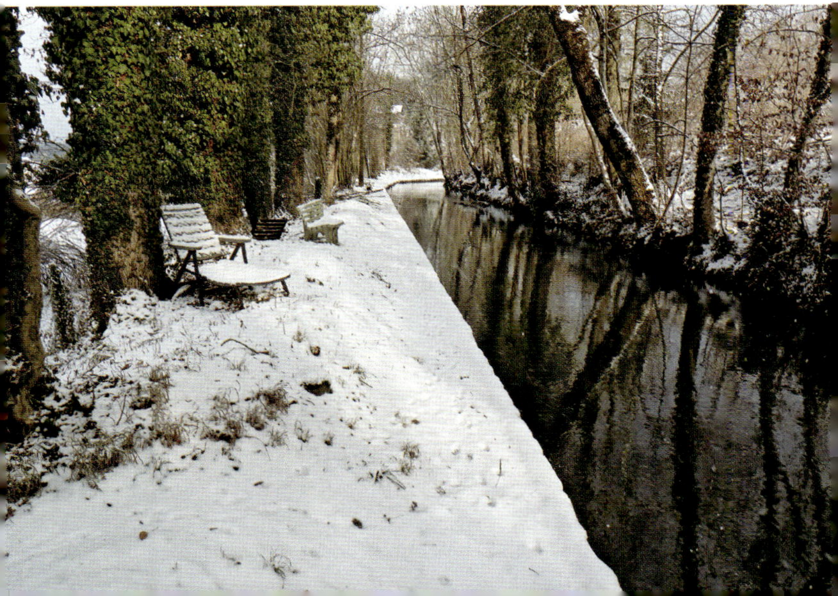

TOP

30 Langenthal und seine Wässermatten

↗ 130 m | ↘ 90 m | 14.6 km

3.30 h

»D'Langete chunnt!«

Besuch der Kleinmetropole im schweizerischen Mittelland und ihrer Umgebung. Das Wappen von Langenthal zeigt drei blaue Bäche auf Gelb. Letzteres steht für den Weizen, der einst angebaut wurde. Grün wäre eigentlich besser, denn Langenthal ist berühmt für seine Wässermatten: Dank eines ausgeklügelten Kanalsystems werden die Wiesen rund um die Stadt periodisch überschwemmt, und eine naturnahe Kulturlandschaft konnte sich entwickeln. Zuweilen kam die Langete, die im Napfgebiet entspringt, allerdings zu ungestüm daher: Ein Schleusentor ermöglicht es, das Hochwasser mitten durchs Zentrum abzulassen – deshalb die hohen Bürgersteige. Die Langete ist so etwas wie der Motor der Stadt: Seiner Kraft verdankt zum Beispiel das Unternehmen Lantal, weltweit führender Hersteller von Textilien für Flugzeuge, Bahnen und Schiffe, die Betriebsaufnahme. Es begann 1886 mit Leinengeweben für die Emmentaler Käseproduktion.

Wasser oben und unten: Verena Grossen, Eva Feller und Rolf Grossen an der Langete.

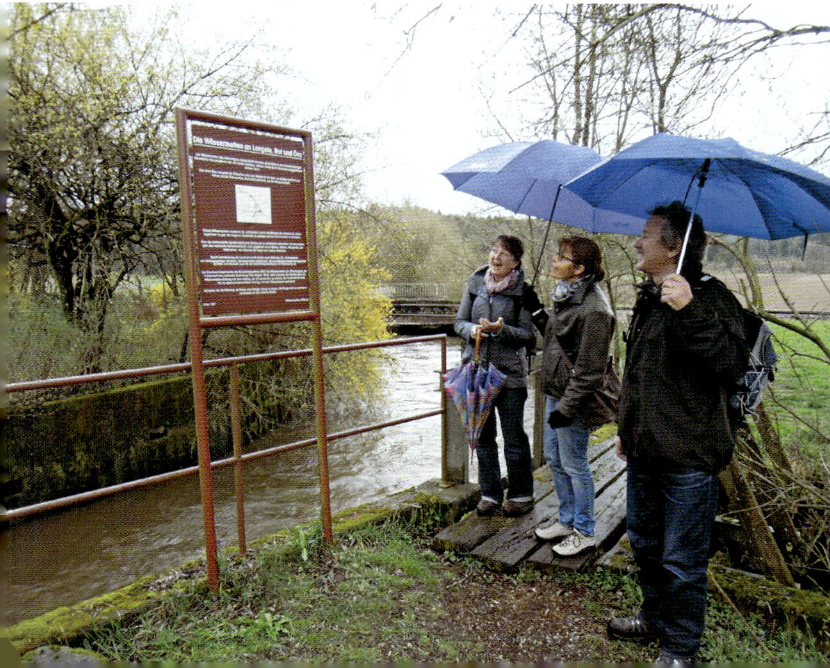

Ausgangspunkt: Station Roggwil-Wynau, 431 m, an der Regionallinie Langenthal – Baden.
Endpunkt: Langenthal, 472 m.
Anforderungen: Markierte und unmarkierte Wege. T1.
Beste Jahreszeit: Immer. Die Matten werden drei- bis viermal gewässert (im Frühling, nach dem Einbringen von Heu und Emd im Sommer und im Spätherbst).
Einkehr und Unterkunft: Das Restaurant »bromer's« in der Bromer Art Collection in Kaltenherberg, Tel. +41 62 918 10 80. Die erste Einkehrmöglichkeit nach Kaltenherberg ist die Beiz des FC Langenthal beim Stadion Rankmatte direkt an der Langete. Zahlreiche Möglichkeiten in Langenthal; sehr empfehlenswert zum Essen und Übernachten: L'Auberge, Tel. +41 62 926 60 10, www.auberge-langenthal.ch.
Varianten: 1) Start in Kaltenherberg (Bahnlinie Langenthal – St. Urban). 2) Von Lotzwil mit der Bahn zurück nach Langenthal.
Tipp: Design Tour sowie Designers' Saturday in Langenthal; www.designerssaturday.ch.
Literatur: Der in zahlreiche Sprachen (auch ins Hochdeutsche) übersetzte und erfolgreich verfilmte Roman »Der Goalie bin ig« von Pedro Lenz spielt in und um Langenthal. Samuel Herrmann/Jaroslav Cap: Spaziergang in Langenthal (2008) und Langenthal in alten Ansichtskarten (2012). Pedro Lenz, Wolfgang Bortlik: Die Schwalbenkönige. Ersatzbank. Audio-CD, Der gesunde Menschenverstand (2014). Erhältlich in der sympathischen Buchhandlung Buchzeichen in der Marktgasse.
Kombinationsmöglichkeit: Mit Tour 21, 29 und 31.
Karten: 224 T Olten, 234 T Willisau; 1108 Murgenthal, 1128 Langenthal.

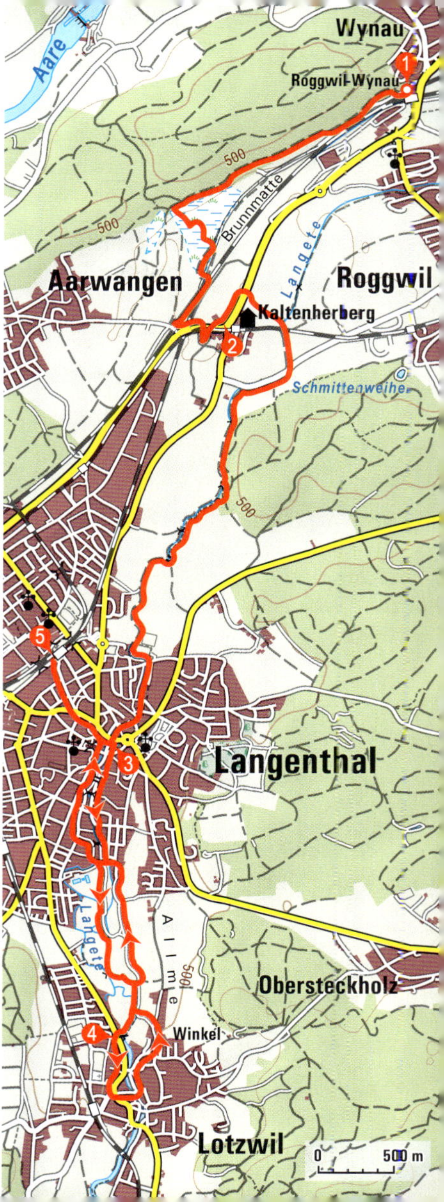

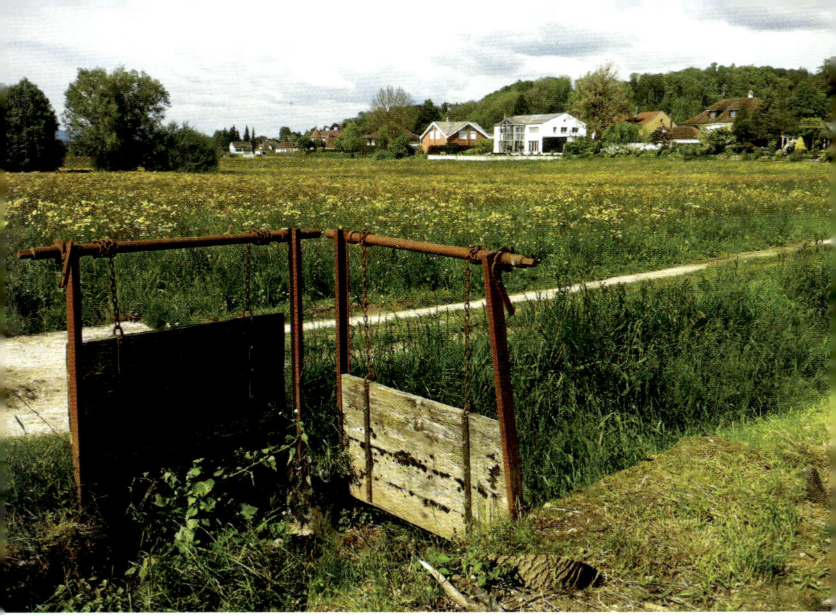

Altes Handwerk: Regulierungswerk auf den Wässermatten südlich von Langenthal.

Von der Station **Roggwil-Wynau** ❶ auf der Wanderroute, an einem Gedenkstein für die Bahn 2000 vorbei und durch eine Unterführung, hinein in den Wald und ein paar Schritte hoch zu einem stillgelegten Kanal. Flach auf breiten Wegen, begleitet von naturkundlichen Informationstafeln, bis dort, wo der Wanderweg zum Wald rauskommt und gegen einen Damm zieht. Wir gehen aber links hinab ins grasige Schwemmland. Auf einem Grasweg, teils im Zickzack und vorbei an einem Weiher, gegen das Trassee der Bahn 2000. Zuletzt direkt ihm entlang zu einer Straße. Auf ihr über die ersten Geleise, auf einem Fußgängersteg über die zweiten, dann unter dem dritten durch. Bei der folgenden Vierwegkreuzung nach links und zur Hauptstraße in **Kaltenherberg** ❷ – es ist die alte Bern-Zürich-Straße. Auf ihr nordwärts zur Bromer Art Collection (Kunstmuseum und Restaurant).
Vom Teich auf der Rückseite des Gebäudes entlang einem Bewässerungskanal zur Langete – und zu einer Informationstafel über »Die Wässermatten an Langete, Rot und Önz«. Der Langete entlang, rechts, links und wieder rechts vom Fluss. Rechts von der Langete kämen wir nach Langenthal. Aber beim Chaltebrunnestäg überschreiten wir sie, steigen etwas an, gehen rechts zu einem Picknickplatz hinab und über das Weierbächli. Nun wieder entlang der Langete bis zum übernächsten Steg (mit Infotafel). Und

wieder über den Fluss und weiter flussaufwärts. Am Fußballfeld Rankmatte vorbei und mehr und mehr in der Stadt bis zum neugestalteten Wuhrplatz mitten in **Langenthal** ❸, ca. 475 m; von Treppenstufen, die zum Fluss runterführen, könnten wir sogar die Füße baden. Hier verschwindet die Langete teilweise unter Häusern. Wir gehen oberirdisch durch die untere Marktgasse zur Bahnhofstrasse und biegen schräg links haltend in die Farbgasse ein. An ihrem Ende zieht der Wanderweg nach links, während der Fluss eine Schlaufe nach rechts beschreibt. Wir gehen geradeaus über einen Kanal und dann nach links zu einem Clubhaus und zum Hornusserfeld. Wenn nicht gespielt wird, dürfen wir es in seiner Länge überqueren. Anschließend auf einem Wiesenpfad weiter südwärts; wo er, nach einem Steg über einen Kanal, links abgeht, halten wir uns geradeaus und folgen dem Trampelpfad am rechten Rand der Wiese und links vom bewaldeten Ufer der Langete. So gelangen wir zum Ort, wo ein Kanal von der Langete abzweigt. Ihn gilt es zu überqueren, entweder direkt über das Wehr oder ein paar Schritte kanalabwärts über einen Steg. Nun sind wir wieder auf dem Wanderweg Richtung Lotzwil. Wo dieser Weg die Langete nach links verlässt, folgen wir ihr, zuerst links, dann rechts vom Wasser, bis wir nach rechts auf die Langenthalstrasse von **Lotzwil** ❹, 502 m, gehen müssen. Auf ihr südwärts. Nach der Kirche und dem Schulhaus links ins Schulgässli und zurück zur Langete. Auf einem Metallsteg über den Fluss und links. So gelangen wir zurück auf die Wanderroute, die ins Winkel-Quartier hochgeht und dann als René-Bärtschi-Weg zurück zur Langete kommt; nach den letzten Häusern schöner Blick über die Wässermatten Richtung Langenthal.
Der Wanderweg bringt uns zurück zur Farbgasse in Langenthal. Bei der ersten Möglichkeit die Langete überschreiten. Wir können ihr noch kurz entlanggehen, entfernen uns dann aber durch das Rumi-Quartier. Beim Spielplatz Rumi-Park kommen wir ihr wieder nahe, müssen aber nochmals ein paar Häuser umrunden und spazieren dann direkt an ihrem Ufer bis dort, wo sie verschwindet. Nun durch die Marktgasse; im Bistro des blauen Hauses in der rechten Häuserzeile stand einst das Haus des aufmüpfigen Landarztes und Schriftstellers Andreas Dennler (1755–1819), der sich mit kritischen Zeichnungen auf den Fensterläden endgültig den Zorn der Obrigkeit zuzog. Am Ende der oberen Marktgasse nach links und durch die Bahnhofstrasse, nochmals die hohen Bürgersteige bestaunend, zum Bahnhof **Langenthal** ❺.

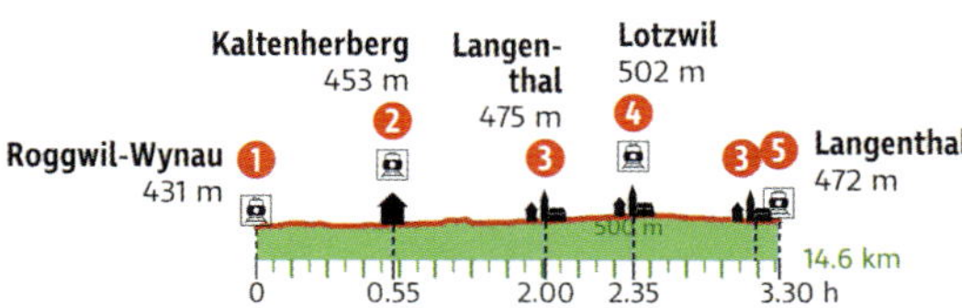

↗ 630 m | ↘ 450 m | 18.0 km

31 Gutenburg – Hohwacht, 779 m – Huttwil – Zwanghubel, 774 m

4.45 h

Lotzu, Ausu, Huttu, Hubu und Chnubu

»Wenn man aus dem Wald tritt, hat man das Gefühl, ein großer Vorhang öffne sich und offenbare eine ganz neue, weite Welt«, heißt es im Wanderbuch Oberaargau von 1956. »Bei jedem schönen Aussichtspunkt im Oberaargau wähnt man sich mitten in der Schweiz, sieht man doch oft vom Säntis bis zum Oldenhorn.« Was hier beim Hügel mit dem ungewöhnlichen Namen Zwanghubel südwestlich von Huttwil geschildert ist, gilt noch viel mehr für die Hohwacht nördlich von Huttwil. Die Rundsicht vom 21,5 Meter hohen, armierten Betonturm, auf dem sich ein Alpenzeiger befindet, »ist eine der ausgedehntesten; kein Wald oder Berg verdeckt die Sicht.« Architekturinteressierte werden ebenfalls den filigranen Turm mit Baujahr 1911 bewundern. Wie am Ende der Wanderung auch den Gasthof Bären von 1752 und das Gasthaus Kreuz von 1806, das mit seinem prächtigen Bauerngarten allein einen Besuch wert ist. Natürlich lohnt sich auch die Einkehr im behäbigen Bürgisweierbad, besonders zu den Rosenwochen im Juni. Einziger Stachel auf dieser Tour: viel Teer zwischen Hohwacht und Huttu. Da könnte man sich ein wenig damit ablenken, wie urig im Oberaargau Orts- und Flurnamen ausgesprochen werden. Auch das eine neue Welt.

Ausgangspunkt: Gutenburg, 510 m, bei Lotzwil; Bahnlinie Langenthal – Huttwil – Wolhusen – Luzern.
Endpunkt: Dürrenroth, 696 m; Buslinie Sumiswald-Grünen – Huttwil.
Anforderungen: Lang und leicht, meist markiert. T1.
Beste Jahreszeit: Immer; für die Panoramen von Hohwacht und Zwanghubel natürlich am besten an einem Tag mit guter Fernsicht.
Einkehr: Bürgisweyerbad, Tel. +41 62 965 26 31 (Mo und Di geschlossen). Waldhaus Hochwacht, Tel. +41 62 927 16 34, offen auf Reservation, von Mai bis Oktober am Sonntag jeweils Bauernfrühstück. Das Rössli in Ober Auswil.
Unterkunft: Landgasthof Bad Gutenburg, Tel. +41 62 916 80 40. Hotels in Huttwil. Romantik Hotel Bären in Dürrenroth, Tel. +41 62 959 00 88 (gehört zu den Swiss Historic Hotels).
Varianten: 1) In Langenthal starten und auf dem Wanderweg durch die Wässermatten bis Lotzwil; wo er westwärts zur Bahnstation abzweigt, ostwärts über Rain im Wald ansteigen zur Route von Gutenburg; 45 Min. länger. 2) Die Tour in Huttwil abbrechen oder wieder aufnehmen.
Kombinationsmöglichkeit: Tour 21 und 30.
Karten: 234 T Willisau; 1128 Langenthal, 1148 Sumiswald.

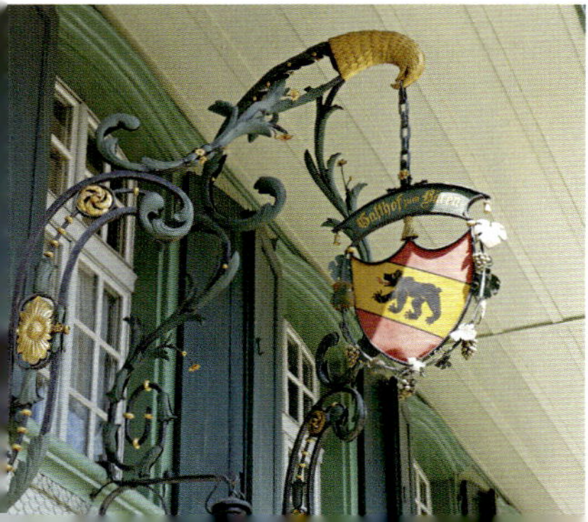

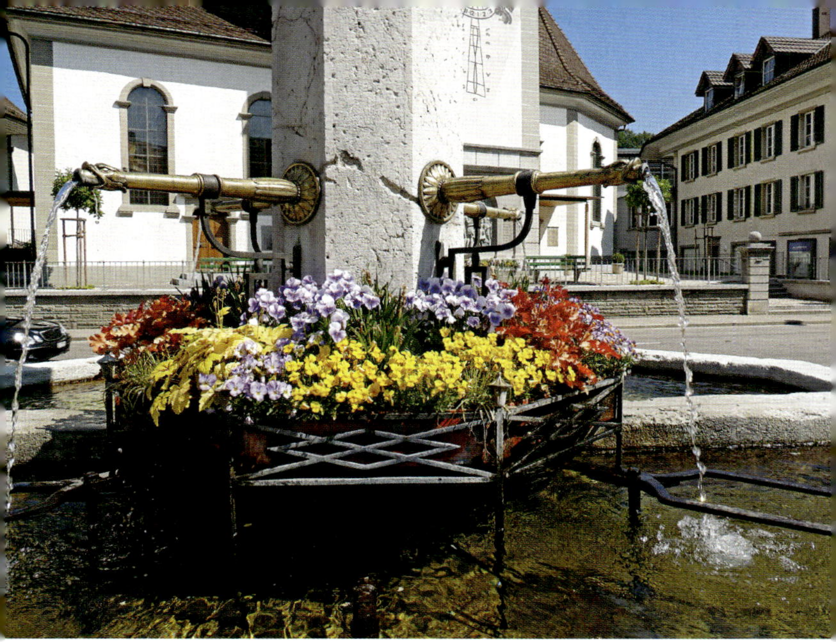

Oben: Der Brunnen in Huttwils Zentrum entstand nach dem großen Brand von 1834.
Links unten: Der Gasthof zum Bären in Dürrenroth ist seit 1752 eine gute Adresse.

Von der Haltestelle **Gutenburg** ❶ zur Hauptstraße, diese queren und auf der Wanderroute ostwärts hinauf in den Wald. Hindurch zu den Obstplantagen, ca. 660 m, bei Breitacher und südwärts durch den Sunnewald zum **Bürgisweierbad** ❷, 605 m (ohne Namen auf der Landeskarte). Südostwärts weiter auf dem Wanderweg – gleich zu Beginn im Wald an einer frühmittelalterlichen Erdburg vorbei – durch Wald und Feld, mit einem Zwischenabstieg in die Siedlung Ghürn, 645 m, bis zur **Hohwacht** ❸, 779 m; der Ort wird auch Hohwacht Reisiswil genannt, zur Unterscheidung von anderen solchen Höhenwarten.

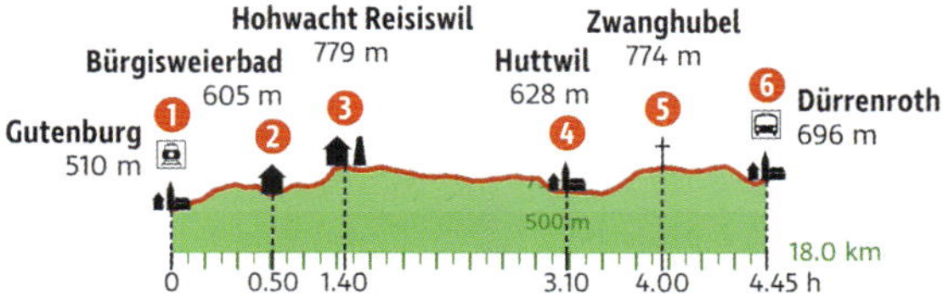

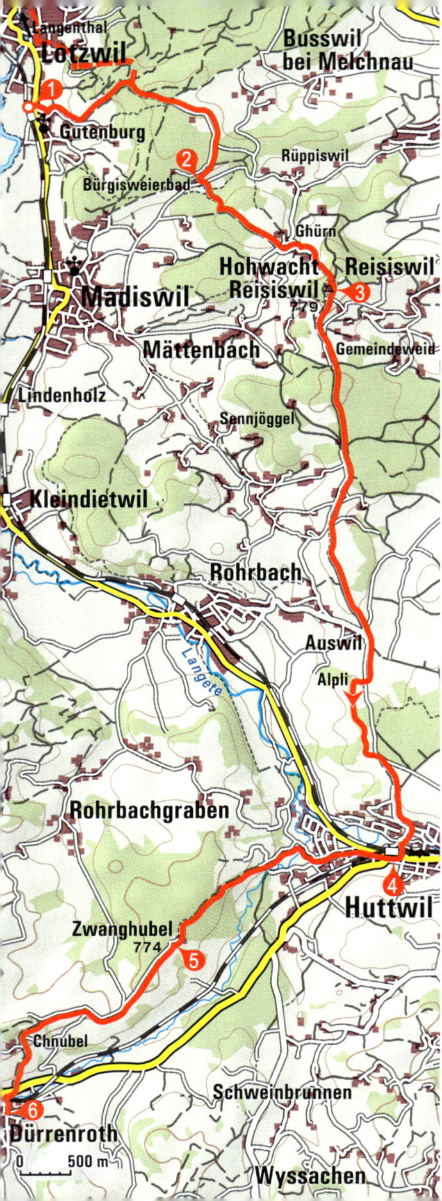

Der Abstieg beginnt zwischen Aussichtsturm und Waldhaus; auf einem Sträßchen nach rechts und gleich wieder links in den Wanderweg. Auf der Gemeindeweid erreicht er das Sträßchen, dem man nun in leichtem Ab und Auf bis oberhalb von Grunholz folgt. Über eine Hügelkuppe hinweg gelangt man zu einer Straßenverzweigung, 687 m, oberhalb von Ober Auswil. Südwärts weitere 400 m auf dem Sträßchen und der Wanderroute, dann aber rechts einen unmarkierten Feldweg einschlagen. Kurz west-, dann wieder südwärts durch Wald zum Zufahrtsweg zum Alpli-Gut. Südwärts weiter auf einem in der Landeskarte nicht eingetragenen Weg, über eine Weide, dann dem Waldrand entlang. Schon bald trifft man auf einen von unten heraufziehenden Weg. Noch weiter südwärts bis vor die Kuppe P. 721 und linkshaltend zurück aufs Sträßchen. Es führt hinab nach **Huttwil** ❹: über die Langete-Brücke, 628 m, und zum Bahnhof, 638 m.

Westwärts durchs Dorf auf der Wanderroute; nach der Rotbach-Brücke, 613 m, im Ortsteil Fiechte beginnt der Aufstieg über Fiechtenberg zum Hof Zwang und zur Wegzweigung, ca. 760 m, westlich oberhalb davon. Kurzer Abstecher auf den **Zwanghubel** ❺, 774 m (ohne Namen und Kote auf der Landeskarte): kurz dem Wanderweg Richtung Glasbachweid folgen, dann aber rechter Hand dem Waldrand entlang zum Aussichtspunkt mit Bänken. Auf der

Wanderroute, die an der Hügelkante des Tales entlanggeht, durch das der Rotbach fließt, südwestwärts über die Siedlung Kaltenegg und die Kuppe P. 788 zur Abzweigung des Weges nach Dürrenroth. Am Hof Chnubel vorbei hinab auf die Talstraße, 672 m, am stillgelegten Bahnhöfli vorbei und direkt hinauf nach **Dürrenroth** ❻ zur Bushaltestelle, zur Kirche, zum Bären und zum dazugehörenden Kreuz gegenüber – was braucht es mehr im Leben?

Der Verschönerungsverein Langenthal erstellte 1911 den Turm auf der Hohwacht.

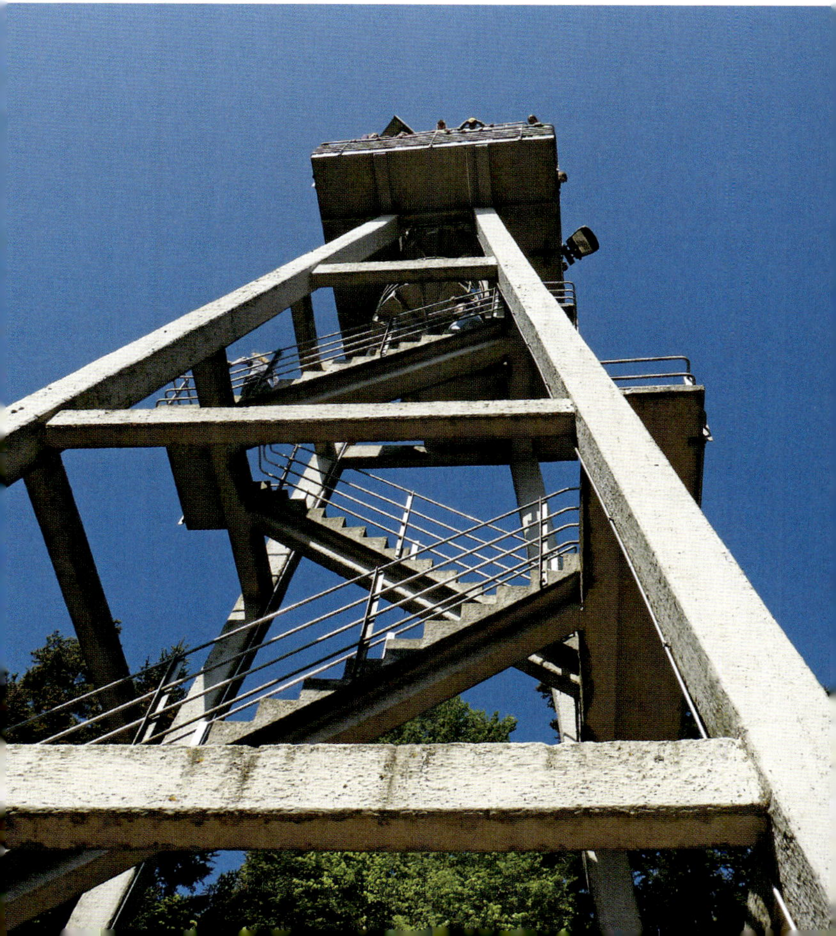

↗ 850 m | ↘ 850 m | 16.9 km

32 Wasen – Ahorn, 1140 m – Arnichnubel, 1120 m

6.00 h

Im Högerland

Was ist ein Gipfel, was nur eine Erhebung? Zählt der Name auf der Landeskarte und/oder in der Literatur, und wenn ja, welche Ausgabe? Und was ist mit der geografischen Situation? Der von mir so bezeichnete Bettlerspitz ist um einiges markanter als der auf der Landeskarte verzeichnete Chäpplerspitz. Aber ist das ohnehin nicht die Fritzhausegg, wie das »Berner Wanderbuch Emmental I« in der zweiten Auflage von 1956 schreibt? Die Kühbisegg hat seit Neuestem eine Kote, aber leider (noch) keinen Namen auf der Landeskarte. Eine recht auffällige Anhöhe, von denen es natürlich schier unzählige gibt im Emmental und vor allem im Napfgebiet. Doch Landwirtschaft, Wetterlage und Erdkunde in einem dreisilbigen Wort vereint, das lässt aufhorchen: Kuh, Bise (= Nordwind), Egg (= Geländerücken). Bleibt noch der letzte und zehnte Gipfel auf dieser Runde beidseits des Hornbachs, der Arnichnubel, oder Arniknubel laut dem erwähnten Emmental-Führer. Heute findet man auf der Landeskarte nur noch die Bezeichnung Vorderarni. Dabei ist dieser gleichmäßige Graskegel ein echter Chnubel, der schönste von allen.

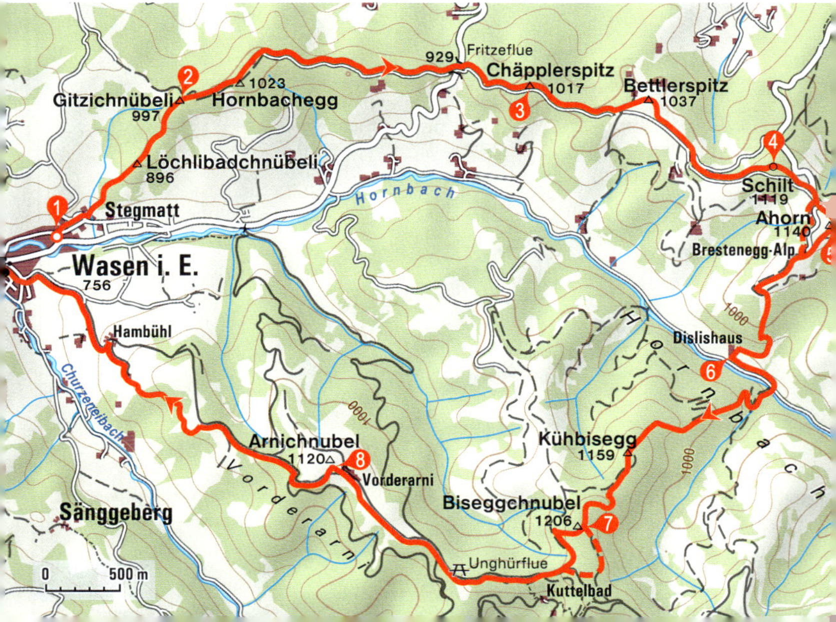

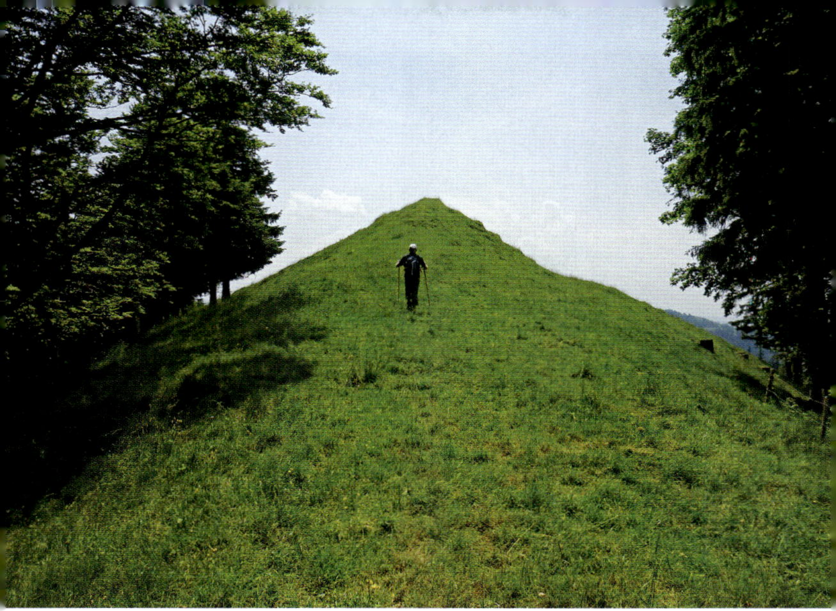

Gipfelsturm zum Biseggchnubel, 1206 m, dem höchsten Punkt der Runde.

Ausgangs- und Endpunkt: Wasen i.E., 756 m, Endstation des Busses vom Bahnhof Sumiswald-Grünen.
Anforderungen: Markierte und unmarkierte Wege, Pfade und Pfadspuren, teils auch weglos. T3.
Beste Jahreszeit: Immer, auch im Winter, bei nicht zu viel Schnee oder Eis. Am besten dann, wenn die Weiden gemäht oder nicht bzw. nicht mehr benützt werden, wie im Frühling oder im Spätherbst.
Einkehr: In Wasen. Brestenegg-Alp am Ahorn (Do geschlossen). In der Landi Wasen gibt es das Bier der Brauerei Napf, so das Napfgold, das Napf Dunkel und Napfrodite.
Unterkunft: Ahorn-Alp, www.ahorn-alp.ch, Tel. +41 62 966 17 70. Restaurant Kuttelbad, Mo und Di geschlossen, Tel. +41 34 437 00 48.
Kombinationsmöglichkeit: Mit Tour 33.
Karten: 234 T Willisau.

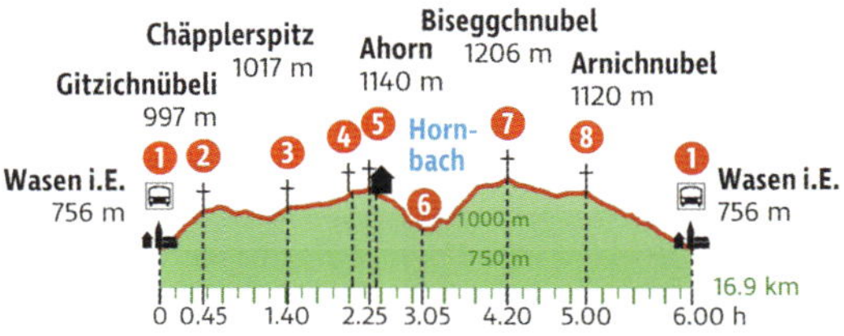

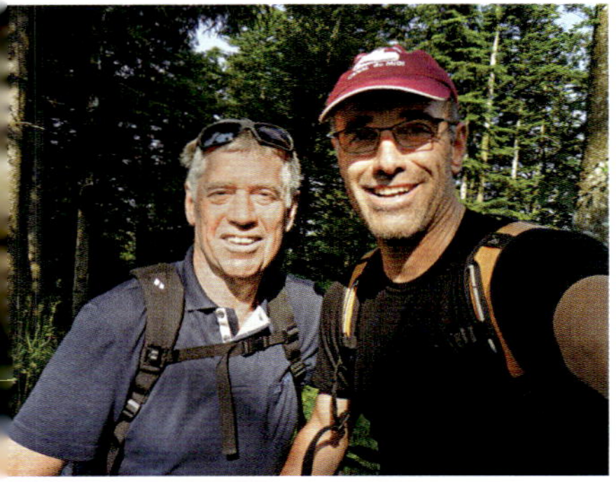

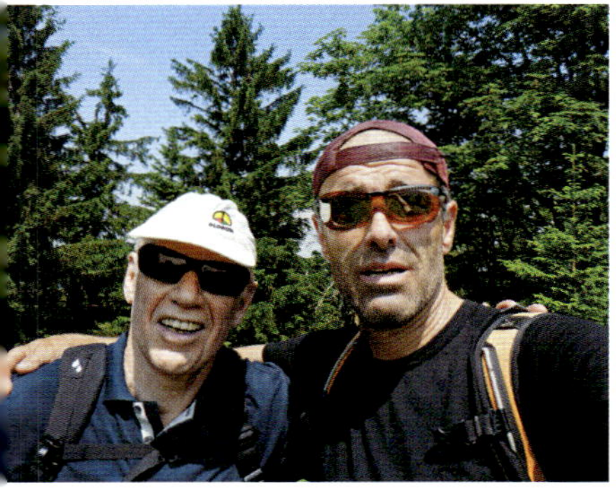

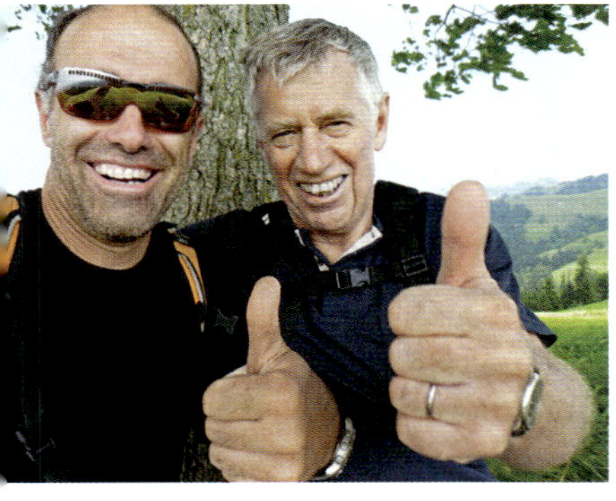

Von der Busendstation in **Wasen i. E.** ❶ über den Hornbach bis Stegmatt. Nicht auf der Wanderroute hinauf Richtung Löchlibad, sondern auf der Straße ostwärts und gleich nach dem Bach links einen Weg einschlagen. Er führt, schon bald im Wald, über einen Grat hinauf gegen das Löchlibadchnübeli, ca. 896 m (ohne Namen und Kote auf der Landeskarte). Zuoberst weglos hinauf zum höchsten Punkt und wieder hinab auf den Weg. Weiter im Wald aufsteigen; der Wanderweg zieht rechts unterhalb des **Gitzichnübeli** ❷, 997 m, vorbei, wir stapfen durchs Unterholz hinauf und ostwärts hinab. Über den Kamm auf die Hornbachegg, 1023 m, und mit kleinerem Auf und Ab bis Fritzeflue, 944 m, die überraschenderweise keine Anhöhe ist, sondern ein Passübergang mit einem Scheiteltunnel. Der Wanderweg erklimmt den **Chäpplerspitz** ❸, 1017 m, dessen Kulminationspunkt etwas nördlich des Weges liegt. Der auf der LK namenlose Bettlerspitz, 1037 m, wird als Weide genützt und ist nicht immer zugänglich, was insofern schade ist, als man von ihm endlich Aussicht hat.

Vom Übergang Bettler, 1021 m – der Name ist auf alten Kartenblättern und auf dem Wegweiser zu finden –, entlang dem Weidezaun aufsteigen und je nach Benützung wieder zurück nach

Gipfelstürmer! Hans Peter Müller und der Autor auf Gitzichnübeli (2.), Kühbisegg (8.) und Arnichnubel (10. und letzter Gipfel).

Bettler oder südwärts absteigen. Nach der Riedegg, 1023 m, kann P. 1076 überschritten oder auf dem Wanderweg nordseitig umgangen werden. Den **Schilt** ❹, 1119 m, hingegen, zweithöchster Alpengipfel des Oberaargaus, sollten Gipfelstürmer unbedingt mitnehmen, trotz ziemlich überwucherter Pfade: Aufstieg über den Westgrat, Abstieg über den Südostgrat. Bleibt für uns auf dem nördlichen Kamm des Hornbachs der **Ahorn** ❺, 1140 m, auf den erstaunlicherweise kein offizieller Weg hinaufführt; vom Wegweiser auf dem Sträßchen gehen wir links der mit einem Stacheldrahtzaun markierten Kantonsgrenze zum Gipfel. Abstieg entweder, wenn gemäht, über den Zaun und direkt hinab zur Wirtschaft Brestenegg-Alp, ca. 1105 m, oder wie Aufstieg zurück aufs Sträßchen, das dorthin führt.
Von der Wirtschaft auf dem Fahrweg südwestwärts entlang dem Rücken. Wo der Weg zum zweiten Mal umbiegt und wieder zurück gegen den Ahorn zieht, südwärts über den Rücken, dessen Seiten bewaldet sind. Zuvorderst findet man Wegspuren, die durch den Wald hinabgehen. Auf der folgenden Weide (mit Stall, der in der LK nicht eingezeichnet ist) verlieren sie sich, im nächsten Waldgürtel sind sie noch teilweise zu finden. Man gelangt auf den Weg nach Dislishus und auf die Straße im Tal des **Hornbachs** ❻, ca. 880 m. 300 m taleinwärts, rechts hinein in den Fischgrabe und wenig später rechts hinauf zum Hof Hinterfluh. Auf dem Weideweg direkt hoch nach Unterkühbisegg und weiter Richtung Oberkühbisegg. Wo der Weg in den Wald gelangt, auf einem auf der LK nicht verzeichneten Weg rechts hinaus an den grasigen Nordgrat und weglos über diesen hinauf auf die Kühbisegg, 1159 m (ohne Namen auf LK). Hinab zum Hof Oberkühbisegg, ca. 1140 m. Nächstes und höchstes Ziel dieser Gipfelrunde um Wasen ist der Biseggchnubel. Südwärts auf einem Weg ansteigen; wo er um einen Sporn herumbiegt, um dann in der steilen Ostflanke des Biseggchnubels weiter südwärts zu halten, steigen wir über diesen Ostsporn zum Nordgrat hoch, auf dem wir eine Wegspur finden. Der Grat wird zusehends schmaler, kurze Nagelfluhkraxlerei auf den Vorgipfel, zuletzt im Gras auf den **Biseggchnubel** ❼, 1206 m.
Zwei Möglichkeiten für den Weiterweg: 1) Abstieg über die grasige Westflanke auf einen Weg und auf diesem südwärts in den Wald auf den Wanderweg. 2) Südwärts hinab in einen Sattel und im Wald und Unterholz auf den Südgipfel des Biseggchnubel, 1209 m; auf alten Karten ist dieser Gipfel tiefer als der Hauptgipfel! Dann westwärts auf den Wanderweg. Dieser zieht, vorbei an der Abzweigung zum Restaurant Kuttelbad und vorbei am Picknickplatz Unghürflue, ca. 1120 m, mit Forsthütte, mit einem Gegenanstieg gegen den mit einer Linde geschmückten P. 1119, zur Hofsiedlung Vorderarni, ca. 1092 m. Über den Grasrücken auf den ebenfalls mit einer Linde versehenen Graskegel **Arnichnubel** ❽, 1120 m. Je nach Grashöhe zurück zum Hof oder direkt über den Südhang absteigen. Auf dem Wanderweg über den Weiler Hambühl zurück nach **Wasen i.E.** ❶, Haltestelle Kirche, 756 m.

↗ 880 m | ↘ 1050 m | 17.3 km

33 Napfflue, 1365 m – Ahorn, 1140 m – Eriswil

6.00 h

Scharf gezogene Grenze

Spätestens auf dem Ahorn, unserem achten Gipfel auf dieser ganz besonderen Grattour im Napf-Bergland, kann uns die Geduld reißen, nämlich dann, wenn beim x-ten Übersteigen des Stacheldrahtzaunes die Hose doch noch reißt. Ein paar Zaundurchlässe mehr unterwegs wären kein Luxus, und schon gar nicht auf diesem höchsten Oberaargauer Gipfel in den Alpen. So deutlich und kratzbürstig ist selten eine Kantons-, Religions- und Dialektgrenze in der Schweiz gezogen! Eigentlich genügten ja die uralten, knorrigen, vom Wind gepeitschten Buchenreihen, um den Unterschied zu markieren: links die protestantischen Bärner, rechts die katholischen Lozärner. Allerdings: In der luzernischen Bergwirtschaft Ahorn-Alp, haarscharf an der Grenze zur bernischen Gemeinde Eriswil gelegen, wird Egger-Bier von Worb bei Bern ausgeschenkt. Was den Schreiber dieser Zeilen natürlich besonders freut: Sein Großvater mütterlicherseits hieß Egger – und arbeitete als Bierfuhrmann für eine Oberaargauer Brauerei.

Uralte Grenzbäume beim Aufstieg auf Ober Scheidegg. Hier LU links und BE rechts.

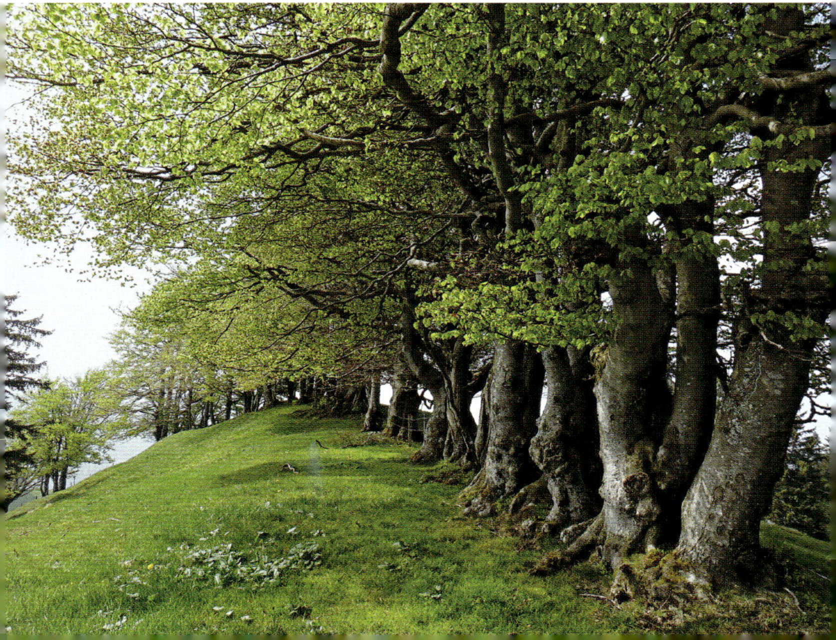

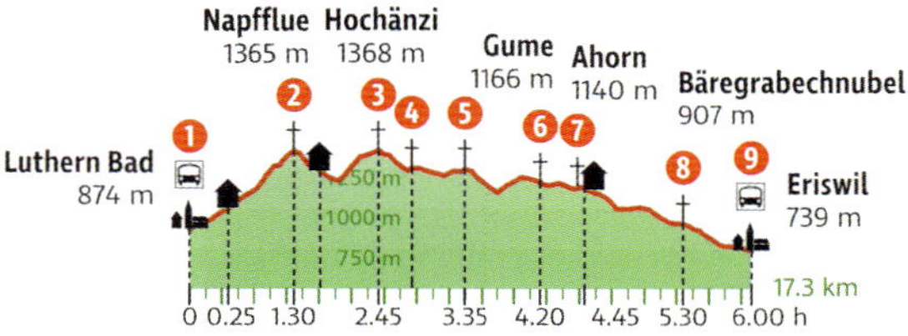

Ausgangspunkt: Luthern Bad, 874 m; Postauto von Hüswil bzw. Zell an der Bahnlinie Langenthal – Huttwil – Luzern.
Endpunkt: Eriswil, 739 m; die Endstation der Linie, ca. 765 m, liegt zwischen Südere und Hinterdorf. An Wochenenden von Mai bis Oktober fährt selten ein Rufbus vom Ahorn nach Huttwil; Tel. +41 62 962 55 05, www.regio-huttwil.ch. Von Ahorn kann mit dem Trottinett (Tretroller; kann man dort entleihen) nach Huttwil gefahren werden.
Anforderungen: Markierte und unmarkierte Wege, teils weglos. Mehrheitlich leichte Orientierung, da man einfach dem Kamm folgt. Am schwierigsten ist die Napfflue, insbesondere bei störendem Unterholz. Dort und am Hochänzi T3+; Katzergrat T3–. Sonst T2 bis T1.
Beste Jahreszeit: Frühling bis Herbst. Am besten im Spätfrühling, bei tiefer Vegetation.
Einkehr: Luthern Bad, Oberbadegg, Niederenzi, Hochänzi (Selbstbedienung), Brestenegg-Alp am Ahorn.
Unterkunft: Gasthaus Hirschen in Luthern Bad, Tel. +41 41 978 13 57. Ahorn-Alp, Tel. +41 62 966 17 70, www.ahornalp.ch. Gasthof Kloster in Eriswil, Tel. +41 62 966 11 09.
Variante: Ohne Napfflue und ohne Traversierungen der Gipfel auf der Kantonsgrenze; 1.30 Std. kürzer.
Kombinationsmöglichkeit: Mit Tour 32, 36, 37 und 38.
Karten: 234 T Willisau; 1148 Sumiswald.

In **Luthern Bad** ❶ taleinwärts geradeaus zur **Wallfahrtskapelle** mit der Heilquelle Maria Heilbronn, die 1581 erstmals erwähnt ist. Oberhalb davon auf einem Kiesweg zu einem Kreuz und ein paar Schritte weiter in den Wanderweg nach Niederänzi. Hinauf nach Underbadegg und auf dem Sträßchen zur Bergwirtschaft Oberbadegg, 1002 m. Weiter auf Wegen über den Kamm, mal im Wald, mal über Weideland, mal flach, mal steil, bis auf ca. 1210 m, wo der Weg deutlich nach rechts nach Niederenzi hält. Hier gerade über die grasige Rippe weglos hinauf zur Kuppe P. 1266 auf der Kantonsgrenze LU/BE. Südwärts dem Grat entlang wenig absteigen in den Wanderweg, der von Niederenzi herkommt. Man folgt ihm bis kurz nach einer Bank, wo er die Westseite der Napfflue zu traversieren beginnt. Nun links von ihm unter einem Zaun durch und im Wald ansteigen, zuerst auf einer Wegspur, dann weglos im Gestrüpp; am besten steigt man links haltend zum Nordwestgrat und folgt ihm (Achtung vor dem Abgrund links) bis zum höchsten Punkt der **Napfflue** ❷, 1365 m; Tisch mit Bänken.
Abstieg auf gleicher Route; evtl. ist auch der Südgrat praktikabel, falls die Westseite wegen des Gestrüpps unpassierbar wäre. Ist man zurück auf dem Napfweg, ist das Restaurant Niederenzi, 1235 m, rasch erreicht. Auf dem

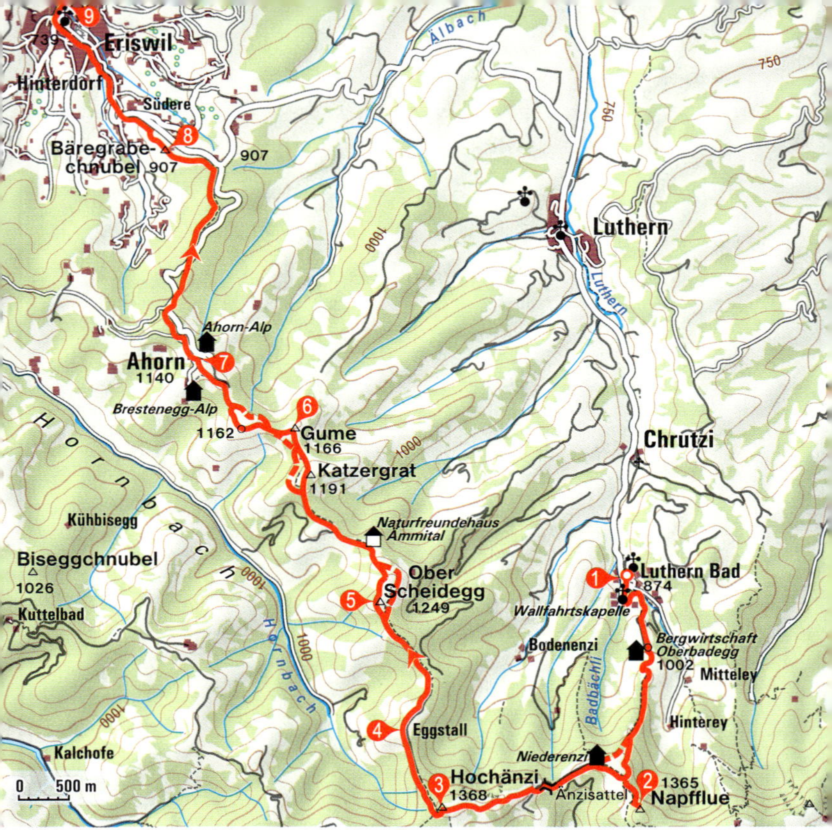

Teersträßchen hinab in den Änzisattel, 1195 m, und auf dem Fahrweg zum Hof Hochänzi. Hinter dem Hof auf einem teils undeutlichen Grasweg zum Gipfel des **Hochänzi** ❸, 1368 m, die Nummer vier im Napfgebiet und wichtiger orografischer Angelpunkt. Abstieg zuerst westwärts über den schmalen Grat, dann links, dem SW-Grat entlang durch Wald; Weg, ein paar Meter etwas heikel. Man kommt wieder auf den Wanderweg und hält nordwärts Richtung Scheidegg und Ahorn. Über den Kamm hinab in einen Sattel, ca. 1227 m, hinauf zum **Eggstall** ❹, 1252 m, einst Schwinger genannt.
Wieder hinab in einen Sattel, 1223 m, und wieder, zuletzt steil, hinauf auf die Hinder Scheidegg, 1235 m, und flach gegen die Ober Scheidegg zu Übersichtstafel. Der Weg quert den Hang, man geht aber entlang der ein-

drücklichen Grenzbaumreihe mit teils 500 Jahre alten, knorrigen Buchen zum höchsten Punkt der **Ober Scheidegg** 5, 1249 m. Im Kanton Luzern der Baumreihe entlang zu einer Kuppe mit Kreuz und weglos hinab zum Wanderweg. Zum Naturfreundehaus Ämmital (nordwestlich P. 1153), hinab in einen Sattel, ca. 1115 m, und ein weiteres Mal ansteigen. Wo der Weg links weg vom Kamm und von der Grenze zieht, zweigen wir gleich nach dem Holzsteg rechts weg und kehren zurück zu beidem. Weglos hinauf auf eine Anhöhe, ca. 1197 m; wir nennen sie Katzergrat. Etwas mühsam über den Grenzzaun und entlang den Buchen und der Grenze etwas absteigen und hinauf zum kotierten Nordgipfel, 1191 m. Hinab zum Hof Katzerschwand, 1142 m, und zum Wanderweg. Wir verlassen ihn aber nach der Senke, ca. 1130 m, wieder, um im Luzernischen entlang der Grenze auf die **Gume** 6, 1166 m, zu gelangen.

Der Grenze entlang runter zum Wandersträßchen, ca. 1130 m, und schon bald linker Hand durch einen Zaundurchlass und entlang der Grenzbäume zur **namenlosen Anhöhe**, 1162 m. Wieder hinab in einen weitläufigen Sattel, ca. 1105 m, und Richtung Ahorn; wo sich die Wege trennen, nach links. Über eine Wiese und nach dem Zaundurchlass gleich rechts. Dem Zaun entlang hinauf zur Kantonsgrenze, diese an geeigneter Stelle überklettern und im Luzernischen zum Gipfel des **Ahorn** 7, 1140 m. Je nach Grashöhe direkt in ein paar Schritten nordwärts hinab zum Bergrestaurant Ahorn-Alp, ca. 1120 m, sonst westwärts ausholen. Nun auf der Straße Richtung Eriswil, bis im Wald rechter Hand die Wanderroute abzweigt. Sie verläuft nordwärts, die Straße noch einmal querend und einmal berührend, und erreicht diese schließlich nach einer Kreuzung. Man folgt ihr, bis links unmarkiert ein Feldweg abzweigt, ca. 895 m. Er führt uns zum **Bäregrabechnubel** 8, 907 m; den allerhöchsten Punkt dieser Graskuppe mit dem wunderbaren Berner Namen muss man weglos erklimmen. Hinab und zurück auf die Straße, auf der Wanderroute durch einen Hohlweg zum Dorfeingang von **Eriswil** 9. Auf der Straße zur Bushaltestelle Hinterdorf, ca. 765 m, unterhalb des Gasthofs Klosters, bei der Brücke über den Schwändibach. Man kann natürlich auch noch ins Dorfzentrum marschieren, nach Eriswil Station, 739 m, unterhalb des Gasthofs Pizzeria zu den Alpen.

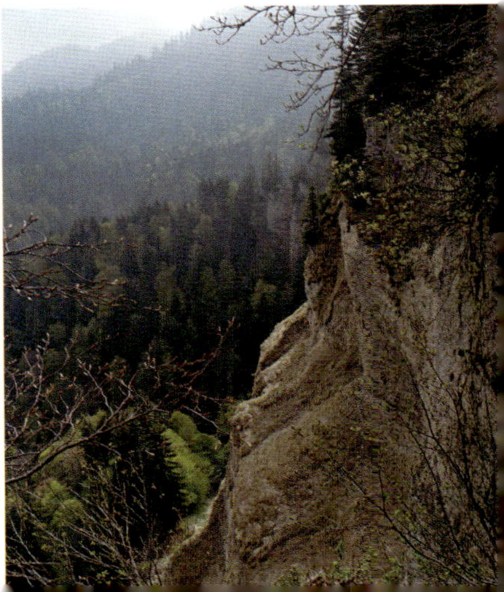

Wirklich eine Fluh, diese Napfflue.

↗ 430 m | ↘ 110 m | 6.3 km

34 Hübeli – Signalhügel Oberlehn, 1110 m – Menzberg

2.00 h

Im Hügel- und Hasenland

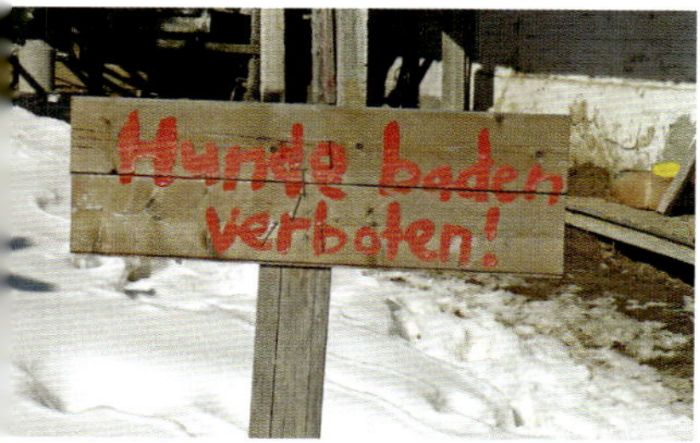

Bläss war nicht zufrieden. Vielleicht hieß er auch Bäri. Ich konnte ihn nicht fragen, und er hätte mich ohnehin nicht verstanden. Wütend kläffte er, als ich bei seinem Hof vorbeikam. Doch ich kenne den Namen des Hofs: Luchsern, laut Landeskarte. Andere luchsige Namen hierzulande findet man mit der Suchzeile von http://map.geo.admin.ch. So kam ich auf die luzernische Rückseite des Napf: zuerst auf der Karte, dann mit dem Bus an einem Tag mit frischem Weiß am Boden und frischem Blau am Himmel. Über ein paar Hügel sollte es gehen bis nach Menzberg, dem »höchstgelegen Dorf am Napf«, wie die Homepage www.menzberg-mit-weitsicht.ch die Lage anpreist. Vorbei an ein paar weiteren tierischen Flurnamen wie Wolf und Hasenrank; der Hof Hundschelle lag zum Glück nicht am Weg, doch auch der Hund von Ankeschwändi bellte den Anker lautstark an. Nur schade, dass der Aussichtspunkt Oberlehn nicht Stierengrat oder Hasenhügel heißt. Dafür erblickt man von dort oben natürlich den Hengst und den Esel am Napf, aber auch den Schafberg und weit, weit weg die Hundwiler Höhe im Appenzeller Hügelland.

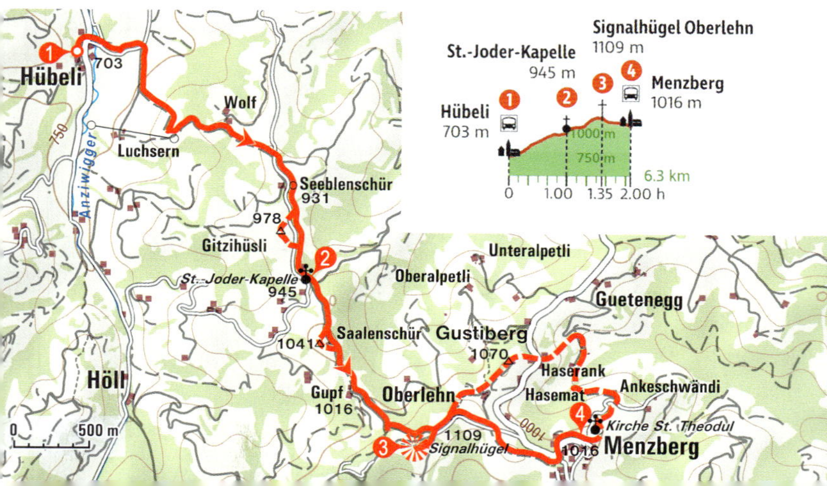

Ausgangspunkt: Hübeli, 703 m, südlich von Hergiswil bei Willisau, Haltestelle Hintersagi; Bus von Willisau.
Endpunkt: Menzberg, 1016 m; Postauto nach Menznau an der Bahnlinie Langenthal – Willisau – Wolhusen – Luzern.
Anforderungen: Markierte Wege und Straßen. T1.
Beste Jahreszeit: Immer, aber am schönsten im Spätherbst und Winter. Die Sträßchen werden im Winter befahren und sind bei viel Schnee geräumt. In der kalten Jahreszeit werden auch die (tierischen) Varianten für Gipfelstürmer gut machbar. Bei Bisenlage können Nebel und Wolken in Menzberg hängen.
Einkehr und Unterkunft: Restaurants in Hergiswil. Landgasthof Menzberg, Tel. +41 41 493 18 16; Restaurant Sperber; Selbstbedienungslädeli mit regionalen Produkten. In Menznau Gasthof Lamm – spätestens dort sollte man einkehren ...
Varianten: Gipfelstürmer mit Vorliebe für tierische Touren können folgende Anhöhen überschreiten: 1) 250 m nach Seeblenschür weg von der Straße, über den Hang hinauf auf einen namenlosen Hubel, 978 m, oberhalb des Gitzihüsli und über den Südgrat zurück auf die Straße.
2) Den Hubel, 1041 m, von Saalenschür traversieren.
3) Von der Straßenverzweigung beim Signalhügel Oberlehn den Hügel, 1103 m, zum Hof Oberlehn überschreiten, querfeldein nach Chaltenegg, dem Waldrand entlang hoch zum oder gegen P. 1070 oberhalb des Gustibergs und Abstieg zum Weiler Hasenrank (Postautohaltestelle) nördlich von Hasenmatt. Nordostwärts über Feld hinab zum Hof Chorb, auf dem Sträßchen (und der Wanderroute) zum südlichen Hof, weiter taleinwärts, im Tal hinten über zwei Bäche, zum Hof Ankeschwändi und auf der Zufahrtsstraße hinauf nach Menzberg. 1 Std. zusätzlich.
Kombinationsmöglichkeit: Mit Tour 35.
Karten: 234 T Willisau; 1149 Wolhusen.

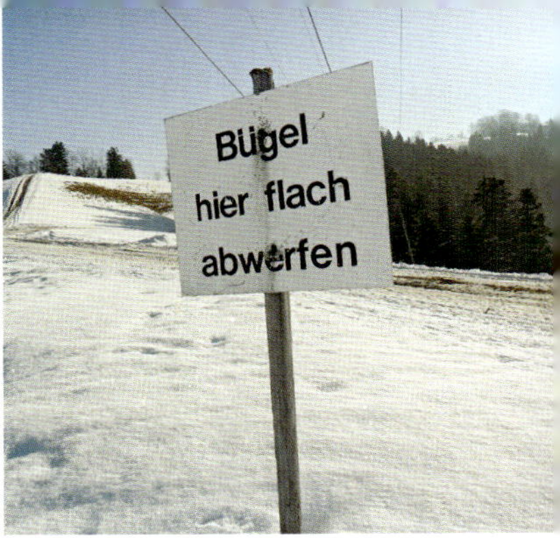

Alles klar? Schilder beim Hof Oberlehn (links) und oberhalb von Luchsern (oben).

Von der Haltestelle Hintersagi in **Hübeli** ❶ kurz auf der Straße zurück, dann rechts weg. Auf der Straße ansteigen, an der Zufahrt zum Hof Luchsern vorbei. Auf einem Weg über die Wiese hoch gegen die Bergstation des Skilifts und oberhalb des Wolf-Hofes zu einer Kreuzung, 911 m. Südwärts auf dem Sträßchen zum Hof Seeblenschür und zur **St.-Joder-Kapelle** ❷, ca. 945 m. Linker Hand auf dem Fahrweg zum Hof Saalenschür und weiter zum Hof Gupf, 1016 m. Auf der Straße Richtung Menzberg bis zum Grat hinauf und nach rechts zum **Signalhügel Oberlehn 1110** ❸ (so steht es auf den Panoramatafeln); Baum und Bänke. Der auf der Landeskarte kotierte P. 1109 liegt ein paar Meter weiter westlich. Zurück zur Straßenverzweigung und auf der Straße am Hof Oberlehn vorbei, bis rechts der Wanderweg über den Hügel (P. 1073) abzweigt. Hinab zum Landgasthof, nach rechts ins Zentrum von **Menzberg** ❹ und hinein ins Café Sperber.

↗ 650 m | ↘ 380 m | 6.8 km

35 Romoos – Rächelochbach – Fontanne – Menzberg

3.40 h

Quergrabenein

Wilde Wege wie im Tessin, nur dass wir statt auf Gneis auf Nagelfluh treffen. Kein Wunder, nennt man das Gebiet von Romoos das luzernische Centovalli. Auf alten Verbindungswegen schleichen wir querfeld- und querwaldein, bremsen hinab in tief eingeschnittene Gräben und keuchen wieder hoch auf die Gräte, Eggen genannt. Heute sind die abgelegenen Höfe durch Straßen und Fahrwege erschlossen, aber einst gingen die Bergbauern und ihre Kinder so direkt wie möglich von Haus zu Haus, von Stall zu Stall; dazu erstellten sie mutige Pfade. Auf dieser Berg- und Talfahrt von einem hochgelegenen Napf-Dorf zum anderen lernen wir eine verschwundene und verwunschene Welt kennen.

Ausgangspunkt: Romoos, Haltestelle Flühboden, ca. 750 m; Postauto von Wolhusen.
Endpunkt: Menzberg, 1016 m; Postauto nach Menznau an der Bahnlinie Langenthal – Willisau – Wolhusen – Luzern.
Anforderungen: Meist unmarkierte und teils in der Landeskarte nicht mehr eingezeichnete Pfade, die Trittsicherheit und Schwindelfreiheit verlangen. Streckenweise auch weglos. Orientierungsvermögen nötig, Stöcke ein Muss, Bergschuhe von Vorteil. T4+.
Beste Jahreszeit: Mai, wenn noch nicht zu stark überwachsen, die Wiesen aber teilweise schon gemäht.
Einkehr und Unterkunft: In Romoos: Hotel Kreuz, Tel. +41 41 480 13 51. In Menzberg: Landgasthof Menzberg, Tel. +41 41 493 18 16.
Variante: Den Rächelochgraben auf einer noch wilderen Route queren: Auf dem linken Weg westlich Leutschebode zu einem zweiten Bach. Diesen queren und dem Zaun entlang aufsteigen; beim Durchlass trifft man auf einen Hangweg. Er zieht Höhe haltend hoch über den Rächelochbach grabeneinwärts und erreicht ihn schließlich auf ca. 825 m. Den Bach gleich überschreiten und am Gegenhang hinauf zu einem Nagelfluhband. Horizontal grabenauswärts. Man kommt so zu den Überresten eines schwindelerregenden Pfades, welcher das Felsband im Zickzack überwindet. Er gelangt zu einer überwachsenen Rippe, der man folgt; rechts davon ein Bachtrichter. Weiter oben wird der Bachlauf gequert. Man erreicht den unteren Rand von steilem Weidegelände. Schräg rechts hinauf zur Stallruine. Hier teilte sich einst der Weg; ein Ast ging um alle Rippen herum nach Chienissunnsite, der andere schräg hinauf nach Hinterilmisberg. Wir steigen aber gerade hoch, teils behindert durch Stacheldrahtzäune, auf die Teerstraße, ca. 1025 m. Ihr ostwärts folgen, dann hinab zum Stoos-Hof, entweder direkt oder auf Sträßchen. T5.

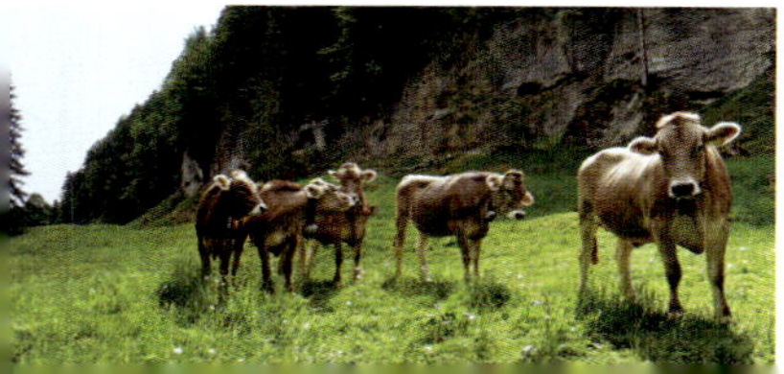

Tipps: Der Verlauf der einstigen Wege kann auf der Landeskarte dank dem Zeitreise-Dienst eingesehen werden; map.swisstopo.admin.ch/.
Die Grosse Fontanne unterhalb Romoos ist der goldträchtigste Napf-Bach; alles Weitere unter www.napfgolderlebnis.ch.
Karten: 234 T Willisau; 3321 T Napf-Sörenberg.

Von der Haltestelle **Romoos-Flühboden** ❶ auf der Straße zurück und links in die Zufahrtsstraße nach Neumatt. Über den Altmülibach, 681 m, ein paar Schritte danach links über die Weide hoch in die rechte obere Ecke, wo man im Wald einen Pfad findet. Er steigt sehr steil, zu Beginn ziemlich ausgesetzt und teilweise in Stufen, entlang einer Rippe hoch, quert im oberen Teil nach rechts und endet an einer Wiese. Über diese schräg rechts haltend hinauf auf einen breiten Weg. Er sinkt hinab in eine Waldlichtung (auf der Landeskarte ist es diejenige südlich des Namens Rächelochbach). Wo der Weg nach rechts umbiegt, findet man im Wald linker Hand einen steilen Zickzackpfad, der wiederum an einer Wiese endet. Ist diese gemäht, rechts haltend hinauf auf den Fahrweg nach Leutschebode; wenn nicht, geht man dem Waldrand entlang.
Von **Leutschebode** ❷, 828 m, über Weideland taleinwärts; gleich zu Beginn über einen Bach. Danach teilt sich der Weg, links geht die Variante weiter. Der rechte Weg sinkt direkt zum **Rächelochbach** ❸, ca. 770 m, hinab und steigt zwischen Felsen

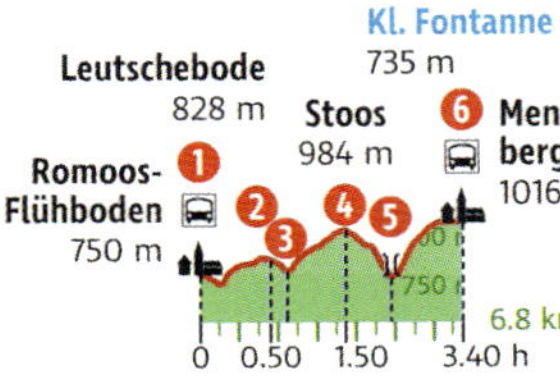

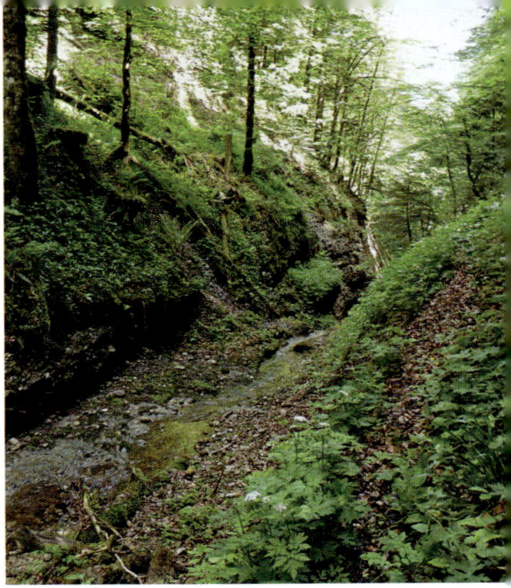

Oben: Ein Schulweg führte einst an dieser Stelle über den Rächelochbach (Variante). Links unten: Rinder auf dem Leutschebode.

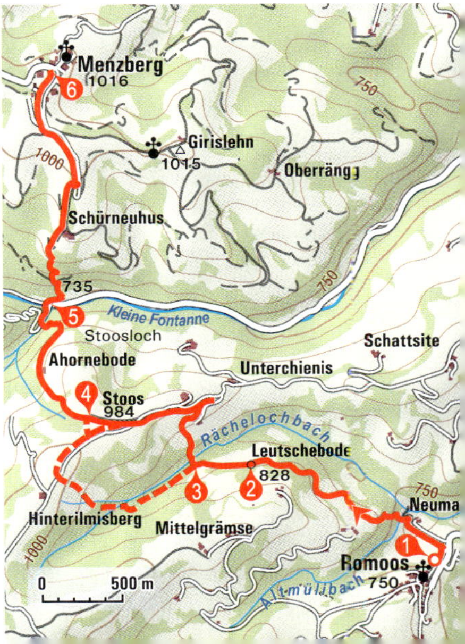

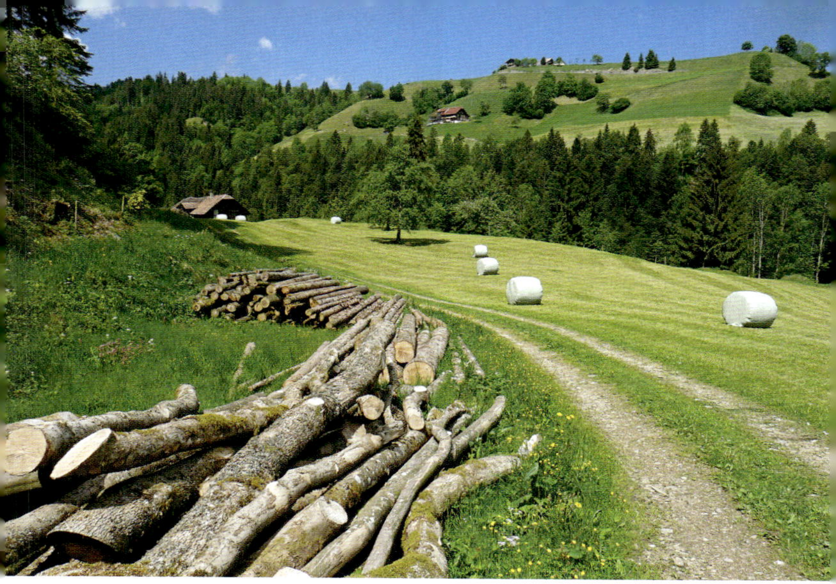

Leutschebode mit Blick auf Chienissunnsite und Oberchienis. Dort hinauf geht's!

gegen Chienissunnsite hinauf. Über die Wiese erreicht man diesen Hof. Von dort auf dem Zufahrtsweg hinauf zur Kammstraße. Westwärts zum Hof **Stoos** 4, 984 m, und auf dem Fußweg hinab nach Ahornebode, ca. 900 m. Nordostwärts, schon bald dem Waldrand entlang; die Zäune haben Durchlässe. Denjenigen an der Hangkante 300 m nach Ahornebode darf man nicht verpassen; westlich von Stoosloch. Auf einem Pfad steil im Zickzack zwischen Felsen hinab. Er zieht nach links und überwindet eine Passage mit Erdrutsch. Weiter unten folgt eine etwas heikle Querung eines Bachbettes. Der Pfad endet fast beim Zusammenfluss des Baches aus dem Dürrenegggrabe und der **Kleinen Fontanne** 5; den ersten Wasserlauf queren wir ohne, den zweiten mit Brücke, 735 m. Nun auf dem Wanderweg steil hinauf Richtung Menzberg. Auf ca. 815 m trifft er auf einen horizontalen Weg und zieht nach links. Wir aber gehen ein paar Schritte nach rechts und steigen weiter auf dem direkten Weg hoch, der sich dann leider als etwas überwachsen erweist. Zuletzt links auf eine Weide und hinauf auf dem Feldweg nach Schürneuhus. Wenn die Wiese gemäht ist, geradeaus einer Rampe folgen, die nach rechts hält, dann steil dem Waldrand entlang zu einem wunderbar gelegenen Ferienhaus im Speicherstil aufsteigen. Dahinter auf die Teerstraße (P. 1007), die von Schürneuhus heraufkurvt. Auf der Straße, an einem Alpenzeiger, ca. 1045 m, vorbei, nach **Menzberg** 6.

6.00 h

Romoos – Napf, 1406 m – Lüderenalp

Ost – West

Alle und alles ist oben. Wanderer, Biker, Jogger, Schneeschuhläufer, Skifahrer. Als Training, zu einem Morgen-, Mittag- oder gar Abendessen (und dann mit der Stirnlampe zurück), zum Übernachten (Zimmer 31 mit Süd- und Westsicht!), zum Übernachten im Schlafsack draußen, um den Sonnenaufgang nicht zu verpassen. Eine fußballfeldgroße Gipfelmatte mit dem Abgrund rundherum. Je ein Hotel, Bauernhaus, Kioskhäuschen, Materialseilbahn- und Wetterstation, zwei Triangulationssignale, drei Panoramatafeln, viele Tische und Bänke, und noch mehr glückliche Besucher. Und Kühe, deren Glocken uns am Morgen wecken, wenn die Sonne alle neun 4000er der Berner Alpen bestrahlt. Willkommen auf dem wichtigsten, verwinkeltsten, beliebtesten, vielleicht auch niederschlags-, ganz sicher aussichtsreichsten Gipfel zwischen Emmental und Entlebuch. Sein Name: Napf.

Ausgangspunkt: Romoos, Haltestelle Holzwäge, 1081 m; Postauto von Wolhusen.
Endpunkt: Lüderenalp, 1140 m; Bus nach Wasen i. E. oder Langnau, fährt an Wochenenden von Mai bis Oktober. Da die Lüderenalp sehr gut besucht ist, findet man dort fast immer eine Mitfahrgelegenheit.
Anforderungen: Markierte Wege, die zuweilen auch mal schmal und ausgesetzt sind. T2+.
Beste Jahreszeit: Mai bis Oktober.
Einkehr: Holzwäge, Oberänzi, Stächel-

Nach der Lushütte: Eiger, Mönch und Jungfrau. Links der Wanderin das Aletschhorn.

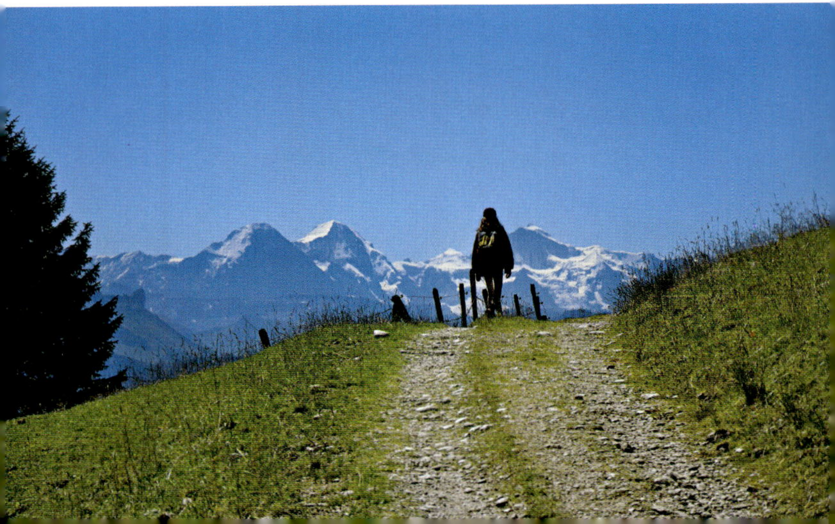

egg, Napf, Niederenzi, Hochänzi (Selbstbedienung), Lushütte.

Unterkunft: In Romoos: Hotel Kreuz, Tel. +41 41 480 13 51. Berghotel Napf, 30 Plätze, immer offen, Nov.–April Mo, Di geschlossen, Tel. +41 34 495 54 08, www.hotelnapf.ch. Lushütte, geöffnet Anfang Mai – Ende Okt. (Mo geschlossen), Tel. +41 34 495 54 41. Hotel Lüderenalp, Tel. +41 34 437 16 76.

Varianten: 1) Hengst, 1372 m, oder wie es neuerdings auf der Landeskarte heißt, Hängst: Der dritthöchste Gipfel im Napf-Gebirge, und mit seinen gebänderten Nagelfluhwänden der markanteste, ist leicht auf einem Pfad über den Südwestgrat oder weglos entlang dem Waldrand direkt von der Stächelegg aus erreichbar; Gipfelbuch zuoberst.

2) Grüeblihängst und Napfflue, beide 1366 m, die Nummer fünf und sechs im Napfbergland, sind das Gegenüber zum Hängst; ein abenteuerlicher Pfad (an einer Stelle mit einem Seil versehen) folgt dem Grat konsequent über die beiden Gipfel bis zurück auf den Wanderweg beim Nordwestgrat der Napfflue; T4.

3) Hochänzi, 1368 m, die Nummer vier, kann ohne großen Aufwand mitgenommen werden; vgl. Tour 33.

4) Farnli-Esel, 1383 m, die Nummer zwei, liegt ebenfalls am Weg: vom Sattel, 1306 m, westlich der Lushütte im Wald weglos über den Nordostrücken zu P. 1363 und auf Pfadspur über den bewaldeten Grat zum höchsten Punkt, dann zurück zum Zaun und über den südwestlichen Grashang hinab auf den Wanderweg.

5) Geissgratflue, 1346 m: Aufstieg auf schmalem Pfad über den Nordostgrat auf den höchsten Punkt. Hinab in einen Sattel, ca. 1315 m, und hinauf auf den Südgipfel, 1332 m. Abstieg über den waldig-grasigen Südgrat ins Homattgätterli; T4.

6) Rafrüti, 1202 m; vgl. Tour 14.

Tipp: Das Zyberliland Romoos ist ein toller Natur-Spielpark für Kinder, mit jeder Menge Attraktivitäten für die gesamte Familie, Infos siehe www.zyberliland.ch.

Literatur: Gottfried Straßer: Der Napf, der Rigi des Emmenthals, 1883.

Kombinationsmöglichkeit: Mit Tour 14, 35, 37 und 38.

Karten: 234 T Willisau, 244 T Escholzmatt; 3321 T Napf-Sörenberg.

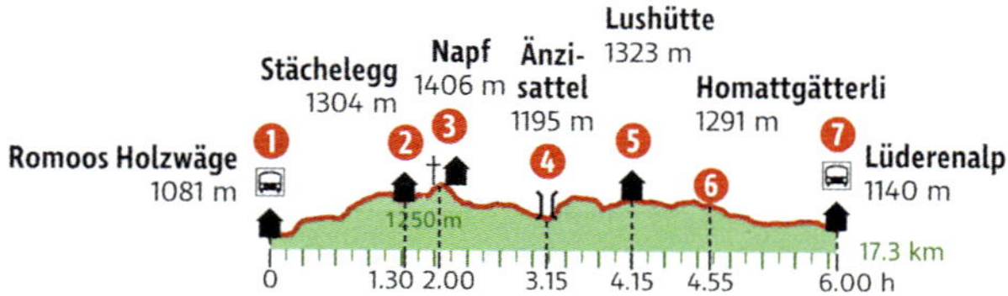

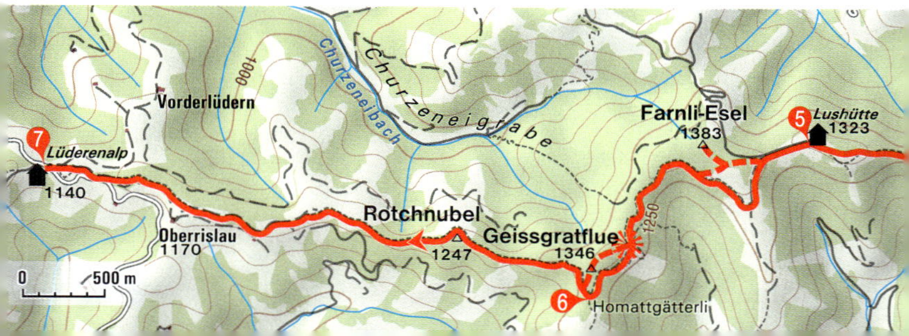

Von **Romoos Holzwäge** ❶ westwärts auf der gelb markierten Wanderroute über das Goldsitenegg, 1196 m, und danach auf einem Sträßchen das Mättebergegg, 1211 m, passierend nach Änzilegi, 1349 m (Gipfelkreuz); der geringfügig höhere Gipfel der Änzilegi, 1354 m, kann linkerhand des Weges nach der Alphütte mitgenommen werden.

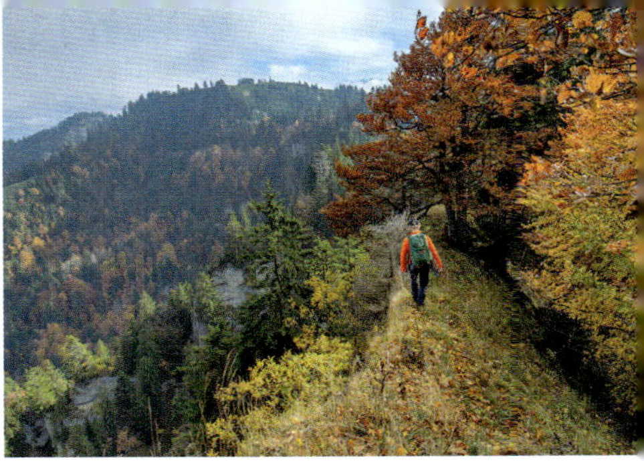

Der abenteuerliche Weg über die Napfflue (Variante 2).

Abstieg zur Alpwirtschaft **Stächelegg** ❷, vielleicht noch schnell auf den Hängst mit seiner eindrücklichen Flue auf der Nordseite, und in Kürze hinüber auf das ausladende Gipfeldach des **Napf** ❸. Am gleichen Tag oder schöner am nächsten Morgen schräg hinab zur Weggabelung, 1279 m, auf dem Südgrat des Grüeblihängst, durch seine Westseite und um die Napfflue herum mehr oder weniger Höhe haltend, dann über die Eyflue zum Restaurant **Niederenzi**, 1235 m. Auf dem Teersträß-

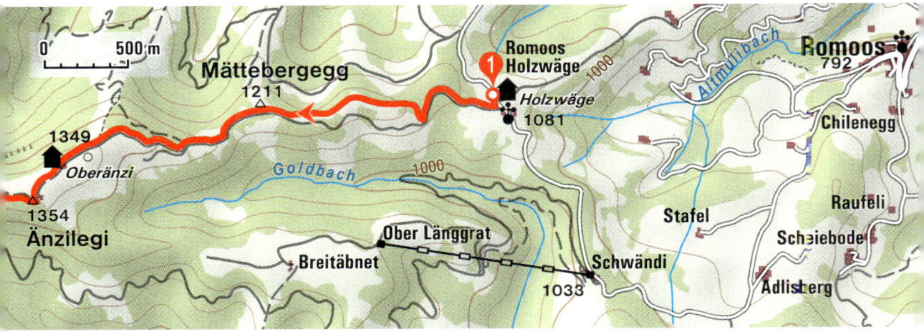

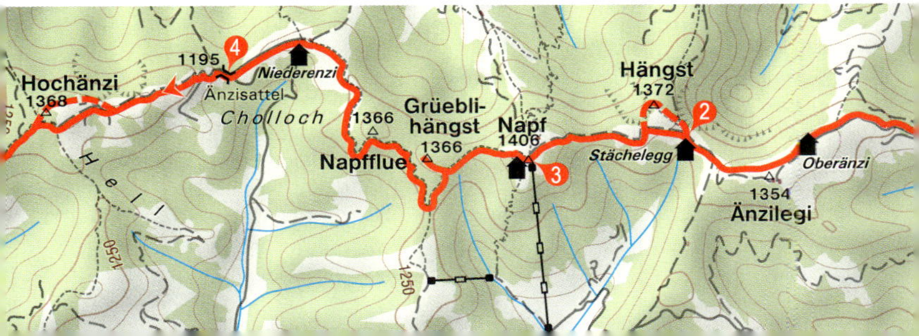

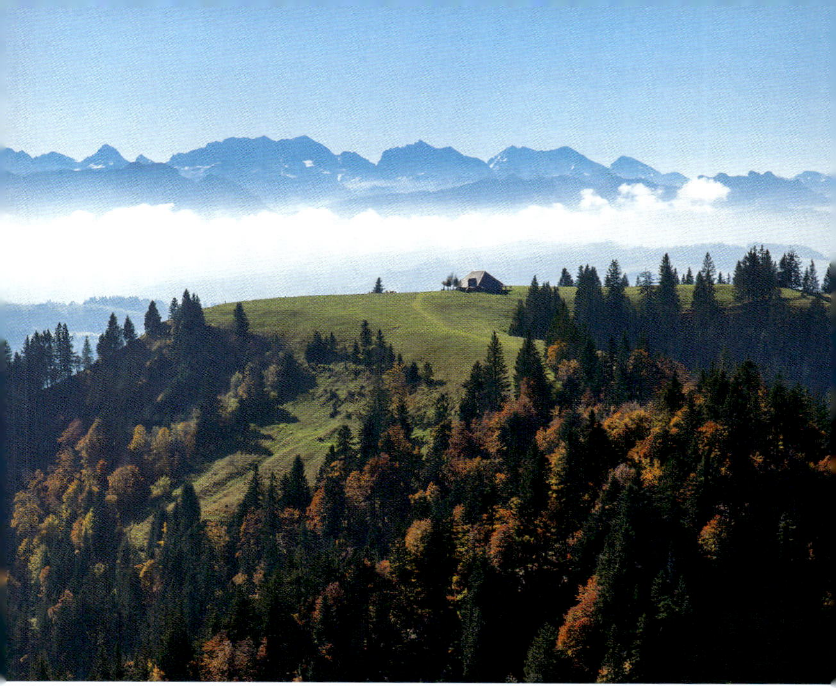

Diese Seite: Blick von Hochänzi nach Süden zum flachen Grasplateau Höch Surebode. Rechte Seite: Der Napf: Spiel- und Kuhwiese, Einkehr und Unterkunft, Wegspinne und Aussichtsplatz.

chen hinab in den **Änzisattel** ❹, und auf dem Fahrweg zum Hof Hochänzi, ca. 1330 m. Durch die Sonnenseite des Hochänzi, hinab in einen Sattel, ca. 1255 m, und dem Grat entlang zur **Lushütte** ❺ (Obere Lushütte auf der Landeskarte); eine oft besuchte Alpwirtschaft. Das Spiel von ständig auf- und absteigender Flanken- und Gratwanderung beginnt von Neuem; zwischen Mittleri Lushütte und Homattgätterli unterhalb von Farnli-Esel und Geissgratflue ist der Weg manchmal so schmal, dass das Kreuzen von zwei Personen kaum möglich ist; zahlreiche Holzplanken und -treppen.
Von der Weggabelung **Homattgätterli** ❻ nochmals steilflankig durch die Geissgratflue, worauf sich das Gelände etwas verflacht. Schattseitig um den Rotchnubel, 1247 m, herum – er kann aber locker überschritten werden. Bleibt die aussichtsreiche Gratwanderung zur **Lüderenalp** ❼, mit nochmals spürbaren Gegenaufstiegen bei Bluttenriedschwand und Oberrislau.

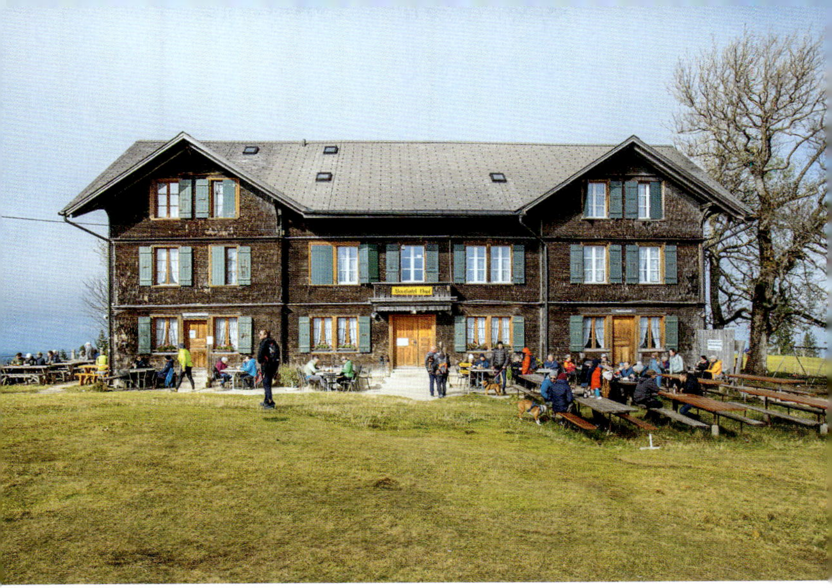

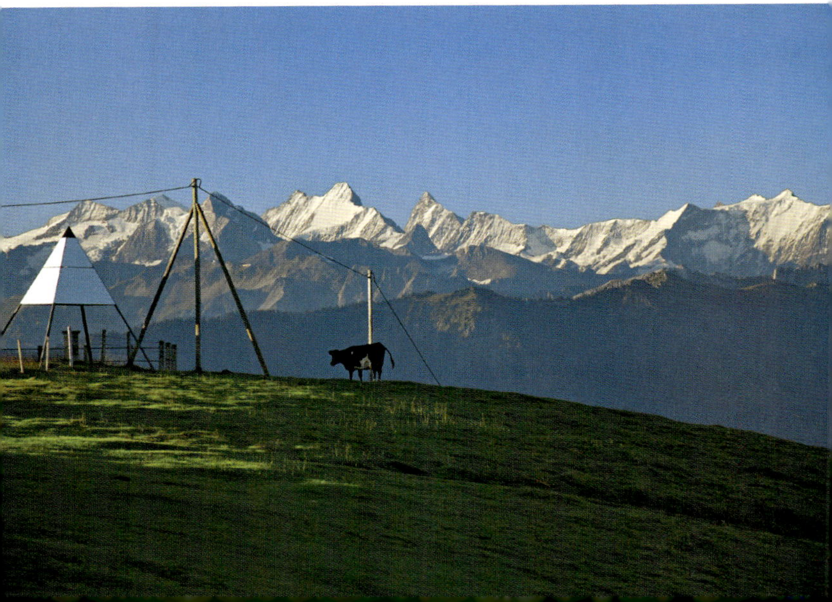

TOP

37

Luthern Bad – Napf, 1406 m – Fankhaus

↗ 600 m | ↘ 600 m | 9.4 km

3.15 h

Nord – Süd

Es gibt das Dach der Welt, von Europa, der Schweiz – und des Emmentals. Everest, Elbrus, Monte Rosa und Napf. 8848, 5642, 4634 und 1406 Meter über dem Meer. Wir stellen hier den kürzesten Aufstieg auf den Napf vor, der immer mit öffentlichen Verkehrsmitteln machbar ist. Umso mehr Zeit haben wir, oben zu bleiben. Und das zu sehen, was Paul Wittwer im Kriminalroman »Giftnapf« (Nydegg Verlag, 2008) schreibt: »Gegen Süden präsentierten sich die Schneeberge in ihrer ganzen Majestät, im Westen die Freiburger Alpen, dann der Jura im Norden, die Innerschweiz im Osten. Unzählige Erhebungen, die er nicht zu benennen wusste, ragten aus dem Mittelland hervor. Er fragte sich, wie es möglich ist, dass sich vom Napf aus ein derart fantastischer Rundblick bieten konnte, wo doch der Berg praktisch nie sichtbar war.«

Typisch Emmental: schmaler Weg auf waldigem Grat. Abstieg nach Fankhaus.

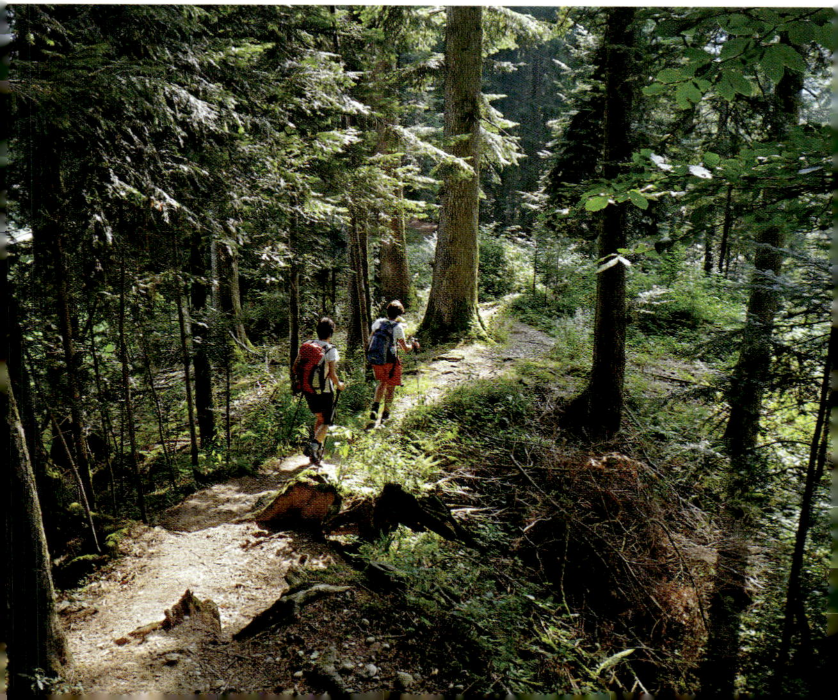

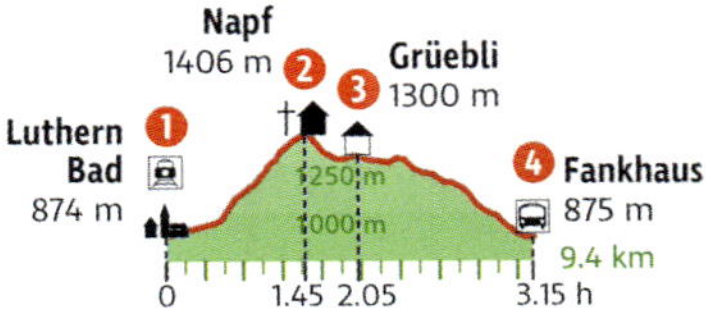

Ausgangspunkt: Luthern Bad, 874 m; Postauto von Hüswil bzw. Zell an der Bahnlinie Langenthal – Huttwil – Luzern.
Endpunkt: Fankhaus im Fankhausgraben, Haltestelle Schulhaus, 876 m; Bus nach Trubschachen und Langnau an der Bahnlinie Bern – Luzern.
Anforderungen: Markierte Bergwege, die ein wenig Trittsicherheit verlangen. T2.
Beste Jahreszeit: Mai bis Oktober.
Einkehr: Selbstbedienungsbeiz beim Bergbauernhof Grüebli. In Fankhaus selbst ein Dorflädeli.
Unterkunft: In Luthern: Gasthaus Hirschen in Luthern Bad, Tel. +41 41 978 13 57. Bergwirtschaft Trachselegg, Tel. +41 79 791 34 27. Napf: Berghotel Napf, 30 Plätze, immer offen, Nov.–April Mo, Di geschlossen, Tel. +41 34 495 54 08, www.hotelnapf.ch. Hotels in Trub und Trubschachen.
Varianten: 1) Direkter Abstieg auf die Mettlenalp, 1052 m (Hintermettlen auf der neuen Landeskarte), 35 Min.; der Bus nach Trubschachen fährt nur am Wochenende von Mai bis Oktober. Das ist auch der kürzeste Weg auf den Napf.
2) Die Anhöhen auf dem Grat, über und entlang dem der Abstieg verläuft, können auch überschritten werden, so P. 1308 nördlich von Grüebli und insb. die Hochegg, 1288 m (heute ohne Namen auf der Landeskarte, nordöstlich von Schindelegg); Pfad über den Nordgrat, durch Waldlichtung nach vorne zum höchsten Punkt, Abstieg über Weide und auf Pfad rechts haltend hinab zu Höstulle-Hütte.
Kombinationsmöglichkeit: Tour 33, 36 und 38.
Karten: 234 T Willisau, 244 T Escholzmatt; 3321 T Napf-Sörenberg.

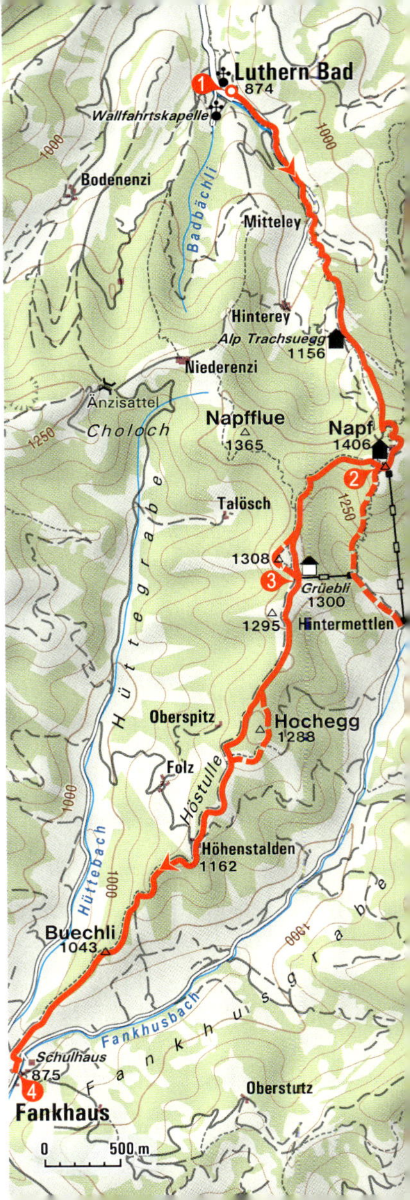

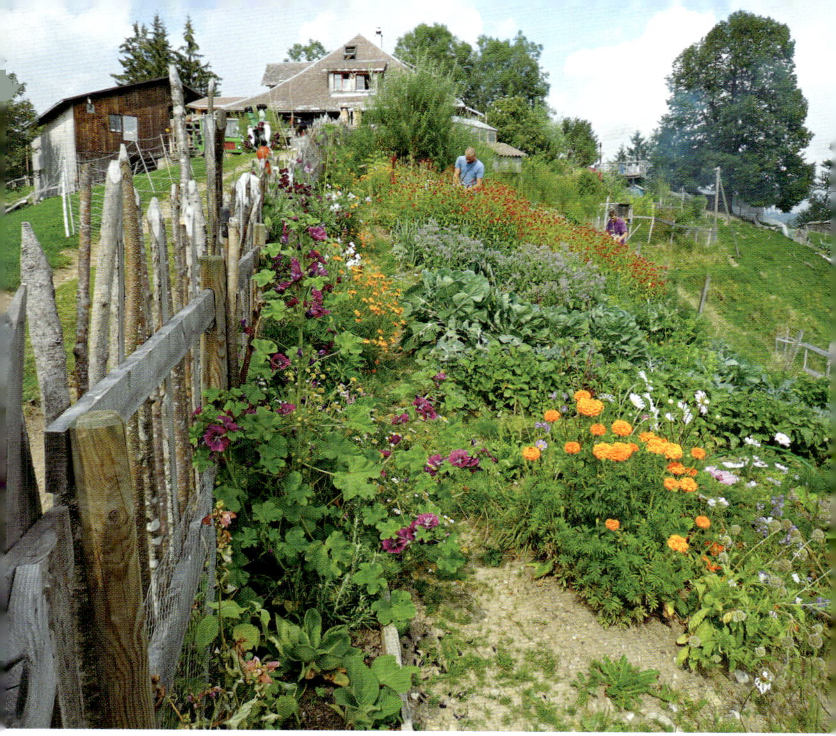

Keine Grube: Grüebli am Napf, Bergbauernhof und Selbstbedienungswirtschaft.

Von **Luthern Bad** ❶ taleinwärts auf dem Wanderweg der Luthern und ihrem Seitenbach entlang nach Mitteley. Kurz danach zweigt links der schönere Weg auf den Napf ab. Über einen grasigen und waldigen Grat hoch auf die Alp Trachsuegg, 1156 m. Weiter über den meist bewaldeten Grat in direkter, steiler Linie hinauf zum **Napf** ❷, 1406 m, und seinem Berghotel. Der Abstieg erfolgt zuerst west-, dann südwärts über den langen Rücken, welcher den Hütte- vom Fankhusgrabe trennt. Erster Zwischenhalt ist der Bergbauernhof **Grüebli** ❸, ca. 1300 m, der mit einem Gegenaufstieg erreicht wird. Kurz danach passiert der gute Weg schmale, ausgesetzte Stellen. Die Schindelegg wird auf der West-, die Höstulle auf der Ostseite gequert. Beim Hof Höhenstalden, 1162 m, verflacht sich der Rücken kurzzeitig, worauf er wieder schmal verläuft bis hinab nach Fankhus Lehn. Linker Hand hinab zum Fankhausbach und zur Bushaltestelle beim Schulhaus von **Fankhaus** ❹.

↗ 790 m | ↘ 620 m | 11.9 km

4.45 h

Fankhaus – Napf, 1406 m – Mettlenalp

TOP **38**

Die Napfrunde

Im Anschluss an die Ost-West- und Nord-Süd-Überschreitungen soll noch abschließend eine Rundtour über den Napf vorgestellt werden, die wie die meisten Wanderwege im Napfgebiet auf aussichtsreichen Graten verläuft. Allerdings wird die hier vorgestellte Runde erst durch eine 13-minütige Busfahrt zwischen Mettlenalp und Fankhaus geschlossen. Alternativ kann die Runde für ausdauernde Wanderer auch zu Fuß beendet werden, wie in der Variante beschrieben – oder sie wird gar eine 2-Tagestour, mit einer Übernachtung auf dem Napf selbstverständlich.

Ausgangspunkt: Fankhaus im Fankhausgraben, Haltestelle Schulhaus, 876 m; Bus nach Trubschachen und Langnau an der Bahnlinie Bern – Luzern.
Endpunkt: Mettlenalp im Fankhausgraben, 1052 m, Haltestelle und Restaurant; trotz gleicher Linie verkehren deutlich weniger Busse zur Mettlenalp als nach Fankhaus.
Anforderungen: Durchgehend markierte Bergwege. Viel T1, wenig T2.
Beste Jahreszeit: Mai bis Oktober.
Einkehr: Hochänzi (Selbstbedienung), Niederenzi, Napf, Mettlenalp.
Unterkunft: Berghotel Napf, 30 Plätze, immer offen, Nov.–April Mo/Di geschlossen, Tel. +41 34 495 54 08, www.hotelnapf.ch. Restaurant Mettlenalp, Tel. +41 34 495 54 28.
Varianten: 1) Die Runde vervollständigen, indem man vom Napf dem Kamm ostwärts weiter folgt über Stächelegg und anschließend südwärts über Trimlen, 1232 m, und Kampenknubel, 1261 m, zum Chrüzbode, 1155 m; hier wird der Grat verlassen und man steigt über Stelle und Neubruch nach Fankhaus ab; gelb markiert, insgesamt dann gut 7 Std. und 1210 Hm.
2) Zweitages-Runde: Tag 1: Trub, 790 m – Unter Stauffen, 1021 m – Stauffenchnubel, 1227 m – Homattgätterli – Lushütte – Napf; 6.15 Std., 1320 m auf, 710 m ab; Tag 2: Napf – Stächelegg – Trimlen, 1232 m – Kampenknubel, 1261 m – Grätliegg, 1140 m – Ober Altgfähl/Restaurant Himugüegli, 1108 m – Trub; 4.45 Std., 540 m auf, 1510 m ab.
Kombinationsmöglichkeit: Tour 33, 36 und 37.
Karten: 234 T Willisau, 244 T Escholzmatt; 3321 T Napf-Sörenberg.

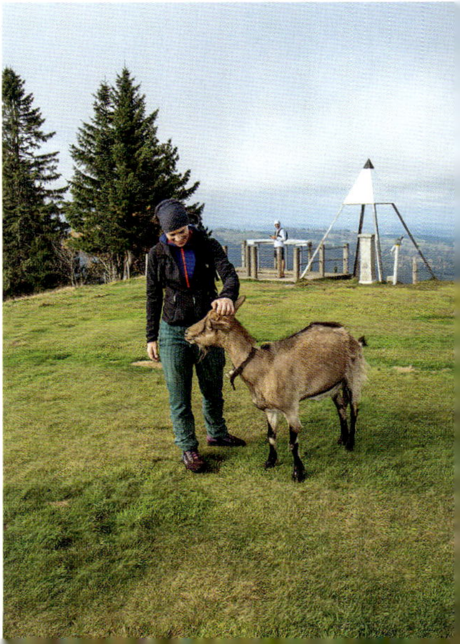

Hier herrscht Sympathie: auf dem Napf.

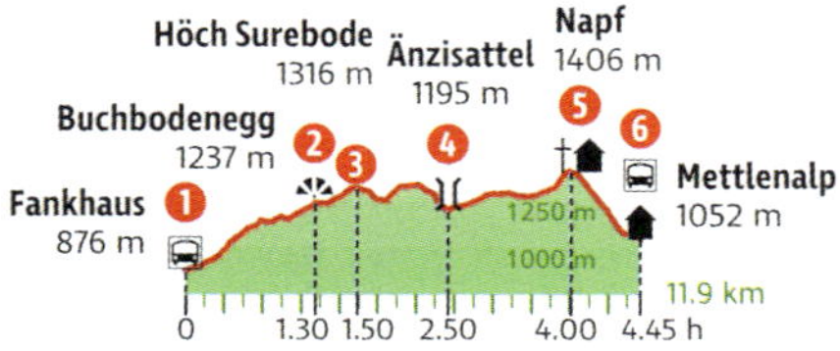

Auf der der Bushaltestelle **Fankhaus** ① gegenüberliegenden Straßenseite folgen wir der Beschilderung in Richtung Höch Surebode. Die Wanderroute überquert eine Fahrstraße, steigt kurz steil an zum Hof Ober Schwarzentrub, 953 m, und folgt einem Forststräßchen. Nach Verlassen eines Waldabschnittes kann die nächste Kehre abgekürzt werden, indem man direkt

Schöne Aussichten ins Emmental und darüber hinaus: der Grat beim Buchbodenegg.

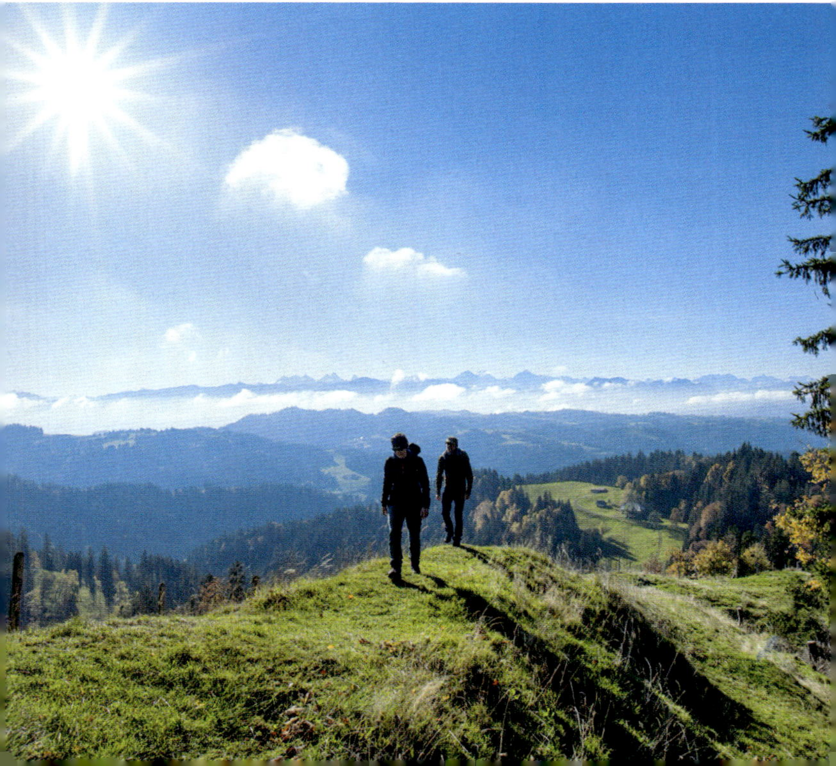

über die Wiese steil hochsteigt – oben auf dem Grat befindet sich eine hübsch gelegene Aussichtsbank. Weiter auf dem Kammweg über Fuchsegg, 1148 m, zum **Buchbodenegg** ❷ mit schöner Aussicht zu den Berner Hochalpen. Die Graskuppen Chanzel und Schinliegg passierend, geht es weiter zum flachen Grasplateau **Höch Surebode** ❸ mit einer kleinen Hütte.
Nach einem kurzen Abstieg steigen wir erneut hoch bis zur Wegkreuzung Höchänzi, 1322 m. Nach rechts und auf einer Erschließungsstraße den gleichnamigen Hof passieren, dann hinab in den **Änzisattel** ❹. Weiter ostwärts am Hof Niederenzi vorbei und unterhalb von Napfflue und Grüeblihängst (oder auf dem Grat über beide drüber; vgl. Tour 36, Variante 2) zum **Napf** ❺ hoch. Nach ausgiebiger Pause und fleißigem Bergeraten der Hochalpengipfel geht es auf einem schönen Waldweg hinab zur **Mettlenalp** ❻.

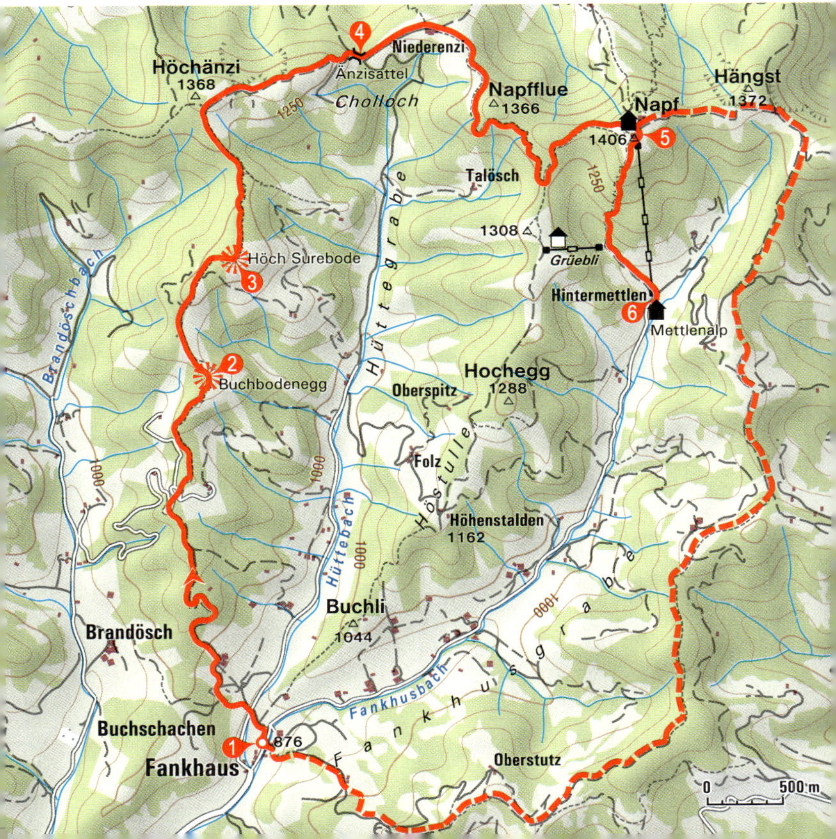

↗ 440 m | ↘ 480 m | 8.9 km

39 Escholzmatt – Bockshorn, 1251 m – Trub

3.00 h

Sich nicht ins Bockshorn jagen lassen

»In Trubschachen« hieß der erste Roman des Berners E.Y. Meyer. Er erschien 1973 und brachte einen neuen Ton in die damalige deutsche Literatur: Kleist'sche Sätze und Kant'sche Erörterungen im Gotthelf'schen Emmental, gewürzt mit den üppigen Fleischplatten des »Hirschen« in Trubschachen. Dort verbrachte der Schriftsteller den Jahreswechsel 1969/70 und machte immer wieder Verdauungsspaziergänge. Einer führte ihn auf die Risisegg Richtung Turner, in die Nacht, den Tiefschnee und fast den Tod: »... beginnt man dann den Hang, so gut es geht, auf allen vieren durch den Schnee wieder hinaufzukriechen, rutscht dabei auf der keinen Halt bietenden Schneeunterlage jedoch immer wieder aus und bleibt noch verschiedene Male im Schnee, der nun auch bereits schon in die Kleider hineingedrungen ist, liegen, immer wieder der Versuchung ausgesetzt, in der weichen, sich dem Körper anpassenden weißen Masse – die einem die mit der letzten Kraft erworbene Wärme nicht zu nehmen, sondern im Gegenteil zu erhalten scheint – liegen zu bleiben ...« 2009 erschienen im Zürcher Wolfbach Verlag die Kriminalgeschichten »Die Nachtfrau« von Peter Krebs. Diejenige mit dem Titel »Das Anagramm« spielt am Bockshorn. Viel Literatur also auf dieser Wanderung vom Entlebuch ins Emmental.

Null Bock aufs verschneite Bockshorn? In einem der »Löwen« bleiben und lesen!

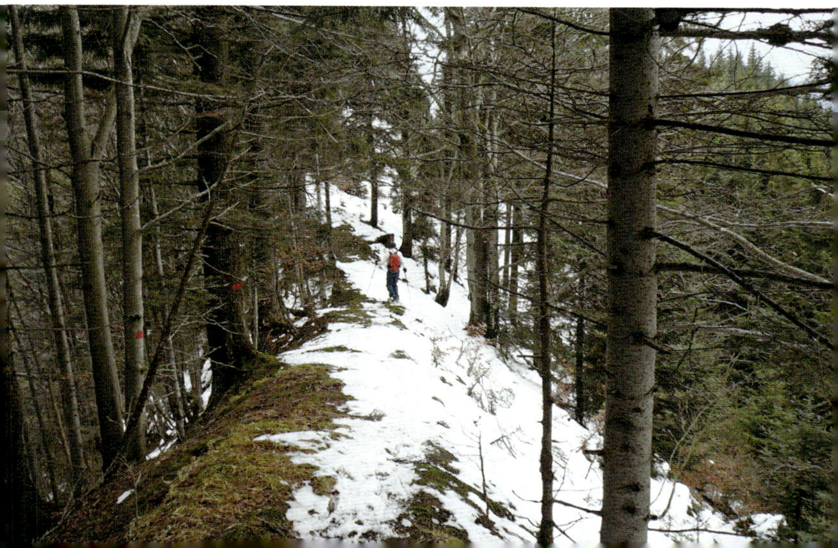

Ausgangspunkt: Escholzmatt, 854 m, an der Bahnlinie Bern – Langnau – Luzern.
Endpunkt: Trub, 811 m; Bus via Trubschachen nach Langnau – je nach Verbindung in einem der Orte in den Zug umsteigen.
Anforderungen: Der etwas steilere, unmarkierte Aufstieg aufs Bockshorn und der etwas steilere, aber markierte Abstieg vom Risiseggchnubel sind je kurz T2; sonst T1.
Beste Jahreszeit: April bis November.
Einkehr: Selbstbedienungskasten mit Getränken und Gebäck beim Hof Oberaltgfähl.
Unterkunft: In Escholzmatt und Trub.
Variante: Das Bockshorn auf dem Wanderweg halb umgehen und dann von Westen gewinnen; 15 Min. mehr.
Kombinationsmöglichkeit: Mit Tour 37.
Karten: 244 T Escholzmatt; 3321 T Napf-Sörenberg.

Vom Bahnhof **Escholzmatt** ❶ ins Zentrum des Dorfes und zur großen neugotischen Pfarrkirche St. Jakob; vor der Kirche, auf der Wasserscheide zwischen Grosser und Kleiner Emme, plätschert ein Brunnen mit der Figur von Franz Joseph Stalder, dem Begründer der deutschschweizerischen Dialektologie. Schräg gegenüber wacht der »Löwen« – das rote Tier in der reich verzierten Gasthausfassade ist unübersehbar. Auf der Wanderroute durch die Schmiedgasse ins Lumbechtal, dann rechts Richtung Lochguet weitergehen. Der Wanderweg verlässt die Zufahrtsstraße und folgt dem Lochbach (ohne Namen auf der Landeskarte) bis zum Hof Lochweidli. Hier nach rechts und hinauf auf einen waldigen Gratrücken. Nordwärts und unterhalb der Bärgli-Hütte vorbei. Wo der Wanderweg bei einem Tor wieder in

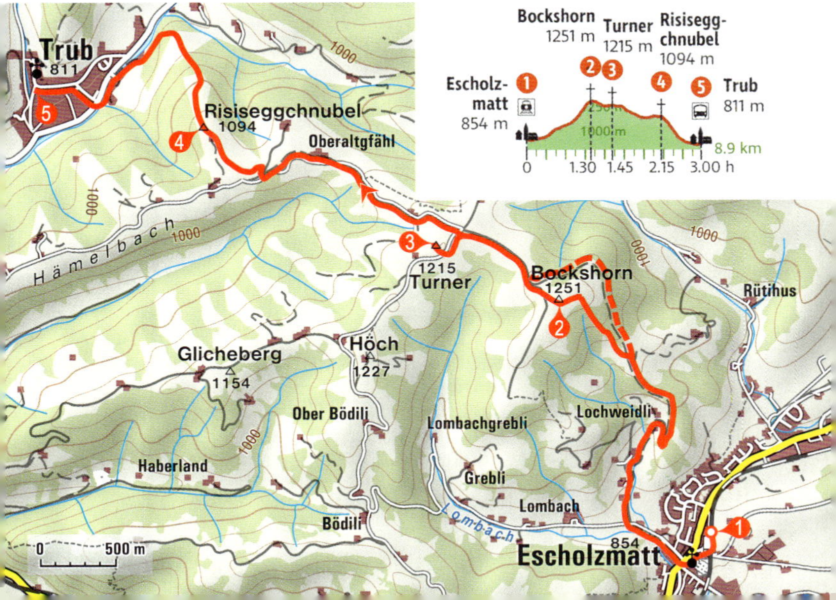

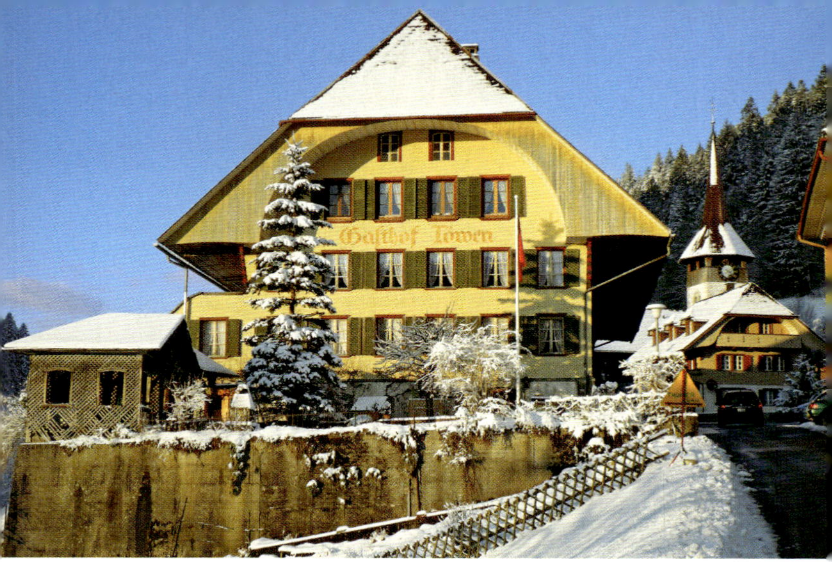

Das ist der »Löwen« in Trub BE – empfehlenswert wie der in Escholzmatt LU.

den Wald eintritt, links hinauf auf den Grat. Auf einem auf der Landeskarte nicht eingetragenen Pfad direkt über den Südostgrat, zuerst im Wald, dann über eine ziemlich steile Wiese, auf den Gipfelkamm des **Bockshorns** ❷ und nach links zum Kreuz, 1251 m, der allerhöchste Punkt, 1252 m, liegt 200 m weiter südwestlich. Auf der neuen Landeskarte hat der Gipfel keinen Namen mehr, aber auf alten ist er noch mit Bockshorn angeschrieben. Hinab zum Bock-Hof und auf dem geteerten Sträßchen zur Vierwegkreuzung, 1193 m, östlich des Turner. Richtung Escholzmatt bis zum nächsten Haus und über die Wiese hinauf auf den **Turner** ❸, 1215 m; auf dem Gipfel befindet sich ein schöner Grenzstein mit den verwitterten Wappen von Luzern und Bern. Vielleicht wird auf dem Turner auch eine moderne Windenergieanlage gebaut.

Zurück zur Vierwegkreuzung. Auf dem Sträßchen und zuletzt auf dem Zufahrtsweg zum Hof Oberaltgfähl, 1107 m. Ein aussichtsreicher Wiesenpfad führt flach weiter, ein Hangweg bald darauf gegen den **Risiseggchnubel** ❹, 1094 m. Der Wanderweg zieht östlich unterhalb vom Hof und Chnubel vorbei, wir steigen aber rasch zum Chnubel hoch. Dann auf dem Weg ziemlich steil über Weiden und durch Wald zum Bach Trub hinab; bachabwärts zu einer Brücke, ca. 805 m. Kurz der breiten Straße folgen, über die Ebene zum Mülihof und hinüber ins Dorf **Trub** ❺ mit der Kirche aus dem 17. Jahrhundert und dem Gasthof Löwen.

↗ 120 m | ↘ 270 m | 16.6 km

3.45 h

Schüpfheim – Kleine Emme – Wolhusen

40

Amnis hüben und drüben

Die Emme fließt nicht nur durchs Emmental, sondern auch durchs Entlebuch. Ortschaften und Fluren wie Emmen, Emmenmatt, Emmenmätteli, Emmenhüsli, Emmenfeld, Ämmeschache, Ämmeberg, Ämmeweid oder Ämmehof finden sich entlang beider Flüsse. Die bernische Emme, auch Grosse Emme genannt, beginnt am Hohgant und endet nach 82 km in die Aare. Die luzernische Kleine Emme entspringt am Brienzer Rothorn, heißt bis Schüpfheim Waldemme, wo sie sich mit der Wiss Emme vereinigt, und ergießt sich nach 58 km bei Emmenbrücke in die Reuss. Ihren Ursprung sollen beide Emmen im lateinischen Wort amnis haben, was kleiner Fluss, Bach, Gießbach, Wildbach, Strom und Strömung bedeutet, ganz allgemein auch Wassermasse und im poetischen Sinne ebenfalls Wassergott. Und genau all das finden wir auf dem Wasserweg entlang der Kleinen Emme – ein Erlebnisweg der ganz besonderen Art.

Ausgangspunkt: Schüpfheim, 715 m, an der Bahnlinie Bern – Wolhusen – Luzern.
Endpunkt: Wolhusen, 565 m.
Anforderungen: Markierter Wanderweg. T1.
Beste Jahreszeit: Immer, auch im Winter, wenn nicht zu viel Schnee und Eis. Am schönsten vielleicht, wenn in der Kleinen Emme gebadet werden kann.
Einkehr und Unterkunft: In Schüpfheim, Hasle, Entlebuch und Wolhusen.
Variante: Dank Bahn- und Busstationen kann die Wanderung gut abgekürzt werden.
Tipp: Auf www.biosphaere.ch/de/sommerzeit/wandern-spazieren/themenwege können die PDF-Dateien zum Wasserweg Kleine Emme und zum dreietappigen Emmenuferweg Sörenberg – Schüpfheim – Wolhusen – Luzern heruntergeladen werden.
Kombinationsmöglichkeit: Mit Tour 40.
Karten: 244 T Escholzmatt; 1149 Wolhusen, 1169 Schüpfheim.

Pietro Molo kurz nach Schüpfheim.

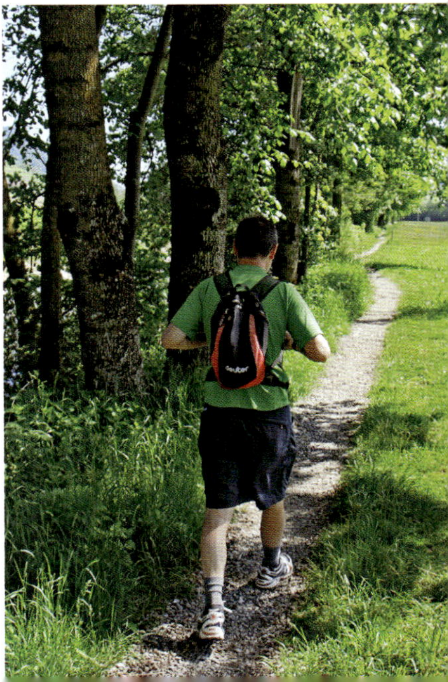

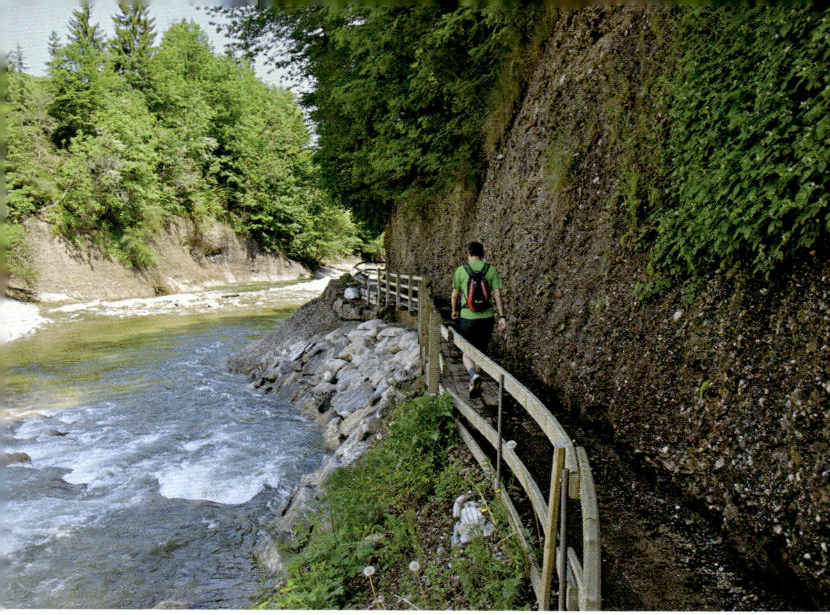

Unterhalb von Entlebuch geht's gut gesichert entlang von Nagelfluhwänden.

Vom Bahnhofsplatz in **Schüpfheim** ❶ auf der gut markierten Wanderroute nordwärts, unter den Geleisen hindurch und an die **Kleine Emme** ❷. Flussabwärts auf dem rechten Ufer. Bei der Zinggebrügg gibt es den ersten von zehn Gegenaufstiegen. Bei **Hasle** ❸, 687 m, wechseln wir aufs linke Ufer; hier beginnt der mit sehr lesenswerten Infotafeln versehene Wasserweg Kleine Emme. Über eine alte Brücke zurück aufs rechte Ufer. Bis Entlebuch ist der Uferweg »gebirgiger«, auf und ab zur Eisenbahn und zurück zum Fluss. Eingangs Entlebuch wird die Grosse Entle auf einer Holzbrücke mit Kantonswappen überschritten. Hinauf zum Bahnhof **Entlebuch** ❹, 683 m, mit den riesigen Gebäuden von Ackermann Versand (das erste Versandhaus Europas, 1871 von Johann Ackermann in Entlebuch gegründet).

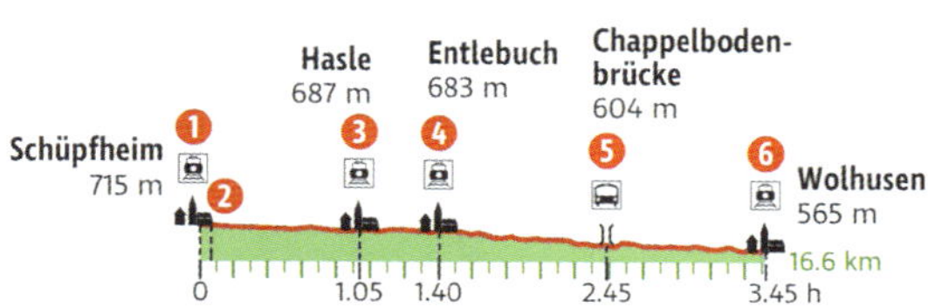

Hinab zur Kleinen Emme, auf schmalem, versichertem Weg entlang von Nagelfluhwänden. In einer Flussschlaufe steigt der Weg wieder mal spürbar an und sinkt zu schönen Rastplätzen ab. Nun durch die Auenlandschaft von Emmemätteli, wo sich der Weg teilweise vom Ufer entfernt. Darauf folgt erneut ein welliger Wegabschnitt, wobei ein paar Seitenbäche gequert werden. Schließlich geht der Ufer- in einen Fahrweg über; beidseits des Flusses finden sich beliebte Badeplätze.
Bei der **Chappelbodenbrücke** ❺, 604 m (mit Postautohaltestelle; ohne Namen auf der LK), wechseln wir auf das linke Ufer. Die Einmündung der goldführenden Fontanne zwingt zu einem Umweg und zu für eine Flusswanderung recht happigen Gegenaufstiegen. Wieder am Fluss unten, kommen wir an einer Messstation vorbei. Entlang von Nagelfluhwänden müssen wir zum letzten Mal ansteigen.
Bei der Mäderslehnbrücke geht es zurück aufs rechte Ufer; flussaufwärts die Bushaltestelle Neuemsern-Rossei. Auf der Wanderroute entlang der Autostraße, mit einem kurzen »Umweg« über Sandmätteli, durch Wolhusen-Markt und Wolhusen-Zentrum zum Bahnhof **Wolhusen** ❻.

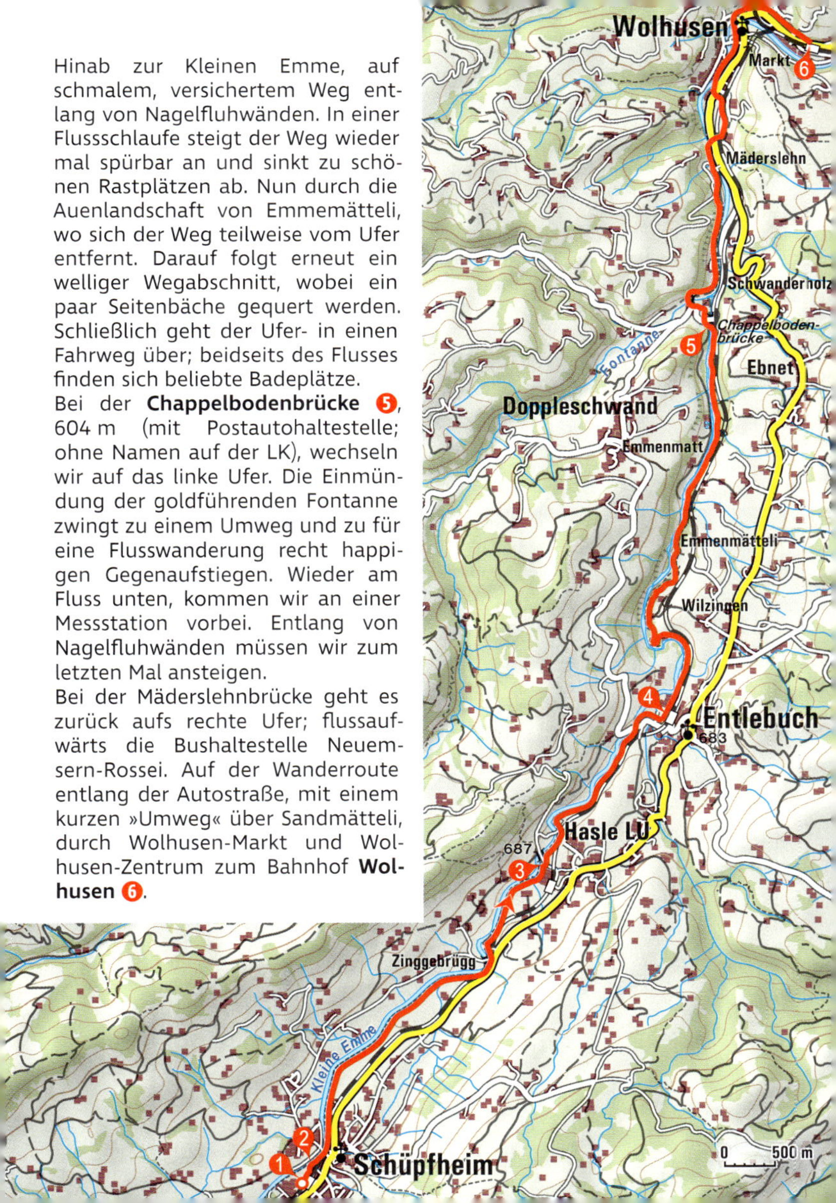

TOP

41

↗ 660 m | ↘ 660 m | 13.8 km

Entlebuch – Energielehrpfad – Wissenegg, 1285 m

4.15 h

Triple E

Wie viele Lehrpfade es in der Schweiz wohl gibt? Viele, vielleicht gar zu viele. Und vor allem auch langweilige. Der Weg von Erlebnis Energie Entlebuch ist anders. Erstens gibt es kaum einen anderen Ort in der Schweiz, wo auf so wenig Raum so viel Energie gewonnen wurde und wird: Licht und Sonne, Luft und Wind, Erde und Moor, Gas und Feuer, Wald und Holz, Fluss und Wasser; fehlen Atom- und Kohlekraftwerke – aber wollen wir die noch? Zweitens sind die Informationsplattformen wirklich klug gemacht. Und drittens ist die Wanderroute zwischen Entlebuch und Finsterwald abwechslungsreich. Aber warum wird dann hier trotzdem eine erweiterte Runde vorgestellt? Ganz einfach: Weil am Weg noch Gipfel liegen. Hier die Wissenegg – die weiße Egg. Und so sollten Energiegewinn und -verbrauch doch sein: weiß, nicht schwarz. Oder vielleicht noch grün, wie das Wandern.

Brotzeit-Haltestelle: Luzerner Tramwaggon am Rand des Chilewaldes.

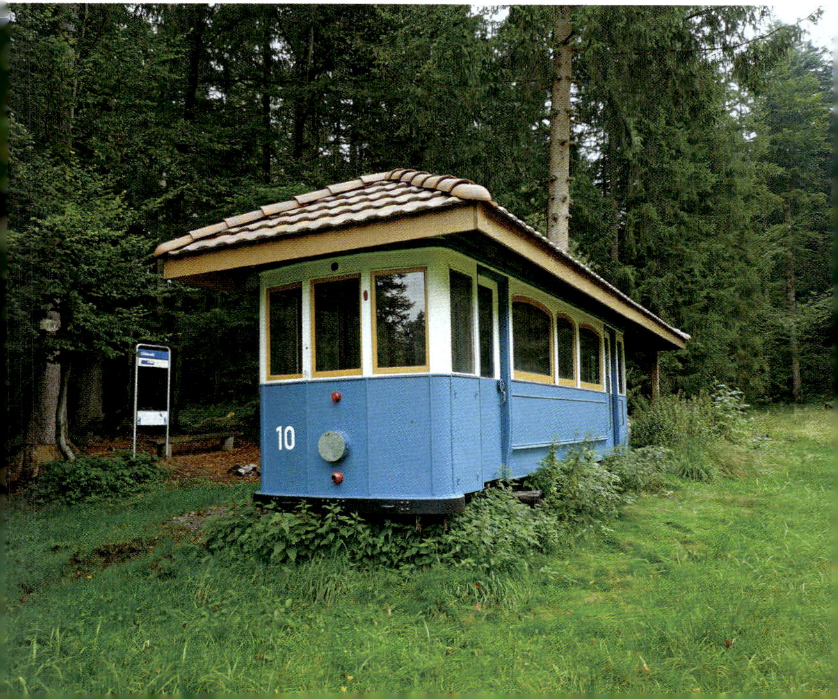

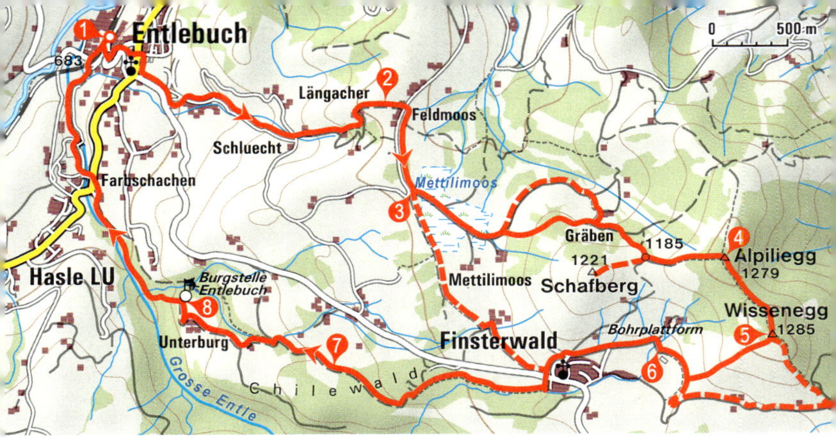

Ausgangs- und Endpunkt: Entlebuch, 683 m, an der Bahnlinie Bern – Wolhusen – Luzern.
Anforderungen: Markierte und unmarkierte Wege, bei der Runde über die Wissenegg auch kurz weglos. T2.
Beste Jahreszeit: Frühling bis Herbst.
Einkehr und Unterkunft: Hotels und Restaurant in Entlebuch. Restaurant Finsterwald, Tel. +41 41 480 22 66 (Mo geschlossen).
Varianten: 1) Ohne Geheimweg nach Gräben und ohne Direktabstieg von der Wissenegg eine Spur leichter und trockener.
2) Abstieg von der Wissenegg zur Bohrplattform auf dem Wanderweg.
3) Vom Sattel, 1185 m, kurzer Abstecher auf Pfadspuren auf den Schafberg, 1221 m, mit Antenne – auch energievoll ...
4) Nur den originalen Energielehrpfad machen, also vor allem vom Mettilimoos direkt hinüber nach Finsterwald.
Tipp: www.erlebnisenergie.ch.
Kombinationsmöglichkeit: Mit Tour 39.
Karten: 244 T Escholzmatt; 1169 Schüpfheim.

Vom Bahnhof **Entlebuch** ❶ auf der Wanderroute, teils auf Treppen, durchs Dorf hoch auf die Hauptstraße. Nach rechts, nach der Kirche links weg und weiter ansteigen; bei der Verzweigung wie die Energie-Erlebnis-Wegweiser nach rechts und zum Gebäude der Emscha. Der Entlebucher Milchschafbetrieb erhielt 2007 den Schweizerischen Solarpreis; hier steht denn auch die

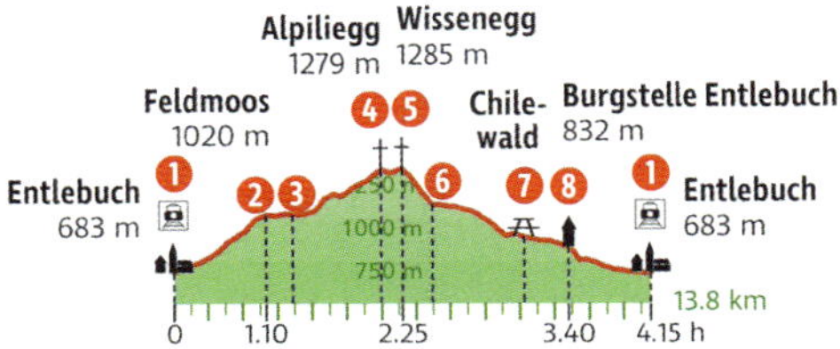

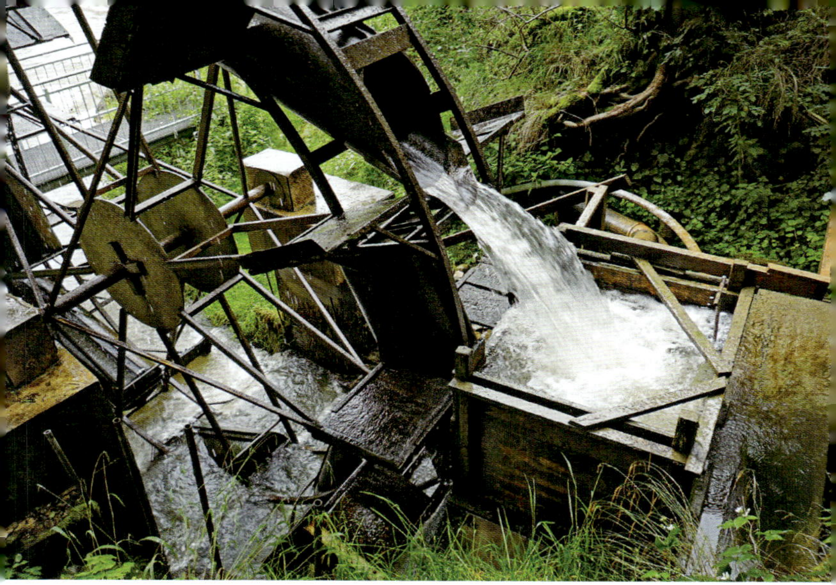

Wasserschöpf-Kunst: die letzte Station auf dem Energielehrpfad.

erste der Plattformen von Erlebnis Energie Entlebuch. Ein Fußweg leitet zurück zur Wanderroute. Auf Straßen und Wegen ostwärts über Schluecht hinauf in einen Wald mit dem Fahrweg zum Hof Längacher. Ihm folgen wir nach links, abseits markierter Routen. Rechts am Hof vorbei und hinauf zur Windenergieanlage **Feldmoos** ❷, ca. 1020 m. Wieder auf der markierten Route hinab zum gleichnamigen Hof und auf der Straße zum **Mettilimoos** ❸; bei der großen Kreuzung dann nach links und zum Infohäuschen, ca. 1015 m.

Weiter übers Moor; der Wanderweg bleibt auf der Straße nach Gräben. Wo sie Wald berührt, biegen wir rechts in einen auf der Landeskarte nicht eingezeichneten Weg ein. Wo dieser ehemalige Holzerweg in eine moorige Weide mündet, gehen wir auf einem Pfad im Wald links haltend weiter; linker Hand unter uns sehen wir ein weißes Kreuz im Feld. Wir kommen auf einen Weg; nach links. Ab- und aufsteigend erreichen wir oberhalb des oberen Hofes von Gräben den Wanderweg. Hinauf in einen Sattel, ostwärts hoch auf die **Alpiliegg** ❹, 1279 m, und mit einem Zwischenabstieg bis 1250 m auf die **Wissenegg** ❺, 1285 m. Hier verlassen wir die Wanderroute erneut und steigen über den Südwestrücken in moorigem Gelände entlang dem Waldrand ab. Zuletzt durch Wald zu Wohnhäusern; rechts an ihnen vorbei und über eine steile Wiese hinab auf den Wanderweg, der zur

ehemaligen Bohrplattform von **Finsterwald** 6, ca. 1080 m, kommt. Ohne Infotafel und Gedenkstätte merkte man kaum, dass hier einst Erdgas gefördert wurde.
Auf der Straße ins Dorf Finsterwald, 1053 m. Der Wanderweg geht durch einen Werkhof zum Waldrand und begleitet schon bald als Pfad einen Bachgraben. Er mündet in den Schotterweg zum Energiepunkt Wald & Holz im Chilewald, ca. 940 m. Abwärts zur »Tramstation **Chilewald**« 7, ca. 890 m – der ausrangierte blaue Waggon der Luzerner Verkehrsbetriebe mit Nr. 10 und Baujahr 1899 dient heute als Brotzeit-Haltestelle. Weiter unten gelangen wir auf eine Teerstraße; nach links zum Hof Oberburg, nach rechts abseits der markierten Route zum Hof Unterburg und kurz darauf zur **Burgstelle Entlebuch** 8, 832 m, mit der Marienkapelle. Auf einem neu erstellten (Treppen-)Weg steil hinab zur Entle, auf einem Steg über einen Seitenbach und entlang dem Kanal, teilweise auf einem Plankenweg, flussabwärts zur Farbsagi und nach Farbschachen, je mit Energieplattform Fluss & Wasser sowie mit einem kunstvollen Wasserschöpfrad. Zuletzt zweimal über die Grosse Entle, und dann sind wir wieder zurück beim Bahnhof **Entlebuch** 9.

Waldweg-Spalierstämme: auf der Alpiliegg.

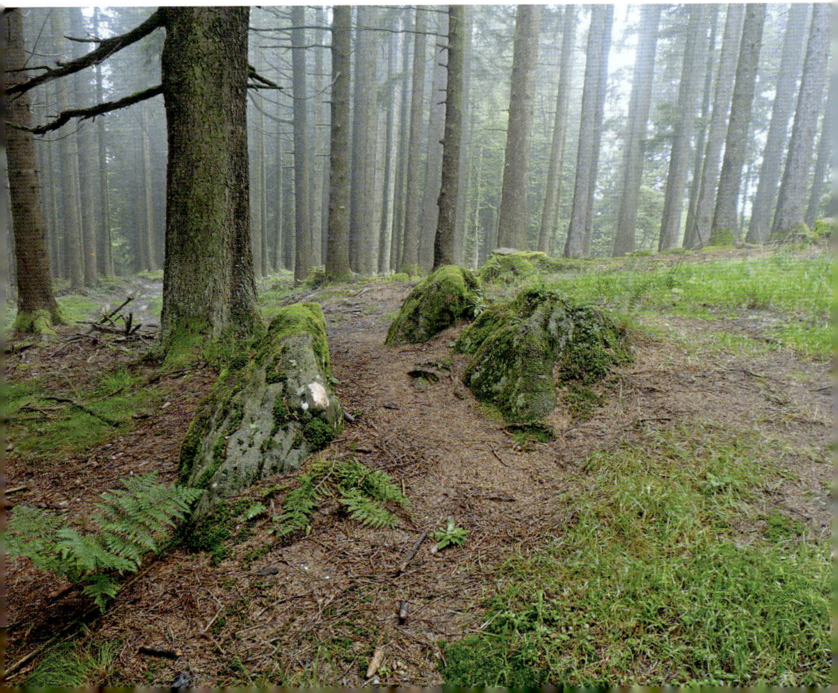

↗ 850 m | ↘ 850 m | 9.4 km

42 Blaue Tosse, 1802 m – Risetestock, 1759 m

4.00 h

Auf den westlichsten Gipfel der Pilatus-Kette

Von weit her ist die markante Pilatus-Kette sichtbar, vor allem der östliche Abschluss mit dem Pilatus selbst. Aufgrund der Zahnradbahn und der Gondelbahn sowie der Aussicht über den Vierwaldstättersee herrscht dort oben zumeist ein buntes Treiben von Wanderern und Nichtwanderern. Deutlich weniger bekannt und frequentiert hingegen ist der vom Entlebuch aus gut erreichbare Risetestock, welcher den westlichen Abschluss der Pilatus-Kette bildet – eine Seilbahn sucht man hier vergebens. Auf dem Risetestock dominiert die Aussicht nach Südwesten auf die Berge des Entlebuch und weit dahinter auf die Eisriesen des Berner Oberlands. Wer eine längere Wanderung als die hier vorgestellte vierstündige Runde anstrebt, kann sich alternativ auf den langen (Grat-)Weg von Gfellen über den Risetestock bis zum Pilatus machen, um am Ende noch den schicken Blick auf Luzern und den Vierwaldstättersee erhaschen zu können.

Ausgangs- und Endpunkt: Gfellen, 1016 m; Postauto von Entlebuch an der Bahnlinie Bern – Schüpfheim – Luzern.
Anforderungen: Markierte Bergwege, T2; abgesehen von den letzten Metern auf den Risetestock, welche ein wenig Trittsicherheit erfordern, max. T3.
Beste Jahreszeit: Juni bis Oktober.
Einkehr und Unterkunft: Bergrestaurant Gfellen, Tel. +41 041 480 15 65.
Varianten: 1) Kleine Verlängerung: Von der Blauen Tosse noch weiter dem Grat folgen bis auf die Stäpfliflue, 1921 m, dann kurz vor der Stäpfliflue den steilen Zickzack-Weg hinab nach Risetenegg und von dort nach Riseten; 1 Std. mehr. 2) Große Verlängerung, mit anderem Endpunkt: Von der Blauen Tosse die lange, aber herrliche Gratwanderung über Mittaggüpfi, 1917 m, bis zur Bergstation Pilatus Kulm, 2067 m; insgesamt rund 7.15 Std., T3; dann empfiehlt sich eine Übernachtung in Gfellen.
Kombinationsmöglichkeit: Tour 44.
Karten: 244 T Escholzmatt; 1169 Schüpfheim.

Der Risetestock ist bei der kleinen Siedlung **Gfellen** ❶ bereits doppelt ausgeschildert – der Weg in Richtung »Mittlist Hütten« ist unser Aufstieg,

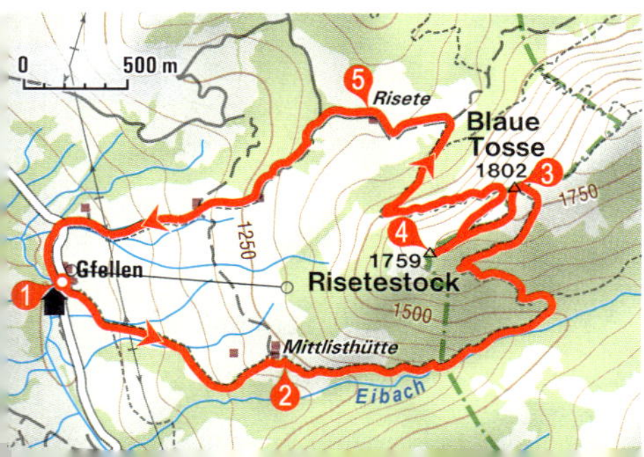

der Weg Richtung »Unter Riseten« später unser Abstieg. Über Alpwiesen geht es zur Alp **Mittlisthütte** ❷, ab hier ist die weitere Wanderroute rot-weiß markiert. Größtenteils im Wald moderat ansteigend bis zur Wegkreuzung P. 1508, dort links und steil hinauf bis auf die **Blaue Tosse** ❸ mit ihrem Gipfelkreuz –

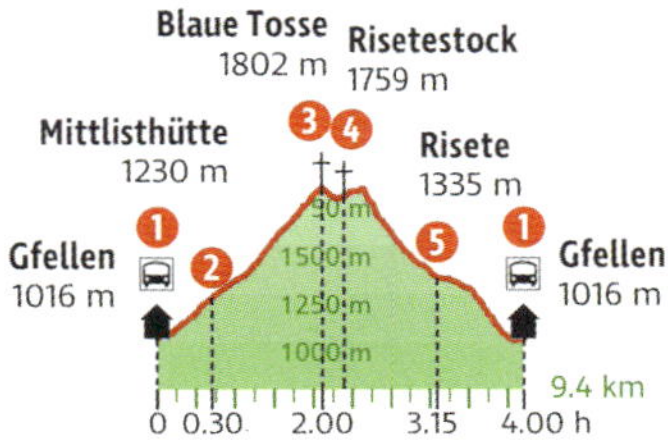

diesen Namen findet man allerdings nur auf der Schweizer Landeskarte, die Beschilderung weist diesen Gipfel als Risetestock aus. Vom Gipfelkreuz folgen wir dem schon gut sichtbaren Pfad südwestwärts, welcher zuerst kurz durch die Nordflanke unterhalb des Grates verläuft. Während der rot-weiß markierte Wanderweg plötzlich eine scharfe Rechtskurve macht, bleiben wir auf dem nicht-markierten Pfad geradeaus, und erreichen über den Grat, teilweise durch etwas Gebüsch, die Kuppe des **Risetestock** 4.
Über den Grat zurück bis zu der schon erwähnten Kurve und dann hinab auf dem markierten Wanderweg – durch die steilen Felsen der Risetefluе hindurch – bis zu einer Alpstraße, 1392 m. Hier links und zu den Alphütten bei **Risete** 5. Abschließend auf der gelb markierten Wanderroute zurück bis nach **Gfellen** 1.

Sonnenaufgang über den Berner Hochalpen im Aufstieg zur Blauen Tosse.

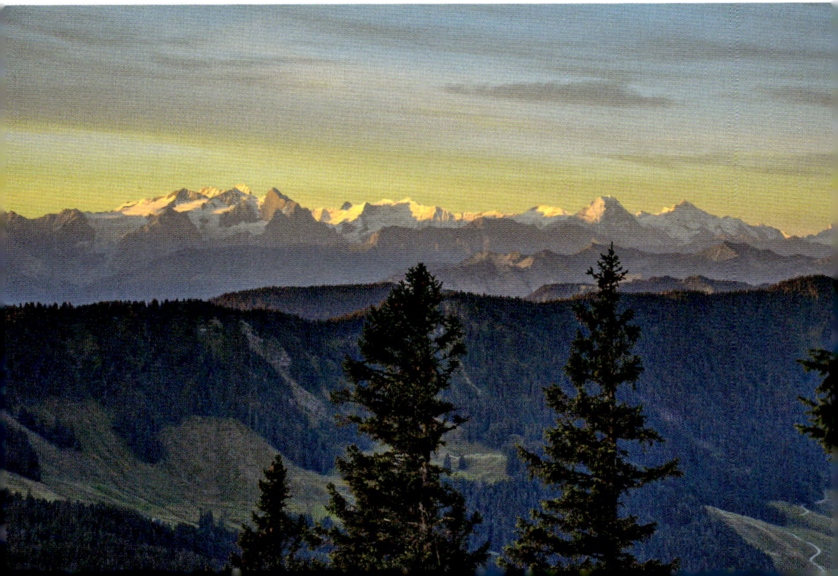

↗ 1480 m | ↘ 1650 m | 21.1 km

43 Gfellen – Schimbrig, 1816 m – Schafmatt, 1978 m

8.15 h

Ganz schön nachhaltig

Schimbrig und Schafmatt liegen mitten in der Pflegezone des Biosphärenreservates Entlebuch, die land- und forstwirtschaftlich extensiv genutzt wird. Vom Ausdruck »Reservat« sollte man sich freilich nicht beirren lassen: Es geht nicht darum, das Entlebuch als Freilichtmuseum erstarren zu lassen, sondern darum, in der ganzen Region eine nachhaltige Entwicklung in Gang zu setzen, die sowohl erhaltenswerte Landschaften schützt wie die Wirtschaft sanft fördert. Ein Grenzgang in eine grüne Zukunft. Auf unserer Wanderung von der Grossen Entle zur Waldemme mit Überschreitung zweier an vorderster Front stehender, grasig-felsiger Gipfel stoßen wir vielleicht an unsere persönlichen Grenzen. Achteinviertel Stunden dauert die ungemein abwechslungsreiche Tour.

Eva Feller am Schimbrig, oben die Gipfel der Zentralschweiz mit dem Titlis.

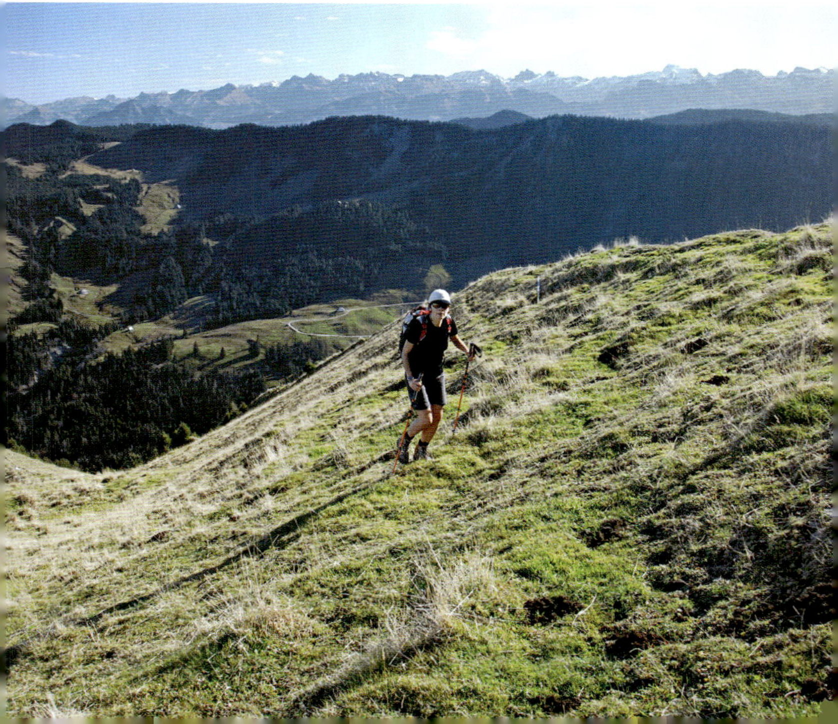

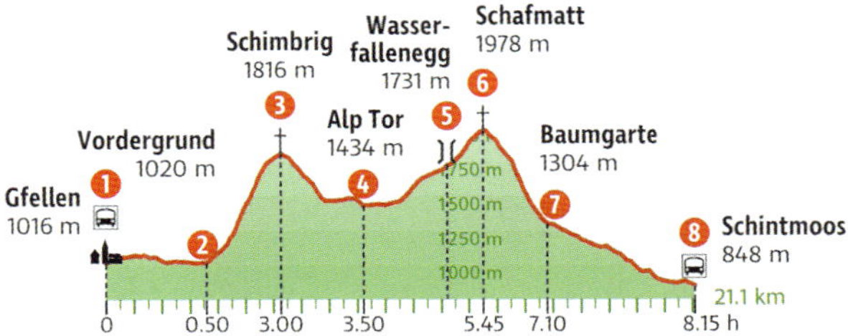

Ausgangspunkt: Gfellen, 1016 m; Postauto von Entlebuch an der Bahnlinie Bern – Schüpfheim – Luzern.
Endpunkt: Haltestellen Schintmoos, 848 m, nördlich von Flühli; Postauto nach Schüpfheim.
Anforderungen: Die Route von Grund über die Alp Schafschimbrig ist als alpine Route weiß-blau-weiß markiert, was übertrieben ist; sie ist nicht schwieriger oder ausgesetzter als viele andere, nur weiß-rot-weiß markierte Bergwanderwege im Entlebuch. Steiler Abstieg von der Schafmatt nach Baumgarte. Meist markiert; T3.
Beste Jahreszeit: Juli bis September. Zwischen Toregg und Schafmatt evtl. Militär: regionale Auskunftsstelle Kriens über militärische Schießen, Tel. +41 41 319 32 32, www.terreg2.ch → Information → Schiessanzeigen → Glaubenberg.
Einkehr und Unterkunft: Bergrestaurant Gfellen, Tel. +41 41 480 15 65. Restaurant Schimberg-Bad, Tel. +41 41 480 36 60 (an Variante 1, von der Hauptroute etwa 20 Min. Umweg). In Flühli: Hotel Kurhaus Swiss Spirit, Tel. +41 41 488 11 66.
Varianten: 1) Schimbrig als Rundtour, mit zwei Möglichkeiten: 1. Abstieg von P. 1647 auf dem Südwestgrat zum Schimbrig Bad, 1426 m, einst ein vornehmes Hotel für über 100 Gäste, 1933 zum zweiten Mal abgebrannt, heute im Sommer Gastwirtschaft in der ehemaligen Dependance; weiter über Stettili (hier stand mal der zweite Skilift von Gfellen) zur Stilaub-Brücke über die Grosse Entle und zurück nach Gfellen – im Herbst ziemlich schattig. 2. Von Ober Looegg durch die Sonnenhänge via Laui nach Grund und zurück nach Gfellen; je 2 Std. 2) Von der Schafmatt kann auf zwei Routen nach Flühli abgestiegen werden, entweder von Baumgarte über Salzbühl, oder von der Wasserfallenegg über Hinder Rüchi und Chrage.
Kombinationsmöglichkeit: Mit Tour 43, 46, 47 und 51.
Karten: 244 T Escholzmatt; 1169 Schüpfheim.

Von **Gfellen** ❶ rechts am Gasthaus vorbei und taleinwärts auf dem Wanderweg, den Eibach überquerend, auf die idyllische Alp Brüdern, 1080 m; hier lebten einst Eremiten, an Mariä Himmelfahrt (15. August) findet in der Kapelle eine Feier statt. Weiter taleinwärts und über den Älleggbach und die Grosse Entle auf die Talstraße, ca. 1050 m; man kann von Gfellen natürlich auch einfach ihr folgen. Auf der Straße 300 m flussaufwärts; wo die Straße die Grosse Entle quert, 1073 m, geradeaus weiter und auf dem an- und absteigenden Uferweg nach **Vordergrund** ❷, ca. 1020 m. Rechts abbiegen und auf dem weiß-blau-weiß markierten Alpinwanderweg zu-

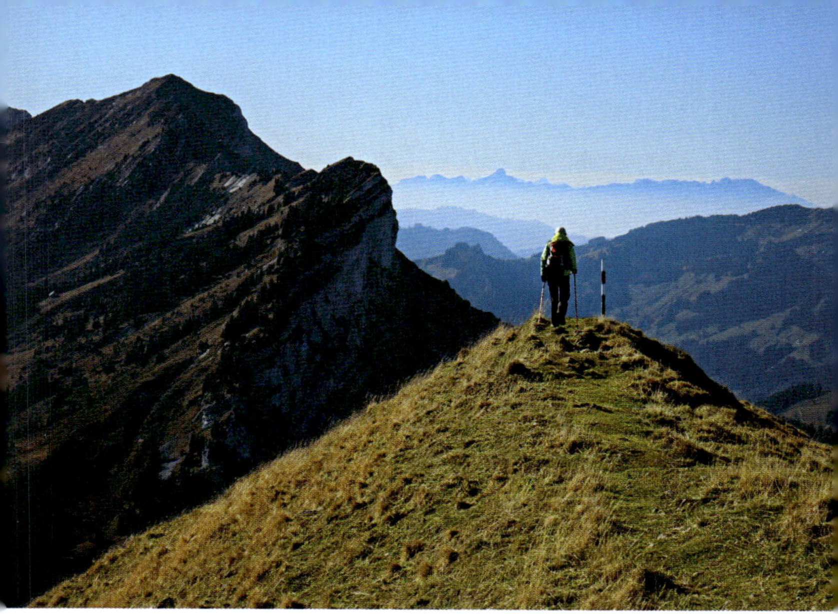

Vorne der Schimbrig, links die Schafmatt, ganz hinten das Stockhorn.

erst schräg über Wiesen ansteigen, dann steil im felsig-waldigen Gelände mit gut 250 Treppenstufen hinauf auf die Alp Schafschimbrig, ca. 1420 m. Durch die steilgrasige Südostflanke hoch auf den Ostgrat und ihm entlang zu einer kleinen Hütte, ca. 1600 m. Nun entweder auf der markierten Route über eine Rippe links einer lang gezogenen Grasmulde aufsteigen oder auf Wegspuren durch die Mulde selbst bis auf eine Verflachung mit Wegweiser. Steil ein paar Meter in die Südflanke absteigen und durch diese schräg hinauf, unter dem Hängst hindurch. Hinauf zum Gipfelgrat und zum höchsten Punkt des **Schimbrig** ❸, 1816 m, mit Triangulationssignal, Gipfelkreuz und -buch nicht ganz zuoberst.
Der Abstieg erfolgt auf dem weiß-rot-weißen Bergwanderweg über den ausgeprägten Südwestgrat bis zu einer Wegverzweigung, ca. 1645 m, auf der Gratkante; hier zweigt rechts der Weg zum Schimbrig Bad ab. Wir gehen nach links und steigen auf einem in der Landeskarte nicht eingezeichneten Weg über Weiden zum Übergang Ober Looegg, 1469 m, ab und auf der Sonnenseite einer waldigen Kuppe flach in den Übergang Toregg, 1486 m. Ein weiterer Abstieg bringt uns zur **Alp Tor** ❹, 1434 m – für Fußballwanderer ein verheißungsvoller Name ... Auf dem Fahrweg stramm nach Chlusmättili mit militärischer Infrastruktur. Idyllisch dann der Weiterweg durch das

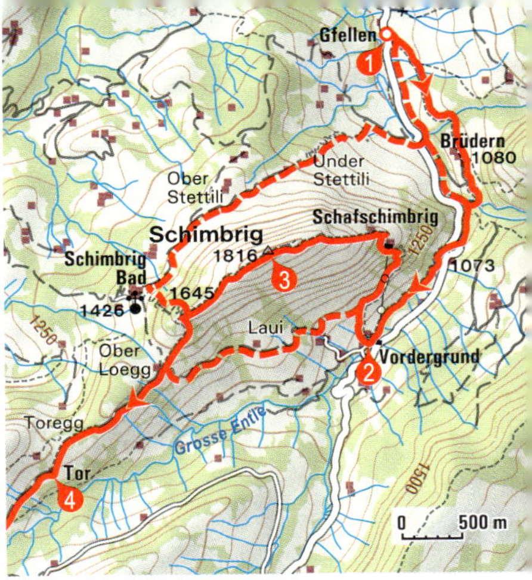

Moorgebiet von Lanzigen hinauf in den Pass **Wasserfallenegg** 5, 1731 m (ohne Namen auf der Landeskarte). Von hier könnte man den Fürstein packen oder direkt nach Flühli absteigen. Aber die Schafmatt, Kulminationspunkt der Entlebucher Flühe, wartet. Also durch lichten Föhrenwald schräg hinauf in die Einsattelung Leitere, 1829 m, von wo ein Pfad durch einen ziemlich steilen, grasig-felsigen Hang gegen das Gipfelkreuz auf dem Vorgipfel zieht und zuletzt den Gipfel der **Schafmatt** 6, 1978 m, gewinnt. Zurück nach Leitere, noch kurz auf dem Grat Richtung Baumgartenflue bleiben und – in die Tiefe. Die Route ist zum Glück markiert. Zuerst steiler, felsdurchsetzter Rasen, darauf eine Felsrinne hinab in etwas flacheres Gelände. Wieder steiler über eine Grasrippe hinunter, nach links in eine weitere Rinne – und langsam durchatmen, spätestens auf der Alp **Baumgarte** 7, 1304 m. Der schnellste Rückweg erfolgt über Underbrand (auf dem Alpsträßchen, nicht auf dem Wanderweg), Kneubrechen (was für ein treffender Name!), Steinibach und die Kapelle St. Loi (dem Viehpatron St. Eligius geweiht) nach **Schintmoos** 8 an der Talstraße durchs Tal der Waldemme. Etwas kürzer ist zuletzt der Abstieg nach Krutacher. Das Bier gibt es so oder so erst im Restaurant Bahnhof in Schüpfheim.

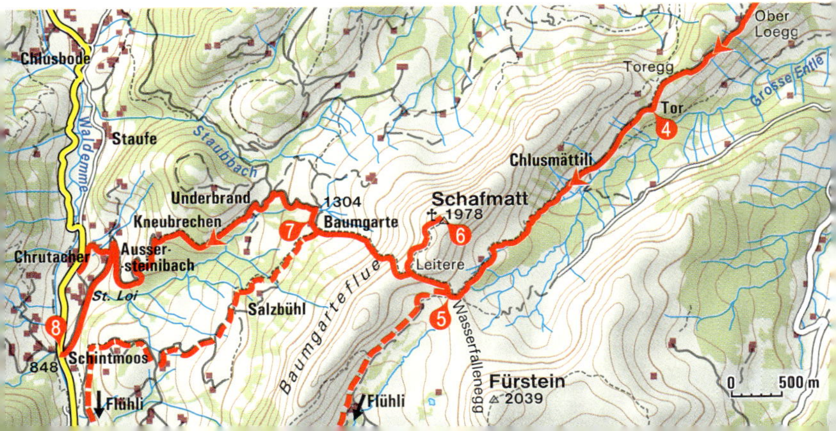

TOP

44

↗ 850 m | ↘ 850 m | 13.9 km

Glaubenbielen – Nünalpstock, 1900 m – Glaubenberg

5.20 h

Ich wandere, also bin ich

Eine unglaublich schöne Gratwanderung über und entlang von acht Gipfeln zwischen den bei Töfffahrern und Militärs beliebten Pässen zwischen den Kantonen Luzern und Obwalden: Glaubenbielen und Glaubenberg. Mindestens zwei Gipfel (Haldimattstock und Looegg) werden zwingend überschritten, andere können links oder rechts umgangen werden. Gipfelstürmer werden jedoch, um das Dutzend voll zu machen, nach zwei schwierigen und unterholzlästigen Anhöhen noch die Runde Miesen- und Riedmattstock anhängen. Welchen Weg wir auch wählen, eines gilt: Glauben macht selig. Wandern ebenfalls.

Rechts oben: Bärenturm, gesehen von der Schwändiliflue (Tour 46).
Unten: Private Ribihütte auf der Alp Glaubenbielen; links oben der Rotspitz.

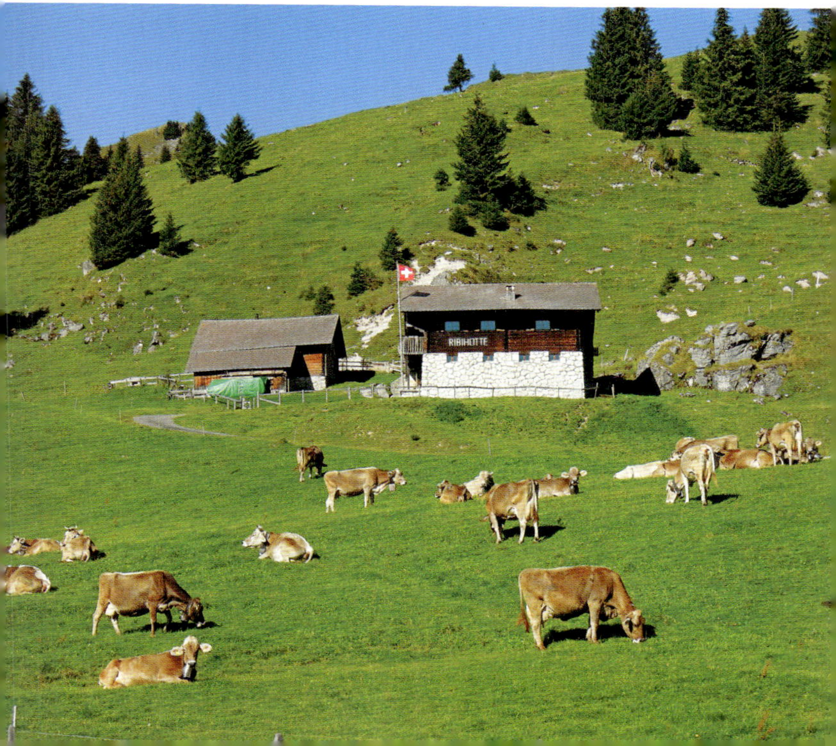

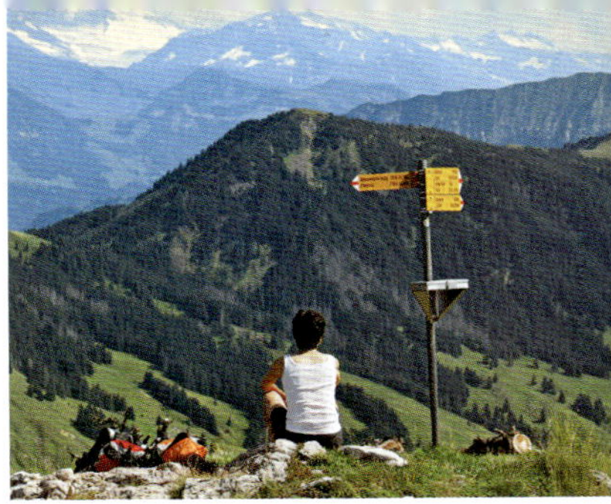

Ausgangspunkt: Glaubenbielen, 1565 m; Postauto zwischen Sörenberg und Giswil. Fährt zwischen Mitte Juni und Mitte Oktober.
Endpunkt: Glaubenbergpass, ca. 1545 m. Taxi von Rotz, Giswil, Tel. +41 41 660 13 13; Taxi Huber, Entlebuch, Tel. +41 41 480 31 31; Autostopp. Oder, statt ganz auf die Passhöhe zu gehen, 25 Min. nach Langis, 1442 m, weitermarschieren; Bus nach Sarnen.
Anforderungen: Markierte und unmarkierte Pfade, kurz auch weglos. T2, Abstieg vom Bärenturm über den Nordgrat T3.
Beste Jahreszeit: Juni bis Oktober. Regionale Auskunftsstelle Kriens über militärische Schießen, Tel. +41 41 319 32 32, www.terreg2.ch → Information → Schiessanzeigen → Glaubenberg.
Einkehr: Glaubenbielen (Automat mit regionalen Produkten), Alp Glaubenbielen, Passhöhe Glaubenberg.
Unterkunft: Alpbeizli Sattel, offen von Juni bis September. Berghotel Langis, Tel. +41 41 675 10 68.
Varianten: 1) Sattelstock und Miesenegg-Südgipfel: Vom Alpbeizli Sattel auf dem Wanderweg, bis er ums Eck biegt. Gleich links weg auf Pfadspuren dem Zaun entlang aufwärts, mehrheitlich im Wald. Wo der Zaun aufhört, in der gleichen Richtung weiter. Man gelangt in einen Weg und kurz darauf in einen Sattel, ca. 1750 m. Hier beginnt der überwachsene Ostgrat zum Sattelstock, 1767 m, der eine heikle, ausgesetzte Passage bei abgerutschten Platten aufweist. Zurück in den Sattel. Nun rechts des Südwestgrats ansteigen und oben rechts des Grates und unterhalb von Felsen und vom Gipfel weitergehen. Sobald es möglich ist, hinauf auf den Nordostgrat und nach links zum höchsten Punkt der Miesenegg, 1789 m. Abstieg über den Nordostgrat, den Hindernissen rechts in der Steilflanke ausweichend. Von dort, wo der Grat nach Osten umbiegt, auf dem Kamm gehen, bis man in den Wanderweg kommt. Insgesamt ist das Gelände viel unwegsamer, felsiger, waldiger und steiler, als es die Landeskarte vermuten lässt. 45 Min. zusätzlich; T5.
2) Von der Trogenegg auf der Wanderroute über Miesenstock, 1891 m, Nollen, 1813 m, und Riedmattstock, 1786 m, in den Mettlen-Sattel, 1715 m; von hier evtl. kurzer Abstecher auf den Selispitz, 1736 m. Hinab auf die Ochsenalp, 1299 m, und hinauf nach Langis. 2.30 Std.; T3.
Kombinationsmöglichkeit: Tour 45 und 47.
Karten: 244 T Escholzmatt; 1189 Sörenberg.

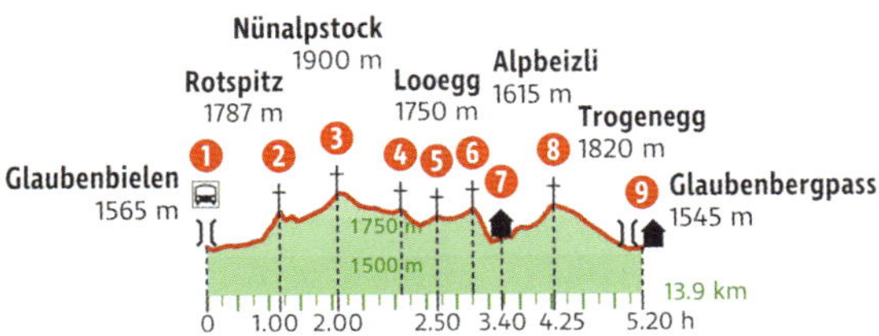

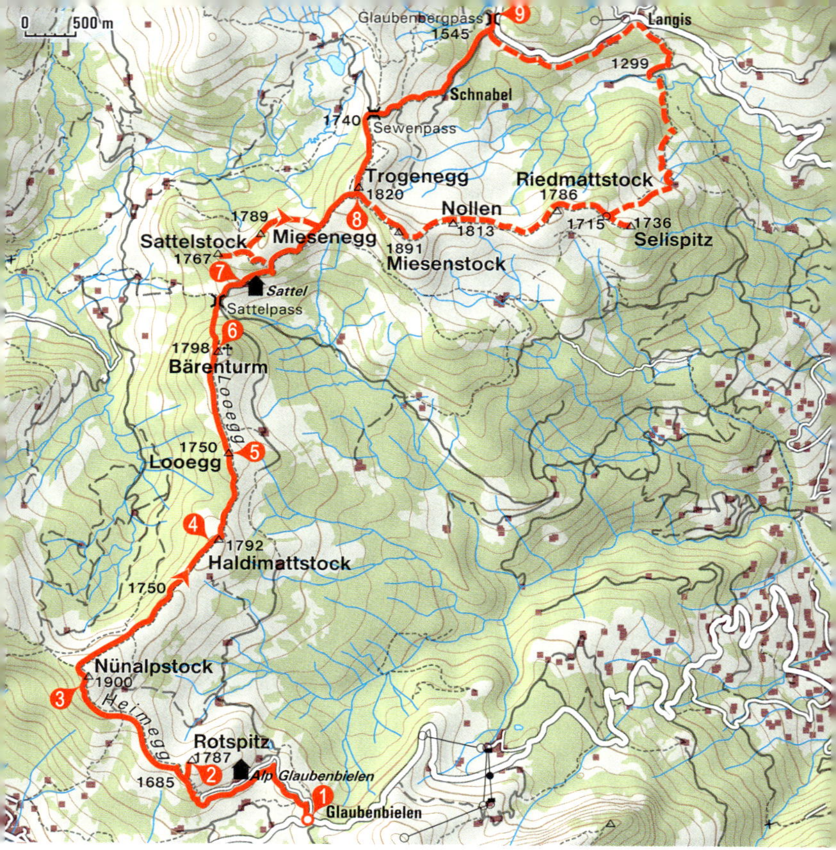

Von Glaubenbielen ❶, Haltestelle Parkplatz, auf dem Teersträßchen zur Alp Glaubenbielen, 1578 m, Alpwirtschaft. Weiter auf dem markierten Weg Richtung Nünalpstock bis ca. 1690 m, wo er unter dem Rotspitz zu queren beginnt. Nun über den grasigen, leicht bewaldeten Südrücken (einzelne, meist verblasste Markierungen; Wegspuren) auf den schmalen Gipfel des **Rotspitz** ❷, 1787 m. Zurück auf den Wanderweg, unter dem Rotspitz durch (kurz etwas felsig und aufgesetzt) und hinab auf den Grat, ca. 1685 m. Über die Heimegg und über den Steilaufschwung auf den Süd- und Hauptgipfel des **Nünalpstock** ❸, 1900 m. Rechts unter dem Nordgipfel (mit Wegweiser) durch auf den grasig-moorigen Nordostrücken. Mit kleineren Gegenanstie-

gen hinab bis ca. 1750 m und hinauf auf den **Haldimattstock** 4, 1792 m. Abstieg über den Nordostgrat bis 1681 m und nordwärts durch stimmige Moorlandschaft auf die flache **Looegg** 5, 1750 m. Wieder hinunter in einen Sattel, 1706 m, und weiter auf den **Bärenturm** 6, 1798 m. Der Abstieg erfolgt in einem schmalen, rutschigen, halb überwachsenen und hochtrittigen Pfad durch Gebüsch und Wald des steilen Nordgrates in den Sattelpass, 1584 m. Auf dem Zufahrtsweg zum **Alpbeizli Sattel** 7, 1615 m.
Weiter auf dem grob gepflasterten Weg in die Weidemulde östlich unterhalb des Sattelstocks, schräg hinauf auf die Miesenegg und gegen die Trogenegg. Der Wanderweg quert, links abzweigend, ihre Westseite. Wir gehen an einer Gondelkabine vorbei geradeaus weiter, schon bald weglos durch mooriges Gelände, hinauf auf die flache Gipfelweise der **Trogenegg** 8, 1820 m.
Der Hangkante entlang – und rechts eines Zaunes – abwärts. Kurz vor dem Sewenpass, ca. 1740 m (ohne Namen auf der Landeskarte) Steinmann mit militärischer Plakette. Vom Pass auf dem Teersträßchen bis dort, wo es nach rechts zieht. Linker Hand einen unmarkierten Fußweg nehmen, der durch Moorweiden sinkt und wieder das Sträßchen erreicht. Dieses endet in der Straße über den **Glaubenbergpass** 9. Nach links hinauf auf die Passhöhe und zum Beizli. Oder nach rechts und nach Langis.

Schaurig ist es nicht, übers Moor am Haldimattstock zu gehen.

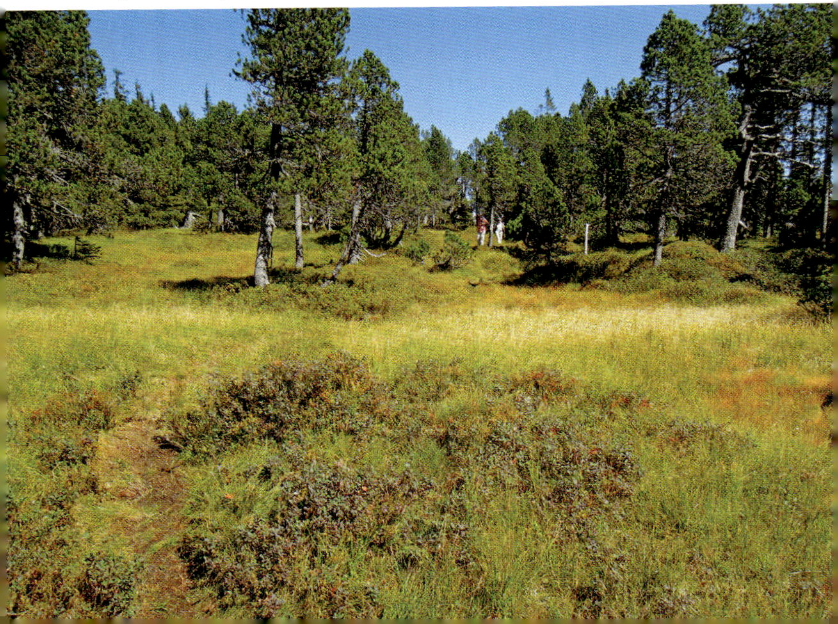

↗ 750 m | ↘ 750 m | 12.3 km

45 Ständeli – Fürstein, 2039 m – Rickhubel, 1943 m

4.50 h

Nur rudern wäre schöner als wandern

Eine sehr schöne Gipfelrunde auf meist schmalen Gratwegen im Grenzgebiet der Kantone Luzern und Obwalden, mit zwei Höhepunkten: dem Fürstein und dem Sewenseeli. Auf dem Fürstein kann man sich gleich in zwei Gipfelbücher einschreiben. Und dazu die grandiose Weitsicht bewundern, was allerdings nicht allzu erstaunlich ist, da der Feuerstein der höchste Berg zwischen den Giswilerstöcken und dem Pilatus ist. Ins Sewenseeli mit seinem weichen, moorigen Wasser wird man wenigstens die Füße tauchen. Das machte man sicher auch schon zwischen 1888 bis 1976, als sich dort, wo heute nur noch die Kapelle steht, ein behäbiges Kurhaus befand. Den Gästen stand zudem ein Ruderboot zur Verfügung. Warum also nicht ein Schlauchboot mit auf die Gipfelrunde nehmen?

Ausgangs- und Endpunkt: Stäldeli, 1373 m; Straße von Hüttlenen südlich von Flühli. Alpentaxi Lipp, Flühli, Tel. +41 79 410 55 22. Postauto von Schüpfheim nach Flühli.
Anforderungen: Rundwanderung, die etwas Orientierungssinn verlangt; nur eine Passage am Klein Fürstein kurz etwas ausgesetzt. T2. Markierte und unmarkierte Wege, teils auch weglos.
Beste Jahreszeit: Juni bis Oktober. Regionale Auskunftsstelle Kriens über militärische Schießen, Tel. +41 41 319 32 32, www.terreg2.ch → Information →

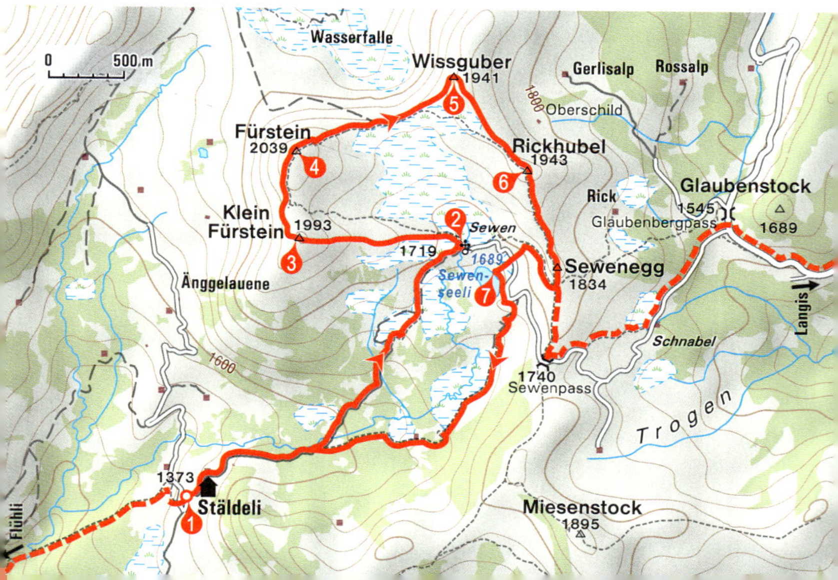

Schiessanzeigen → Glaubenberg.
Einkehr und Unterkunft: Alprestaurant Stäldeli (am Mo und Di geschlossen), 10 Schlafplätze, Tel. +41 41 488 11 92, www.staeldeli.ch.
Varianten: 1) Aufstieg von Flühli, 884 m, auf dem Wanderweg via Schwandalp und Chrage nach Stäldeli; 2.15 Std (vgl. auch Tour 46). Etwas kürzer von der Postautohaltestelle Hüttlene, ca. 910 m. 2) Abstieg vom Rickhubel über den Südgrat bis in den Sewenpass, ca. 1740 m (ohne Namen auf der Landeskarte) und via Glaubenbergpass nach Langis, 1442 m; 1.30 Std. Bus nach Sarnen.
Tipp: Badebekleidung.
Kombinationsmöglichkeit: Mit Tour 44 und 46.
Karten: 244 T Escholzmatt; 1169 Schüpfheim, 1189 Sörenberg, 3321 T Napf-Sörenberg.

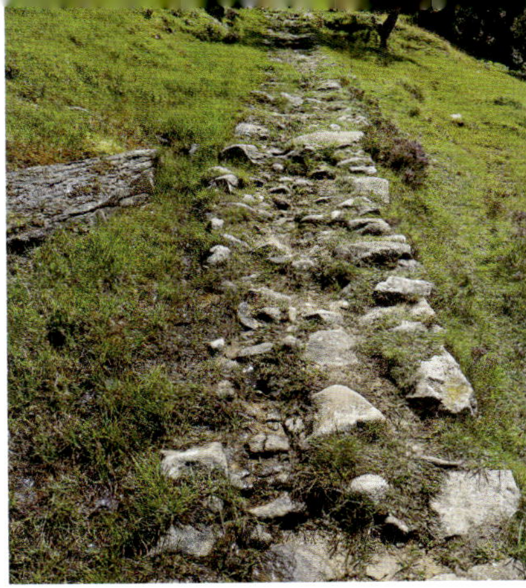
Der alte Saumweg zum Sewenseeli.

Von **Stäldeli** ❶ auf dem breiten Wanderweg Richtung Sewenseeli streckenweise durch Wald bis zur Verzweigung auf ca. 1620 m unterhalb der Alphütte Fürstein. Rechts und auf der Wanderroute durch mooriges Gelände hoch. Dann auf dem Hangweg zur **Kapelle Sewen** ❷, 1719 m. Hinauf zur Alp Obersewen und Richtung Fürstein. Wo der Weg deutlich vom Geländerücken nach rechts in ein Tal strebt, bei einer Gruppe von teils abgestorbenen Fichten, verlassen wir den Weg nach links und steigen anfänglich weglos durch Alpenrosenstauden und rechts eines Zaunes über den breiten Ostrücken weiter. Es zeichnet sich dann ein Pfad ab, der sich allerdings in einem flachen, moorigen Abschnitt verliert. Dann wird der Pfad besser und der Rücken deutlicher. Zuletzt links unterhalb der Gratschneide hoch und wieder über den Grat auf den grasigen Gipfel des **Klein Fürstein** ❸, 1993 m; auf der LK ist mit Chli Fürstein die mit 1900 kotierte Schulter in seinem Südgrat bezeichnet – schaut man jedoch von Osten, zum Beispiel vom Sewenseeli, auf den Fürstein und seinen südlichen, ähnlich aussehenden Nachbargipfel, ist es ganz klar, dass P. 1993 der richtige Chli oder Klein Fürstein ist.
Auf einem etwas ausgesetzten Pfad über den Nordgrat in den Fürstein-Sattel, ca. 1945 m (ohne Namen auf der Landeskarte), und auf dem Wanderweg über den Südgrat zum Gipfelkreuz des **Fürstein** ❹, 2039 m. Abstieg über den Nordostgrat auf einem teilweise steinigen Pfad; wo

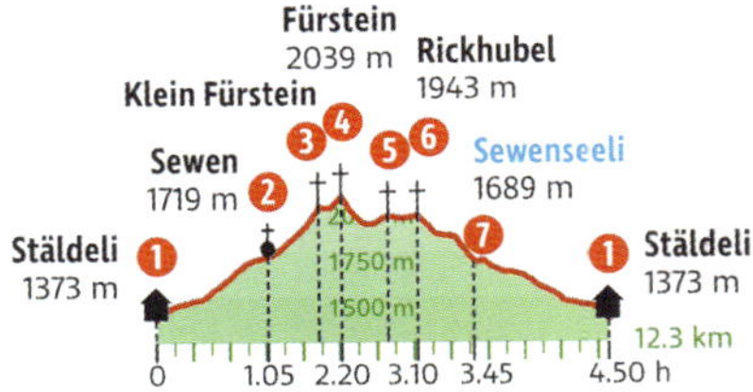

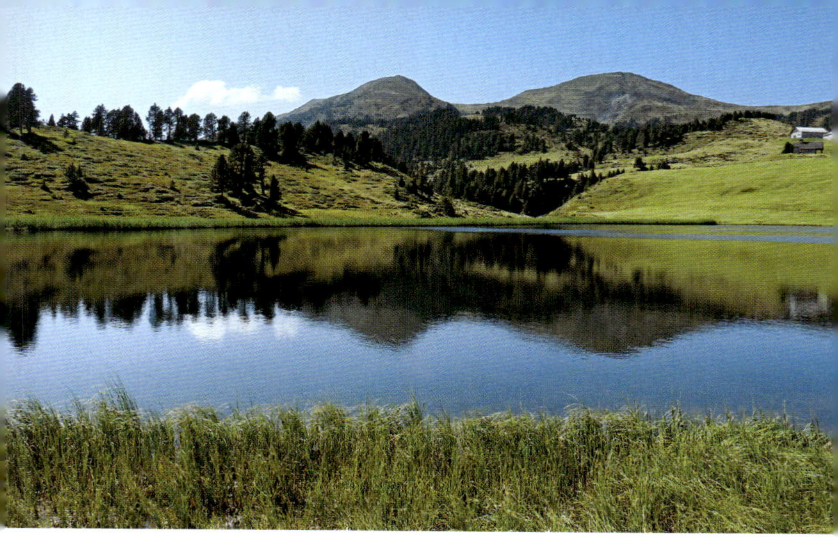

Schwimmen erlaubt: Sewenseeli mit Chli und (Gross) Fürstein.

der Wanderweg links abgeht, bleiben wir auf dem Grat, gelangen in einen Sattel, ca. 1885 m, und bald schon über Wiesenhänge, zuletzt mehr oder weniger weglos, auf den Gipfel des **Wissguber** 5, 1941 m. In Wegspuren über den breiten und mehrheitlich grasigen Verbindungsgrat mit einem Abstieg bis ca. 1900 m zum Gipfelkreuz, -buch und -bank des **Rickhubel** 6, 1943 m.

Abstieg auf einem Pfad über den teilweise bewaldeten Südgrat. Nach der Überschreitung der **Sewenegg**, 1834 m (wird auch Schnabelspitz genannt), schlagen wir den rechts abzweigenden Weg ein, der durch die Westseite der Sewenegg zur Kapelle von Sewen führt. So weit müssen wir aber nicht gehen; wo der Weg aus dem Wald kommt, steigen wir über eine Wiese weglos hinab auf ein Sträßchen, queren dieses und gehen hinab zum **Sewenseeli** 7, 1689 m.

Dem Ufer entlang südwärts zu einer Stelle, wo man gut baden kann. Dann auf einem Pfad schräg hinauf auf das Sträßchen und nach rechts zu einer Wegverzweigung, 1716 m. Auf dem unmarkierten Weg südwärts hinab zur Alp Unter Sewen, am linken, östlichen Rand des Hochmoors von Sewen entlang, hinab nach Schwand und entlang dem Seebebach im Wald abwärts; wo ihm der Weg am nächsten kommt, führt ein Weglein nach rechts zu einem seiner Becken, in die er sich mit Wasserfällen ergießt – wunderbar zum Baden. Schließlich erreicht unser Abstiegsweg den breiten Wanderweg, der uns zum Restaurant **Ständeli** 1 zurücknimmt.

↗ 1100 m | ↘ 1100 m | 11.9 km

5.30 h

Flühli – Schwändiliflue, 1796 m – Chessiloch

TOP **46**

Happig, dolomitig, wässerig

Die Schwändiliflue strebt als südlichster Gipfel der Entlebucher Flühe mit eindrücklichen, in der Abendsonne rot leuchtenden Felswänden über Steilwaldflanken in die Höhe. Von unten gesehen ist das weiße Gipfelkreuz schier unerreichbar hoch oben, doch spätestens nach zweieinhalb Stunden steht man bei ihm und blickt senkrecht auf das Dorf Flühli und das Waldemmental hinab. Aber so richtig Beine und Seele baumeln lassen kann man dort noch nicht, denn der Abstieg ist lang und nahrhaft – vor allem auf dem Pfad durch die Heidelbeeren ... Und er wartet mit zwei Attraktionen am bzw. im Wasser auf: dem Chessiloch mit dem tosenden Wasserfall und dem Schwandalpweiher mit der Kneippanlage.

Ausgangs- und Endpunkt: Flühli, 884 m; Postauto von Schüpfheim, Haltestelle Post.
Anforderungen: Meist markierte Wege. Der Aufstieg von Flühli durchs Rüchiloch auf die Schwändiliflue ist vor allem im Waldbereich sehr steil und teils sehr rutschig; der Hinweis auf dem Wanderwegweiser »Vorsicht: steiler Aufstieg!« ist eine Untertreibung. Für den Abstieg ungeeignet. Der Weg durch die Heidelbeerstauden ist schuhbreit – wenn nass, ein Test für die Wasserundurchlässigkeit der Schuhe. Im Steilstück oberhalb des Chessilochs ist Stolpern verboten. T3+ für den Aufstieg, T3 für Abstieg zum Chessiloch.
Beste Jahreszeit: Mai bis Oktober.
Einkehr und Unterkunft: In Flühli: Hotel Kurhaus Swiss Spirit, Tel. +41 41 488 11 66; Restaurant Stutz.
Variante: Von Chrage hinab auf die Talstraße und auf schönem Uferweg der Waldemme entlang nach Flühli; 45 Min.
Tipp: Die Kneippanlage Schwandalpweiher ist täglich von 6.00 bis 22.00 Uhr geöffnet, Eintritt 5 Fr.; www.fluehli-wasser.ch.
Kombinationsmöglichkeit: Mit Tour 43, 47 und 51.
Karten: 244 T Escholzmatt; 1189 Sörenberg, 3321 T Napf-Sörenberg.

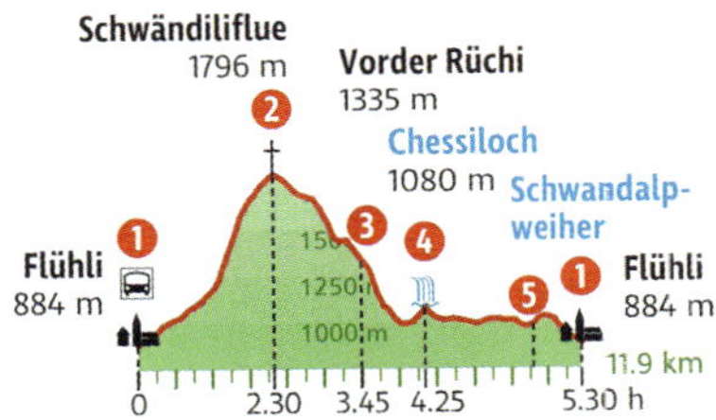

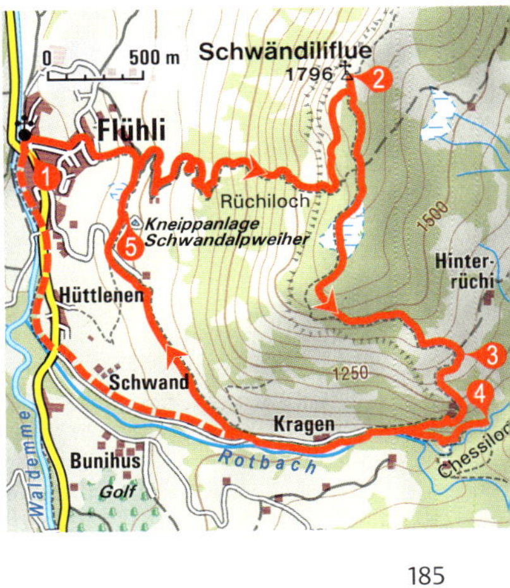

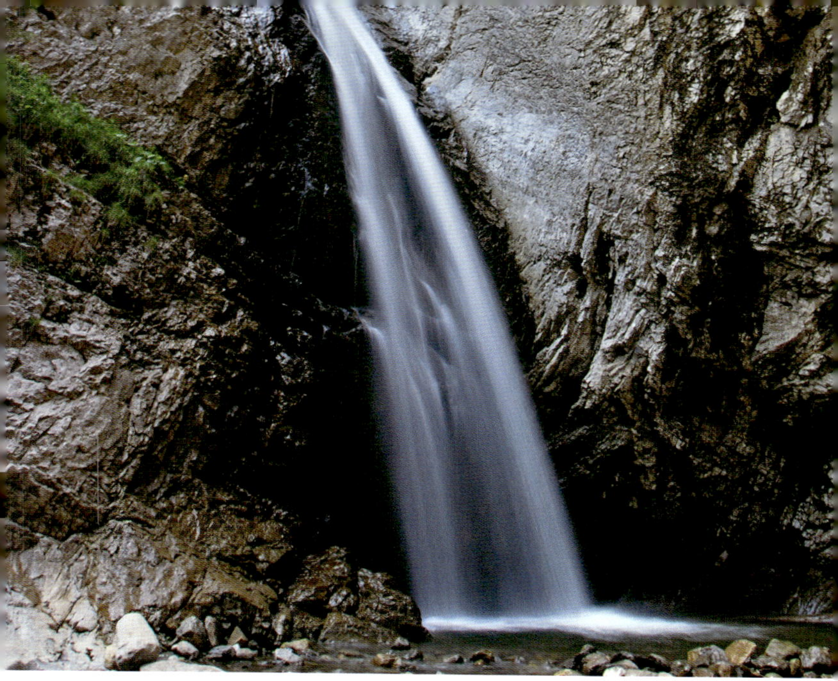

Der Abstecher zum Wasserfall im Chessiloch lohnt sich auf jeden Fall.

Von der Postautohaltestelle in **Flühli** ❶ ostwärts ansteigen. Nach dem Gässli kommt man in die Salzbühlstrasse, die man aber bald nach rechts in die (unmarkierte) Pfaffrütistrasse verlässt. Wo sie nach links umbiegt, auf einem Weideweg geradeaus ansteigen; das war früher die Wanderroute, und man gelangt auf sie zurück. Sie kommt zur Alp Schwändili, 1031 m, und zickzackt als Wiesen- und weiter oben als sehr steiler und rutschiger Waldweg durch die Westflanke der Schwändiliflue hoch; an der schwierigsten Stelle versichert. Bei der Wegverzweigung oberhalb der Engstelle **Rüchiloch** nimmt man den linken Weg, der in einen Sattel, ca. 1755 m, hochzieht. Zuletzt direkt über den Südgrat zum Wegweiser mit Gipfelbuch und durch eine Grassenke hinüber zum Gipfelkreuz der **Schwändiliflue** ❷, 1796 m, hart am Abgrund.

Zurück in den Sattel, wo man die Aufstiegsroute verlässt. Südwärts entlang und auf dem Grat, dann mäandernd durch die Heidelbeerstauden des Rüchiwald-Hochmoores und links haltend schräg hinab zur Alp **Vorder Rüchi** ❸, 1335 m. Südwärts hinab zu einer Steilstufe, durch welche sich der

Weg wie im Tessin hinabwindet. Bei der Wegverzweigung, ca. 1030 m, östlich von Chrage nach links und taleinwärts mit kleineren Gegenanstiegen, vorbei am Chessimätteli (mit Infotafel zur einstigen Glasfabrikation von Flühli), ins **Chessiloch** 4, ca. 1080 m, wo man sich auf einem wackeligen Steg noch weiter hinein in den Felsenkessel begeben kann, in den sich der Seebenbach hinunterstürzt. Auf dem Zugangsweg zurück, hinab zur ehemaligen Glasersiedlung Kragen und auf dem Sträßchen bis rechts zum Wanderweg zur Schwandalp und **Kneippanlage Schwandalpweiher** 5, ca. 990 m, die auf- und absteigend erreicht wird. Nach dem Bad nordwärts zu der vom Aufstieg bekannten Route, auf der direkt nach **Flühli** 6 abgestiegen wird.

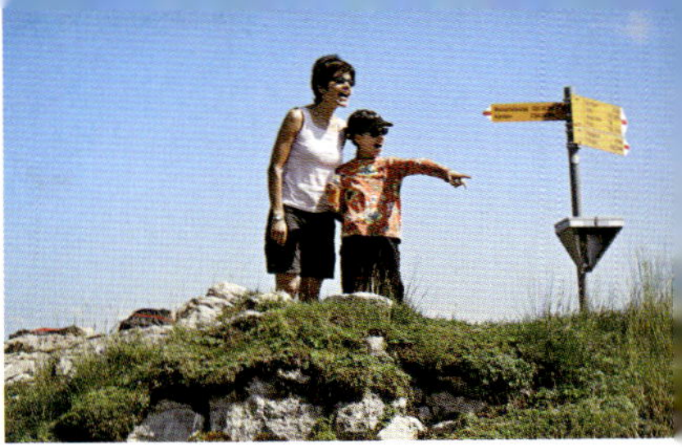

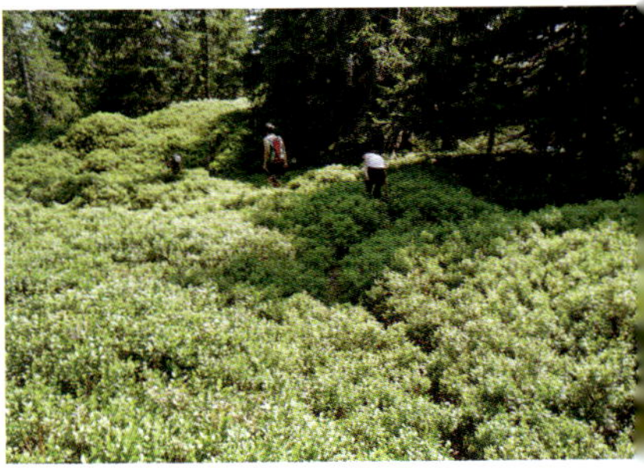

Oben: Auf der Schwändiliflue – »Dort unten waren wir grad noch, Mama!«
Mitte: Auf dem Weg nach Vorder Rüchi – Heidelbeergelände vom Feinsten.
Unten: Auf dem sehr steilen Waldwurzelweg – besser im Auf- als im Abstieg.

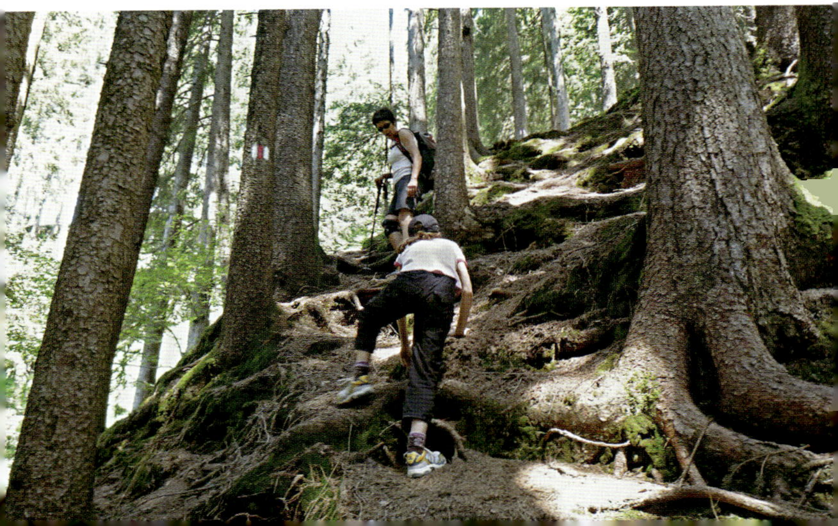

TOP

↗ 1200 m | ↘ 920 m | 12.2 km

47 Flühli – Haglere, 1948 m – Sörenberg

5.30 h

Schnuppern in der Biosphäre

Welches das beste Buch ist, lässt sich kaum beantworten. Leichter findet sich eine Antwort auf die Frage nach dem schönsten Buch: das Entlebuch! Dies hat auch die UNESCO erkannt und die Region in ihre Liste der Biosphärenreservate aufgenommen. Auf den 400 km² der Biosphäre finden sich die größten und zahlreichsten Moorlandschaften der Schweiz. Grund genug, diese Region im Rahmen einer abwechslungsreichen Gratwanderung zu erkunden. Wir begeben uns in eine überaus liebliche Landschaft, queren ein Hochmoor, und die zu begehenden Grate sind auf weiten Strecken eher rundlich denn scharf, sodass man sich gänzlich der Aussicht hingeben kann.

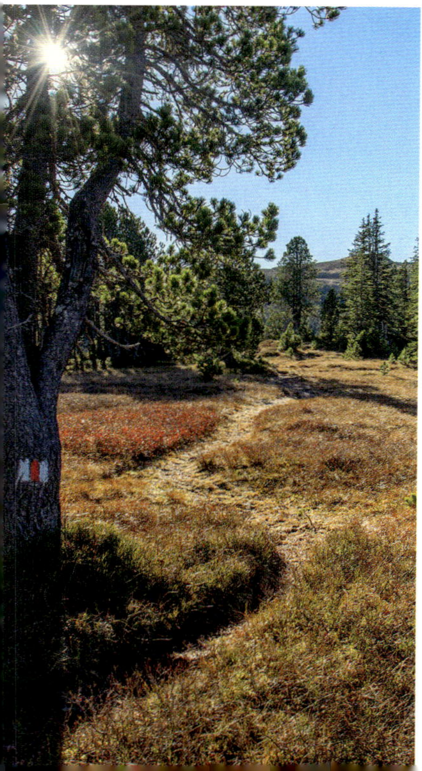

Ausgangspunkt: Flühli, 884 m; Postauto von Schüpfheim, Haltestelle Post.
Endpunkt: Sörenberg, 1170 m; Postauto nach Schüpfheim, Haltestelle Flühhütten.
Anforderungen: Durchgehend markierte Wege. Die einzige anspruchsvollere Stelle wird im Aufstieg zum Nünalpstock passiert: eine kurze, leicht ausgesetzte und mit Drahtseilen abgesicherte Felsstufe. T3. Ansonsten T2.
Beste Jahreszeit: Im Frühsommer, wenn das Grün noch satt ist, oder im farbenfrohen und klaren Herbst.
Einkehr und Unterkunft: In Flühli; Hotel Kurhaus Swiss Spirit, Tel. +41 41 488 11 66. Hotels in Sörenberg.
Varianten: 1) Vom Teufimattsattel direkt nach Sörenberg absteigen; dann nur T2 und gut 15 Min. kürzer.
2) Verbindung mit den Touren 44 und 46: vom Nünalpstock über Haldimattstock, Bärenturm, Sattelpass, Holzhack und Chessiloch zurück nach Hüttlenen; 8 Std., 1420 Hm.
Kombinationsmöglichkeit: Mit den Touren 43, 44, 46 und 51.
Karten: 244 T Escholzmatt; 1189 Sörenberg; 3321 T Napf-Sörenberg.

Kurz nach dem Bleikechopf beginnt das traumhafte Moorgebiet.

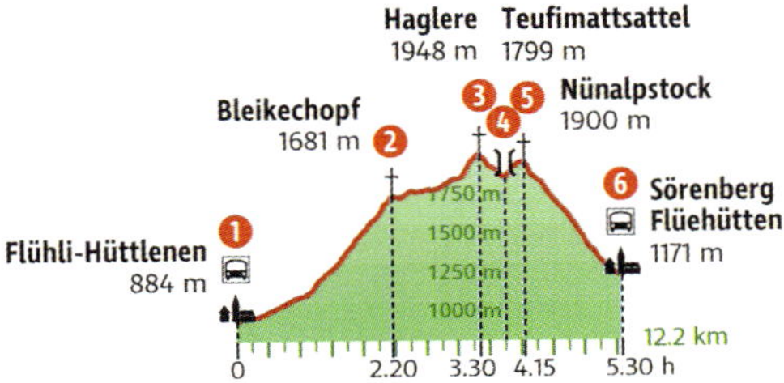

In **Hüttlenen** ❶ überqueren wir noch taleinwärts entlang der Hauptstraße den Rotbach, bevor wir links abzweigen und der Straße über Bunihus und Oberflühli, 1049 m, folgen. Im Bleikeboden verlassen wir die Straße endgültig und steigen auf dem Bergweg durch einen steilen und durchfeuchteten Wald auf, welchen wir kurz vor der Alphütte, 1527 m, unterhalb des Bleikechopfs verlassen. Bei der Hütte rechts halten und über den Gratrücken hinauf zum ersten Gipfel, dem **Bleikechopf** ❷ mit einem schönen Blick nach Flühli. Sanft folgen wir dem Grat und alsbald schreitet man durch wie von Zauberhand angeordnete Baumgruppen, passiert abgestorbene Baumskelette und flaniert über liebliche Lichtungen – kein Landschaftsgärtner hätte das vorteilhafter arrangieren können.

Und da das Hochmoor nahe dem Grat weniger durchfeuchtet ist, muss man nicht dauernd auf den Boden schauen und kann so die pit-

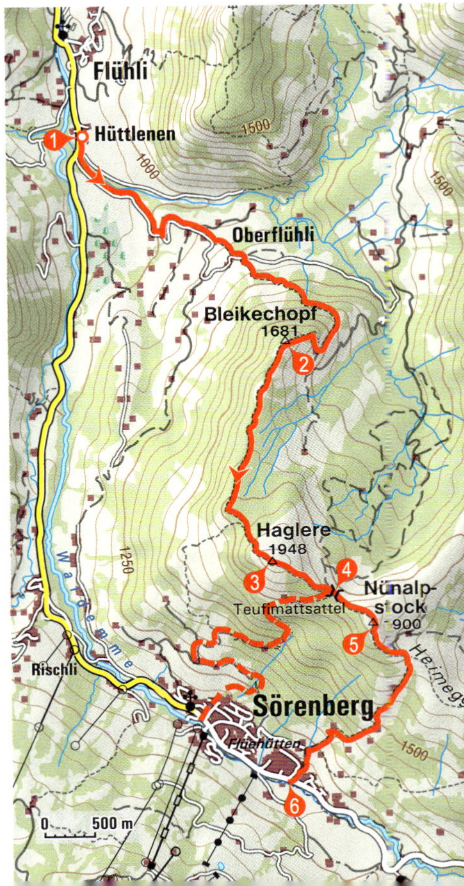

toreske Landschaft förmlich aufsaugen. Bei der Wegkreuzung Dählenboden, 1805 m, verlassen wir die Moorlandschaft und steigen über den Nordwestgrat auf die grasige Kuppe der **Haglere** ③ mit einer zu den Berner Alpen ausgerichteten Sitzbank.
Hinab geht es in den **Teufimattsattel** ④ und geradeaus über den an einer Stelle recht ausgesetzten (mit Drahtseil abgesichert) Nordwestgrat des Nünalpstocks. Vom Punkt, an dem das Wegschild steht, 1898 m, schlagen wir den Weg Richtung Süden bzw. Sörenberg ein, der uns zum höchsten Punkt des **Nünalpstock** ⑤ leitet. Über den Südgrat geht es dann hinab bis zur Wegkreuzung, 1767 m, oberhalb der Nünalp. Hier rechts und über Buecherenschwand hinab bis nach **Sörenberg Flüehütten** ⑥.

Im kurzen, aber steilen Aufstieg auf den Nünalpstock, links Sörenberg.

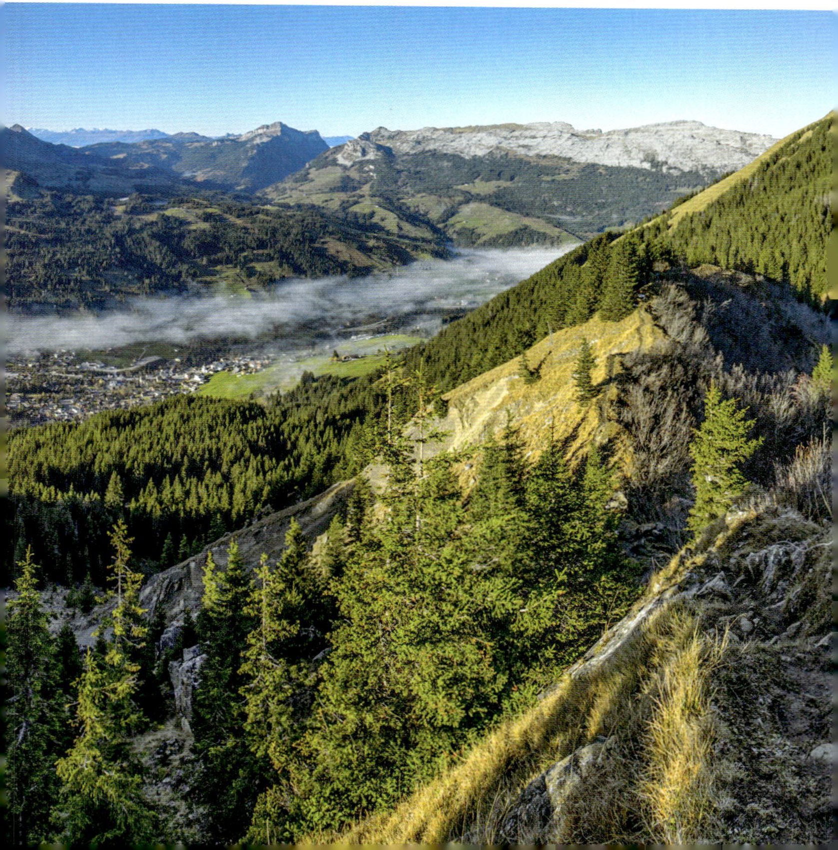

↗ 880 m | ↘ 850 m | 13.8 km

4.20 h

Schüpfheim – Heiligkreuz – Farnere, 1572 m

48

Ein Ganzjahresziel

Wann soll man diese Tour auf den Hausberg von Schüpfheim machen? An alten Wanderwegen Interessierte unternehmen sie am besten im Spätfrühling, damit noch kein Laub den Blick auf den vorbildlich restaurierten alten Frutteggweg stört. Wanderer, die mal einen traditionellen Herbstmarkt nach dem Alpabzug erleben möchten, gehen am zweiten Donnerstag im November. Wer gerne Ski fährt, wählt den Winter, wenn die Lifte laufen (zum Gipfel braucht es allerdings Felle, und für die Abfahrt wählt man am besten den direkten Weg nach Schüpfheim); steht die Skigeschichte im Vordergrund, passt auch der Sommer, um mit Heiligkreuz eine der Wiegen des mechanisierten Skilaufs in der Innerschweiz kennenzulernen. Ja, und die Pilger? Sie wallfahren jederzeit über den Stationenweg nach Heiligkreuz.

Ausgangspunkt: Schüpfheim, 715 m, an der Bahnlinie Bern – Wolhusen – Luzern. Von Entlebuch fährt ein Bus nach Heiligkreuz.
Endpunkt: Chlusbode, 748 m, Haltestelle Klusstalden, Postauto nach Schüpfheim.
Anforderungen: Markierte Wege. Meistens T1, kurze Passagen T2.
Beste Jahreszeit: Frühling bis Herbst; der Stationenweg nach Heiligkreuz auch im Winter. Kalter Markt am 2. Do im Nov. – Herbstmarkt mit über 120 Marktständen, traditioneller Treffpunkt der Entlebucher.

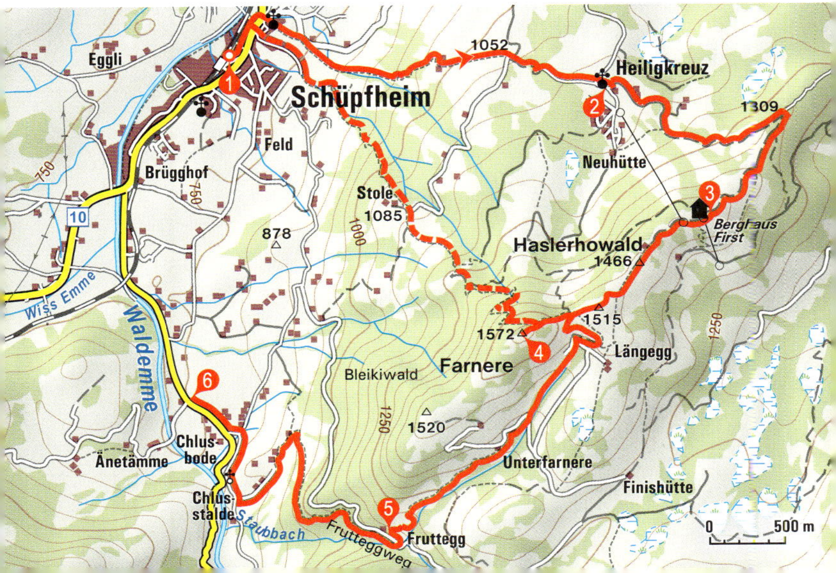

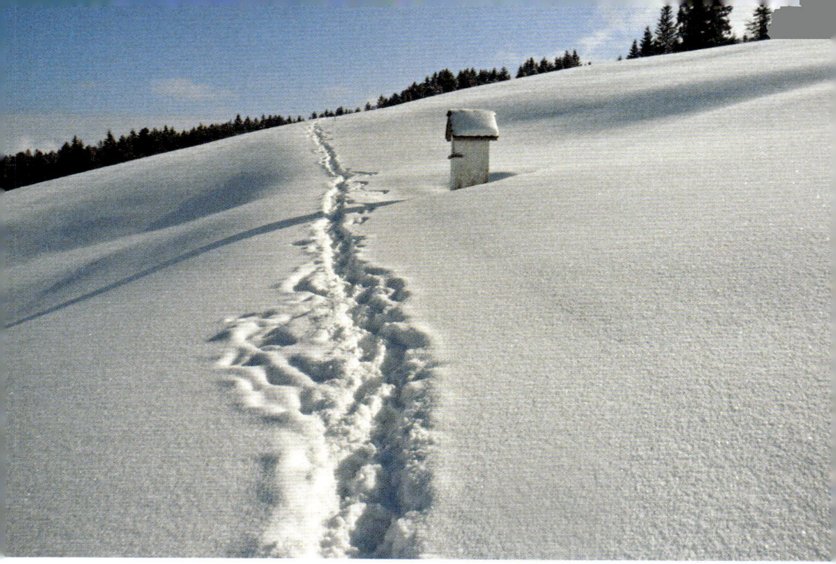

Stationenweg nach Heiligkreuz: Winterzauber auf der Schnabelweid.

Einkehr und Unterkunft: In Schüpfheim. Hotel Kurhaus Heiligkreuz, Tel. +41 41 484 23 09. Berghaus First, Tel. +41 41 484 16 66. Entlebucher Spezialitäten Käserei auf dem Klusboden, Tel. +41 41 484 23 53, www.spezialitaeten-kaeserei.ch.
Variante: Direktabstieg von der Farnere: vom Gipfelkreuz kurz entlang dem Waldrand zurück und links hinein in den steilen Bergwald. In mehreren Serpentinen hinab zu einer Hütte. Über das Stolemoos und den Rücken von Stole (mit großem Kreuz). Schließlich dem Trübebach entlang und hinein ins Dorf Schüpfheim.
Tipp: Der Alte Frutteggweg in Schüpfheim und seine Umgebung. Informationsschrift zur Wiedereröffnung am 4. September 2010; pdf im Internet.
Kombinationsmöglichkeit: Tour 40 und 49.
Karten: 244 T Escholzmatt; 1169 Schüpfheim, 3321 T Napf-Sörenberg.

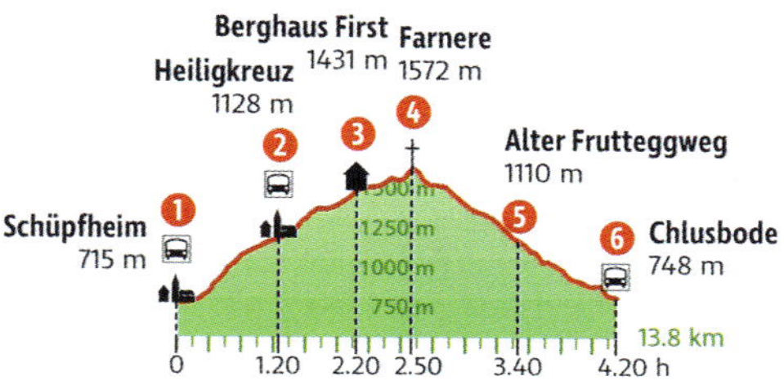

Vom Bahnhof **Schüpfheim** ❶ folgt man den Wegweisern Richtung Heiligkreuz, geht hinauf zur Dorfstraße, wandert ihr entlang und hält, am mächtigen Schulhaus vorbei, zur ebenso mächtigen Kirche. Durch den Friedhof hoch, und schon bald trifft man auf den ersten Bildstock des Stationenweges nach Heiligkreuz, unweit der Talstation des Dorfskiliftes. Die 14 Stationen, die das Leiden Christi schildern, geleiten uns sicher zum Wallfahrtsort **Heiligkreuz** ❷, 1128 m; Kirche und Gasthof. Ein breiter Weg nimmt uns weit ausholend hinauf zum **Berghaus First** ❸, 1431 m, und noch weiter zur Bergstation des Skiliftes. Über den teilweise leicht bewaldeten Graskamm in munterem Auf und Ab zum weißen, hohen Betonkreuz zuoberst auf der **Farnere** ❹, 1572 m.
Zurück zur Wanderwegverzweigung. Die Route über Oberfarnere, ca. 1415 m (ohne Namen auf der neuen Landeskarte) und Unterfarnere nach Fruttegg einschlagen. Oberhalb dieser Hütte durch und hinab auf neue Alperschließungsstraße – und zum **Alten Frutteggweg** ❺, ca. 1110 m. Dieser mit Trockensteinmauern erbaute Saumweg für Pferdefuhrwerke wurde sorgfältig restauriert und ermöglicht ein Wandern wie zu Urgroßvaters Zeiten. Durch steilen Bergwald hinab nach Chlusstalden und an der Chluskapelle vorbei in den **Chlusbode** ❻. Die Postautohaltestelle befindet sich unterhalb der Entlebucher Spezialitäten Käserei, wo jährlich 200 Tonnen Käse hergestellt werden, unter anderem der Sbrinz. Guten Appetit!

Vom Schimbrig (Tour 43): Schafmatt (links), Beichle (hinten), Farnere (rechts).

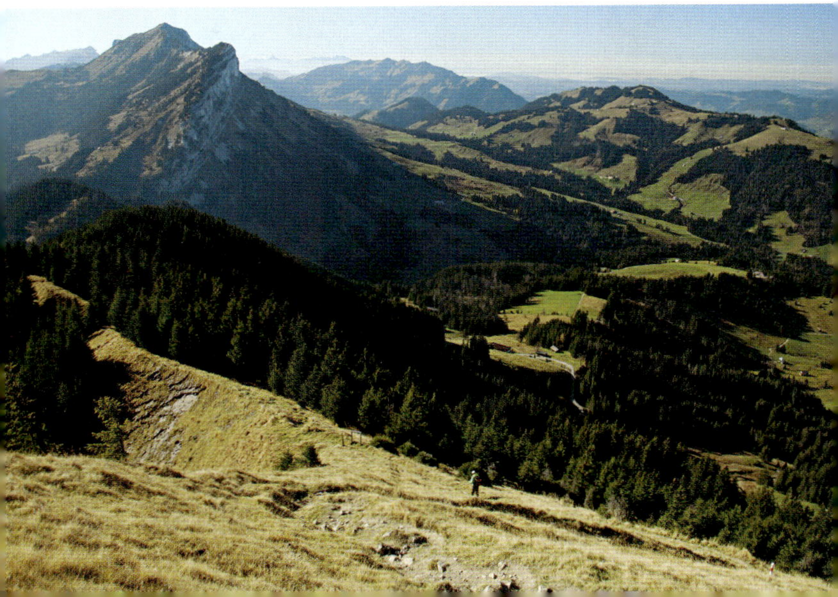

↗ 1100 m | ↘ 1000 m | 14.9 km

49 Chlusbode – Beichle, 1769 m – Rotefluespitz, 1532 m

5.45 h

Drei bis drei hoch zwei Gipfel

Die Beichle ist ein zerfurchter Nagelfluhkamm, der im Osten von der Waldemme, im Nordwesten vom Haupttal des Entlebuchs und im Süden vom Hilferental begrenzt wird. Der gut 6 km lange Kamm verläuft wie fast alle Entlebucher Gipfelgrate von Südwest nach Nordost. Zwischen der Gsteigegg, einem ins Haupttal vorgeschobenen Aussichtspunkt, und dem auf der Landeskarte namenlosen Krümpelspitz liegen neun Gipfel. Acht davon können gut, drei müssen überschritten werden; der Beichlegrat hingegen sah unwegsam überwachsen aus, weshalb ich ihn links liegen ließ. Noch zwei Besonderheiten dieses langen Kammganges: Beim Ausgangspunkt kann in der Entlebucher Spezialitäten Käserei Zwischenverpflegung eingekauft werden; eine Beiz gibt es erst gegen Ende der Tour. Und vom Beichlekreuz (1740 m) sieht man die charakteristische eisige Doppelkuppe des Mont Blanc. Kurz: gratwegs schöne Aussichten!

Ungewohnte Fauna ist zwischen Ober Lammberg und Gsteigegg anzutreffen.

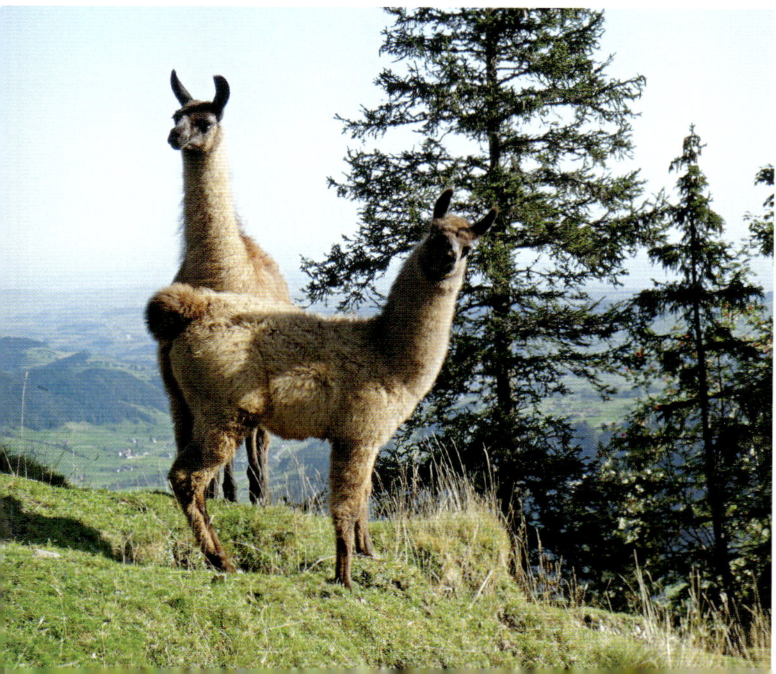

Ausgangspunkt: Chlusbode, 748 m, Haltestelle Klusstalden, Postauto von Schüpfheim an der Bahnlinie Bern – Escholzmatt – Luzern.
Endpunkt: Neugaden, 824 m, nördlich von Marbach; Postauto nach Escholzmatt.
Höhenunterschied: Nimmt man die südlichen Nebengipfel mit, erhöhen sich Auf- und Abstieg, mit dem Beichlegrat noch mehr.
Anforderungen: Markierte und unmarkierte Pfade, mit einigen weglosen Abschnitten, insbesondere bei (fakultativen) Überschreitungen der vielen Gipfel der Beichlen. Ein paar ausgesetzte Stellen, insbesondere beim markierten Aufstieg auf den Hauptgipfel. T3+.
Beste Jahreszeit: Sommer und Herbst.
Einkehr: Hilferenhüttli, Camping Sternen. Entlebucher Spezialitäten Käserei auf dem Klusboden, Tel. +41 41 484 23 53, www.spezialitaeten-kaeserei.ch.
Unterkunft: Hotels in Schüpfheim, Marbach und Escholzmatt.
Variante: Die beiden südlichen Nebengipfel der Beichle können auch überschritten werden: Zu P. 1744 über einen kurzen, steilen Pfad in schrofigem Gelände aufsteigen (T4), dann leichter Abstieg über den Südgrat. Der folgende Aufstieg auf P. 1741 ist leichter als zu P. 1744 (aber schwieriger als der Wanderweg); der Abstieg erfolgt in Waldlichtungen auf einem in der Landeskarte nicht eingezeichneten Pfad durch die Südseite hinab auf einen Fahrweg, auf dem man zurück auf den Hauptkamm und zum Wanderweg gelangt (in der Nähe von P. 1661).
Kombinationsmöglichkeit: Mit Tour 48.
Karten: 244 T Escholzmatt; 1169 Schüpfheim, 1188 Eggiwil, 1189 Sörenberg; 3321 T Napf-Sörenberg.

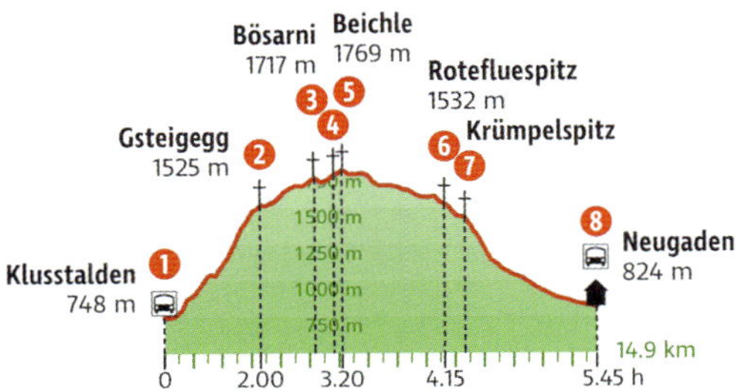

Von der Haltestelle **Klusstalden** ❶ ein paar Schritte zurück Richtung Schüpfheim und links. Auf einem Sträßchen über die Waldemme und ansteigen, bis links die Route zum Gsteig abzweigt. Ein Gras- und Waldweg zieht schräg zum Nordostrücken hoch. Hinauf zum Hof Under Lammberg. Dahinter durch eine grasige Mulde, kurz durch Wald und nach Ober Lammberg, 1103 m. Über den Weiderücken auf der Wanderroute weglos ansteigen, auf schmalem Weglein steil durch Wald zum Stall von Gsteigegg, 1433 m, und über den Grat, rechts an Nagelfluh vorbei, auf den eigentlichen Gipfel der **Gsteigegg** ❷, ca. 1525 m.
Hinab in einen Sattel, 1502 m, mit Stall. Weiter auf schmalem Pfad über den bald waldigen, ab und zu auch grasigen Grat, meistens auf seiner Sonnenseite, ab und zu auch auf der Schneide selbst, mit ein paar Zwischen-

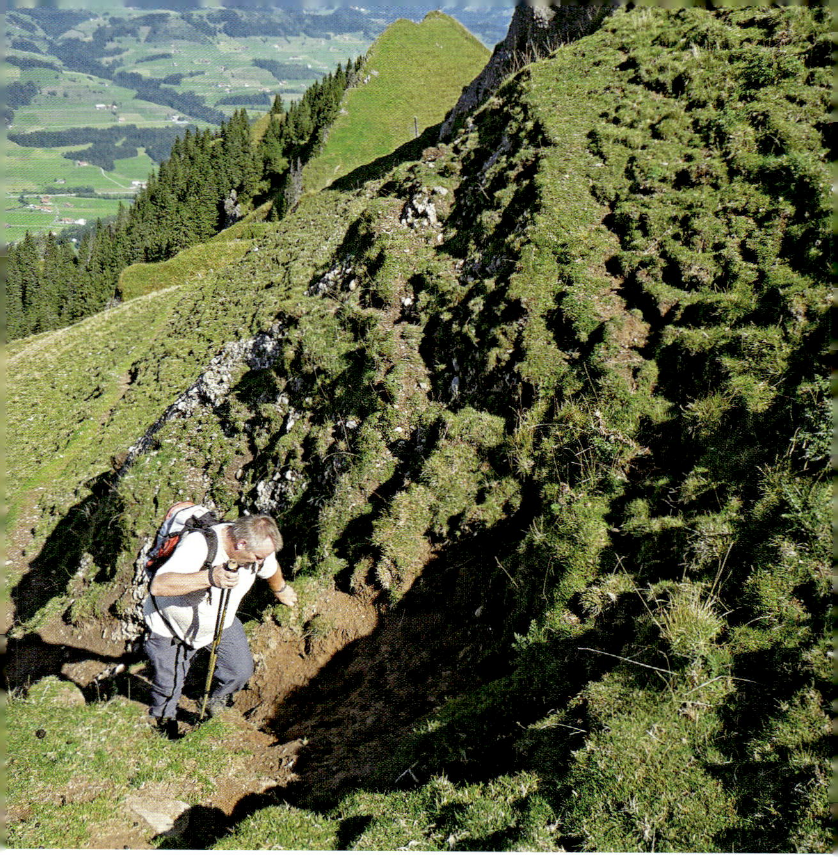

Steilstück zwischen Beichlekreuz (hinten) und Beichle.

abstiegen, bis hinauf auf eine Kuppe. Über eine Nagelfluhstufe hinab und wieder ansteigen gegen den namenlosen Grasgipfel P. 1717. Der Wanderweg quert seine Südostseite; aber wenn wir schon am Gipfelsammeln sind, überschreiten wir **Punkt 1717** ❸; wird nach der Alphütte weiter unten auch **Bösarni** genannt. Hinab bis ca. 1670 m und wieder hinauf zu einer Wegverzweigung, 1718 m. Über eine Felsstufe und einen Grashang hinauf zum sogenannten **Beichlekreuz** ❹, ca. 1740 m; Gipfelbuch. Über den Grasgrat bis ca. 1710 m und in der Westseite des Nordgrates über zwei Steilstufen (die untere mit Drahtseil) auf den Hauptgipfel der **Beichle** ❺, 1769 m.

Der Abstieg erfolgt über den grasigen Südwestgrat, zuletzt rechts von Felsen, in einen Sattel, 1717 m. Weiter über den grasigen Kamm, wieder aufsteigend, dann absteigend, westlich unterhalb der Nebengipfel P. 1744 und P. 1741 hindurch zum Flachstück bei P. 1661; man kann die beiden natürlich auch genussvoll überschreiten (vgl. Variante). Höhenwanderung zuerst auf Fahrweg in Waldlichtung, dann auf Fußweg im Wald, mit einigen Gegensteigungen, bis auf ein Forststräßchen. Auf ihm weiter, auf der Nordseite unter dem Beichlegrat, 1608 m, hindurch, auf eine Wegkreuzung; kratzfeste Gipfelsammler werden diese waldige Gratkuppe selbstverständlich überschreiten. Von der Verzweigung westwärts hinab in einen Grassattel, ca. 1525 m, und abseits des Wanderweges hinauf auf den **Rotefluespitz** 6, 1532 m; so leicht und schnell kommen wir nicht immer auf einen Gipfel.

Nordwärts hinab zum Wanderweg. Er sinkt, wenig ausgeprägt, durch die Westseite des Rotefluespitz in einen weiteren Sattel, ca. 1410 m. Hier drängt sich noch ein letzter Gipfel auf: über den Nordostgrat auf den **Krümpelspitz** 7, 1441 m (ohne Namen auf der Landeskarte).

Abstieg über den grasigen Südgrat, zuerst weglos, dann auf dem Wanderweg bis ca. 1140 m unterhalb der Unterkrümpelhütten und links ausholend hinab auf die Hilfernstraße. Auf ihr zum Restaurant Alpenrösli, ca. 955 m, bei **Hilfernhüttli**. Auf der Hilfernstraße und zuletzt auf dem abzweigenden Wanderweg zur Postautohaltestelle **Neugaden** 8 auf der Talstraße, gegenüber dem Camping Sternen mit dem gleichnamigen Restaurant.

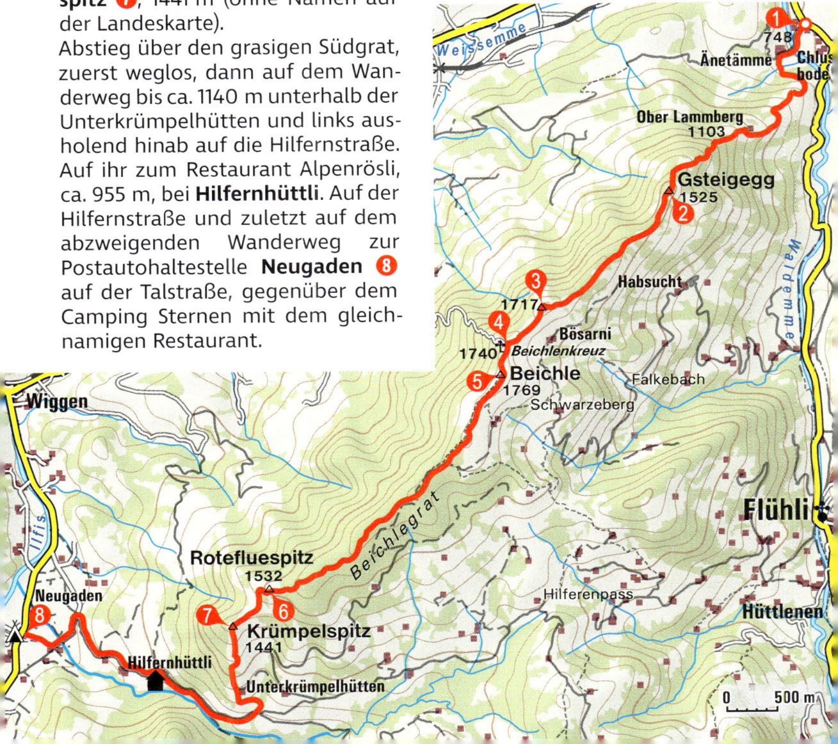

↗ 1130 m | ↘ 1130 m | 10.6 km

50 Steigrat, 1520 m – Sidemoosflue, 1441 m – Marbachegg, 1484 m

6.00 h

Diese Namen!

Schübelsmoosegg, Sidemoosflue und Lütscherligütsch. Gedankenfetzen fliegen auf, Höhenflüge werden wahr. Sie werden leider nur allzu rasch gebremst, wenigstens im Aufstieg zum Steigrat, dem ersten und höchsten Gipfel dieser wilden Wanderung zur mechanisch erschlossenen Marbachegg. Überwachsene Wege und Unterholz hemmen halt Füße und Hirn, und auch die Sidemoosflue erweist sich eher als sackrau denn seidenfein. Gewiss ein etwas umständlicher Weg auf die Marbachegg. Mit der Gondelbahn wär's weniger schweißtreibend und kratzbürstig. Aber dann wären wir nicht auf dem Lütscherligütsch gestanden, auf der Sidemoosflue und der Schübelsmoosegg. Wer dann den Weg hinunter zu Fuß nicht mehr schafft, kann nun – nach einer erholsamen Pause auf der Terrasse der Marbachegg – die Gondel besteigen und sich gemächlich ins Tal tragen lassen.

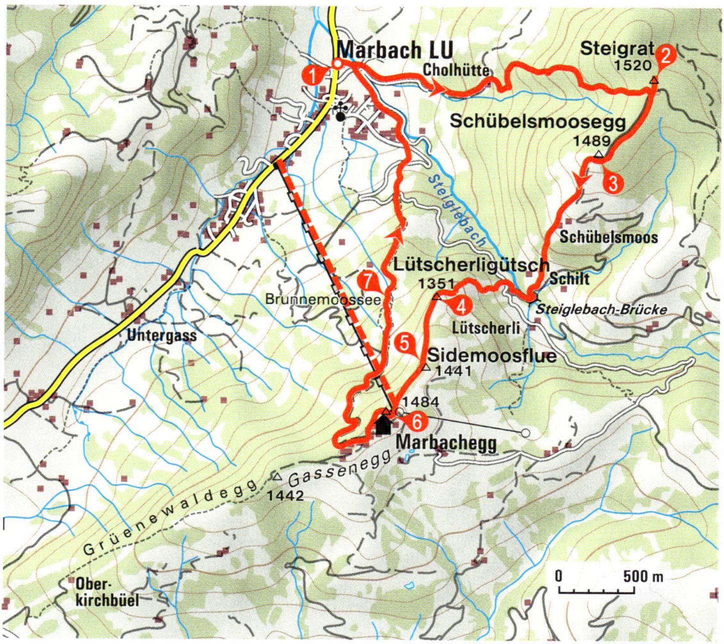

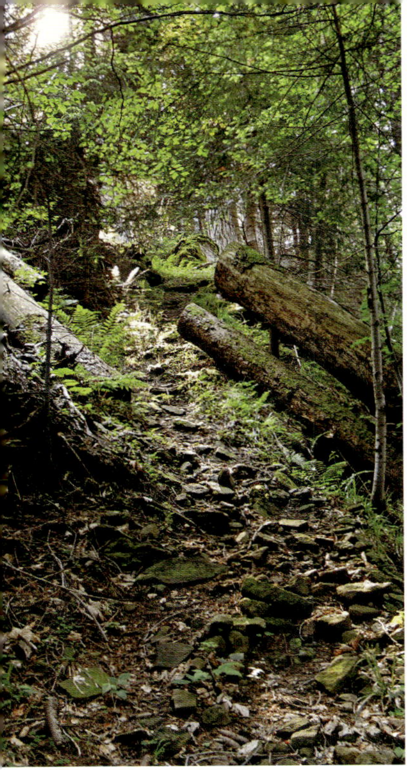

Der unbekannte und teils noch vorhandene Pfad gegen den Steigrat.

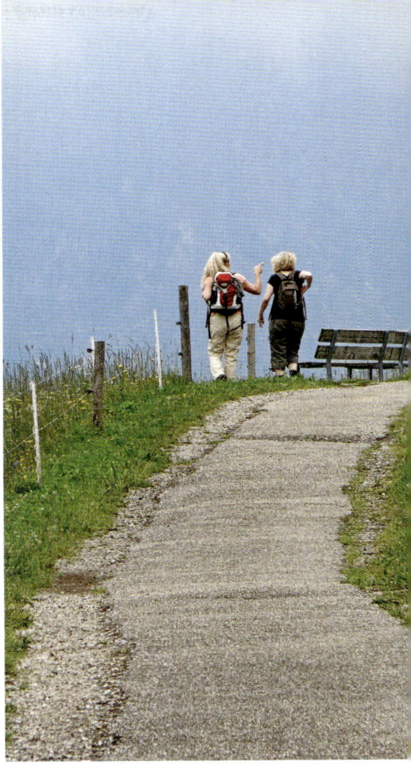

Der bekannte und gut begehbare Weg auf der Marbachegg.

Ausgangs- und Endpunkt: Marbach, 870 m, Haltestelle Post; Postauto von Escholzmatt an der Linie Bern – Langnau – Luzern.
Anforderungen: Gipfeltour für Bergwanderer, die sich im weglosen Gelände gut zurecht- und die alten, überwachsenen Pfade finden. Schwierigstes Teilstück ist der Aufstieg auf die Sidemoosflue; T4. Sonst mehrheitlich T3 bis zur Marbachegg.
Beste Jahreszeit: Im Frühsommer, wenn der Schnee weg ist und das Unterholz und Wiesengras noch nicht voll da.
Einkehr: In Marbachegg.
Unterkunft: Hotels in Marbach. In Schangnau: Hotel Löwen, Tel. +41 34 493 32 01 (Mi und Do geschlossen). Hotel Eigerblick auf der Marbachegg, Tel. +41 34 493 32 66.
Variante: Fahrt mit der Gondelbahn Marbach – Marbachegg.
Kombinationsmöglichkeit: Mit Tour 52, 53.
Karten: 244 T Escholzmatt; 1188 Eggiwil; 3321 T Napf-Sörenberg.

Von **Marbach Post** ❶ in den Weg Bühlzopf, links am Schulhaus vorbei und über den Steiglenbach; nach rechts. Auf einem unmarkierten, meist betonierten Fahrweg ostwärts ansteigen, an der Cholhütte vorbei bis auf das Flachstück, ca. 1100 m, vor dem Riteren-Hof. Weglos über die Weide hinauf zu einem Kreuz und leicht rechts haltend in die Waldrandecke, ca. 1170 m. Im Wald schräg rechts haltend auf eine Rippe und über diese hoch; ein paar umgestürzte Baumstämme zu Beginn, dann Pfadspuren. Auf etwa 1240 m trifft man rechts des Rippenkammes einen Pfad, der einen Aufschwung umgeht. Man gelangt auf ein Flachstück. Danach noch weiterhin auf der Rippe aufwärts. Auf ca. 1320 m findet man den richtigen Pfad, der schräg rechts haltend durchs Unterholz auf einen Fahrweg hinaufgeht, ca. 1400 m.

Vom Strick (Tour 51): sonnig die überbaute Marbachegg, schattig die Honegg (Tour 4).

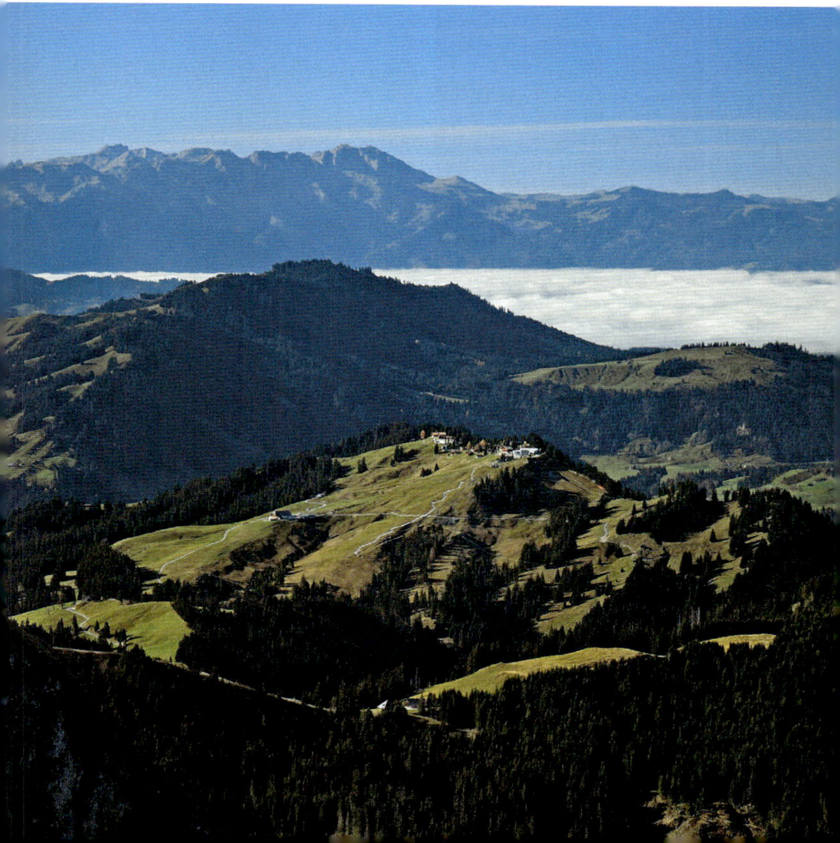

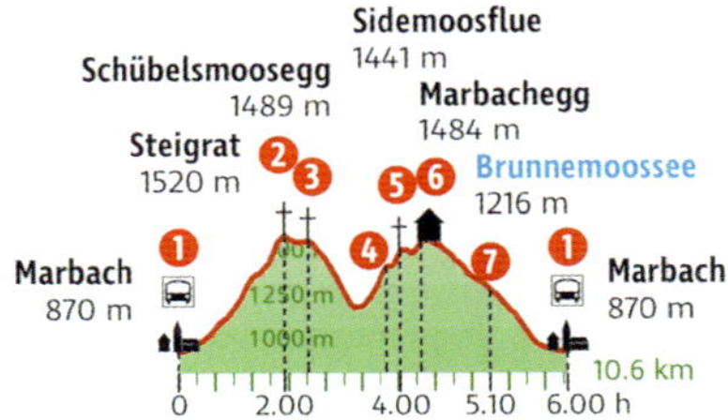

Ihn queren und gleich weiter auf dem überwachsenen Pfad (aber es war mal einer, die Treppenstufen mit Holzbalken sind schließlich nicht naturgemacht). Nach der einzigen Serpentine verliert er sich im noch hochstämmigen Wald. Nun muss man sich ca. 30 Höhenmeter durch dichten Jungwald auf einen breiten Weg hochkämpfen; oben nach rechts. Man gelangt auf eine Schotterstraße, 1494 m; linker Hand ein Holztisch mit Bänken. An ihm vorbei die letzten 26 Höhenmeter weglos über den Südrücken auf den Gipfel des **Steigrat** ❷, 1520 m; abgestorbene Bäume erlauben eine relativ freie Sicht.

Zurück zur Bank, auf der Schotterstraße mit wenig Zwischenabstieg an ihr Ende und auf dem Fußweg auf die **Schübelsmoosegg** ❸, 1489 m, mit schönem Blick ins Tal von Marbach, auf den Hohgant und die Schrattenflue. Auf dem markierten Weg über den Südrücken; wo der Weg nach links zieht, steigen wir geradeaus weiter ab und über ein paar Zäune. Rechts an den Gebäuden von Schübelsmoos vorbei, der Stromleitung folgend weiter abwärts, dann linker Hand den Zaunübergang anpeilen. Im Wald auf dem alten Weg steil hinab. Zuletzt rechts hinab in Weidegelände. Mehr oder weniger in der Falllinie hinab, unten rechts haltend zum Hof Schilt. Auf dem Zugangssträßchen hinab zur Steiglebach-Brücke, 1090 m, und hinauf auf die Alpstraße.

Diese queren und auf einem gerölligen Weg eine Weide hochsteigen. Wo er aufhört, in Wegspuren weglos rechts haltend hoch zum Zaundurchlass in einer Ecke. Anschließend auf gepflegtem Wiesenweg hinauf zum Hof Lütscherli. Den folgenden Grashang auf der linken Seite (Weide) hochsteigen; die rechte wird gemäht. Zuletzt rechts haltend in eine Einsattelung, ca. 1335 m, mit Strommasten. Über den teils bewaldeten Südgrat auf den **Lütscherligütsch** ❹, 1351 m.

Zurück in die Einsattelung und auf dem bewaldeten Grat ansteigen; Pfadspuren. Nach dem Zaun wird es steil; eine Steilstufe wird links umgangen. Zurück zum Grat und hinauf auf den Vorgipfel, 1439 m. Wieder hinab, ca. 1420 m, und nochmals ziemlich steil grasig und astig hoch auf die **Sidemoosflue** ❺, 1441 m. Damit sind die Schwierigkeiten vorbei. Nochmals absteigen in eine Einsattelung, ca. 1410 m, und an der Halfpipe vorbei hinauf zur Bergstation der Gondelbahn **Marbachegg** ❻; der höchste Punkt, 1484 m (ohne Kote auf der neuen Landeskarte), ist oberhalb des Hotels Eigerblick.

Entweder mit der Gondelbahn hinab nach Marbachegg oder zu Fuß auf der gelb markierten Wanderroute über den kleinen **Brunnemoossee** ❼ und Cholweid zurück zum Ausgangspunkt **Marbach Post** ❶.

↗ 900 m | ↘ 1090 m | 10.8 km

51 Hirsegg – Strick, 1947 m – Flühli

5.15 h

Klettern und Ski fahren

Am 2. Juli 1966 besuchte ich als knapp zwölfjähriger Bub zum ersten Mal die Hächlezänd, die dolomitenähnlichen Klettertürme der Schrattenflue. Wir kletterten auf Zahn I und II, dann noch auf die kleine Nadel. »Mache es gut«, schrieb mein Vater ins Tourenbuch, und: »Erstmals frei (ungesichert) abseilen 15 m.« Ob das die Mutter wusste? 30 Jahre später stand ich an einem blauen Märztag auf dem Nachbarsgipfel, dem Strick, alleine und mit Ski. Für die nordseitige Abfahrt nach Torbach bei Flühli im Talboden unten brauchte ich 35 Minuten, inklusive zehn Minuten sonnige Pause beim Hof Emmental. Am 12. November 2011 benötigten Katharina Saurer und ich zwei Stunden für die gleiche Strecke, ohne Ski ... Der Hof Emmental lag im Schatten, ebenso die Hänge am Skilift, auf denen Ida Schöpfer aus Flühli, Doppelweltmeisterin bei der WM 1954 in Åre, Ski fahren lernte. Im Restaurant Fürstei auf der Sonnenmatte in Flühli prosteten wir den fast unglaublich hoch über uns stehenden Kalktürmen zu.

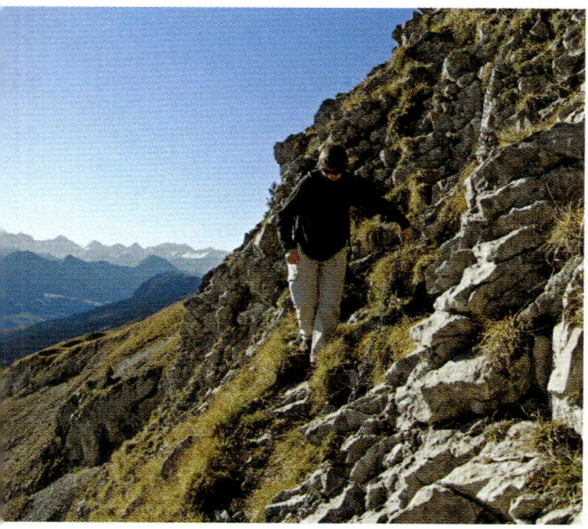

Kette sei Dank: im Aufstieg zum Strick.

Ausgangspunkt: Hirsegg, 1071 m; Postauto von Schüpfheim über Flühli.
Endpunkt: Flühli, 884 m.
Anforderungen: Für trittsichere, schwindelfreie, orientierungsfähige Bergwanderer. Markierte Berg- und Alpinwanderwege und -routen. Der Aufstieg über den Südwestgrat auf den Strick ist nicht markiert, teilweise ausgesetzt und mit einer Kette entschärft, der markierte Abstieg nach Norden weist einen heiklen Grashang und einen kurzen Felskamin auf. Nur weiß-rot-weiß markierte Wegspuren oberhalb der Bodenhütte sowie im steilgrasigen Gelände zwischen Ober Gummenegg und der Mulde »In der Not«. T4+.
Beste Jahreszeit: Sommer und Herbst.
Einkehr und Unterkunft: In Flühli: Hotel Kurhaus Swiss Spirit, Tel. +41 41 488 11 66. Heftihütte, privat, www.sac-emmental.ch.
Variante: Abstieg von der Ober Gummenegg auf der markierten Route über Ober und Under Gumme, Schlüechtli und Ruch zur Postautohaltestelle Hirseggbrügg, ca. 955 m; dient natürlich auch zum Aufstieg.
Literatur: Alles zum Klettern in den Hächlezänd und am Strick bei Urs Lötscher: Kletterführer Zentralschweizer Voralpen Südwest, SAC-Verlag 2013.
Kombinationsmöglichkeit: Mit Tour 43, 46, 47, 52 und 54.
Karten: 244 T Escholzmatt; 1189 Sörenberg; 3321 T Napf-Sörenberg.

Von der Postautohaltestelle **Hirsegg** ❶ über die Brücke und nach rechts. Auf der Alpstraße marschieren, bis rechts der Fußweg abzweigt, durch Wald ansteigt und wieder in die Straße kommt. Auf ihr zur **Bodenhütten**, 1436 m. Nun weglos, aber markiert nordwärts über Weidehänge hoch, dann auf einem Weg am Rande von Karstfeldern weiter ansteigen in Richtung der turmartigen Hächlezänd, an deren Fuß sich die Heftihütte, ca. 1905 m, schmiegt, eine geschlossene Privathütte der Sektion Emmental des Schweizer Alpen-Clubs, im Zweiten Weltkrieg erbaut als Truppenunterkunft.
Man muss nicht ganz zur Hütte gehen, sondern biegt beim Wegweiser auf dem **Heftibode** ❷, ca. 1900 m, rechts ab und steigt auf dem Grat in einen Sattel, 1885 m, ab; von hier kann der Strick nordseitig auf einem Pfad durch abschüssiges Gelände umgangen werden. Nun auf einer Pfadspur über den grasig-felsigen Südwestgrat, teilweise rechts der Schneide; wo er ganz felsig und schmal wird, wechseln wir für ein paar Meter auf die linke Seite und kommen zu einer Kette wieder rechts des Grates. Dank ihr geht es problemlos 10 Meter über schrofiges Steilgelände hinab. Die nächste Graterhebung quert man auf halber Höhe auf der Wegspur und gelangt in eine Lücke. Durch eine Rinne erreicht man schließlich das Grasdach des **Strick** ❸. Auf dem Vorgipfel steht ein Kreuz, auf dem Haupt-

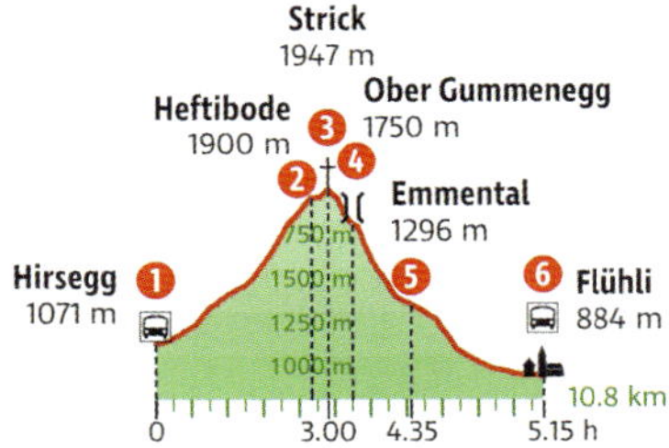

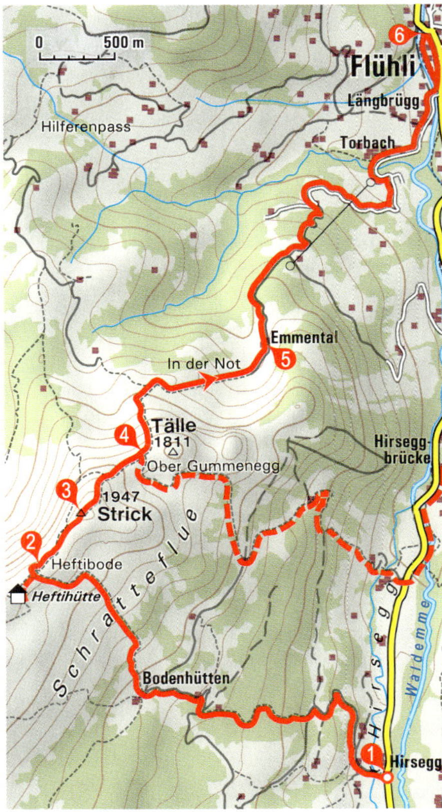

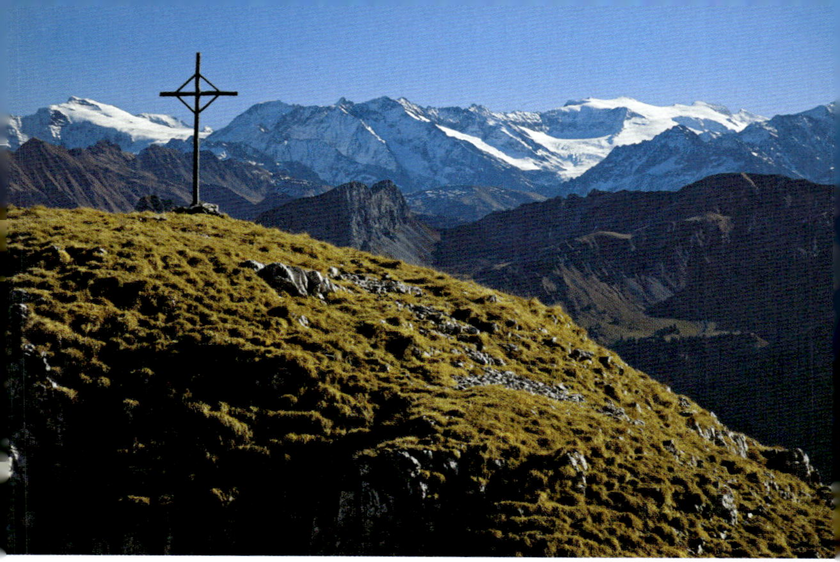

Gott sei Dank: Gipfelkreuz des Strick. Hinten Sustenhorn (links) und Dammastock.

gipfel, 1947 m, ein Wegweiser mit zwei Behältern für zwei Gipfelbücher. Dort hinauf direkt von Süden oder nach Norden ausholend.

Der Abstieg erfolgt auf dem weiß-blau-weiß markierten Pfad. Nordostwärts durch eine Grasmulde hinab. Wo sie steil wird, traversiert man ein paar Meter nach links und steigt vorsichtig über den Hang zu einem Absatz hinab. Von dort klettert man durch einen Felskamin (gute Griffe) und steigt noch weiter ein paar Meter steil ab – Ende der Hauptschwierigkeiten. Unter Felswänden quert man Geröllhänge links hinüber zum Grat, wo man auf weiß-rot-weiß markierte Wege kommt. Auf dem rechts abzweigenden Pfad hinab in den Sattel **Ober Gummenegg** 4, 1750 m.

Nun fast weglos, aber markiert durch abschüssige Grashänge auf der Nordseite des Tälle, zuerst schräg rechts haltend, dann in der Falllinie in einen Sattel, ca. 1480 m, südwestlich von P. 1501. Durch die Mulde »In der Not« hinab zu P. 1303, wo man endlich einen breiten Weg betritt. Auf ihm zum Hof **Emmental** 5, 1296 m. Auf dem Alpsträßchen bis zum Skilift, auf dem Wanderweg zuerst rechts, dann links, zuletzt wieder rechts desselben in die schattige Ferienhaussiedlung Hinder Torbach. Auf der Zufahrtsstraße, am Wohnwagenpark vorbei, zur Längbrügg, 891 m, und zur Postautohaltestelle Torbach am südlichen Dorfrand von **Flühli** 6. Auf dem Weg ins Zentrum links das Restaurant Fürstei, später rechts das Kurhaus. Man kann auch der Waldemme entlanggehen.

↗ 800 m | ↘ 1200 m | 12.1 km

5.00 h

Marbachegg – Hängst, 2091 m – Hirsegg

52

Steilgras und Steinwogen

Teer, Gras und Karst bilden den Hauptuntergrund auf dieser Traversierung eines kilometerlangen Bergkammes. Dazu ein wenig Schotter, Wald- und Moorboden. Der Teer zum Glück nur zu Beginn und am Schluss. Dazwischen aber dieser grasige Westhang des Hängst, zusammen mit der Hächle der höchste Gipfel der Schrattenflue – mit 600 Höhenmetern Aufstieg von der Alp Imbrig aus erreichbar, auf einem bloß schuhbreiten Pfad. Die ganze Westseite der Schrattenflue ist 5,5 km lang, von Bern aus gut sichtbar, und trotzdem nicht der wirklich charakteristische Bestandteil des Berges. Auf der Ostseite, auf der Abdachung gegen das Tal der Waldemme hinab, breiten sich riesige Karstfelder aus: Schrattenkalk, so weit das Auge reicht, aber nicht ganz so weit, wie die Füße tragen, jedenfalls nicht ganz so schnell. Da muss man vorsichtig gehen, damit man das Felsgelände mit all den teils messerscharfen Kanten, Rinnen und Löchern schmerzfrei erlebt. Wer sich Steilgras und Steinwogen nicht zumuten will, wandert nur auf die Käsealp Imbrig oder bleibt gar im Hotel Eigerblick auf der Marbachegg hocken – und liest den Bergroman »Schrattenfluh« von Gustav Renker.

Auf dem Grat angekommen: Nächstes Ziel ist der Hängst, der linke der beiden Felszacken.

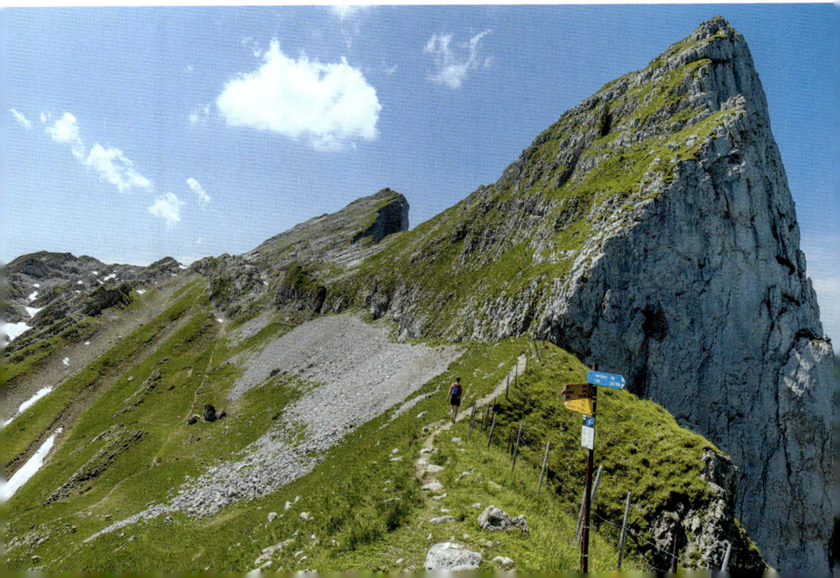

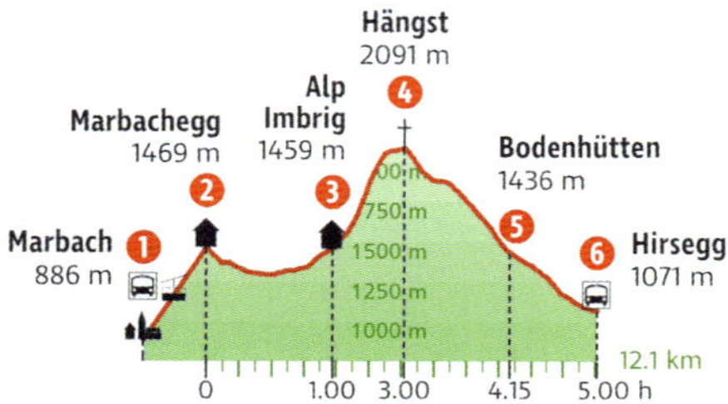

Ausgangspunkt: Marbach, 886 m, dann Fahrt mit der Gondel zum Marbachegg, 1469 m. Nach Marbach mit dem Postauto von Escholzmatt an der Bahnlinie Bern – Schüpfheim – Luzern. Sportbahnen Marchbachegg, Mai bis Oktober, Tel. +41 34 493 33 88, www.marbach-lu.ch.
Endpunkt: Hirsegg, 1071 m; Postauto nach Schüpfheim.
Anforderungen: Der Pfad durch die Westflanke des Hängst ist steil, schmal und hochtrittig – nur im Aufstieg zu empfehlen; stolpern sollte man dort nicht. Beim Abstieg durch die Karstfelder der Schrattenflue braucht man ein paar Mal die Hände; es ist aber nicht ausgesetzt. Markiert. T3.
Beste Jahreszeit: Sommer und Herbst.
Einkehr: Alp Imbrig, Tel. +41 79 401 98 08, Anfang Juni bis Mitte September. Der Alpkäse, der dort hergestellt wird, kann online bestellt werden, www.jordialpimbrig.ch.
Unterkunft: Hotels in Marbach. Hotel Eigerblick auf der Marbachegg, Tel. +41 34 493 32 66.
Variante: Über und entlang dem Gipfelkamm der Schrattenflue, nordostwärts zum Strick oder südwestwärts zum Schibegütsch.
Tipp: Die Schrattenflue bildet die Kern- und gleichzeitig Randzone des Biosphärenreservats Entlebuch, das die UNESCO im September 2001 als erstes solches Gebiet der Schweiz anerkannt hat; www.biosphaere.ch.
Kombinationsmöglichkeit: Mit Tour 50, 51, 53 und 54.
Karten: 244 T Escholzmatt; 1188 Eggiwil, 1189 Sörenberg; 3321 T Napf-Sörenberg.

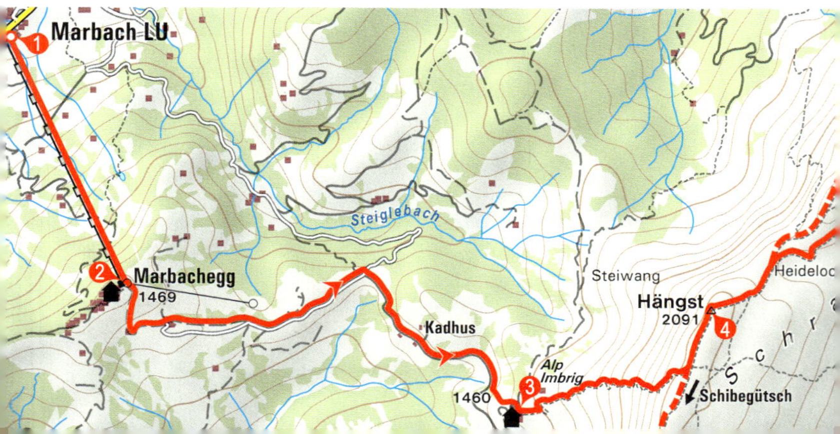

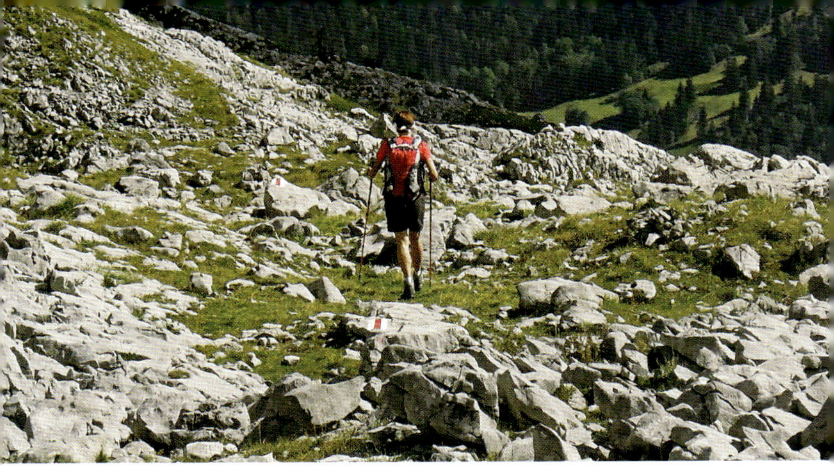

Auf halber Höhe: Abstieg durch die Schratten der Schrattenflue.

Von **Marbach** ❶ geht es mit der Gondel hoch auf die **Marbachegg** ❷. Von dort meist auf Sträßchen ostwärts hinab in einen ersten Sattel, ca. 1310 m, über Wittenfärren, 1328 m, in einen zweiten, 1302 m, und über Kadhus mit seiner Kapelle zur **Alp Imbrig** ❸, 1459 m, die man zuletzt in direktem Aufstieg über Weideland erreicht. Hier beginnt der Aufstieg durch die grasige, gegen oben steiler werdende Westflanke des Hengst. Auf gut 2000 m zieht der Pfad links haltend auf eine Kanzel hinaus – ein erstes Aufatmen. Rasch hinauf in den Sattel, 2052 m. Über und entlang dem Südgrat mit kleineren Zwischenabstiegen auf den **Hängst** ❹, 2091 m.

Über den karstig-grasigen Gipfelhang schräg hinab ins grüne Heideloch, ca. 1880 m, und südostwärts auf zusehends steinigerem Grund zu einem Wegweiser, ca. 1880 m. Auf dem linken Wanderweg wunderbar durch das riesige Karstfeld der Schrattenflue. Oberhalb von Bärwang mischt sich wieder Erde und Vegetation in den Untergrund, bei der **Bodenhütten** ❺, 1436 m, kommen wir auf Teer der Alpstraße. Zum Glück nicht für die ganze Strecke hinab nach **Hirsegg** ❻.

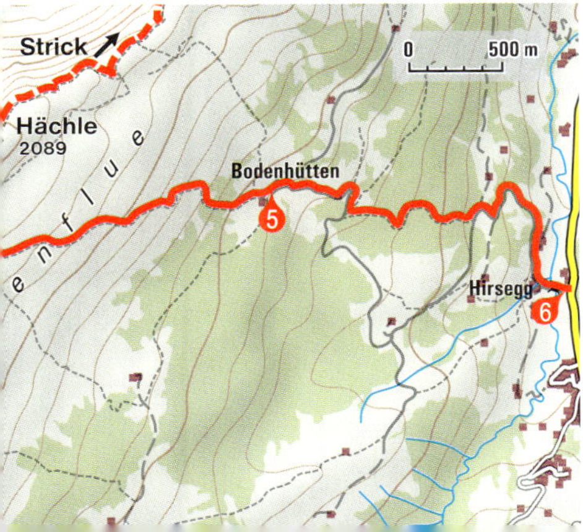

↗ 740 m | ↘ 690 m | 12.9 km

53 Schangnau – Marbachegg, 1470 m – Kemmeribodenbad

4.45 h

Eine kulinarische Wanderung über Kantonsgrenzen

Ganze viermal könnten wir auf der Wanderung das Angebot von verschiedenen Einkehrorten testen. Wir starten im Kanton Bern beim Löwen in Schangnau, wo wir uns mit zünftigen Speisen aus der Region stärken können. Kurz nachdem wir die Grenze zum Kanton Luzern überschritten haben, erreichen wir die Marbachegg, wo uns eine große Auswahl an Fitnesstellern erwartet. Nach nicht viel mehr als einer Stunde passieren wir die Alp Imbrig, die eine solche Auswahl an Alpkäse bietet, dass uns das Wasser im Munde zusammenläuft.

Laufen und Wasser, das passt auch für den folgenden Moorlandschaftspfad, bevor wir kurz vor dem Ziel Kemmeribodenbad wieder in den Kanton Bern zurückwandern, wo uns die vielleicht beste Meringue dieses Wanderführers erwartet.

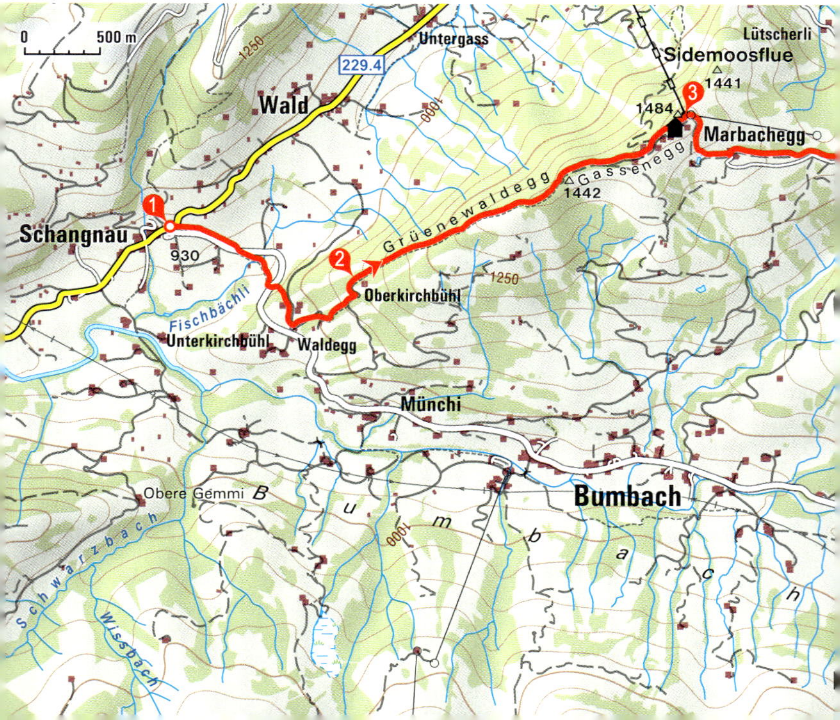

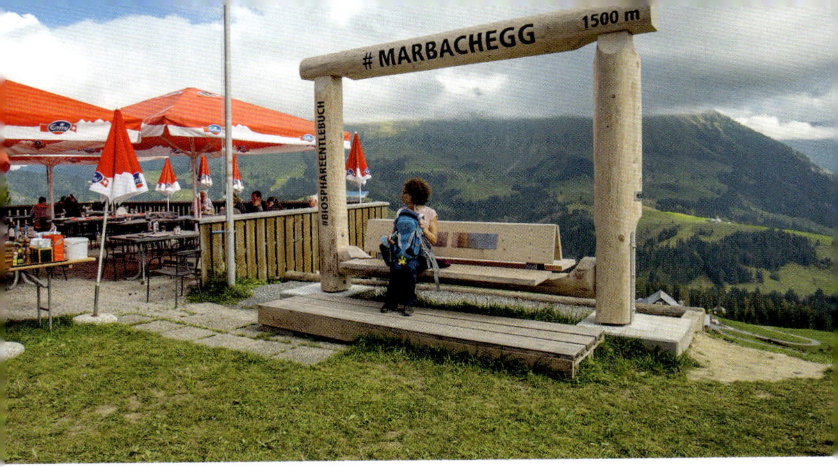

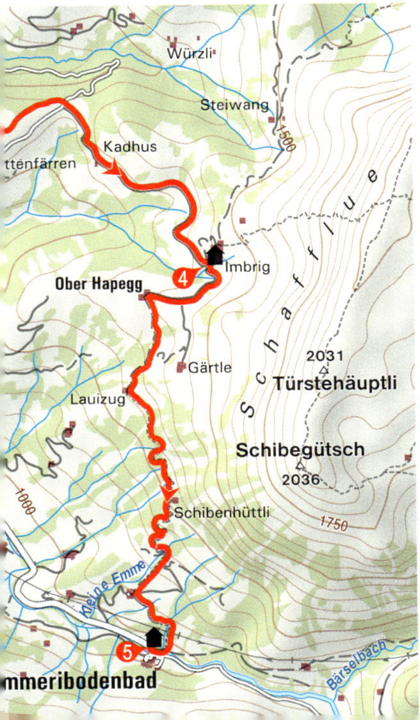

Hier wurden ein paar Meter hinzugeschwindelt: Die Sonnenterrasse Marbachegg ist nicht ganz 1500 m hoch.

Ausgangspunkt: Schangnau, 930 m; Postauto nach Escholzmatt.
Endpunkt: Kemmeribodenbad, 976 m; Postauto nach Escholzmatt an der Bahnlinie Bern – Luzern. Der Bus hält nach 14 Min. am Ausgangspunkt in Schangnau.
Anforderungen: Durchgehend markierte Wege. T2.
Beste Jahreszeit: Mai bis Oktober.
Einkehr und Unterkunft: In Schangnau: Hotel Löwen, Tel. +41 34 493 32 01 (Mi und Do geschlossen). Hotel Eigerblick auf der Marbachegg, Tel. +41 34 493 32 66. Hotel Landgasthof Kemmeribodenbad, Tel. +41 34 493 77 77.
Varianten: 1) Nur bis Marbachegg und mit der Gondelbahn nach Marbach hinab; 2.15 Std. 2) Mit der Gondel nach Marbachegg und nur das Teilstück nach Kemmeribodenbad; gut 2.30 Std.
Kombinationsmöglichkeit: Mit Tour 1, 3, 4, 5, 6, 50 und 52.
Karten: 244 T Escholzmatt; 1188 Eggiwil, 1189 Sörenberg; 3321 T Napf-Sörenberg.

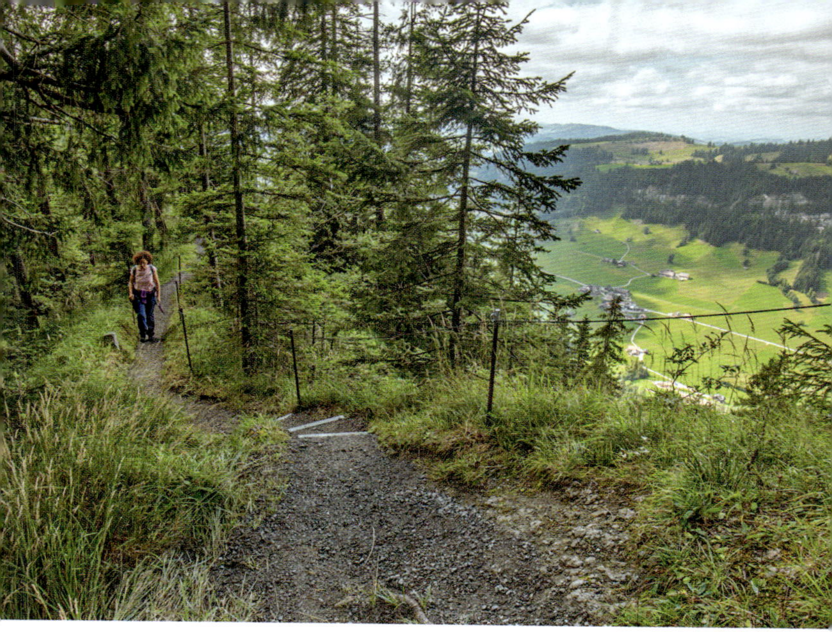

Grenzüberschreitend: Die Wanderin wechselt beim Grenzstein gerade den Kanton.

Von der Bushaltestelle (mit großem Parkplatz nebenan) in **Schangnau** ❶ folgen wir der Fischbachstraße für gut 400 m, gehen dann rechts auf der Wanderroute über das Fischbächli, wieder zur Straße hoch, auf dieser kurz nach links, dann rechts durch den Wald hinauf und auf einem Sträßchen nach Waldegg, 963 m; Bushaltestelle. Links haltend gehen wir das Teersträßchen hinauf. Unmittelbar vor dem ersten Gebäude auf der linken Seite des Weggli-Hofs zieht der Wanderweg nach links und dann am Waldrand steil hinauf bis zu einer Straße, welche uns nach links zum Hof **Oberkirchbühl** ❷ bzw. Ober Chilchbühl (auf der Beschilderung) führt – hier steht ein kleiner Kühlschrank für den Verkauf von Getränken, Alpkäse und Trockenwurst. Auf einem bewaldeten Bergrücken geht es weiter aufwärts, dann einen Weg zwischen viel Farn entlang und über einen bewaldeten und gut angelegten Gratabschnitt auf die Gassenegg, 1442 m, hinauf, wo sich auch die Kantonsgrenze befindet (Markierungsstein). Auf dem fast ebenen Höhenweg bis zur Siedlung und Bergstation **Marbachegg** ❸.
Von der Bergstation der gelb markierten Wanderroute in Richtung Kemmeribodenbad folgend, teilweise auf Sträßchen, nach Wittenfärren, 1328 m. Leicht links haltend geht es über die namenlose Graskuppe, 1361 m, mit

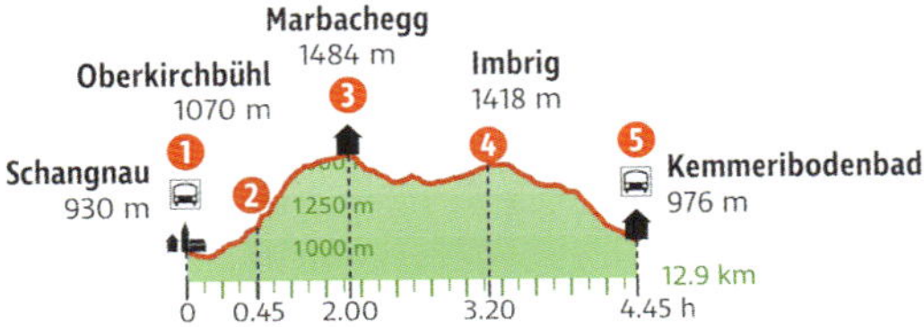

Kreuz wieder zur Straße. Südostwärts über Kadhus mit der kleinen Kapelle bis zur Straßengabelung **Imbrig** ④. Mit einem Abstecher von wenigen Minuten und 40 Höhenmetern könnte man nach links zur Alp Imbrig aufsteigen und dort einkehren, um den Alpkäse zu kosten (vgl. vorangehende Tour). Wir bleiben unterhalb der eindrücklichen Westabstürze der Schrattenflue und folgen dem Sträßchen nach rechts weiter bis zu den Alphütten Ober Hapegg. Ab hier geht es auf dem Moorlandschaftspfad weiter, welcher hinab zu den Hütten Lauizug führt, uns dann durch ein Waldstück und unterhalb einiger Felsen zum Schibehüttli, 1261 m, und zu guter Letzt teils auf einem Alpsträßchen vorbei an den Höfen Ober und Unter Kemmeri bis nach **Kemmeribodenbad** ⑤ leitet.

Genussvoller Abschluss: Feine Meringues sind Programm in Kemmeribodenbad.

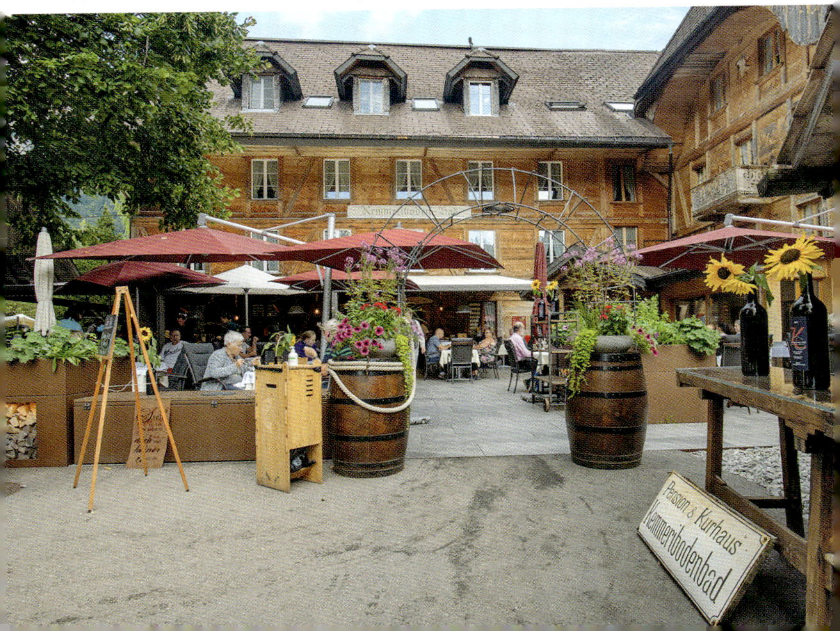

↗ 1030 m | ↘ 1030 m | 13.7 km

54 Hächle, 2091 m – Hängst, 2092 m – Schibegütsch, 2037 m

6.30 h

Überschreitung Schrattenflue: besondere Geologie, besondere Historie und besonders anspruchsvoll

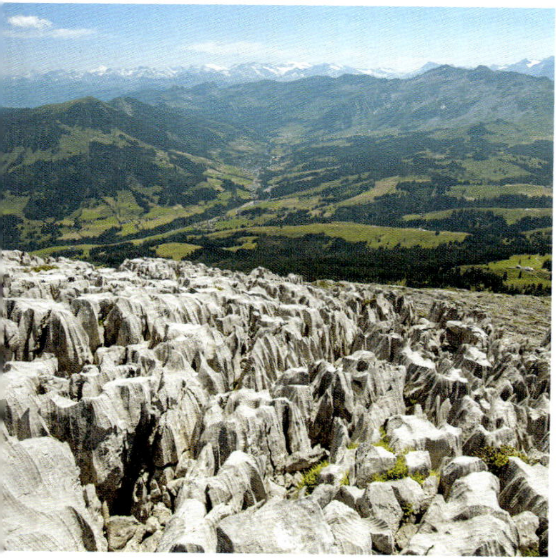

Ein scharfkantiger Balanceakt: Teilweise wandert man über Schrattenkalk.

Die Schrattenflue ist wahrhaftig ein besonderer Berg. Von Westen besticht sie durch steil abfallende Felsflanken, nach Osten fällt das Bergmassiv eher sanft ab, wobei die Flanke auffällig von stark zerfurchtem Schrattenkalk durchzogen wird – eine geologische Besonderheit, welche schon bei einem Blick auf das Satellitenbild bei Swisstopo oder Google auffällt. Die Karstlandschaft, welche der Schrattenflue ihren Namen gegeben hat, besteht vielfach aus vegetationslosen Karrenfeldern mit zahlreichen Höhlen, und entsteht durch die Korrosion von Gestein unter Einwirkung von Wasser. Eine weitere Besonderheit sind die im Felsen versteckten militärischen Anlagen unterhalb des Schibegütsch. Im Zweiten Weltkrieg setzte die Armeeführung der Schweiz die Strategie durch, sich im Falle eines Angriffs ins Reduit der eidgenössischen Kernzone, also in die Alpen, zurückzuziehen. Dazu wurde eine helvetische Maginotlinie erbaut, deren Überreste heute noch zu sehen – und seit Ende des Kalten Krieges auch zu besuchen – sind. So auch in der Sperrstelle Schrattenfluh-Bumbachtal, welche die Kammlinie der Schrattenflue vom Heidenloch bis zum Schibegütsch einschließt und insgesamt 34 Anlagen umfasst. Diese wurden 1943 erbaut, indem teilweise bereits vorhandene Karsthöhlen zu Unter- und Waffenständen umfunktioniert wurden. Deshalb wurde diese Sperrstelle zum Objekt von nationaler Bedeutung erklärt. Und wenn man solche Werke noch hautnah auf gut sitzenden Eisenleitern begehen kann, schlagen wenigstens Bubenherzen höher – diejenigen der Väter wohl auch.

Ausgangs- und Endpunkt: Alp Schlund, 1466 m, Parkplatz unmittelbar unterhalb der Alphütte.

Anforderungen: Anspruchsvolle und weglose Alpinwanderung bei der Überschreitung des Hächle, welche zur Überquerung von scharfem Karstgestein exzellente Trittsicherheit erfordert – und vor allem braucht man auch mehr Zeit als man vielleicht einkalkulieren würde; Kletterstellen (II) beim Gipfelaufbau des Hächle. T5. Der Rest der Wanderung bis T3+. Taschenlampe (oder mind. Handylampe) für die Durchquerung der militärischen Anlage beim Schibegütsch.

Beste Jahreszeit: Juni bis Oktober.

Einkehr: Alp Schlund, Tel. +41 79 645 69 20.

Unterkunft: Heftihütte, privat; www.sac-emmental.ch. Chlushütte, privat; www.sac-entlebuch.ch.

Varianten: 1) Von der Heftihütte den markierten Wanderweg unterhalb der Hächle nehmen; gut 30 Min. schneller und dann nur T3.

2) Schrattenflue integral: Flühli, Haltestelle Torbach, 891 m – Hinter Torbach, 918 m – Ämmetal, 1295 m – Strick, 1947 m; vgl. Tour 51 – Hächle – Hängst – Schibegütsch – Schneebärgli, 1218 m – Kemmeribodenbad, 976 m; gut 8.30 Std., 1680 m auf, 1770 m ab.

3) Schrattenflue light: Alp Schlund – Silwängen – Heideloch – Hängst – Schibegütsch – Alp Schlund; 4.30 Std., 910 Hm, T3+.

4) Steigt man nach Kemmeriboden ab, kann man noch ein altes Infanteriewerk besichtigen: hierfür vom unteren Ende der zwei Leitern weglos durch Gras und Geröll unterhalb von Felsen zum Grat queren und auf diesem zum Achs,

Die günstige Version eines Gipfelkreuzes auf dem Schibegütsch mit Blick zurück über die Schrattenflue.

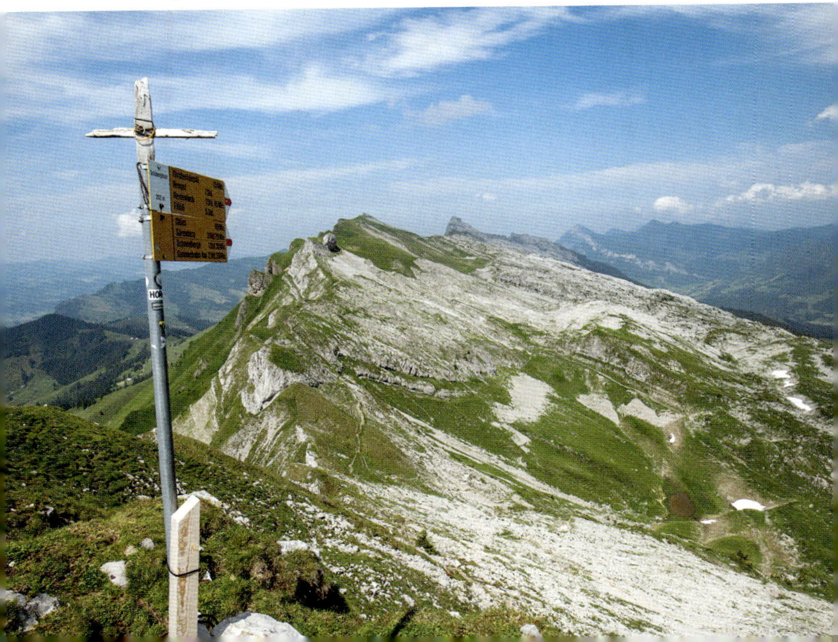

1701 m, absteigen. Der Eingang zum Infanteriewerk befindet sich vorne an der Abbruchkante der geneigten, großen Gipfelweide, rechts einer kräftigen Tanne, auf ca. 1680 m (also nicht ganz zuvorderst auf der luftigen Gipfelweide des Achs). Sehr ausgesetzte Abwärtsquerung zum Eingang; auf halbem Weg steckt ein Haken, in den man einen Karabiner mit Seilstück klinken könnte, weil die zwei letzten Meter zum Eingang heikel sind. Über eine ca. 8 m hohe Metallleiter hinab in eine natürliche Halbhöhle mit einem Laufgraben, der sich in der Südwand des Achs verliert, sowie mit zwei abzweigenden, sich teils verzweigenden Gängen, an deren Enden man tolle Ausblicke ins Tal der Emme hat; vom rechten Stollen geht's über eine Leiter nochmals rund 9 m in die Tiefe und dann nach vorne in die senkrechte Westwand des Achs – hier befand sich wohl die Toilette, wie das Loch im Boden vermuten lässt. Wieder draußen gelangt man ostwärts über einen sehr abschüssigen Grashang zur Hütte Ober Imbärgli, 1605 m. T4.

Tipps: 1) www.festung-oberland.ch. 2) Viele Kletterrouten unterschiedlicher Schwierigkeiten nahe der Heftihütte.

Kombinationsmöglichkeit: Mit Tour 2, 51 und 52.

Karten: 244 T Escholzmatt; 1189 Sörenberg; 3321 T Napf-Sörenberg.

Von der **Alp Schlund** ❶ der Beschilderung und Straße nach bis Silwängen, 1550 m, folgen. Nun auf einem markierten Graspfad durch eine herrliche, von lichtem Wald durchsetzte Landschaft nach **Bodenhütten** ❷. Dem Wegschild nach in Richtung Heftiboden den Grashang nach rechts oben aufsteigen – der Pfad ist zwar manchmal kaum zu erkennen, dafür hat es Markierungspfosten. Bei der nächsten (namenlosen) Gabelung, 1805 m, rechts halten, über den Heftiboden bis zum Grat aufsteigen und nach links zur eindrücklich an einer Felswand gelegenen **Heftihütte** ❸.

Die Heftihütte am Fuße der Kletterfelsen Hächlezänd.

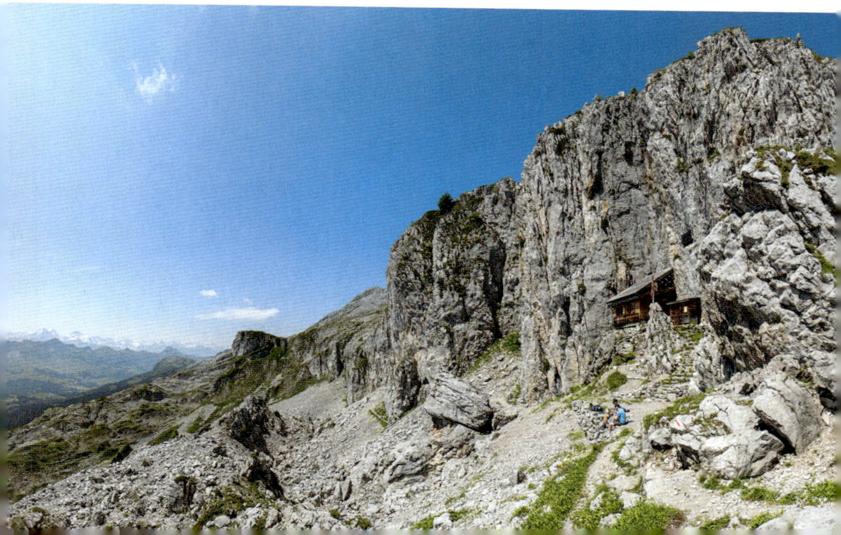

Dem markierten Weg unterhalb der Felstürme Hächlezänd folgen bis zu einer ausgeprägten Linkskurve. Hier den Wanderweg verlassen und rechterhand in dem auffälligen Graben aufsteigen (Pfadspur) und den **Turm** 4 von Nordwesten her in einfacher Kraxelei besteigen. Wieder in nordwestlicher Richtung zum Grat aufsteigen und diesem mehr oder weniger folgen, bis zum Gipfelaufbau der Hächle. Nahe der Gratkante wäre das Gelände zwar häufig grasig und vermeintlich angenehmer zu laufen, doch liegen dort immer wieder tiefe Einschnitte im Weg, sodass man oft in äußerst scharfkantigen Karst ausweichen muss. Die letzten Meter auf die **Hächle** 5 erfordern eine kurze, aber steile Kletterei, wobei eine markante Felsspalte mit einem Klemmblock erstiegen werden muss – der Fels ist hervorragend und bietet genügend Tritte und Griffe.

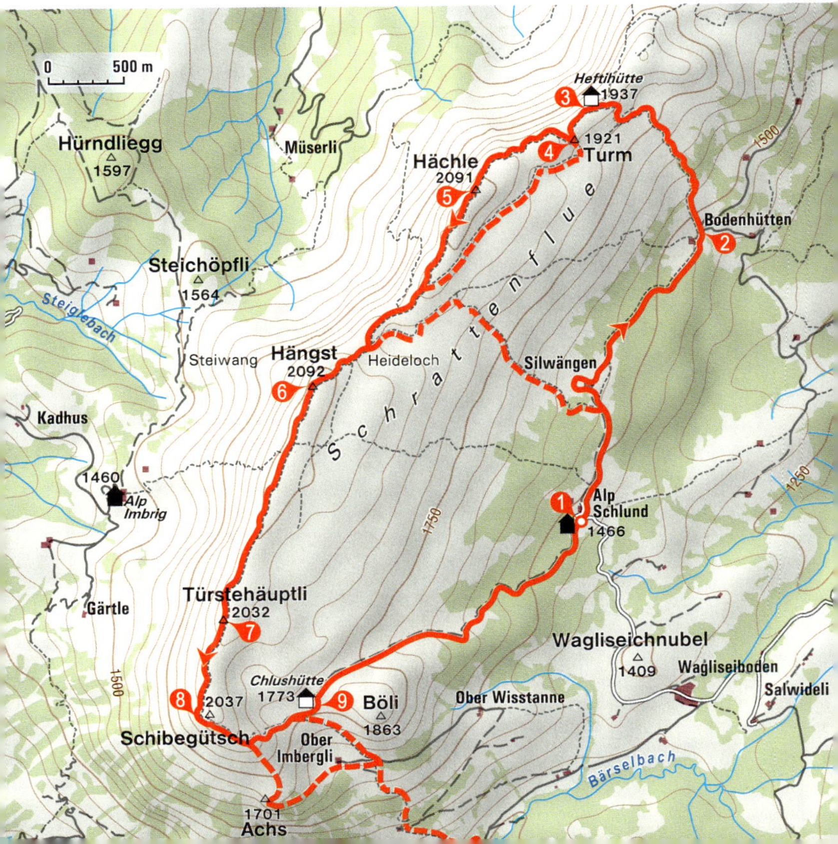

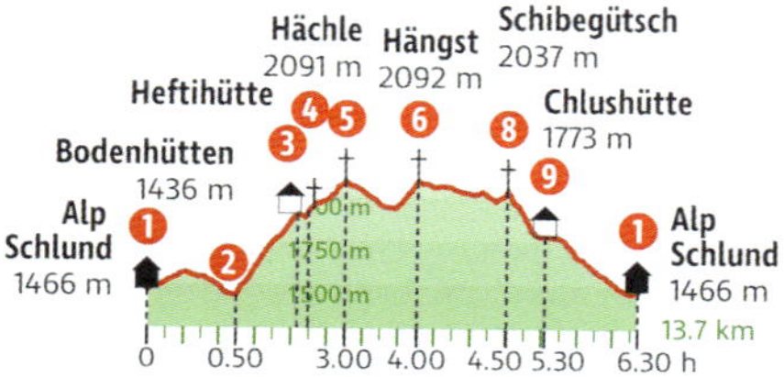

Stets nahe oder auf dem Grat geht es durch das felsdurchsetzte Gelände weiter, wobei einige Querspalten zu umgehen sind, die in zwei Fällen durchklettert werden müssen. Wenn das Gelände wieder leichter wird, trifft man alsbald auf den Wanderweg, der zur Wegkreuzung im Sattel, 1934 m, zwischen Hächle und Hängst führt. Kaum 50 Meter weiter führt rechts ein Militärstollen in den Berg, der zu einem Felsenfenster in der senkrechten Felswand leitet, welches man schon vom Sattel aus sehen kann. Auf der Wanderroute geht es schließlich zum Gipfelkreuz des **Hängst** ❻.

Lieblich grün: zwischen Silwängen und Bodenhütten.

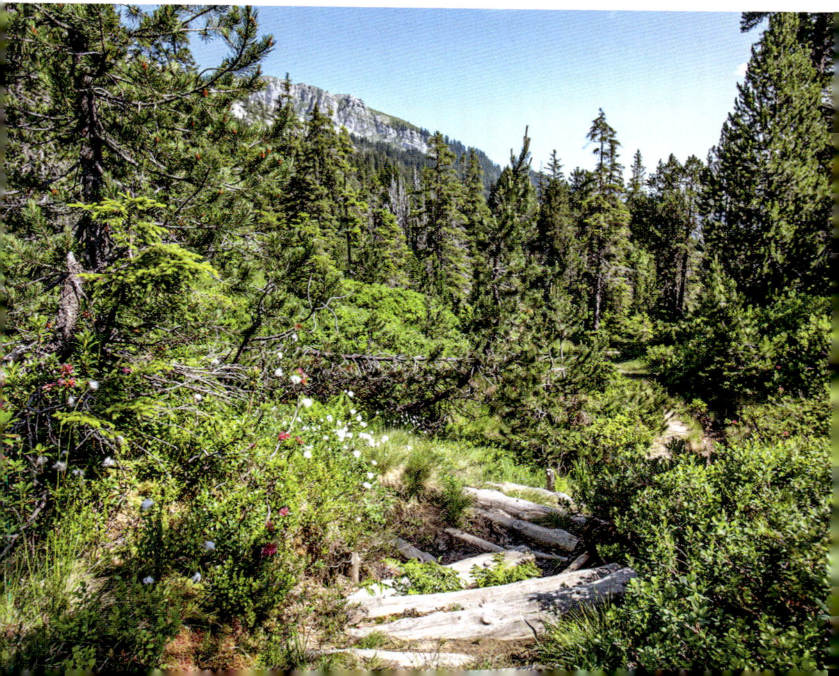

Vom Gipfel hinab in eine kleine Scharte, wieder etwas hinauf und ostseitig des Grates bis zur nächsten Wegkreuzung, 2052 m. Nun auf dem schönen Grasgrat weiter bis zum **Türstehäuptli** ❼. Der auffällige Felsturm lässt sich mit etwas Kraxelei in wenigen Minuten von der Nordseite her erklimmen (T5, I). Auf gleichem Weg wieder hinab und dem Wanderweg entlang des Grates bis auf den **Schibegütsch** ❽ hinauf folgen, wo man einen schönen Tiefblick nach Kemmeriboden und auf den darüber liegenden Ostgrat des Hohgant (Tour 3) hat. Auf einem unmarkierten Pfad unmittelbar über den breiten Ostgrat absteigen, bis der Weg automatisch in einer Felshöhle endet. Gleich links führt eine Metallleiter einen Stollenschacht abwärts (hier braucht es eine Lampe). Zwei weitere Leitern hinab und wir sind wieder am Tageslicht. Falls die Gittertüre offen ist, kann rechter Hand das Infanteriewerk mit Kasematten, Maschinengewehrstand und Kompressorraum besucht werden. Ansonsten nach links und auf einem steilen und ausgesetzten Weg absteigen bis in einen Sattel mit Wegkreuzung, 1762 m. Geradeaus auf dem Graspfad zur **Chlushütte** ❾ mit Außensitzbänken und Brunnen. Auf der steinigen Erschließungsstraße zurück zur **Alp Schlund** ❶.

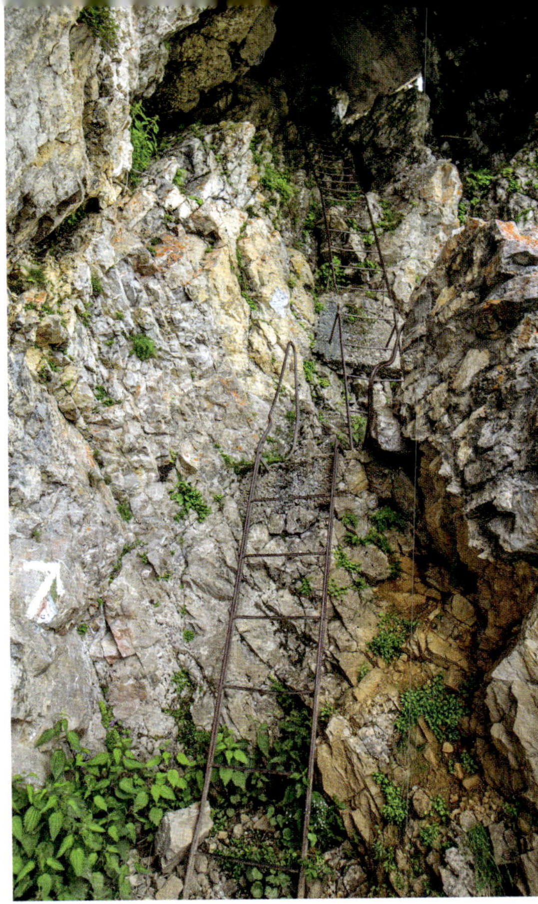

Ungewöhnlicher Wanderabschnitt: der Ausstieg aus dem Stollen.

↗ 1120 m | ↘ 110 m | 6.9 km

55 Sörenberg – Emmensprung – Brienzer Rothorn, 2348 m

3.45 h

Zuletzt ganz zuoberst

Wir starteten den Führer mit einer Wanderung von Habkern unweit des Brienzer Sees hinüber ins Quellgebiet der (Grossen) Emme, wir schließen ihn mit einer von der Quelle der Kleinen Emme zurück an diesen See. Dabei steigen wir aufs Brienzer Rothorn, den höchsten Gipfel in diesem Buch, des Entlebuches sowie des Kantons Luzern. Schön war's!

Ausgangspunkt: Sörenberg, Talstation, ca. 1240 m, der Seilbahn aufs Brienzer Rothorn. Postauto von Schüpfheim an der Linie Bern – Luzern.
Endpunkt: Bergstation, 2244 m, der Zahnradbahn Brienz – Rothorn; Brienz, 574 m, liegt an der Bahnlinie Interlaken Ost – Brünig – Luzern.
Anforderungen: Kondition für den Aufstieg. Meist markierte Wege, unten kurz weglos. T2.
Beste Jahreszeit: Sommer und Herbst. Die Bergbahnen fahren Anfang Juni bis Mitte Oktober.
Einkehr und Unterkunft: Hotels in Sörenberg. Berghaus Eisee, Tel. +41 33 951 40 14. Hotel Rothorn Kulm, Tel. +41 33 951 12 21.
Varianten: 1) Abstieg zu Fuß, entweder über Blattenegg und Rossweid ins Dorf Sörenberg, oder direkt von der Bergstation der Zahnradbahn über die Roteböde zur Station der Luftseilbahn. 2) Talfahrt mit dieser. 3) Rundwanderung zum Emmensprung; 1.30 Std.
Kombinationsmöglichkeit: Mit Tour 47.
Karten: 244 T Escholzmatt; 1189 Sörenberg, 1209 Brienz.

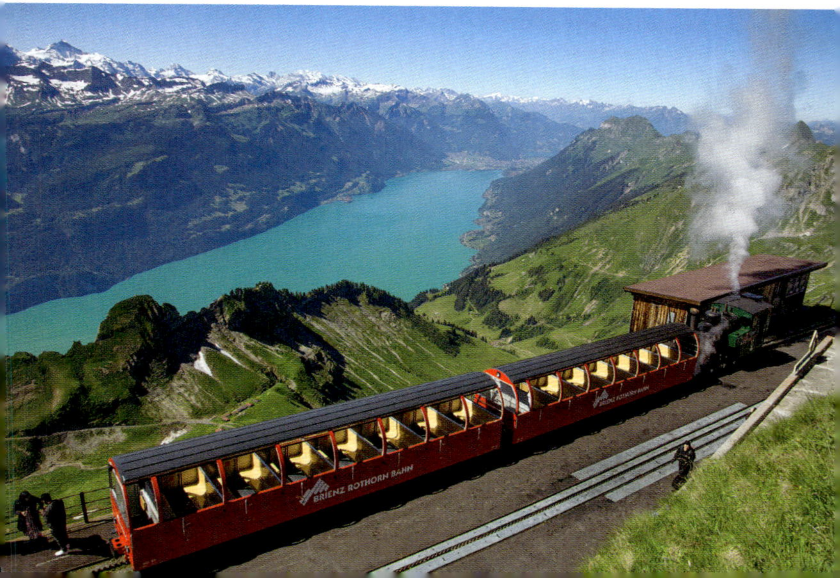

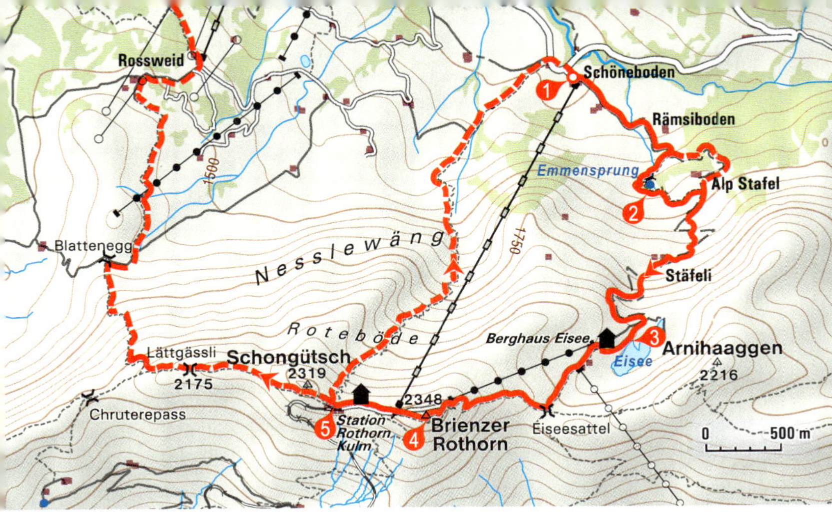

Von der Talstation bei **Sörenberg** ❶ auf dem Wanderweg Richtung Rothorn über Schönenboden, die Kantonsgrenze Luzern-Obwalden und Rämsiboden bis zu einer Verzweigung; dort nach rechts. Auf dem neuen Weg zum Steg unterhalb des Wasserfalls der Waldemme und hinauf zum **Emmensprung** ❷, ca. 1440 m, der sich etwas unterhalb des Weges befindet. Auf der Landeskarte dort, wo zwei Bäche aus dem Hang fließen; am eingezeichneten Emmensprung südöstlich weiter oben fließt kein Wasser mehr. Weiter zur Alp Stafel mit dem eindrücklichen Lawinenkeil. Auf dem Weg geht es hinauf nach Stäfeli und durch eine felsige Steilstufe hoch auf einen Rücken, 1912 m, und hinab zum **Eisee** ❸, 1895 m – nicht Eissee, obwohl sein Wasser schon eiskalt ist, wenigstens zu Beginn der Wandersaison. Hinaus zum Berghaus Eisee, ca. 1955 m; hierher auch ohne Zwischenabstieg zum See. Nun hinauf zum Eisee-Sattel und weiter über den Ostgrat steil hoch zum Triangulationssignal und zur Aussichtsterrasse des **Brienzer Rothorns** ❹, 2348 m.

Auf dem guten Weg zur Bergstation, ca. 2290 m, der Luftseilbahn zurück nach Sörenberg, zum Kulm-Hotel und zur **Bergstation** ❺ der Zahnradbahn nach Brienz.

Endstation Brienzer Rothorn der von Brienz startenden Dampfbahn.

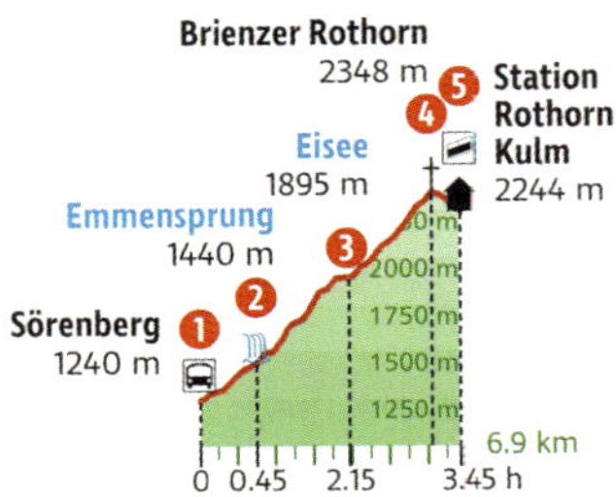

STICHWORTVERZEICHNIS

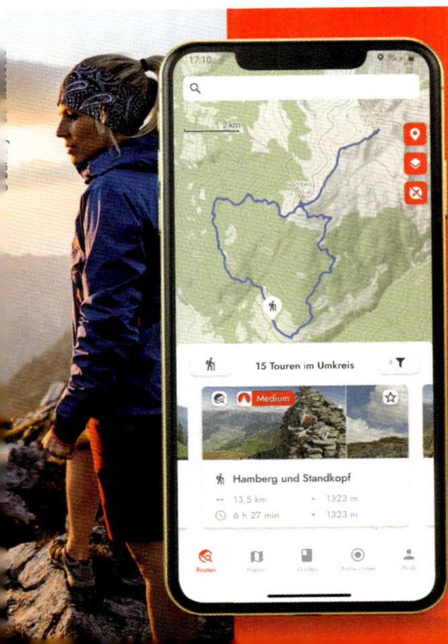
15 Touren im Umkreis
Medium
Hamberg und Standkopf
13,5 km
1323 m
6 h 27 min
1323 m

Umschlagbild: Typisch Emmental: grüne Hügel, dahinter die Hochalpen – hier zwischen Buchbodenegg und Höch Surebode (Tour 38). (Foto: Bernd Jung)

Bild im Innentitel: Auf einem grünen Gipfel: auf der Schwändiliflue im Entlebuch, 1796 m. Wandern gibt Durst, und der wird gestillt zwischen dem Ankehubel im Oberaargau und all den Flühen zwischen den beiden Emmen und der Aare. (Tour 46).

Bild auf Seite 24/25: Vordere Hohgant und Furggegütsch (rechts) von Süden. Am grünen Hügel in der Bildmitte links entspringt die Emme (Touren 1 und 3).

Alle Fotos von Daniel Anker, ausgenommen die Fotos auf den Seiten 2, 31–38, 153–155, 159, 160, 173, 188, 190, 205, 209–218 (Bernd Jung).

Kartografie:
55 Wanderkärtchen im Maßstab 1:50.000, 1:75.000 und 1:100.000,
Geodaten © OpenStreetMap und Mitwirkende,
kartografisches Design: Freytag & Berndt, www.freytagberndt.cz;
2 Übersichtskärtchen im Maßstab 1:400.000 und 1:800.000,
© Freytag & Berndt, Wien

2., überarbeitete und erweiterte Auflage 2022

ISBN 978-3-7633-4451-2

FSC www.fsc.org
MIX
Papier aus verantwortungsvollen Quellen
FSC® C021956

Wir freuen uns über jeden Korrekturhinweis zu diesem Wanderführer!
Bitte per E-Mail an: leserzuschrift@rother.de

ROTHER BERGVERLAG · Keltenring 17 · D-82041 Oberhaching
Tel. +49 89 608669-0 · www.rother.de